山东师范大学人文社会科学学者文库

SHANDONG SHIFAN DAXUE RENWEN SHEHUI KEXUE XUEZHE WENKU

齐鲁文化与中华文明
——王志民学术讲演录

王志民 著

QiLuWenhua yu Zhonghua Wenming

Wangzhimin XueShu JiangYanLu

人民出版社

目　录

弁　言

本书是以近年来我的学术讲演录为主要收录内容的论文汇集。

自 2007 年以来的八年中，我先后在校内外、国内外部分高校、科研单位以及一些学术研讨会、论坛上，陆续作了近百场学术报告、讲座和讲演。演讲的内容，有些是我当时在研的国家、部省级研究课题的相关部分，有些来自于邀请单位、学术会议的命题或议题，但大部分都是围绕着齐鲁文化与中华文明之间的关系展开论析的，现经过简单的汇编、整理与修改，形成了这个集子。

既为讲演录文集，与普通论文集相比，自有不同，在这里有以下几点需要特作说明：1. 书中大部分文章重在阐述观点而非具体考论，故而论证往往从略。有的文章原有较多论释，但当时限于讲演要求，删去诸多资料，本次收录仍按讲演稿样式，未做复原性增补。2. 文稿汇编、整理时，尽管做了必要加工，但部分论文仍难以做到按照现时论文的范式要求作出规范性的注释和解说。各篇所成，因时地不同，行文风格也有较大差异。3. 讲演录中存在着一些主要观点和材料在其他篇章中多次提及的情况，汇编时已尽量做了精简，但从全书看，有些内容仍难免存在着一定的重复。4. 文集中一些演讲录在形成过程中，吸收或参考了部分前辈学者和当代学人的研究成果，由于各种原因，并未一一标注，特此说明并致谢意。

在本论文集的编纂出版过程中，山东师范大学的相关领导同志、校社科处及齐鲁文化研究院的同仁，给予了诸多关心、支持和帮助；学校特设基金以支持著作出版。我的学生孙克诚副教授、李华副教授及袁鳞、冯辉、刘晨等，从搜集文稿到打印编订，都付出了辛勤的劳动；李梅训、刘爱敏、刘英波、刘洪强等协助校对。人民出版社的编审同志，在本书编辑出版中，严审精修，用功颇多，在此一并表示由衷的感谢！

王志民

2015 年 8 月 18 日

于山东师范大学齐鲁文化研究院

齐鲁文化综论[①]

　　山东地处祖国大陆东部，北濒渤海湾，与辽东半岛相对，扼京津海上出入之门户；东隔黄海与朝鲜半岛、日本列岛相望，为中日韩交通之大陆桥；西北与河北交界，距北京最近处300余公里，有"首都南大门"之称；西南与河南接壤；南与江苏、安徽相连。正所谓：北望京津，南拥江淮，东观大海，西望中原，历来为中华形胜之地。

　　山东是先秦时期齐鲁两国旧地，号称"齐鲁之邦"，在中国文化史乃至世界文化史上有着特殊的地位。其境内被认定为"世界自然文化遗产"的泰山巍然屹立，自古以来就是帝王封禅、先哲朝圣之地，为号称"五岳独尊"的圣山；中华民族的母亲河——黄河，流经山东境域七地市，由北部注入渤海，其下游成为黄河文明主要发源地之一；山东还是世界伟大的思想家、儒家学派创始人孔子、孟子的故乡，是中国人乃至全球华人华裔心中神往的圣地。这"一山一水一圣人"的深厚文化积淀，奠定了山东在中国早期文明发展史上的特殊地位。因而，了解中华文明，不能不首先了解齐鲁文化，传承中华文明，也不能不首先重视齐鲁文化。

[①]　袁行霈主编《中国地域文化通览·山东卷》绪论；主要内容曾在"齐鲁讲坛"开坛仪式上作首场演讲；2012年6月，部分内容以《中国人的精神家园》为题参选全国干部教育视频教材。

一、海岱之间——自然环境与文化生成

三大板块与两大流域　文化形成与区域差异

　　山东地理状貌鲜明地体现了大海与高山辉映、半岛与内陆结合的特点。从地形上可分为三大板块：山东半岛、泰沂山地、鲁西北平原。东部是风光绮丽的山东半岛；中部是"五岳独尊"的泰山和鲁、沂、蒙等山系组成的鲁中南山地；西、北部是一望无际的华北平原。绚丽多彩的自然环境和美丽富饶的地理条件使山东自古以来一直是中华文明最重要的中心区域之一。

　　山东半岛，又称胶东半岛。若将当今中国版图之状喻为雄鸡，则山东半岛则为雄鸡巨喙，崎逶挺出，伸向东方大海深处。半岛三面环海，在3000多公里漫长曲折的海岸线上，形成了莱州湾、胶州湾等200余个大小不等的海湾；在渤海、黄海的环抱中，还散布着长山列岛、田横岛、灵山岛等450多个近海岛屿，是中国海洋资源最丰富的区域之一。半岛境内群山起伏，丘陵绵延，中部方圆300余里的昆嵛山，重峦叠嶂，林深谷幽，是中国著名的道教名山。山海之间则是面积不等的沿海平原和近海滩涂，山海相间、物产丰饶的地理环境，为半岛地区经济、文化的发展提供了优越的条件。考古发现证明：早在六七千年以前，在烟台的白石村和渤海中的长山岛北庄等地，就有大量先民在从事着渔、牧、猎的生产活动，其文化发达的水平，不仅与内陆同期的北辛文化、大汶口文化比肩同步，而且独具特色，富于创造性。

　　鲁中南山地，又称泰沂山区。山地突起，大致以西北、东南为走向，绵延至鲁南大部，形成山东地理环境的又一大类型。

　　泰沂山区，自西向东，横亘着以泰沂山脉为主体的鲁中丘陵地带，在泰山、蒙山、鲁山、沂山四大海拔千米以上的山系之中，以泰山为最高峰，海拔达1500余米。站在巍峨挺拔的泰山之巅，确有"一览众山小"的气势。泰山是历史文化名山，自传说中的炎帝、黄帝开始，这里就是古代帝王宗教活动的一个中心，司马迁在《史记·封禅书》中引用管仲的话说，上古"封泰山禅梁者七十二家"，其列出了上古封禅泰山的十二个帝王，其中包括炎、黄二帝和尧、舜、禹、汤等。后来秦始皇、汉武帝君临天下后，也都到泰山举行封禅大典。对于这种文化现象产生之因，有学者做了阐释："中国原始民族起于东方，东方尤以泰、岱一带为其故土……故凡得天下者，易姓而后，必告泰宗，示不忘本，犹其祭告宗庙之义。泰山者，若祖若宗之所自出，亦犹宗庙也。"① 泰山以其独特的地理特征与文化影响，被联合国教科文组织列入世界自然、文化双遗产名录。蒙山，是《诗经》中称为"东山"的文化名山。鲁山是著名的淄水、沂水的发源地，其南山坡石洞中发现了距今50万年的人类遗骨——"沂源人"。而沂山则是宋代以来中国山岳中号称"五镇"之首的"东镇"之山。在葱郁茂密的群山林海中，斑斑古迹随处可见。

泰山的北面是古青州的所在地——潍淄流域；南面是古兖州的所在地——汶泗流域。这两个流域都是在中华民族早期发展史上，有着重要地位的文明发源之地。

在泰、鲁、沂等山脉形成的东西走向的高山脊背群的北面，是一大片丘陵过渡带，在蜿蜒起伏的丘陵外缘，是广袤的山麓堆积平原。这里地形南高北低，呈倾斜之状，淄水、潍水、弥河等数条大河，源自南山，呈网状交错，滚滚北流，汇入渤海。

在这些河流发源的高山、丘陵地带，不仅生长着茂密的树林，而且矿产资源蕴藏丰富。在河海的交汇之处，则形成了水产资源丰饶的浅海区，为水产养殖和渔业捕捞提供了理想条件。而在山海之间的广阔地带，丘陵山地海拔不高，大多坡缓谷宽，地表平坦，土层深厚，田野肥沃，既有农桑之利，又是畜牧业和矿业生产的理想场所。这一广阔的地带，就是《禹贡》所载古青州之地。20世纪初，围绕中国文明起源的考古探查就首先从这里开始，并最先在这里发现了被称为"代表中国上古文化史的一个重要阶段"的龙山文化——章丘城子崖遗址。此后，又在这片区域陆续发现了邹平丁公村、临淄桐林田旺、寿光边线王、胶县

---

① 参见王献唐《炎黄氏族文化考》，齐鲁书社1985年版，第537页。

三里河等大量龙山文化城址。这充分说明：这里优越的自然环境，催生了中华最早的文明。

泰沂高山脊背群的南面是地势逐渐趋低的丘陵地带。东部有蒙山及其他高低不等起伏绵延的山地，形成了较大的鲁南丘陵地带。著名的沂蒙山区，即在这个范围之内。鲁中南丘陵的特点是：山地平缓，其间散布着许多峰顶平坦的"崮子"，丘陵地带边缘为山前平原，其地势平坦，土地肥沃，河湖众多，水源丰沛，灌溉便利，草丰林茂，农桑发达，是著名的农耕之区。

这个区域的河流主要有汶水、泗水、沂水、沭水等。这些河流大多发源于泰沂山脉，汶、泗西流，汇入东平湖和南四湖；沂、沭南流，入淮河后，注入黄海。在历史上这些河流水量充沛，流域广阔，既供灌溉之利，亦为交通要道。汶泗流域从上古时代就是人类活动聚居的政治文化中心：这里是距今五千年大汶口文化的发现地；传说中的太暤、少暤部落就主要活动在这一带；商民族曾先后在此建都，商末的奄族部落曾经建都曲阜；公元前 11 世纪，周朝立国后，周天子分封的宗亲国鲁国即处汶、泗流域的上游；随着分封诸侯的增多，在汶泗流域还存在着其他众多的诸侯小国。《战国策·楚策》记载：张仪对楚王说，如灭宋东扩，"则泗上十二诸侯尽王之有"，这说明迟至战国时期，鲁国所处的泗水流域还有若干诸侯小国。这也说明了该地区有优越的自然环境和资源条件，是人们的宜居之地。

鲁西北平原，东到渤海，北接冀南，南达苏皖，略呈半圆形环抱着鲁中南山地，是我国华北大平原的主要组成部分。在这千里平原的北部，黄河由西南入境，斜贯东北滚滚而下，以"奔流到海不复回"之势，自东营市注入渤海。在黄河入海口处，形成广袤的冲积平原——黄河三角洲。沉沙所致，每年都会新增陆地 2000 余公顷，因而号称"中国最年轻的土地"，是著名的自然生态区。中南部，是河湖交错的鲁西平原，上百条河流之水汇聚于此。其间有著名的东平湖，水面浩瀚，水产资源丰富，是古梁山泊的余部。南面由南明湖、独山湖、昭阳湖和微山湖四湖相连，形成了我国北方最大的淡水湖——南四湖。京杭大运河自北向南纵贯鲁西平原，全长600余公里，是明清时代江南至京津南北交通的要路。货走人来，舟楫往返，商贾云集，水路两岸形成了德州、临清、聊城、张秋、济宁、枣庄等一条繁华的运河城市带，南北经济互通、文化交汇，鲁西一度成为最发达的商贸经济区和重要粮仓所在。

总体上看，山东的地理环境大致可分为，以山东半岛、潍淄流域为主的滨海地区，与以鲁中南山地和汶泗流域为主的山地河谷地区两种类型。先秦时代齐、鲁分别立国于泰山北南两大不同类型的地理环境中，因而在经济类型、生产方式和思想观念上，形成了不同特色。即便在秦汉以后，在中央集权制的大一统条件下，齐鲁两地因环境所带来的地域差异，仍隐然可见。

齐地依南山、濒北海，东为半岛，西通河济，交通便利，资源丰富。先秦时齐国为当时海岸线最长的诸侯国，海洋资源优势使齐国在立国之始就有发展渔盐之业的条件，而渔盐之利又促进了手工业和商品交换的发展，最终形成了"通商工之业，便于盐之利"的工商业经济特点。随着春秋战国之世齐国实力的增强和疆域的不断扩展，不但尽收半岛地区山海之利，且由于山海相间，河流众多，土地肥沃，农、牧、渔业都获得了长足发展，从而成为一个百业俱兴、物产丰富的国家。齐国都城临淄，据《战国策·齐策》记载，战国时人口已有七万户，三四十万人口之众，形成了"车毂击，人肩摩"商业繁荣的景象。临淄作为先秦时中国最大的城市，它的兴盛与齐地的这种经济特点有着直接的关系。终先秦之世，齐国始终为一经济实力雄厚的大国，原因固然众多，但自然环境所提供的物质基础也起到了决定性的作用。

汉代以后，中国社会渐趋成为一个传统的"重农抑商"的农业社会，齐地的商业经济，虽不如先秦齐国那般发达，但鱼盐之业始终是齐地人传承的重要的经济活动之一。唐宋以后，齐地，尤其山东半岛一带，与辽东半岛、朝鲜半岛、日本列岛的海上贸易、商品交换更趋繁荣，成为中国北方海上丝绸之路重要的大陆桥头堡。明清时期，位于齐地腹心地带的济南、周村、潍县等地商品经济一直相当活跃，至清末连同烟台、青岛等，成为北方闻名的商品集散地和商业重镇，究其源，与齐地传统的工商业经济的传承有着直接的关系。

鲁地位处内陆的汶、泗之滨，境内兼有山、河、湖泊之利，展现出较为典型的内陆河谷型文化特点。在经济上，由于土地平坦肥沃，有灌溉之利，最适宜桑麻之业的发展，因而形成了比较单一的农业经济。近年来，随着考古遗址的大量挖掘，在齐地乃至山东全境出土了数量众多的齐国刀币和布范，而鲁币一直没有考古出土发现，这表明，当年鲁国的经济是以较原始的农业经济占主体，工商贸易不发达。《史记·货殖列传》说："鲁好农而重民。"《汉书·地理志》也说：鲁地"地狭民众，颇有桑麻之业"。这说明，到了汉代，鲁地的经济仍然具有非常典型的农业经济的特点。

汉代以后，由于儒家以农为本的重农思想成为传统经济思想的主干，鲁地作为孔孟故乡，农为邦本观念更是深植于民间，农业生产始终占据经济发展的主导地位。隋唐以后，特别是明清以来，随着京杭大运河的开通并流经鲁地，作为南北商品贸易流通的要路，运河沿岸兴起了若干商业城市，其中如济宁等处商贸也曾繁荣一时，但当地以农为主的单一经济并未有根本性改变。后来运河断航，城镇萎缩，重农经济模式仍为该地区主导。

近代以来，山东地区商品经济的发展大体而言：齐兴而鲁衰。多数商业城市，如济南、青岛、淄博、烟台等，集中兴起于齐地，而重要城市少有在鲁地兴起，这种情况当与经济模式上的传统差别有着极深的渊源关系。

齐鲁大地高山、大海、河湖、平原并有，美丽富饶的地理环境，孕育发展了域内丰富深厚的历史文化，数千年来，一直为中华文明的发展增添着生机和活力。

二、齐鲁与山东——区划沿革与文化传承

史前三代的东夷古国　齐鲁疆域变迁与文化消长
郡县演变与文化传承　山东之称与山东设省

就其区划沿革看，当今的山东省域，在中华五千年文明发展中，大致经历了四大阶段：（一）东夷古国林立期（远古至三代）；（二）齐鲁诸侯封国期（西周至战国）；（三）郡县州府变迁期（秦汉至宋元）；（四）省域政区稳定期（明清至民国）。在这漫长的历史变迁中，齐鲁文化始终以此域为摇篮，孕育、形成、延续与传承，生生不息，源远流长。

早在史前和夏商时期，山东地区就是我国东方古老的土著民族——东夷人的传统居住地。东夷族，华夏族三大部族之一，主要分布在我国东方沿海一带，部落与支系众多，有"夷有九种"（《后汉书·东夷传》）之说。由于自然环境因素的不同与部落间争斗频繁的影响，其活动范围广阔，各族群间难以有清晰的生活疆界和稳定不变的居地。但从历史文献的记载和历代学者的研究来看，山东则是东夷族生活流动的一个中心区域①。在漫长的历史时期中，山东地区的东夷族大体经历了史前部落联盟活跃期、夏商小国林立期和商末地方大国联盟期三个沿革变迁阶段。

史前传说中的"五帝"时代，山东更是古代帝王（部落联盟首领）的主要活动区域之一。汉代以前的文献中，不同版本"五帝"人物在齐鲁旧地的活动足迹，有着大量记载②。太昊（伏羲氏）"世居鲁地"；炎帝

---

① 傅斯年认为：东夷活动区域西至河南东隅，东至海，北至济水，南至淮水流域（参见傅斯年：《夷夏东西说》，见刘梦溪主编《中国现代学术经典·傅斯年卷》，河北教育出版社 1996 年版，第 212—232 页）。郭沫若认为："从黄河下游到江淮流域是东夷和淮夷活动的地方，共有九部，合称九夷"（见郭沫若《中国史稿》第一册，人民出版社 1976 年版，第 112—113 页）。

② "五帝"所指何人，古人歧说纷纭。据《史记·五帝本纪》之《正义》、《考证》所列有五说：（1）黄帝、颛顼、帝喾、尧、舜；（2）少昊、颛顼、高辛、尧、舜；（3）伏羲、神农、黄帝、少昊、颛顼；（4）伏羲、神农、黄帝、尧、舜；（5）司马迁《五帝本纪》列黄帝、颛顼（高阳）、帝喾（高辛）、尧、舜为五帝。

"初都陈，又徙鲁"；黄帝"自穷桑登帝位"，其又"生于寿丘"；颛顼的始都之地亦为"穷桑"；舜帝，《史记·五帝本纪》中虽言其为冀州之人，但早于《史记》数百年的《孟子》却记载：舜"生于诸冯，迁于负夏，卒于鸣条，东夷之人也"，所涉地名大多位居山东之地①，至少说明，这里是舜主要的活动区域之一。范围从东海诸冯（今山东诸城）至鲁西南雷泽（今山东菏泽），地域广阔，且生活的时间较长。

"五帝"之中，少昊氏在山东地区的活动与贡献尤为突出。《左传·定公四年》记载："因商奄之民，命以伯禽，而封于少昊之虚。"可见春秋时期的鲁国人一直将他们的国都视为古代帝王少昊的封地和故都所在。至今曲阜仍有少昊陵遗存，也是少昊在鲁的有力佐证。作为可靠史料记载，《左传》中，还于"昭公十七年"、"昭公二十年"条下，分别记载了郯子和晏婴言及少昊氏以鸟命官分封各地的情况②，可知少昊

① 太昊事见《左传·僖公二十一年》："任、宿、须句、颛臾，风姓也，实司太皞与有济之祀，以服事诸夏。"（李学勤主编《春秋左传正义》，北京大学出版社1999年版，第399页）上述四国，皆为春秋时鲁国附近的小国，地在现今济宁、东平一带，奉祀太昊，说明他们都是太皞的后裔之国。又《史记·五帝本纪》载：黄帝"东至海，登丸山（《正义》：丸山，即丹山，在青州临朐县界）及岱宗"（见司马迁：《史记》，中华书局1959年版，第6页）。又《史记·周本纪》《正义》引皇甫谧云："黄帝生寿丘，在鲁城东门之北。"又《正义》引《帝王世家》：炎帝"初都陈，又徙鲁"。《吕览·古乐》："帝颛顼生于若水，实处空桑，乃登帝位。"空桑即穷桑，今曲阜。舜事参阅《史记·五帝本纪》《集解》：雷泽，引郑玄注：兖州泽属济阳；河滨引皇甫谧曰："在济阳定陶"；《正义》：河滨，"在曹州滨河处"。寿丘：引皇甫谧："在鲁东门外。"（见司马迁《史记·五帝本纪》，中华书局1959年版，第33页）

② 少皞都曲阜，事见《太平御览》七十九引《帝王世纪》："少昊帝，名挚……邑于穷桑，以登帝位，都曲阜。"又《左传·定公四年》载："因商奄之民，命以伯禽，而封于少皞之虚。"少皞之国以鸟名命官及封国可参《左传·昭公十七年》："郯子来朝，公与之宴，昭子问焉，曰：'少皞氏鸟名官，何故也？'郯子曰：'吾祖也，我知之……'"又《左传·昭公二十年》载晏婴述齐地历史："昔爽鸠氏始居此地，季萴因之，有逢伯陵因之，薄姑氏因之，而后太公因之。"（分别见李学勤主编《春秋左传正义》，北京大学出版社1999年版，第1546、1360、1406页）足见范围之广，少皞氏以鸟命官，张富祥参阅有关文献统计有：五鸟、五鸠、五雉、九扈共24种之多（见安作璋、王志民主编：《齐鲁文化通史》第一卷，中华书局2004年版，第125页）。傅斯年《夷夏东西说》据《左传》、《史记》等文献统计，少皞诸姓国为：郯、莒、奄、徐、梵裘、费等，均在今山东之境。

之时，从鲁南的郯地（今苏鲁交界的郯城一带）到鲁北的齐地，都为少昊氏部族长期盘踞经营的范围。

夏代山东区域情况，资料甚少，难知其详。但周代晚出的《尚书·禹贡》中记载，夏禹分中国之地为"九州"，而山东地区据有其三：兖州、青州及徐州之大部。从地域分布上看，"济河惟兖州，九河既道"，兖州大致在今泰山以西古济水、黄河及其支流一带；"海岱惟青州，嵎夷既略，潍淄其道"，青州大致在今泰山以北，包括山东半岛在内的中东部地区；而徐州"淮、沂其乂，蒙、羽其艺"，山东中南部沂水、蒙山直到苏北的羽山一带，为其范围。可见，夏商时代山东实处于九州的中心地位。

夏商时期，山东东夷民族的发展，是一个从氏族部落向方国林立的发展期。据当代学者不完全统计：山东境内夏商时代方国至少有130余个[1]。在缓慢的发展演进中，方国间联系却是有迹可循的：其多以氏族文化为纽带，形成了多个不同氏族方国相对集中的聚居区域。例如：属于太昊氏集团的任、宿等九个方国，及少昊氏集团的穷桑、兖、徐、郯等25个方国，多聚居于泰山以南的汶泗流域；属于炎姓集团的州、向、纪、莱等，多聚居于泰山以北的潍淄流域；属于高阳氏集团的曹、牟等17国，及陶唐氏的陶、丹、范等，则多聚居于鲁西济河流域。夏商时代，山东地区东夷人势力强大，常常对夏商中央政权构成威胁，产生重大影响，一代政治中心移至山东地区的情况，时有发生。《左传》襄公四年、哀公元年及杜预注有载：夏开国之君启死后至少康中兴之间，此地曾发生后羿和寒浞取代夏政情况，这说明此时期政治中心已移至山东地区，记事所涉有穷氏、寒氏、斟寻、斟灌、有鬲氏、有仍氏等的地望，都位于今天的山东地区[2]。

商代后期，山东地区东夷小国林立的局面有了改变，商奄、薄姑及莱国等势力强大的方国出现了。商奄，地望在曲阜一带，之所以称为商

---

① 参见王献唐《炎黄氏族文化考》，齐鲁书社1985年版；《山东古国考》，齐鲁书社1983年版；逄振镐《山东古国与姓氏》，山东人民出版社2006年版。

② 见《左传·襄公四年》注；《史记·夏本纪》《正义》引《括地志》。

奄，极有可能是"商王族的支子所封之国"①，在商末它的势力范围大约扩展至整个汶泗流域；薄姑，则是在泰山以北盘踞齐地的又一大国，其势力范围西至济水，东至潍水的广大地区，《左传·昭公九年》载："及武王克商，薄姑、商奄，吾东土也。"这说明在周人眼里，商奄、薄姑代表着东方的广阔边疆。周灭商之后，商奄、薄姑联合徐夷、淮夷，与管叔、蔡叔一起反叛，成为周统一东方的两大劲敌。其后周公东征，用了三年时间，才征服了商奄、薄姑等顽抗之敌②，为统一天下扫平了最后的障碍。

商代末期，山东地区还存在着一个夷人大国莱国。其活动地盘，西起潍水流域，东至半岛，范围广大，势力亦强盛。史载当姜太公封齐之时，曾与莱人争营丘，据说经过多次战争，才将之击退东移③，但直至春秋时期，莱国仍为齐国东部的一个强国。

从远古至夏商，山东地区在政区沿革上，经历了由氏族部落到方国林立的变迁，但在文化上却始终保持了土著东夷人文化的传承绵延。其间，山东地区虽未成为政治中心而提升其文化的主导力，却因其文化的高度发达及东夷部族势力的强大，对夷夏文化交流与中原王朝的兴衰产生了巨大影响，亦为华夏文化共同体的形成作出了独特的贡献。

从西周至秦统一的八百年间，是山东区域沿革与文化发展上的一次重大转折与变革时期：从疆域变迁上讲，周封齐、鲁，开启了从小国林立向两大国为主体的疆域变迁进程；从文化发展上讲，这一时期进入了从东夷文化到齐鲁文化形成、发展的新阶段。这一变化进程，随着历史发展，经历了西周、春秋、战国三个不同阶段。

西周时期，齐、鲁与各国并存，诸侯林立局面并未有大的改变。据

---

①　参见顾颉刚：《周公东征和东方各族的迁徙》，见《文史》第27期。

②　《史记·周本纪》："召公为保，周公为师，东伐淮夷，残奄，迁其君薄姑"，《今本竹书纪年》："三年……遂伐奄，灭薄姑。"《尚书大传》："周公一年救乱，二年克殷，三年残奄。"

③　《史记·齐太公世家》："封师尚父于齐营丘……黎明至国，莱侯来伐，与之争营丘。"当代学者王献唐认为：齐立国之初，与莱夷战争共有七次之多，见王献唐《山东古国考》。

《左传》等史籍记载，到春秋初期，山东地区的古国仍有 55 国之多。其中，一部分是周室分封诸侯，另一部分则为东夷殷商旧国。然而在列国之中，齐、鲁两国仍具有突出重要的地位。齐立国之初，成王即使召康公命太公曰："东至海，西至河，南至穆陵，北至无棣，五侯九伯，实得征之。"（《史记·齐太公世家》）此实为在诸国之中，授予齐国霸主之尊。而鲁为周公封国，封国之始，即得封赐甚厚，具有拥有"天子礼乐"，享用"王礼"之权①。齐、鲁在天下封国中的特殊地位，为形成特色鲜明的齐鲁文化奠定了基础。

西周后期开始，已现列国纷争，诸侯割据，霸主更替之象，各国疆界时变无常，难以确切描述。春秋时期，是齐、鲁疆域迅速扩大，诸侯小国被大量吞灭，山东地区由小国林立向齐鲁主体形成的变化阶段。后世所谓的"齐鲁之邦"，奠定成形于这一时期。但是齐与鲁又各有不同：总体上看，终春秋之世，齐国疆域一直处在持续扩展之中；而鲁之疆域，则经历了一个前期不断扩展，"僖公中兴"达至巅峰，而后不断衰败萎缩的发展过程。

齐国在春秋时期，疆域的扩展历经"三变"：早期，齐桓称霸，灭谭、入遂、服郭、迁阳，"并国三十五"（《荀子·仲尼》），疆域由原营丘、薄姑旧地扩至"南至于岳阳，西至于济，北至于海，东至于济隑（潍水流域）"（《管子·小匡》），此为一变；后期，灵公灭莱，东鄙至胶莱河；庄公伐莒国侵介根，东南境至于今诸城、五莲一带；景公灭掉东莱，半岛一带尽归齐域，此又为一变。春秋战国之交，田氏代齐后，齐之疆域再次生变。一是南侵鲁地。其时鲁已弱如小侯，齐宣公四十四年，齐夺鲁莒、安阳二邑，次年取鲁"都"邑，又三年夺郕邑。此四地，一在鲁南之境，一在鲁西南之境（今菏泽一带），一在鲁南今枣庄峄城一带，一在泗水一带，地盘已括近于山东全境。二是西夺卫、魏之地。齐宣公四十九年，"伐卫，取贯丘"，范围扩至今鲁豫边界；齐康

---

① 《史记·鲁国公世家》："成王乃命鲁得郊祭文王，鲁有天子礼乐者，以褒周公之德也。"《礼记·明堂位》："凡四代之器、服、官，鲁兼用之，是故，鲁，王礼也，天下传之久矣。"

公十五年，夺取魏国襄陵（今邹县），地近鲁都城。三是北取燕地。齐
康公二十五年，"起兵袭燕国，取桑丘"，北境延至今河北易县、徐水县
一带。

　　鲁国在春秋之世，南有强楚、北有齐霸，两方受制，国势动荡，疆
域不稳，但总体来看，前期其疆域亦不断扩展，至僖公之时达至高峰。
春秋初期鲁国的疆界，文献记载不详，据《左传》等书所记，就其北与
齐、西与宋、东与莒等国的交战、会盟之地来看，疆域范围大致北到泰
山，西至郓城、巨野，南至费县、沂水，东到安丘、诸城一带，国土
面积与国家势力，当与齐不相上下，甚至有学者认为彼时鲁强齐弱①。
僖公在位 33 年，时当齐桓公称霸后期，他北睦强齐，南征淮夷，疆域
迅速扩展。《诗经·鲁颂·閟宫》中，有歌颂鲁僖公时鲁国强盛的诗句：
"泰山岩岩，鲁邦所瞻，奄有龟蒙，遂荒大东，至于海邦，淮夷来同"、
"保有凫绎，遂荒徐宅"。据诗句所言可知，鲁国的疆域及势力范围已经
东到大海，西抵徐地（今安徽泗县一带），北及泰山，南至淮水流域，
已经包括当今山东中南部的广大地区了。然而至春秋后期，鲁国公室衰
微，三桓坐大，国力衰退，国土日削，鲁国渐至"状如小侯"了。

　　齐、鲁之外，春秋时期山东地区的大国还有莒、曹、宋等国。莒
国，周初所封少昊氏后裔之国，故地在今山东莒县一带。春秋时期，莒
是齐、鲁之外的东方强国，在齐、鲁、晋等大国会盟冲突中，它是一支
为各国看重的借助力量。它先后灭掉了向、杞、鄪等国，侵占鲁国的部
分土地，疆域一度西达今天的沂水，东至大海，北到安丘，南至苏北一
带，春秋之末，被楚国所灭；曹国，为周武王之弟叔振铎的封地，故地
在今菏泽（曹州）定陶县境，是春秋时主要侯国之一。疆域最大时尽括
当今菏泽、定陶、曹县及其周边地区，由于地近中原，常遭宋国侵扰，
亦是晋楚等大国争霸的争取力量和受害者，春秋末期，为宋国所灭。宋
国，周初所封殷商后裔之国，故都在河南商丘一带，春秋时的中原大
国，宋襄公曾经一度称霸。清人顾栋高《春秋大事表》称，宋在春秋时

---

　　①　童书业：《春秋左传研究》，中华书局 2006 年版，第 45 页。

兼有六国之地。现今山东西南部菏泽、金乡、峄县、东平一带曾为宋国之东疆。

战国之世，诸侯逐鹿，战争频仍，大国兼并激烈。鲁国国势日益衰落，疆界萎缩至曲阜周边一带，终于于公元前256年为楚国所灭。而山东大部地区并为齐国所据，齐威王到齐湣王之时，齐国接连发动了数次扩张战争：先是齐威王大败魏于马陵，使齐西境达至今山东西境莘县一带；齐宣王时攻燕，几乎灭掉燕国，将齐之北境延至河北南部；齐湣王时，齐国灭宋，西南边境已达河南东部一带了，齐国的疆域不断扩大。

自西周至战国八百年间，为山东地区文化发展史上极具重大意义的时期。在由邦国林立的东夷旧地，到以齐鲁为主体疆域的发展过程中，山东区域文化的主体——齐鲁文化也创立、发展、成熟起来。值得关注的是，齐与鲁两个大国各在文化发展过程中，呈现着别样的历史风貌。随着齐国的发展壮大和疆域的不断扩展，齐文化成为承继东夷文化传统，汇融时代百家特色，富有生命力的文化；鲁国则因其与周王室的特殊关系，成为周鲁文化中心，并随着春秋时期鲁国的国势发展和疆域扩大，其作用与地位凸显于诸侯各国。由于鲁国作为礼乐文化中心具有深厚的底蕴，春秋私学因孔子创办于此而率先发生与发展壮大，以儒学为主体的鲁文化，并未因国力衰退和疆域萎缩而衰落，反而在春秋末期及战国时代，被发扬光大，其以文化的软实力，在战国之世强化了齐、鲁间文化的交流与融合，最终山东区域文化的核心和主干——齐鲁文化形成、发展而成熟起来。在大一统的秦汉时期，以儒学为整合体，齐鲁文化上升为中华文化的主流，并对此后中华文明两千年的发展产生着深远的历史影响。

从秦汉统一到宋元时代，为山东历史上政区变化最纷繁复杂的时期。改朝换代必有地方的辖域变迁，一朝之中政区数变者亦不在少数，但其变化的基础都是以秦代郡县之制为基础。

秦灭六国，废封蕃，设郡县，奠定了中国社会两千余年政区变迁的基石。秦初全国共设36郡，山东居其三。后又析地置郡，增置12郡，至 48 郡①。其中析置最多者，在于齐鲁：将齐地之郡，析二为七，增至八郡，山东地区计有临淄郡、琅琊郡、济北郡、即墨郡、城阳郡、博阳郡、胶西郡、薛郡，及东海、清河二郡之一部、东郡大部，共辖 97 县之地②。

西汉至西晋，为王侯封国与郡（州）县并存时期。汉代设立封国，也以山东为重镇，据《史记·高祖本纪》记载：刘邦封长子刘肥于临淄，为齐王，其领域"东有琅琊，即墨之饶，南有泰山之国，西有浊河之限，北有渤海之利，地方二千里"。几与春秋首霸齐桓公时期大致相当，而其都城"临淄十万户，市租千金，人众殷富，巨于长安"。为当时富庶繁华的大都市。

东晋北朝时期，山东政区战乱频仍，朝代易迭，"疆境之守，彼此不常"③（《通典·州郡》）。政区变化大致以州、郡、县为主，其间南燕建国山东境内，都于广固（今青州一带），疆域"东至海、南滨泗上，西带巨野，北薄于河"④（《读史方舆纪要》卷三）。

隋唐时期，政区设道、州、县，山东属于河南道，下设 10 州、110 余县；宋代设京东东路、京东西路于今山东之境，下辖 10 州 100 余县。

以"山东"之名，指称当今山东之域，则始于金代⑤。金太宗天会十五年，金将所统治地区划分为 17 路，沿袭宋代旧制，将京东东、西路改为山东东、西两路。元代山东由中书省（中央）管辖，设山东东西

①　秦设郡数，参阅谭其骧：《秦郡新考》，见《长水集》，人民出版社 1987 年版，第 10—11 页；王国维：《秦郡考》，见《观堂集林》第三册，中华书局 1959 年版，第 534—541 页。

②　参见后晓荣《秦汉政区地理》，社会科学文献出版社 2009 年版，第 278 页。

③　（唐）杜佑：《通典》，中华书局 1982 年版，第 4459 页。

④　（清）顾祖禹：《读史方舆纪要·卷三》，中华书局 2005 年版，第 142 页。

⑤　山东之称，古已有之。战国之时，秦居关中，称崤山、华山以东地区为山东；秦汉以后，也将太行山以东地区称为山东。《战国策·秦策·一》："当秦之隆……山东之过从风而服。"（刘向：《战国策》，上海古籍出版社 1985 年版，第 88 页）又《战国策·赵策》："六国纵亲以摈秦，秦必不敢出兵于函谷关，以害山东矣。"（刘向：《战国策》，上海古籍出版社 1985 年版，第 641 页）又参《史记·晋世家》："晋兵先下山东。"（司马迁：《史记》，中华书局 1959 年版，第 1664 页）

道宣慰司，域内分六路 23 州、102 县。明代洪武年间，山东行中书省设立，自此山东以"省"统一政区，省会由青州移至济南。清代沿用明制，山东省域之内，区划基本稳定。乾隆年间设立济南、东昌、泰安、武定、兖州、沂州、曹州、登州、青州九府，及临清、济宁两个直隶州，下辖 96 县。

　　纵览数千年山东政区沿革的历史，山东文化在中华文明五千年发展过程中随时代变迁的印记清晰可见：三代以前，作为东夷文化中心区域，邦国林立的历史面貌，反映出在中华文明起源时期，山东地区即是一个开发早、族群集中、文化发达的核心区之一，为齐鲁两国的建立和文化的繁荣奠定了基础；春秋战国时期，是中华文明发展史上具有独特地位的"轴心时代"，也是山东文化史上最辉煌灿烂的阶段。齐鲁两大国，一为霸主之国，一为礼义之邦，伟人先哲，多出齐鲁，诸子百家，悉汇斯地。孔子、墨子、管子、孙子等影响中国历史进程的伟大思想家、政治家、军事家活跃在这片土地上，齐鲁成为百家争鸣、文化荟萃的"重心"之地，放射出璀璨的光芒。齐鲁两国国力强盛，疆界占据当今山东省的绝大部分区域，甚至延至河南、河北、江苏之境，奠定了后世所称的"齐鲁之邦"的地域范围。秦汉时期，政治、文化中心西移中原，但以齐、鲁之学为主要特色的齐鲁文化仍在山东之地传承延续，并发扬光大。人才繁盛，学者如云，是历代最高统治者特别关注的东方之地，因而王侯分封，郡国之设，数量远胜他邦。魏晋以降，延至宋元时期，政治文化重心或西移关中、河洛，或南迁江、浙、苏、皖，山东虽为孔孟之乡，圣地灵光依然生辉，但毕竟地处海隅边陲，旧邦之地，设为一般州府，唐属河南道，宋称京东路，其战略地位的式微与回落不言而喻。明清以来，山东政区省域稳定，文化复盛，山左文坛，人才辈出，誉播海内。其西境运河贯其南北，为南北交通中枢；其东临大海，为东亚海运枢纽及对外开放门户，在南北文化融合及中外文化交流中，山东发挥着重要的大陆桥作用。

　　山东之区域变迁与文化传承，可作一体观。数千年间，齐鲁文化经历了一个孕育、形成、发展、传承不息的过程。这是山东区域文化形成的内核，也是后代传承不息的文化之根。自秦汉以迄明清，历代政区变革，聚分无常，州郡之设，复杂多变，但变中亦有不变：历史上山东之域始终有一个聚而不散、传而不衰的称谓："齐鲁"。

"齐鲁"合称，见诸文献，始于战国①，秦汉时期已被广泛使用，历代传称，千年不衰。究其原因，旧邦故称为其表，文化精神为其骨。既承载着历史变迁中，齐鲁文化在山东之地传承不息的史实，也反映出历代国人对这个礼义之邦优良传统的尊崇、向往与怀恋。从汉武帝的"生子当置之齐鲁礼义之乡"的文化向往，到隋代人"齐鲁富经学"的慨然感叹②；从《北史·儒林列传》"齐鲁赵魏，学者尤多，负笈追师，不远千里，讲诵之声，道路不绝"的真实记载，到宋代学者苏辙"吾本生西南，为学慕齐鲁"的衷心表白，都反映出在政区沿革变迁的历史长河中，齐鲁文化传统在山东之地永传不息的生命力及对历代中国人根深蒂固的文化影响。宋代山东著名女词人李清照客居江南后所写的诗句："嫠家父祖生齐鲁，位下名高人比数。曾记当年稷下时，犹道人挥泪如雨。"③反映的正是历代山东人对于齐鲁大地经久不衰的历史记忆与难以排解的故乡情结。

三、从文化"重心"到人文圣地——历史地位与贡献

文化"重心"的奠基与形成　重心到圣地的演变
圣地的提升与发展　圣地的影响与贡献

中国地域广大，幅员辽阔，在中华文明发展长河中，各个地区的历史贡献既有差别，在不同时代中也有不同的重心所在。在中华文明发

---

① 《荀子·性恶》："天非私齐鲁之民而外秦人也"。见王先谦撰《荀子集解》，中华书局 1988 年版，第 442 页。

② 分见《史记·三王世家》（司马迁：《史记》，中华书局 1959 年版，第 2116 页）；《隋书·列传第四十一》（魏征：《隋书》，中华书局 1973 年版，第 1745 页）。

③ （宋）李清照：《上枢密韩公其二》，见刘忆萱《李清照诗词选注》，上海古籍出版社 1981 年版，第 13 页。

展的早期，尤其是在被当代学者称作中华文明"轴心时代"①的春秋战国时期，山东地区便是中华文明的"重心"所在，对中华文明的发展作出了独特的贡献。有的专家认为："以孔子来代表枢轴时代的中国思想方式可谓事所当然。"②傅斯年先生在《夷夏东西说》中说："自春秋至王莽时，最上层的文化只有一个重心，这一个重心便是齐鲁。"③分析这一"重心"形成的历史，大致可以分为四个阶段：一是史前夏商的孕育期；二是齐鲁立国的奠基期；三是春秋战国的形成期；四是秦汉时代的结晶期。

这一文化"重心"很早便在山东这片古老文明的发源地上开始孕育。20世纪30年代山东发现龙山文化以来，大量考古挖掘表明，以泰山为中心的海岱文化区是一个由后李文化——北辛文化——大汶口文化——龙山文化——岳石文化等考古文化组成，自成序列、独立发展的高文化区。而大汶口文化出土陶文、龙山文化出土文字陶片的系列发现，规模不等的龙山文化城的大量发现，以及诸多关于上古泰山宗教文化的传说与记载，都足以证明：山东地区确是一个黄河文明发展程度很高的核心区域④。

夏商时代的山东是邦国林立的东夷古国⑤文化区。20世纪30年代以来，在青州苏埠屯商代大型贵族墓葬和济南大辛庄商代文化遗址中，挖掘出土了大量精美青铜器等随葬品，尤其是苏埠屯"亚丑"青铜钺与大辛庄大量刻有文字的卜骨的被发现，先后在全国学术界引发轰动。苏埠屯大墓被认为："墓主人可能是仅次于商王的方伯一

---

①　参阅许倬云《中国文化与世界文化》之《论雅斯贝尔斯枢轴时代的背景》一文，广西师范大学出版社，第108—133页；又参冯天瑜《中华元典精神》第三章第一节《轴心时代》，上海人民出版社1994年版。

②　许倬云：《中国文化与世界文化》，广西师范大学出版社2006年版，第120页。

③　傅斯年：《民族与古代中国史》，河北教育出版社2002年版，第58页。

④　参见唐兰《从大汶口文化的陶器文字看我国最早文字的年代》，《光明日报》1997年7月14日；严文明：《龙山文化和龙山时代》，《文物》1981年第6期；高广仁、邵望平：《中华文明发祥地之一——海岱历史文化区》，《史前研究》1984年第4期。

⑤　胡厚宣等：《殷商史》，上海人民出版社2003年版，第508页。

类的人物"①，它是殷墟之外规模最大、等级最高、殉人最多的贵族葬地。而大辛庄甲骨文是自甲骨文首次发现于殷墟104年后的第二次被发现。根据这些齐、鲁旧地上的文化出土，结合商末分别占据潍淄流域与汶泗流域的两个东方大国薄姑与商奄起兵反周的历史史实来看，诸国之中齐、鲁两国分封之地是两个文化发展水平很高的高文化区应无异议。

齐、鲁之所以成为早期中华文明的"重心"之地，固然与它自古以来形成的深厚文化积淀和雄厚经济基础有关，而其发展的契机则与商周之际的巨大社会变革和齐、鲁的分封建国有着直接关系。

商周之替，从中华大地早期民族关系角度来看，是夷夏冲突之中，处于西方黄土高原的夏族对东方的夷族的军事胜利；从社会发展变革的角度看，则是"旧制度废而新制度兴"。在这场社会变革中，作为殷商东方重镇的薄姑与商奄，因其对周政权的激烈抗争，使得这两个处于泰山南北的殷商旧地显现出极端的重要性，周公东征灭奄与薄姑的胜利，更使周统治者进一步认识到这两个东方重镇的战略意义，于是将太公封于薄姑旧地，将周公封于商奄旧地。

周王室的分封齐鲁是富有远见的政治之举，大约他们已经感受到东方殷商势力的反抗既是一场实力较量，也是一场文化冲突，周统治者为实现普天之下莫非王土的目标，有意在东方建文化据点与军事堡垒。因而周封天下特重齐、鲁，将姜太公与周公这两位灭商统帅和安邦首辅分封齐、鲁之地。

周封齐鲁，从军事与文化两个方面，用心深远：封姜太公于齐，意在建立镇抚东方的军事重镇；封周公于鲁，则意在保存与传播周文化于东夷之地。封国之初，周武王"封功臣谋士，而师尚父为首封"（《史记·周本纪》），授姜太公以"五侯九伯，实得征之"的征伐大权②，从

---

① 霍晓蕙：《镇馆之宝讲述时代的精彩》，《齐鲁晚报》2011年3月22日。

② 《史记·齐太公世家》："及周成王少时，管蔡作乱，淮夷畔周，乃使召康公命太公曰："东至海，西至河，南至穆陵，北至无棣，五侯九伯，实得征之。齐由此得征伐为大国。"

而奠定了后世齐国称霸的基础；而封鲁之时，则特别将一些代表文化传统的传世文物、典策、器物，以及主持王室祭祀的职业官员配送于鲁，又将供王室之用的"四代之器、服、官，鲁兼用之"，让鲁国享有"王礼"①。意在保存、传承周文化于东夷之地，使之成为礼乐之都，这为齐、鲁分别成为东方的军事、文化重镇奠定了坚实的基础。受封之始，齐、鲁即享有周天子赐予"特权"，齐鲁为东方文化重镇的深厚基础在立国之初就已奠定。

立国之后，齐、鲁分别采取了不同的建国方针，发挥各自的既有优势，大大夯实了成为文化"重心"的基础。齐国简政从俗，工商立国，尊贤尚功——奠定了霸业基础；鲁国崇礼革俗，强农固本，尊尊亲亲——促成了礼乐之邦的形成。这些都为齐鲁在春秋战国之世成长为中国文化的"重心"准备了必要的条件②。

春秋之世，王室衰微，列国争霸，乱象纷生，但却给齐鲁发展为中华文化"重心"带来了新的机遇。齐鲁两国一兴礼乐，一骋霸业，共同构筑起东方之地的文化重心地位。

鲁国之所以能够成为礼乐文化中心，首先在于它秉持周礼，以礼治国，诸侯大多因尊周礼而尊鲁。《左传·闵公二年》有载：齐桓公欲伐鲁，大夫仲孙湫劝止说："不可，犹秉周礼，周礼，所以本也，鲁不弃周礼，未可动也。"因秉周礼而不可伐，这清楚说明了鲁在当时列国中独享的文化地位。其次鲁大量保存了周王室及各诸侯国的礼乐典章。史籍有记，鲁襄公二十九年，吴国公子季札到鲁国观周乐，鲁乐工为其演

---

① 《左传·定公四年》："分鲁公以大路，大旂，夏后氏之璜，封父之繁弱……以昭周公之明德。……祝、宗、卜、史，备物、典策，官司、彝器。"《礼记·明堂位》："凡四代之器、服、官，鲁兼用之，是故，鲁，王礼也。"

② 《史记·齐太公世家》："太公至国，修政，因其俗，简其礼，通商工之业，便鱼盐之利，而人民多归齐，齐为大国。"《吕氏春秋·长见篇》亦载："吕太公望封于齐，周公旦封于鲁。二君者甚相善也。相谓曰：'何以治国？'太公望曰：'尊贤上功。'周公旦曰：'亲亲上恩。'太公望曰：'鲁自此削矣。'周公旦曰：'鲁虽削，有齐者亦必非吕氏也。'其后齐日以大，至于霸。"《史记·鲁周公世家》曰："鲁公伯禽之初受封之鲁，三年而后报政周公。周公曰：'何迟也？'伯禽曰：'变其俗，革其礼，丧三年然后除之，故迟。'"

奏了国风、小雅、大雅与颂乐，让季礼甚为惊叹。鲁昭公二年，晋国韩宣子到鲁国看了礼乐陈设及典章图志，盛赞"周礼尽在鲁"。而孔子周游列国"自卫返鲁，然后乐正"，彼时鲁存诗三千余篇，经孔子删治，"皆弦歌之……礼乐自此可得而述"①，成三百篇之《诗经》。可见，到春秋末期，鲁国无论在典章、器物保存，还是文化人才荟萃都堪为集大成之地。周的礼乐文化既已汇聚、保存在鲁国，鲁自然成为周礼文化的代表及中心所在。

　　与鲁国以发展礼乐文化提升"重心"地位相映生辉，齐国以霸业成为当时诸侯各国政治、文化交往的中心。齐桓公在管仲辅佐下，于春秋前期成就霸业近半个世纪。齐桓称霸是以主会盟、尊周室、倡礼义、伐戎狄、护中原为其主要形式。如孔子所赞许的："桓公九合诸侯，不以兵车，管仲之力也，如其仁，如其仁！"（《论语·宪问》）其霸业成为一种备受称赞的"仁"举，主要靠的是诸侯会盟而不是靠武力征服和战争攻伐。从会盟的内容看，虽有政治、军事因素，但主要还是在文化上求取共识。管仲认为，齐桓公是"以礼与信居诸侯，……诸侯之会，其德、刑、礼、义，无国不记"（《左传·僖公七年》）。《孟子·告子下》记载了齐桓公葵丘会盟的一些具体条款，如要求诸侯"诛不孝"、"尊贤育才"、"尊老慈幼"等。由此可以大致说明，齐桓公称霸目的主要在于文化层面的主导性影响，或者说文化霸业。故而清代学者马骕对齐桓霸业的盟会有定性总结："衣裳兵车之会，大率尊天子而亦仁义。"②齐桓公的征伐主要是针对当时"天子卑弱，诸侯力争，南夷北狄交伐中国"（《管子·大匡》）的局面而力图加以改变，其南伐荆楚，北征戎狄，主要目的是为了遏制南北方落后民族对中原文化的侵扰破坏，"把中原诸侯各国联合起来，并逐步消除各国之间政治、经济、文化的交通界限，这是

――――――――

　　① 参见《左传·襄公二十九年》："吴公子札来聘……为之歌《周南》《召南》……为之歌《小雅》……为之歌《大雅》……"又见《左传·昭公二年》："晋侯使韩宣子来聘……观书于太史氏，见《易》、《象》与《鲁春秋》，曰：'周礼尽在鲁矣！吾乃今知周公之德与周之所以王也。'"又参见《史记·孔子世家》。

　　② （清）马骕：《左传事纬》，齐鲁书社1992年版，第57页。

中华民族走向统一的一个必要步骤"①。桓公之后，齐国国势发展略有衰落，至景公时再有"复霸"之势，终春秋之世，齐国国力强盛，城市繁荣，一直为东方一霸，是影响巨大的文化大国。

春秋末期，思想家孔子的出现，正是齐鲁文化共同影响的产出，而孔子一生的活动与贡献，又将齐鲁文化向"重心"地位的迈进提升到一个新的高度，为其后战国时代齐鲁文化重心地位的确立奠定了丰厚的基础。

孔子对齐鲁文化的贡献主要表现在以下几个方面。一是孔子开中国私学教育之先河，他的广收门徒成为中国教育史上从"学在官府"到与之对立的"学移民间"的划时代的标志②。他以"有教无类"的办学思想授徒讲学，弟子多起微贱，开启了"平民以学术进身而预贵族之位"的时代之变③。私学之风一开，学人大量涌现，既为春秋战国时代"士"的兴起奠定了人才基础，亦为礼贤下士社会风尚的形成创造了必要的条件。二是孔子借重于鲁国丰富的文献典藏，整理三代以来传世的古文献，编定"六经"，打破了贵族的文化垄断，使之走向社会，传于后世，由此使得齐鲁成为古代文献的整理编订之所与传世经典产生之地，私家著述的典范也因此而生成，可以说战国诸子百家的产生正是以之为思想资源的④。三是孔子为齐鲁之地培养了大量的人才，《史记》记载他有弟子三千，其中身通六艺者有 72 人之多，而孔子弟子中，以鲁人与齐人为最多，传之后世而知名者，达 70% 以上⑤。孔子思想薪火相继，弟子

①　冯友兰：《论管仲》，见《中国哲学史论文集》第一辑，山东人民出版社 1979 年版。

②　匡亚明：《孔子评传》，齐鲁书社 1985 年版，第 274 页。

③　钱穆：《先秦诸子系年·孔子弟子通考》，第 83 页。

④　王安石："先六经而后各家"，转引余英时《士与中国文化》，上海人民出版社 2003 年版，第 23 页。

⑤　钱穆《先秦诸子系年》中有《孔子弟子通考》共列孔子弟子可考者 27 人，鲁有 18 人，齐有三人，两者相加近 80%。据匡亚明《孔子评传》（齐鲁书社 1995 年版）统计：孔子弟子后世知其名者共 8 国 68 人，鲁国 42 人，齐国 8 人，占 73%。据启谦《孔子弟子研究》知其名与国籍者 8 国 104 人，鲁国 42 人，齐国 9 人，近 70%。该书统计所谓七十二著名弟子中，现知者 29 人，齐鲁籍 23 人，占 80%。

再传弟子众多，战国之时已有"孔墨弟子满天下"之说，齐鲁之地形成了一个当时社会人才的培养、产出基地。

战国以降，大国争雄，求霸图存，社会思想活跃，文化上则出现了中国文化史上"百家争鸣"的新时代。在这样一个列国纷争、战争频仍而又思想自由的时代，齐、鲁文化随着社会的进一步发展，其作为文化"重心"的地位更进一步显现出来。

表现之一为诸子各家及其代表人物多出于齐鲁。《汉书·艺文志》言："诸子十家，其可观者九家。"百家学派主张传世，代表人物可考者九家而已，其中产生重大影响者，如司马谈《论六家要旨》所载，只有六家：儒、道、法、墨、阴阳、名家。六家之中以其代表人物来看，儒家之孔、孟，墨家之墨翟，都是鲁人；阴阳家之邹衍、邹奭，皆为齐人。儒家另一思想代表人物荀子虽为赵人，但年及十五即游学齐国稷下，"三为祭酒"，久居齐国数十年，实可视作齐人。其他三家，与齐鲁之关系亦密不可分：老、庄虽皆非齐、鲁之人（庄子，一考为今山东东明县人），但《汉书·艺文志》著录道家，将伊尹与太公（姜尚）列为道家之首，还将《管子》列入道家典籍，这说明在老、庄未出现前，道家思想的萌芽当与齐国有着深厚的渊源。事实上，太公封齐，以道术治国，太公与道家关系匪浅。而先秦道家的重要一派——稷下黄老学派的形成、发展，则主要是在齐国稷下学宫，齐人田骈、接予及环渊等一大批齐之稷下先生是其代表性人物。而法家人物虽多出秦、晋，但法家与齐国的关系也源远流长，甚为密切。辅助齐桓称霸的管仲就是法家思想的先驱人物，齐国崇尚管仲的学者形成了一个管仲学派，亦号称齐法家，思想观点大多集藏于《管子》一书中。荀子的"隆礼近法"思想及其理论体系则非常明显地受到了齐法家学说的强烈影响，正是荀子的学生韩非和李斯成为法家思想的集大者与践行者。名家著名代表人物中，邓析、公孙龙子之外，另两位名家学者尹文和宋钘则是著名的稷下先生，曾长期在齐国居留讲学。可见，道、法、名三家亦与齐鲁文化有着密不可分的关系。

表现之二为齐国稷下学宫为百家争鸣的中心之地。钱穆《先秦诸子系年·稷下通考》称："扶植战国学术，使臻昌隆盛遂之境者，初推魏文，继则齐之稷下。"① 田齐政权在齐国都城临淄设立稷下学宫，时间长达一个半世纪，影响了整个战国之世。当时各国的学者，从四面八方汇聚到稷下学宫，人数多至"数千人"，展开自由争鸣，百家理论与学说纷纷登坛稷下讲堂。被称为稷下先生著述总汇的《管子》，成为汇聚各家学派的理论成果。稷下学宫作为田齐政权官办的大学堂，存在时间之长，规模之大，学者之众，影响之深远，都远非魏文侯及以信陵君等"四君子"为代表的私人养士者所能望其项背。稷下实际上已经成为战国时代最大的学术活动中心，更是百家争鸣的主要基地与活动场所，郭沫若曾有过一个公允的评价："稷下之学的设置，在中国文化史上，实在是有划时代的意义"，"周秦诸子的盛况是在这儿形成了一个最高峰的"。②

　　表现之三为战国诸子之中的"显学"儒、墨两家出自齐鲁之地并在此获得发展。儒、墨为当时影响最大的两个学派，《韩非子·显学》将之称为"显学"，两派就其共同特点看，一是弟子众多，有谓"孔墨徒属弟子，充满天下"；二是支派林立，世称"儒分为八，墨离为三"；三是影响巨大，《吕氏春秋·当染》称赞说："孔墨之后学，显荣于天下者众矣，不可胜数"；四是人物品次极高，儒家学派中不仅产生出如子思、曾子、孟子、荀子等思想大师，还产生出众多传播、发展孔子思想的"圣贤"人物，如七十二子等。墨家学派中也产生出一些如公输般等对历史发展产生重要影响的杰出人物。

　　就儒、墨两家看，虽并称"显学"，实则两大高层次的智力集团活跃于世，其所务各有侧重：儒家重教育，着意于培养精神之贵族；墨家重实务，着意于培养实干家。前者开中国人文教育之先导，为当时人文科学领域之翘楚；后者则开中国科技教育之先河，是当时自然科学发展的高端。儒、墨两家代表了那个时代中国人文科学与自然科学发展的并

① 钱穆：《先秦诸子系年》，商务印书馆2001年版，第268页。
② 郭沫若：《十批判书·稷下黄老学派的批判》，东方出版中心1996年版，第157页。

峙之双峰。儒墨两大"显学",俱出齐鲁,是这一文化"重心"产出的重大硕果。

表现之四为先秦齐鲁兵学的发达。春秋战国时代历经五百余年的诸侯称霸、列国逐鹿,冲突时有,战争频发,从军事哲学及实战经验角度,对战争的战略、战术进行理论总结而结硕果者,首推齐国的军事家。先秦时代传世的兵书有所谓"六大兵法",即《六韬》、《司马兵法》、《孙子兵法》、《孙膑兵法》、《吴子兵法》、《尉缭子》。前四种兵书著者皆为齐人,而著《吴子兵法》的吴起虽为卫人,也曾在鲁国出仕多年。事实上先秦兵书出于齐者远不止以上数部,齐地人所著《管子》、《荀子》、《鲁连子》等书中都载有重要的兵学内容,而《汉书·艺文志》著录有《子晚子》一书,班固有注:"齐人,好议兵",与《司马法》相似,也当为齐人所著兵书。齐人中的军事家,除享誉世界的孙武子之外,如姜太公、管仲、司马穰苴、孙膑、田单,乃至田忌、齐威王等,都是卓然出众于中国军事史上的兵家巨星。春秋战国五百年间,列国争霸,诸侯称雄,兵学兴盛本不足为奇,但众多的军事家与兵学典籍多出自齐地,则反映了齐国兵学有着悠久的传统和深厚的根基。这为文化"重心"的展现增添了一道瑰丽的风景线。

秦统一天下后,齐鲁文化在春秋战国时期的"重心"地位,并未因社会政治、文化的统一而黯然消亡,而是在新的大一统帝国的时代背景下,重新焕发出新的光彩,深深影响着秦汉时代政治、经济和文化的发展。

在秦代,齐鲁文化是对秦始皇影响最大的区域文化。这可从秦始皇对齐鲁文化前后不同的戏剧性态度变化中反映出来。前期,始皇的态度可用"二最"概括。一是最向往、重视齐鲁之地。他在统一全国后的11年中,四次东巡而三至齐鲁,一登泰山,三到琅琊,不仅游遍齐鲁名山大川及半岛海岸线,而且处处刻石勒功,《史记·秦始皇本纪》共记始皇刻石七处,其中五处留于齐鲁。二是最倚重信任齐鲁儒生与方士。秦始皇于朝廷立博士70人,其中多为齐鲁籍之人,使之参议朝政,以供随时请教问询,还曾"东至郡县,与鲁诸生议望祭山川之事"。他听信了方士"不死之药殆可得"的虚说,"甘心于神仙之道",上行下效,结果造成了"燕齐之士,释锄耒,争言神仙方士,于是趋咸阳者以千数"。① 而后期,始皇的态度则由爱及恨,先焚诸子之书,再坑方士儒生,主要打击的对象正是齐鲁学人,从而酿成了毁灭文化的历史惨剧。原因固然有儒生在政治上固执的偏见和迂腐的犯上,及方士倡言仙术的欺骗而招致报复的因素,实质上这是源自春秋战国以来所形成的齐鲁的文化强势与以攻战而统一天下的秦专制文化冲突的必然结果。秦始皇这位刚愎自用的暴虐君主对齐鲁文化前恭而后倨的态度转变终于造成悲剧的发生。但秦朝国祚短暂,至汉文化复兴,齐鲁文化仍然显示出优于其他地域的"重心"地位。

汉代在政治、文化乃至经济方面受齐鲁文化影响之明显,以汉初为最。从高祖至武帝时期近百年间,作为文化"重心"的齐鲁文化之优势风貌尽皆显露于世。

其一,登上帝位的刘邦由鄙儒而尊孔,开了封建帝王祭孔之先风。汉家之业起于楚地,刘邦又是一个"谓读书无益"之人,素对儒生无好感,但是面对秦二世即告速亡的教训和大一统帝国建立后的急需,他还是虚心听取了儒道兼治的大学者陆贾等人的劝告,重用齐人叔孙通制定了朝廷礼仪,并接纳叔孙通的意见"征鲁诸生,与臣弟子共起朝仪"(《史记·叔孙通传》)。高祖十二年刘邦在平淮返归途中,又亲赴曲阜召见儒生,并以太牢之礼隆祭孔子,成为历代王朝中第一个祭孔的帝王。

其二,黄老之学在汉初政治领域产生了巨大影响。主要形成于齐国稷下的黄老之学,齐亡后一直在齐地胶西一带传播发展。《史记》记,刘邦庶长子刘肥封齐国,曹参为相于齐,以"黄老之术"治齐,结果"相齐九年,齐国安集,大称贤相",曹参后为汉相国,倡言"人主之术,处无为之事,而行不言之教"的黄老之学,因而亦成为颇受汉初统治者欢迎的治国良方。有记载,文帝"本修黄老之言……其治尚清静无为";因"窦太后好黄帝、老子言",景帝"及太子诸窦不得不读《黄

---

① 《盐铁论·散不足》。

帝》、《老子》，尊其术"。汉初所谓"文景之治"，治术多用黄老，且一直延续到武帝建元年间，"罢黜百家"后方告结束，前后长达半个多世纪。

其三，齐鲁之学居于汉代经学主流地位。儒家经学历经战国以迄秦汉的代代传授，在齐鲁之地形成了丰厚的社会根底和人才基础。汉惠帝四年"除挟书律"后，经学传授复盛，一时大师云集，其中多为齐鲁之人，几成垄断之势，齐鲁"重心"优势尽显。《史记·儒林列传》言汉初传经的五经八师中，伏生、田何、申公、辕固生、高堂生、胡毋生等六位皆是齐鲁之人，而另一位经师赵人董仲舒与胡毋生同为齐人公羊寿之弟子，亦为齐学培育①。钱穆著《自秦焚书后至汉文景时代之博士》一文，考证出汉初经学博士 12 人，其中八人是齐鲁之士，还有董仲舒、晁错等受齐学影响者多人②。可见汉初经学研究与传授，齐鲁之士实据垄断地位。

汉代经学最重师法，经学宗师多出齐鲁。所谓汉代经学的昌明、极盛时期，实际也就是齐鲁之学传播的黄金时代，所以两汉经学的繁盛，齐鲁之学实居主流地位。齐鲁之学于经学研究的主导，还反映在东汉今古文经学之争中所涉儒学大师如孔氏之长彦、季彦，何休等俱为齐鲁之人，而东汉之末山东人郑玄更是"括囊大典，网罗众家，删裁繁诬，刊改漏失"，以融合古今、遍注群经的学术成就，成为今古文学之集大成者。这是文化"重心"的齐鲁文化，在大一统的历史条件下，为中华文明的发展作出的又一大贡献。

汉武帝接受董仲舒建议："罢黜百家，独尊儒术"，是儒家思想在中央集权大一统局面下与时俱进、不断演变的必然结果，它是齐鲁文化"重心"地位在新的大一统时期重要的文化结晶，由此也使齐鲁走上了

---

① 《史记·儒林列传》言汉初传经大师："言《诗》于鲁则申培公；于齐则辕固生；于燕则韩太傅；言《尚书》自济南伏生，言《礼》自鲁高堂生；言《易》自菑川田生；言《春秋》于齐鲁自胡毋生；于赵自董仲舒。"

② 见钱穆《两汉经学今古文平议》之《两汉博士家法考》，商务印书馆 2001 年版，第 192 页。

中华民族人文圣地之位。

董仲舒，赵人，但负笈求学于齐①，为公羊学大师。他既得孔学真传，又得齐学之教，成为一位在新的大一统社会文化环境下，能够博采百家、融通齐鲁，推动儒学趋时求合的一代儒家宗师。《史记·儒林列传》有记"兰陵王臧，受诗申公，事孝景帝为太子少傅"。鲁诗大学者王臧是汉武帝做太子时的老师，如钱穆所言："王臧尝傅武帝，特见亲信，帝之好儒术，渊源当在此。"在某种意义上讲，"罢黜百家，独尊儒术"，非董仲舒不能，非汉武帝不成，二人的政见耦合自有其文化渊源。这个渊源便是齐鲁之学。

董氏儒学，既推明孔子，阐扬仁学，又汲取齐学之阴阳五行，讲天人感应，还兼采墨、法学派尚同、法治等思想，将儒学改铸成新学说，从此儒学由"迂远而阔于事情"的学术思想"登堂入室"，进一步发展成为王朝政治的御用之具，儒学由此成为后世历代统治者所秉承的圭臬。可以说董氏儒学正是鲁学、齐学融合的结晶。

"罢黜百家，独尊儒术"是个分水岭，儒学由诸子百家之一的学派跃升为独享一国独尊的官学，同时齐鲁旧地也进入了圣地时代。圣地文化的形成与发展，随孔子地位的不断攀升而发展，随圣人、圣迹、圣裔范围的不断加封而扩大，到明清时代达于巅峰。山东"圣地"之称具有越来越丰富的内涵。一是圣人。孔子汉代封"公"——"褒成宣尼公"；北魏封"圣"——"文圣尼父"；唐代封"王"——"文宣王"；北宋则"圣""王"合一——"至圣文宣王"；历代加封，"圣人"成为孔子代称。非但如此，其弟子后学，也因之称圣：颜回称"复圣"，曾子称"宗圣"，子思称"述圣"，孟子称"亚圣"，山东成为众多圣人的故乡。二是圣迹。孔子故居——孔庙称为"圣庙"；孔子墓地——孔林称为"至圣林"；孔家当年水井称"圣水井"；供奉孔子上五代祖先之地则称"承圣门"、"崇圣祠"；孔子父母祀所则称"启圣殿"；"启圣王寝殿"等。邹

---

① 《春秋公羊序疏》引《孝经》言，董仲舒之受学传承为：子夏传于公羊氏，五世乃至胡毋生、董仲舒。

城孟子故居之地则建有"亚圣庙"、"亚圣府"、"亚圣林"及"孟母林"等，还有复圣庙（颜庙）、宗圣庙（曾庙）等圣迹。三是圣裔。孔子后代嫡孙自汉代即袭封"褒成侯"爵位，宋仁宗时其嫡孙被封为"衍圣公"，并赐建官、宅合一的府第孔府，称"圣府"。孟氏、颜氏亦建有亚圣府、颜府等，世世袭封。孔、孟、颜、曾等后裔随时代发展遍布全国各地，但仍以山东为其故乡。而孔氏子弟死后大都归葬曲阜，孔林至今已有 10 万坟冢之多。以孔子及其弟子后学为代表的圣人系统，以孔庙、孔林为代表的圣迹系统，以孔府为代表的圣裔系统，"三圣"为中心构筑了山东的圣地文化标志，形成了由精神到物质传承不息的辉煌的圣地气象。

自西汉至清末的两千余年间，以孔孟为代表，以"三孔"、"四孟"为标志物的圣地文化，在中华文明的发展，在增强民族凝聚力、维护国家统一、弘扬传统文明中发挥了其他区域无法比拟的文化影响力。它的文化贡献主要体现在以下几个方面：

其一，它是民族认同的标志。汉代以后，中国经历了三次北方少数民族入主中原实施异族统治的历史时期。经过金戈铁马的攻战和腥风血雨镇压之后，那些在马上得天下而在人口数量及文化发展均处劣势的少数民族统治者，为巩固其统治地位，大多首先拜谒圣地，献祭孔子，从这里认识中华文明的博大精深，由此切入汉人的精神世界，吮吸丰富的文化营养，以增强统治的文化软实力。他们加封孔子，大修孔庙，重用孔氏后裔，以对圣人的尊崇展示对中华主体文明的认同，而传统中国人——汉人从他们对孔子的膜拜中，看到了异族统治者对于民族文化的认同和夏夷文化的趋同，从而接受被统治的现实而安于现状。这在客观上也为民族文化的大融合奠定了思想基础，最终使异族政权的主体文化统一于以儒学为核心的中华传统文化之中。

这样的例证史不乏书。例如在北朝时期，鲜卑族的北魏政权统治者孝文帝，他不仅首封孔子为"文圣尼父"——此为孔子称为"圣人"之始；而且重置鲁郡，以太牢之礼祭祀孔子，又定献祭孔庙之制，封孔子后裔为"崇圣大夫"，并且在京师立孔庙，亲至阙里祭孔，由此缓和了与汉家世族的矛盾，巩固了政权。在实行大规模"汉化"政策之后，北魏成为北朝十六国中，延续时间最长，也最稳固的政权之一。金代女真族入侵中原后，衍圣公随赵宋政权南迁至浙江衢州，但金代统治者仍于统治山东后的第二年始，采取了一系列尊孔措施，并在曲阜重立孔氏后裔为衍圣公，这样形成孔府南北二宗的局面。元代统一中国后，不仅加封孔子为"大成至圣文宣王"，且以加官晋爵之策，使南北孔府合宗，归于山东曲阜。他们还采取在京师大建孔庙，扩建阙里孔庙，分开庙、宅，扩建孔府，升衍圣公为三品爵等措施，以示尊孔重教，以消弭汉人的防抗情绪。清代统治者入主中原伊始，即展现对孔子的尊崇之态，对"圣地"大加建设，清朝尊孔超越前代，达到了两千年来登峰造极程度。开国之帝顺治于顺治元年即厚赐衍圣公祭田两千余顷，使孔林扩增二十一顷，并在明代衍圣公享一品官禄基础上，又颁命衍圣公为"文官之首"，特赐其在紫禁城骑马、御道上行走等位极人臣的尊荣。仅顺治十余年间，先后两次加谥孔子为"大成至圣文宣王先师"与"至圣先师"。康熙帝更是亲临曲阜祭孔，题以"万世师表"匾额悬挂孔庙，尊崇之至，无以复加。可以说，孔子之"圣人"、山东之"圣地"地位步步跃升，至于极高，与少数民族政权的特意尊孔不无关系。正是孔子及孔子故乡的巨大文化影响力，使历史上三次少数民族入主中原的时期，也成为中华民族文化高度认同与高度融合的时期。

其二，它是维护国家统一的精神支柱。崇孔尊儒，始于大一统的汉代。刘邦亲赴曲阜，开帝王祭孔之先；汉武帝采取"罢黜百家，独尊儒术"之策，更是看到了孔子与儒学对维护国家统一的巨大文化影响力：孔子及其学说可以治理社会，维护天下的统一、防止一统的分裂。由此开始，后代历代王朝无不以尊孔崇圣作为维护统一的象征，实现对天下的教化，以此引领知识分子和民族精英以修身齐家治国平天下之策为维护统一作出贡献。统治者也以推尊孔子，显示尊崇传统文明，仁爱天下的姿态，作为孔子思想的维护者、传承者、推广者，借助于孔子，明君仁君形象由此树立，统治者筑起了维护政权的精神堡垒，孔子及其圣地成为维护国家和民族统一的思想支柱。因而历代统一王朝的盛世，无不在尊孔上大做文章。汉后，唐代贞观之世孔子升为"先圣"，尊为"先父"，玄宗开元天宝盛世追谥孔子"文宣王"，宋代真宗改孔子谥为"至圣文宣王"，仁宗封孔子后裔为"衍圣公"，明代永乐时加封衍圣公为正一品，清代乾隆帝以三跪九叩大礼亲拜孔子，一生八临曲阜，并将女儿嫁进孔门。随着历史发展，孔子地位愈来愈高，"三孔"地位愈来愈显，儒家思想的社会稳定繁荣的聚合作用日益凸显。

其三，它是历代中国人的精神家园。孔子一生的主要职业是传道授业之师，后代统治者加封晋爵，封公封王，位极尊显，但"至圣先师"封号最为至上，"师"与"圣"的结合，推动中国社会形成了两千余年尊师重教的优良传统。孔子还是中华传统道德的理论创始者与践行者，千百年来，上至帝王下至黎庶百姓，中国人以朝圣的心态来到"三孔"为代表的圣地，崇孔子，读其书，观其迹，想见其为人，历览千秋风云，钦慕孔子人格道德的伟大与永恒，无不受到强烈的感染与熏陶，使孔子的故乡成为中国人向往的精神家园和道德灵魂的安抚之地。作为文化圣地，孔子故乡中遗留的孔子及其弟子的印迹，历代先贤哲人的石刻墨宝，及往昔尊孔祭孔的遗迹等，是海内外中国人认识领略中华五千年文明，抒思今怀古幽情，发民族自豪之感直观而集中的实在展示，也是寄托对孔子敬慕，接受儒家文化熏陶，激发道德自省力量，接受传统文化教育，净化自我灵魂的精神家园。

其四，它是传统道德文明的示范之乡。孔子故乡的圣地文化发展，有着优渥的文化资源和深厚的历史基础，齐鲁之地的山东，形成了不同层次的传承发扬以儒家伦理为核心的中华传统道德的示范之乡：一是形成了以孔府、孟府为中心的孔、孟后裔的道德示范之家。清人纪昀所题孔府楹联："与国咸休安富尊荣公府第，同天并老文章道德圣人家"，既是对孔府社会地位的真实表述，也是对孔氏后裔道德律条的概括。自汉代始，孔氏后裔封爵，往往兼任曲阜县令，其职分之一，即兼管孔氏宗亲。宋代封孔子嫡裔为衍圣公，元后官宅合一，孔府主要职能之一即是管理、教育庞大的圣裔家族。明清两朝，孔府官署位至一品，主要职能之一仍在教育、管理孔孟后裔。据记载，为提升孔子后裔的道德文化水准，魏晋时期，孔府即设立家学。宋代则在孔庙之侧设庙学，专收孔氏子孙入学。明代则将孔、孟、颜、曾子孙设学教育，称"四氏学"。孔府中为使孔氏后裔遵承祖训，道德读书传家，制订了严格的家规族训，以训诫子孙。四姓圣裔子孙无不以慎终追远，尊承祖训为人生最大追求与恪守律条。这样就使得孔子故乡形成了以圣裔家族为核心的群体庞大的道德示范之家。

二是作为孔子故乡的山东人群体性的道德践行与示范。作为孔子故乡的山东人，既有圣地之人的自豪感，也有礼义之邦的道德自律。特别在明清设省以后，孔孟之乡的百姓长期沐其风，浴其俗，形成了有别于其他地方的质朴醇厚的人格修养，形成了特殊的道德风尚：一是崇德之风。山东人特重道德评判，讲究以德传家，以德为尚，力为道德楷模。二是重教之风。"万般皆下品，唯有读书高"是山东人传承不息的社会共识。读书受教，提高文化素养，成就才能，以为国家之用，是山东人的不懈追求。三是尊老之风。"孝为百行之原"，孝敬父母为人生在世的天职，山东人特重"孝"，由此形成了山东人浓重的乡土观念和恋乡情怀。钱穆先生在《中国历史精神·中国历史上的地理与人物》一文中说过："中国各地区的文化兴衰，也时时在转动，比较上最能长期稳定的应首推山东省。若把代表中国正统文化的，譬如西方的希腊人，则在中国首推山东人，自古迄今，山东人比较上最有做中国标准人的资格。"说的就是山东人在传统道德层面的示范与代表作用！

四、二元一体——递进融合与文化构成

二元结构的形成　二元向一体的递进发展

山东自古称"齐鲁之邦"，从文化结构上看，所谓二元，即指齐与鲁是两支从渊源形成、文化形态都有巨大差别、各具鲜明特色的文化，所谓"一体"，则是指在其文化发展的特殊历史时期——春秋战国与秦汉时代，两支文化交流融合，形成了一个外观特征趋于一致，内部结构仍存二元差异的齐鲁文化圈，而一直影响着此后两千年山东区域文化的传承与发展。

山东区域文化二元一体的结构特点，有其历史的渊源。齐鲁两地在《禹贡》所言九州中，分属青、兖二州腹地。史前至夏商时期，虽同居东夷之地，但大致属于两大支系：齐地为岛夷，鲁地为淮夷①。从考古文化总体看，虽同属一个序列，但也有较大的差别和各自的系统与特点。②

山东区域文化的二元一体结构应正式形成于齐鲁的分封建国时期，二元特点随着两国文化的发展而日渐凸显，其一体化的过程则随两国文化交流融合而走向深入。

齐、鲁文化的二元差异，与两者根植的不同的地理环境有较大的关系，齐鲁虽同为周之封国，但族源各自有异：齐为炎帝姜氏后裔，鲁为皇帝姬姓之后。因其族源不同而导致其实施的文化政策有所区别：太公本为东海上人，封于姜氏聚居的齐地，采取了"因其俗简其礼"之治理策术，更多地传承保留了东夷土著文化，史籍称齐地"昔爽鸠氏始居此地，季则因之，有逢伯陵因之，薄姑氏因之，而后太公因之"。可见，齐地文化传承自有一个独特系统。而鲁则是"因商奄之民，命以伯禽而封于少昊之墟"③，是东夷另一支系之地，鲁国封君携带黄帝姬周文化来此旧地，以"变其俗，革其礼"之策，摒弃当地夷文化较多，而代之以周礼，走上了另一条文化发展之路。

两国的自然条件不同，带来了经济模式的差别：齐处泰山之阴，北濒大海，东接半岛，有渔盐之利，工商业发达；鲁处泰山之阳的汶泗流域，土地肥沃，以农业为主。地理环境、经济方式上的差异，导致二者建国方针与治国理念的不同实施：齐以"尊贤尚功"之策而追求霸业，

---

① 郭沫若在《卜辞通纂》中提出殷代的东夷"乃合山东之岛夷与淮夷而言"，李白凤《东夷杂考》则认为齐鲁地区的东夷人应分为莱夷各族与徐夷各族两类。

② 苏秉琦《中国文明起源新探》认为："山东地区的古文化也不仅是一个整体，既与周围保持多方位的文化接触联系，又长期保留自成一系的文化特色，齐人文化确是源远流长，自成一系。"（苏秉琦：《中国文明起源新探》，三联书店1999年版，第52、58—59页）

③ 上引分别见《左传》昭公二十年及定公四年。

鲁以"尊尊亲亲"的宗法之制而大行王道，最终使两国走向不同发展道路，对齐鲁文化二元结构的形成产生了巨大影响。

从周代八百年间齐、鲁两国的文化发展来看，观其差异，主要表现在以下几个方面：

（一）在思想观念上，齐人重功利，鲁人重礼义

齐带山海，重工商之业，齐地之俗，较重视功利。《荀子·强国》有言："好利之民，莫不愿以齐为归。"朱熹亦言："齐俗急功利，喜夸诈，乃霸政之余习；鲁则重礼教，崇信义，犹有先王之遗风焉！"[1]

先秦的齐国，从国君到大臣、武将，有所作为、立大功业之政治家、军事家，代有人出，如齐桓公、管仲、晏婴、孙武、孙膑等，都是照耀中国历史的明君、贤相、名将。这与齐国之治国方针的侧重工商，及由此形成的重功利的社会风尚极有关系。齐人追慕先贤，多崇其功业，如齐宣王见孟子，劈面即问："齐桓晋文之事，可得闻乎？"（《孟子·梁惠王上》）齐人公孙丑拜见其师孟子，亦自先发问："夫子当路于齐，管仲、晏婴之功可复许乎？"（《孟子·公孙丑上》）

与齐之重商相反，鲁人风尚，喜谈礼义，不论功业。孔子召集学生谈政治抱负，所议主要是"为国以礼"的复礼之事，甚至追求"浴乎沂，风乎舞雩，咏而归"（《论语·先进》）的超脱生活。鲁人中建大功、立大业之政治家、军事家几无可寻，此与齐形成了鲜明对照。鲁人追慕先贤，多感其恩德，祈为子孙"降之百福"。鲁人追求的是一种所谓"饭疏食饮水，曲肱而枕之，乐亦在其中矣"（《论语·述而》）以不逐利、安贫乐道为尚的精神生活。

齐人尚功利，所议重才智，其以善辩、好议、幽默、智慧为风尚，晏子使楚智辩楚国君臣之事，只能发生在齐人身上。鲁人崇礼义，所以尚道德，"坐怀不乱"的柳下惠般有德之人，也只有在鲁人中才会产生。

---

① （宋）朱熹：《四书章句集注·论语集注·雍也》，中华书局1983年版，第69页。

（二）在社会风俗上，齐俗尚奢侈，鲁俗重俭啬

由于齐、鲁风尚各别，使两地形成了截然相反的社会风气：齐俗尚奢侈，鲁俗重俭啬。《汉书·地理志》记载：春秋齐桓公成就霸业之后，齐国即"其俗弥侈，织作冰纨绮绣纯丽之物，号为冠带衣履天下"。战国之时，临淄城内更弥漫着"其民无不吹竽、鼓瑟、击筑、强琴、斗鸡、走犬、六博、蹋鞠者"，一派奢靡之风。其虽造就了中国历史上像足球，乃至斗鸡、赛狗之类运动起源临淄的重大文化成就，但齐人尚奢侈的社会风气，大约也是战国之末齐亡于秦的一个重要原因吧。而汉代的齐地，《汉书·龚遂传》有记，仍是："齐俗奢侈，好末技。"可见遗风流远。

鲁国的风俗，则因地处内陆，以农耕劳作为主，"有桑麻之业，无林泽之饶，地小人众，俭啬，畏罪远邪"①。不但在先秦，即至汉代，这种特点仍十分突出。而且作为儒学形成基础的区域文化，也一直影响着儒士学人的为人操守与道德追求。颜回"一箪食、一瓢饮，在陋巷，人不堪其忧，回也不改其乐"②的情操固守，在中国社会中就具有普遍性、恒久性的影响。中国以儒家为核心的文化传统中，所谓"勤俭继世长"的精神，就是这种区域性文化特点随儒学进入主流价值观后的历史传承表现。

（三）在宗教信仰上：齐重自然崇拜，鲁重祖先崇拜

傅斯年曾经说过："商之宗教，其祖先崇拜在鲁独发展，而为儒学；其自然崇拜在齐独发展，而为五行、方士，各得一体，派衍有自。"③齐国濒临大海，它在文化上具有许多海洋文化的特点，在宗教习俗方面，海滨与海岛社会所特有的海仙传说的盛行，对于形成齐国文化中的海仙崇拜、方士文化都有直接的影响。《史记·封禅书》记载，齐立国之前，

---

① （汉）司马迁：《史记·货殖列传》，中华书局 1983 年版，第 3261 页。
② 杨伯峻：《论语·雍也》，中华书局 1958 年版，第 58 页。
③ 傅斯年：《民族与古代中国史》，河北教育出版社 2002 年版，第 77 页。

齐地就存在着"八神祠"的风习，所谓"八神将自古而有之"。而就八神祠所在地点来看：天主祠天齐，地主祠泰山，兵主祠东平陆监乡，阴主祠三山，阳主祠芝罘，月主祠莱山，日主祠成山，四时主祠琅琊，除前三祠之外，后五祠皆在山东半岛的海滨之地，海洋对齐地宗教信仰形成之影响于此可证。山东半岛最东端的成山头即是齐人祠日神之处，而齐古城南的天齐渊则是祠天神之所，可见齐人是比较相信鬼神的，这当与他们受自然环境影响而具有的巫风之俗盛行不无关系。

汉代以后，独尊儒术，奉孝治国，以孝为先，祖先崇拜为整个民族民间信仰之普遍风气，齐地亦不例外。但齐地海仙崇拜和泰山崇拜交相兴盛的现实情况仍然说明，齐人信仰的自然崇拜乃是根深蒂固的。宋代以后在半岛一带流传的"八仙"传说与崇信，及海神妈祖崇拜等的盛行，都是这种信仰遗存的影响所及。

鲁地为农业文化，由此在宗教习俗上，鲁人多注重对现实人生的追求和农事收获的祈求。其自然崇拜主要是对大自然，特别是风雨之神的崇拜，以祈年谷的好收成；人事崇拜则主要体现在对祖先的崇敬和命运的祈祷，希望获取有丰富农事经验的祖先的福佑。《诗经·豳风·七月》，相传为鲁地农事诗，其中有祭祀、祝福一幕，"跻彼公堂，称彼兕觥，万寿无疆"，所表现的就是对丰收的祝福和对生命延续的祈求。《诗经》中《鲁颂》，共有四篇，全是鲁国历史上有为之君鲁僖公的赞颂之作。其中一篇《閟宫》，共121句，为《诗经》中最长之诗，从周之远祖，历数世功，直至僖公，铺张扬厉，备极溢美之词，鲜明凸显了鲁国文化祖先崇拜的特点。《国语·鲁语》记载，展禽批评臧文仲祭海鸟时，讲述了鲁人的祭祀观念，认为对老百姓有利、为国家立功劳而死、能挡大灾大难者，方可加以祭祀，不为此类者，则不应列入祭祀典制之中。可见鲁国的祭祀都与人事直接相关。鲁人注重人事，不热心鬼神之事，《论语》有记，孔子弟子季路询问鬼神和生死之事，一向教诲学生认真的孔子却以"未能使人，焉能使鬼"、"未知生，焉知死"加以搪塞，这鲜明反映了鲁人宗教观念重人事、重实用的倾向。

（四）在哲学追求与学术风气上，齐尚道术，任自然，逐步走向兼容并蓄；鲁尊儒学，讲礼仪，逐步走向思想一统

太公治齐，"修道术，养贤智"，因俗简礼而开道术之端，因而《汉书·艺文志》将太公列入道家之中。而后管仲治齐，亦实行"与俗同好恶"，"俗之所欲，因而欲之，俗之所否，因而去之"①，仍是承继了道家传统，但已开法家之端，成为法家先驱②，实际实行道法结合。所以《管子》一书被《汉书·艺文志》归于道家类，到《隋书·艺文志》则将之归于法家类，其实《管子》一书的思想，道、法、儒、阴阳，兼收并蓄等特点十分明显。

鲁自立国始，即以周礼治国，尊奉"尊尊亲亲"之周礼，实行礼乐教化社会。春秋末期，孔子以"克己复礼"为帜以号，创立了儒学，鲁之社会思想，以儒学为主旨，鲁地之墨学亦源出于儒学，且孔墨皆为当时显学，但二者最终学术对立，党同伐异，势不两立，如同冰炭。至战国末期，几经较量，墨家式微，儒学独盛，显示出学术上尊尚一统的特点。

当然，齐、鲁之二元并峙的文化特点，还表现在其他诸多方面，较直观的显现，如在城市营建与管理上，齐都临淄，士、农、工、商分区而建而治，具有工商之城的若干特点；而鲁都曲阜，则布局谨严，规制有等，宗庙林立，尽合周礼，显示礼乐之城的一些特色。

齐、鲁文化鲜明的二元结构特点，在社会剧变而文化昌隆、哲学突破的春秋战国时代及秦汉帝国大一统的特殊历史条件下，经历了从二元走向一体的融合过程。就其文化融合的基本背景和必要条件来看，自然包括齐鲁为近邻，地域相接，山水相连，且累世联姻，互通有无，关系近密，胜于他邦，但更重要的是经由三次时代文化重大变革的催

---

① （汉）司马迁：《史记·管晏列传》，中华书局 1983 年版，第 2132 页。

② 齐文化中，从管仲时代即有道法结合的趋向。冯友兰《论管仲》一文说："李斯、韩非的思想，是管仲思想发展的高峰，秦始皇的事业，是管仲事业的完成。"（见王志民主编《齐文化丛书·中国论文卷》，齐鲁书社 1997 年版，第 313 页）

生，二元文化"杂交"的优势得以递进式提升，齐鲁文化成为更具丰富性、兼容性、优化性的区域文化，在中国各地域文化中放射出特异的光彩。

　　第一个时期是春秋时代。其融合的思想文化硕果即是孔子思想的形成及儒学的创立。春秋前期的齐桓称霸，改变了齐鲁之间东方大国的均势地位，齐强鲁弱之局形成。周室衰微，"礼乐征伐自诸侯出"的时代之变，也大大震撼了往日有"天子礼乐"，以周之宗邦正统自居的鲁人，一方面加深了对强邻势力威胁的畏惧；另一方面也增强了对齐国辉煌霸业的倾慕，因而吸收齐文化的强烈愿望与日俱增。而在列国之中，鲁国礼乐文化中心地位的彰显，也对以"尊王攘夷"为号召而成就霸业的齐国之君，产生了巨大吸引力。《左传》记，齐桓公欲伐鲁，大夫劝谏说"鲁犹秉周礼，未可取也"。即显示出齐人对鲁文化的敬畏和鲁文化对齐人的吸引力。这是在时代文化的变革中，齐鲁文化相互交流融合的重要思想基础。据文献统计，春秋时期，齐鲁两国之间交往密切，远胜于其他诸侯之国，会盟、战争、婚姻、侵地等诸多交往渠道带来了文化的交流融合，有力促进了两者二元一体化的进程①。而春秋时期，孔子对齐文化的考察、研究与吸收，则使齐鲁文化的交流融合发生了质的变化与飞跃。

　　先于周游列国之前十六年，孔子于三十五岁之时因内乱来到齐国，留居数年之久②。在齐国期间，他大约强烈感受到了泱泱大国的霸业辉煌与文化强势，在《论语》中，他屡屡提及齐国的人物与事件，数量之多仅次于鲁国。他两赞齐桓、三评管仲，并感叹：没有管仲，我们就都沦为"披发左衽"的落后民族了③。他称赞晏婴"善与人交，久而敬之"，可见对之了解之深。他在齐国欣赏了传世古乐"韶乐"，陶醉至

---

　　① 　王志民：《齐文化与鲁文化》，见《齐文化丛书》第十九卷，齐鲁书社1997年版。

　　② 　孔子居齐时间，历来众说纷纭，钱穆《先秦诸子系年》有《孔子自齐返鲁考》引《历聘纪年》为七年，引江永《乡党图考》为一年；引崔述之说为至定公即位之后，即八年。又匡亚明《孔子评传》认为是三年。综合分析，随难考确数，应为数年之久。

　　③ 　见《论语·宪问》："微管仲，吾其披发左衽矣"；又见《论语·述而》篇。

"三月不知肉味"的地步。桩桩事例，都见出其对齐国历史、文化研究、了解的深入。

孔子对齐鲁文化融合的重要贡献，主要在于通过对齐文化的深入考察，将齐实行"因其俗"建国方针所保留传承的东夷土著中夷俗的突出精神"仁"①，加以吸收、改造与提升，并与鲁国制度化、伦理化的"礼"相结合，经融合、提炼、创新，使仁、礼在更高层次实现结合，最终结晶为儒学的核心思想。在《论语》中，孔子曾经从齐鲁文化融合的角度，对这个核心思想的形成做过精辟的总结："齐一变至于鲁，鲁一变至于道。"孔子盛赞齐桓的称霸："九合诸侯，不以兵车，管仲之力也，如其仁，如其仁。"（《论语·宪问》）话语之中足以见出，孔子的"仁"的思想正是来源于齐人将"夷俗仁"传统运用到治国、外交、霸业中所形成的"仁"的政治实践经验。据此，在中国历史上，为什么"以人为本"的传统治国理念，最早出现于齐人经典著作《管子》中，也就不难理解了②。

当然，孔子的思想博大精深，其来源应是多元的，既有对三代文化的总结与吸收，也有时人先贤及其他地域文化的影响。但从他生于斯、长于斯，对其影响最大的区域文化角度看，可以说，非齐鲁文化之融合难以形成孔子核心思想之根基，反之，没有孔子对春秋齐鲁文化之总结与集成，齐鲁文化的融合、提升亦难以迈出重要的实质性的第一步。

第二个时期为战国时代。这是齐鲁文化从二元向一体进一步推进融合的时期，这个时期重要之变是齐国疆域向鲁地的大幅拓展，以及齐鲁思想文化面貌向儒学化的倾斜。这一变化的促成，主要是在齐国的稷下学宫——战国诸子百家争鸣的中心之地实现的。

战国之世，就齐、鲁两国总体发展情势看，是一个鲁国国势日

---

① 东夷"仁"可参以下记载：《说文》"夷俗仁"。《汉书·地理志》有："然东夷天性柔顺，异于三方之外，故孔子悼道不行，设浮于海，欲居九夷，有以也夫！"《后汉书·东夷传》："（东夷）天性柔顺，易以道御，至有君子、不死之国焉。"

② 见《管子·霸言》："夫霸王之所始也，以人为本，本理则国固，本乱则国危。"

衰，国土日削，渐至灭亡的时期，也是齐国势力日强，开疆拓土，称雄图霸，跃居七雄之列，成为政治舞台主角之一的时期。就两国关系而言，矛盾加深，斗争尖锐，春秋以来形成的齐强鲁弱之局进一步加剧。齐承霸业余续，展开对鲁攻势，鲁之重要都邑先后被齐侵夺。公元前385年（鲁穆公二十三年），齐国一度攻占鲁都城，齐国疆域大规模向鲁国延展，至战国中后期，鲁之大部已为齐地。与此同时，楚国势力北扩，公元前256年鲁终为楚所灭。这种疆域的兼并统一，大大加快了齐鲁在文化上的融合和一体化的进程。

另一方面，战国时代也是儒学由盛而显，终至发展成为战国时代影响最大的"显学"的时期。这个时期中，诸子百家争鸣超越国界、国籍和国力，成为时代空前的文化盛况，齐国的稷下学宫成为百家争鸣的文化中心。借助稷下和齐鲁的兼并与文化交融，儒学在齐地得到迅速传播，儒家思想体系得到进一步丰富和发展，孟子、荀子等儒家大师在齐、鲁产生，正是齐、鲁两国硬实力与软实力互动的结果，这进一步催化了齐鲁思想文化面貌由二元向一体的发展。

战国时代齐鲁文化的一体化过程，具有划时代的重大意义。既催生了孔子创始儒学以来集大成的理论成果，又培育出了子思、孟子、荀子及七十子等一批儒学大师，成为儒家发展史上的第一个高峰期。在文化形态上，齐鲁进一步形成了"儒化"的一体面貌，儒家学者队伍向齐地大力扩散，儒学传播，更使齐鲁融为一体，在历史上首次出现了"齐鲁"并称①。与此同时，在文化的内涵上，齐、鲁仍有差别，如齐地除儒学发展外，黄老、方士之学盛行，各自个性仍有保留，形成了一体之中又有二元的时代面貌特征。

汉代数百年间，齐鲁文化的融合发展，加快了二元一体化的进程，又在实现一体外现的文化表象之下，呈现出一体二元的显著特质。所谓一体，即齐鲁文化呈现出以尊奉儒学及经学为主要标志的一体化文化特

---

① 文化意义上的齐鲁并称，首见《荀子·性恶》："天非私齐鲁之民而外秦人也……不如齐鲁之孝具敬父者。"

征。经学繁盛于齐鲁之地，经学大师和五经博士多为齐鲁之人或其弟子后学。同时，经学中又分齐学与鲁学两个差异鲜明的不同学术传承系统，这又是一种新的二元结构。这种由二元到一体，在一体之中，又始终保持二元特征的文化发展面貌，既反映着在中国文化轴心时代的春秋战国时期齐鲁二元文化的深远影响，又展现出随着时代的文化发展，在齐鲁文化的交流、融合、渗透，相互影响中，仍保持着各自独立特征的文化特性。例如：在秦汉以后的漫长历史发展中，齐地重商好利，鲁地重农好德；齐地之人较重利、阔达、豪爽、权变、辩智，鲁地之人多重德、固守、谦和、谨严、守礼。都彰显出齐鲁文化二元一体特点对于后世齐鲁大地社会的影响。

五、四向传播与文化影响

西渐关中　南迁江浙　北上关东　东传日韩

作为先秦时期，尤其是在中国文化史上"轴心时代"中，文化"重心"之地的齐鲁文化，在秦汉及其以后两千余年历史发展长河中，展现出强劲的文化辐射力，齐鲁文化四向传播：西渐，南迁，北上，东出。在不同时代对不同地区的文化发展及地区间的文化传播、交流产生了巨大影响。其为以儒家文明为核心的中华传统文化一体化的构建，乃至东北亚儒家文化圈的形成，都作出了独特的历史贡献。

齐鲁文化的西渐是与秦汉大统一文化帝国的建立步伐相一致的，随着两汉中央政权的稳固和政治中心的西移，文化随之深化与发展，文化中心区域由齐鲁而转至中原，最终西进关中，对改变中国文化发展的重心格局，作出了时代性的贡献。

从学术文化方面看，一是儒学与齐鲁经学；二是黄老之学。两者都由齐鲁传至关中，由民间进入宫廷，先后成为秦汉时代统治思想发展的主流。

儒学与经学的西进，具有途径多、人数众、时间长的特点。在秦代，主要有两个传播途径：一是秦皇东巡齐鲁，特招诸儒生议论刻石颂秦德及封禅之事，儒生对秦代朝廷政策制定影响之大，不言而喻；二是秦廷设立博士官数量甚众，多至 70 余人，齐鲁方士、儒生由此西进咸阳者众多，直接参与朝廷议事议政，朝廷典章制度的制定乃至"焚书坑儒"都与齐鲁之人不脱干系。汉代，齐鲁儒学与经学的西渐，也主要有二途：一、汉武帝之后，更在朝廷中设五经博士，开招弟子，又把通经与致仕相结合，为知识分子开了禄利之途，四方士人大量涌入京城学习经学，形成了"传业者浸盛，支叶蕃滋，一经说至百余万言，大师众至千余人"① 的文化景象。西汉五经博士及各经主要传授者多为齐鲁之人②，这样在京城就形成了齐鲁之学庞大系统的传播网络，大大促进了齐鲁文化在关中地区的传播。二、自汉初始，朝廷实施的"强本弱末"充实关中的政策，使得齐、楚之地大量的豪门大族被迁移于关中地区，其中又以齐鲁士族占据多数③。齐鲁士族大家本来具有"其好学犹愈于他俗"④ 的特点，进入关中地区后，以士族贤能或儒家大师为核心，形成了主导当地文化的学术力量。这些士族移民寓居关中地区，大大强化了关中崇尚经学的风气。这为齐学大师董仲舒提出"罢黜百家，独尊儒术"奠定了基础，准备了条件。

齐地黄老之学在汉初的西向推行，主要有赖于汉初名相曹参的桥梁作用。曹参相齐九年，推行"黄老之治"，因而"齐国安集，大称贤相"（《史记·曹相国世家》）。其出任汉朝相国后，便把在齐地学到的黄老之道带到长安，得到宫廷皇家的认可与推崇，并在全国范围加以推行，成

---

① （汉）班固：《汉书·儒林传·赞》，中华书局 1962 年版，第 3620 页。

② 《史记·儒林列传》载，汉初五经八师，七为齐鲁学者。钱穆《自秦焚书后至汉文景时代之博士》考出汉初经学博士 12 人。其中 8 人为齐鲁籍，另 2 人为齐学之后学，实有 10 人之多。

③ 班固《汉书·高祖纪》载：汉高祖九年（前 198 年）十一月，"徙齐、楚大族昭氏、屈氏、景氏、怀氏、田氏五姓关中"。迁入的人口中，以齐国诸田数量为最多，势力也最大。见于《汉书》的田（后改"车"）千秋、田延年、田何等都是诸田后裔。甚至由于长安和陵县的田姓太多，家族内部只好以序数为姓以示区分，如东汉的第五伦（参考葛剑雄等《中国移民史》，福建人民出版社 1997 年版，第 91 页）。

④ （汉）班固：《汉书·地理志》，中华书局 1962 年版，第 1260 页。

为"文景之治"繁荣稳定的主要统治思想。

从宗教信仰方面看，秦汉时期两种最主要的宗教文化——方士文化与谶纬之术，均产生、形成于齐地。秦汉大一统局面的形成，有力推动了其西渐进程。方士文化和谶纬之术，对统治阶级具有极高的吸引力，因而"秦始皇初并天下，甘心于神仙之道"，秦初方士文化由此便大规模传至三辅地区，以致出现了《盐铁论·散不足》中所描述的"燕齐之士，释锄耒，争言神仙方士，于是趣咸阳者以千数"的景象。秦始皇一次坑杀掉侯生等方士化的儒生 460 余人的历史事件，也从侧面证明方士大量西进、麇集关中的事实。汉武帝时期，关中地区再度成为方士最为集中和活跃的地区，李少君、少翁、栾大、公孙卿等齐鲁方士云集三辅，方士之学达到鼎盛，其兴盛的局面在关中地区延绵了近三百年，直至东汉迁都洛阳后，方才逐渐消歇。而与方士文化和经学研究密切相关的谶纬之术，其早期的西进之因与方士文化的受宠原因相类，但由于谶纬之学的发展又与儒学兴盛密切相关，因此东汉迁都之后，与方士之学的命运不同，谶纬不衰反兴，延绵兴盛于整个有汉一代。

此外，源出齐鲁大地的阴阳五行学说、早期道教、兵家之学、医学等，成为构建秦汉"大一统"帝国文化框架的最重要的学术流派、知识体系，也以各种方式与途径，西渐至关中地区。

秦汉时齐鲁文化的西进，在一定程度上影响了关中地区在中国文化发展中的历史地位及此后两千余年中国文化发展格局的形成。秦汉以前，文化重心区域在齐鲁，其后随着齐鲁文化西渐，这一文化重心区域的空间范围得到了极大延展。到东汉时代，文化重心区域已由原来的齐鲁地区，拓展为东起齐鲁"经梁沛汝颖至三辅"这样一条蜿蜒西向的狭长文化带①。在这条文化带中，不仅各地原有的异质文化渐被发源于鲁地的儒家文化取代，而且发端于燕齐之地的方士文化和谶纬神学也在这些地区得以广泛传播。汉代以前，秦国所在的关中地区曾被视为"不识

---

① 参见卢云《汉晋文化地理》，陕西人民教育出版社 1991 年版，第 13—14 页。

礼义德行"的"虎狼之国"①，所谓"六艺之书，行于齐鲁，爰及赵魏，而罕布于秦"②。但到西汉末至东汉前期，关中地区经学大师云集，文化世家众多，学术和文化呈现出兴盛繁荣局面③，其重要原因之一应归功于齐鲁文化西进的主要作用。齐鲁文化对秦汉大一统文化局面的形成的贡献重大。

自魏晋始，先秦两汉时期形成的中国文化重心在齐鲁、在黄河流域的文化格局发生了根本性转变，中国文化的重心逐渐南移至江南一带的长江流域。这一转移的重要历史时期在于两晋之际，而其推动之力则当归为永嘉之乱带来的北方士族南迁。如谭其骧先生所说："盖南方长江流域之日渐开发，北方黄河流域之日就衰落，比较纯粹之华夏血统之南迁，胥由于此。"于其中，尤以南迁齐鲁士人的贡献最大。据有关史料分析，接受南渡移民的区域虽广，但主要集中于当时帝都所在之地，即今江苏省境内。"其中来自北方诸省者，以山东占极大多数。"据统计，在江苏南徐州（今江宁、镇江、武进一带）"有侨口二十二万余，几占全省侨口十之九"。其中山东籍人口便有二十万之众，几乎与当地本籍人口相当。此后至南朝，人才大多出自该地区，其"品质又最精"④，因而这里便成为长江流域的文化重心区域。

南渡移民主体多是当时北方的世家大族和高门权贵之家。这些世族大家成为文明的主要承载者和文化播迁的中坚力量。山东南迁世族中包括了颇具盛名的琅邪王氏、兰陵萧氏、金乡郗氏、阳都诸葛氏、泰山羊氏、琅邪颜氏、曲阜孔氏等文化大家族。大批齐鲁精英人群的举族南渡及长期侨居，显著提升了江南的人才层次，深远影响了东晋、南朝的政

---

① 《战国策·赵策》："秦，虎狼之国也，无礼义之心"，《史记·魏世家》：（秦人）"贪戾好利无信，不识礼义德行"。

② 王国维：《战国时秦用篆文六国用古文说》，见《观堂集林》第二册，中华书局1959年版，第306页。

③ 曹道衡：《关中地区与汉代文学》，《文学遗产》2002年第2期。

④ 据谭其骧先生统计，江苏南徐州（今江宁、镇江、武进一带）"有侨口二十二万余，几占全省侨口十之九"，仅山东籍人口就有二十万左右，与当地本籍人口相当（见谭其骧：《晋永嘉丧乱后之民族迁徙》，《燕京学报》1934年第15期）。

治、经济发展，也大大促进了江南文化的繁荣与发展。

南渡的山东世族往往具有浓厚的故乡情结，在相当长时期内他们不仅固称原籍，而且家族文化仍然保持着鲜明的齐鲁地域特征。例如齐鲁世族素来注重儒学传家，"遗子黄金满籯，不如一经"（《汉书·韦贤传》）这一源远流长的传统也被带到江南。琅邪颜氏正是这一诗礼传统的突出代表，颜氏"本乎邹、鲁……世以儒雅为业"（《颜氏家训·诫兵》），南迁后如此家风依然承继延绵不绝，颜氏南迁祖颜含"少有操行，以孝闻"（《晋书·孝友·颜含传》），其曾孙颜延之精通儒经，刘宋时为博士，颜延之玄孙颜之推则将家承传统著为《颜氏家训》。如颜氏这种儒学传家、人才辈出的现象，在其他南迁世家中也同样表现突出。

面对南北文化的差异，南迁世族又以主动融合的姿态来积极作为。他们通过联姻、仕宦、交游等多种方式融入江南文化之中，既在政治、经济上站稳了脚跟，也为齐鲁文化在当地的传播探索出了直接有效的途径。以琅邪王氏为例，被陈寅恪先生盛赞为"民族之功臣"[①]的王导不计嫌隙，主动学习吴语以与吴地豪右交往，其笼络江东士族，以求南北势力结合以抵外侮，因而统一了内部，稳定了政局，为东晋的稳定发展作出了贡献。他又倡导恢复文化传统、复兴儒学教育，得到了晋元帝的认可支持，此后儒学出现复兴迹象，为东晋以及南朝的思想文化发展奠定了基础。

山东南渡世族带去的不仅仅是经学儒术，他们在宗教、玄学、书法、诗歌、绘画、诗学等方面的成就和影响，也令人备极称道。例如琅邪王氏家族的王羲之、王献之的书法冠绝当世，而兰陵萧氏家族的萧道成、萧子良、萧统的文学亦领军文坛，他们对江南文化的全面发展影响极大。

中原政权南迁之后，以齐鲁文化为代表的黄河流域先进文化在长江流域的大量传布与浸润，使江南地区很快成为融南北文化于一体的汉民族文化的中心区域，六朝时此地已是"艺文儒术，斯为之盛"，"江左为

---

① 陈寅恪：《述东晋王导之功业》，见《金明馆丛稿初编》，三联书店 2001 年版，第77 页。

礼乐之乡，金陵实图书之府"①，成为文化极度繁盛之地。在此后至隋唐数百年间，江南经籍典藏整理、学术研究与文学、艺术创作，人才荟萃，名家辈出，引领着整个中国文化发展的方向，与北方冷寂的文坛形成了鲜明对照，江南文化的发展为隋唐时代大一统后文化发展的再度繁荣准备了条件。

齐鲁文化第二次大规模播迁江南，是北宋末年"靖康之难"中的圣裔南渡。包括孔子四十八代嫡长孙衍圣公孔端友及其族人，以及亚圣孟子、复圣颜子等儒家圣贤的后世宗裔，在金人攻破宋都汴京后，随宋王室的迁都临安而大量南迁江浙之地。诸姓圣裔的南迁，特别是宋高宗感于孔端友奉"至圣文宣王庙祀朱印"及"孔子及亓官夫人楷木像"等传家珍品的随迁之功，赐家衢州，再建孔庙，形成历史上著名的孔氏"南宗"。衢州由此成为一个时期中中华圣地的新地标，使千百万山河破碎、身世飘零的南渡北方士人在此寻找到了心灵安顿的文化港湾。

孔氏南宗以传夫子之道为本分，在江浙大办教育，传播儒学。孔氏族人多担任儒学提举、教授、教谕、山长等职②，无不尽职尽责，多有建树。如孔传"家居授徒千人"，"凡南渡庙学皆其所请"③。同时他们又积极讲学于书院，带动了周边地区儒学发展。衢州地区书院数量的增长与知名度的提高，孔氏族人功不可没。北宋时衢州城区只有5所书院，到南宋时书院增至12所，其中柯山书院、清献书院、正谊书院均为两浙地区著名书院。由于孔氏南宗特殊的文化身份及衢州便利的交通条件，对南宋一朝学术文化、尤其儒学发展产生巨大影响。闽浙皖赣的诸多儒士常在拜谒先圣之余，展开学术研讨与交流，衢州一带成为当时儒家学派代表人物争鸣辩学的学术中心。朱熹父亲朱松曾写诗称颂："诸豪虽识临邛客，陋族难当阙里家。"朱熹任浙东提举时，也曾久居衢州，

---

① 分别引自（唐）杜佑《通典·州郡十二》、（唐）刘知几《史通·内篇·言语》。
② 如孔莘夫任南岳庙兼庙学教谕；孔应达任江苏金坛教谕，后迁润州学正；孔廉见任湖北嘉鱼教谕；孔援任福建兴国教谕；孔应得历任绍兴、临安府教授、国子监祭酒等。
③ （宋）孔传、（明）沈杰、（清）徐映璞：《东家杂记·三衢孔氏庙志·孔氏南宗考略》，衢州市政协文史委编印，2001年，第255、108页。

与孔府南宗过从甚密。史上著名的朱熹、吕祖谦、陆九渊兄弟的鹅湖之会，吕祖谦、朱熹的三衢之会、朱熹、陆九渊的包山书院之会等，均没有离开衢州孔氏南宗。后世浙江人称许"衢虽非圣人生长之乡……莘莘学子犹得尼山之教泽。"① 可见孔氏南宗影响之大。

南宋宗室除大力尊奉南孔之外，对孟氏、颜氏等齐鲁圣裔，也加官晋爵，促其发展，大大推动了儒学及齐鲁文化在江浙的传布。孟子四十七代孙信安郡王孟忠厚拥帝南迁，其七子，或封爵袭位，或仕宋为官，后裔世居江浙各地②，成为江南文化望族。复圣颜子之五十代孙颜岐随驾南渡，任资政殿大学士，封鲁郡侯，颜氏族人聚居嘉兴府石门自成村落，名曰"陋巷村"，世以儒学传家，影响甚大。

齐鲁圣裔南迁江浙，对中国文化中心南移江浙，对南宋时代江南的文化繁荣，对中国儒学发展史上第二个高峰——宋学的形成，都产生了至为深巨的影响。前人章乃羹评价齐鲁圣裔南迁对浙江文化的影响时有言："赵宋都临安……中原正气，群聚一隅。如孔瑞友负先圣楷木像而居衢州，号称南府；颜复家石门，子孙自为村落，号陋巷村；孟载扈跸临安，而家诸暨；吕弥中卜居婺州，得中原文献之传，生子东莱，既为吾浙理学之宗，更开浙东史学之渐。"③

齐鲁文化对周边地区的影响最大的，还有战国之后两千年来，对我国东北地区的文化辐射，尤以移民的影响最为深广④。齐鲁文化的北上，

① 郑永喜：《民国衢县志·建置志上·学校》，上海书店 1993 年据 1937 年铅印本影印，第 293 页。

② 综合乾隆《浙江通志》、光绪《诸暨县志》以及暨阳《孟氏宗谱》等记载，孟忠厚七子：长子孟德璘，封定国公，居会稽；二子孟德懋，封忠顺保定侯，后徙居杭州；三子孟德载，封开国男，食邑诸暨；四子孟充，中散大夫，居无锡；五子孟嵩，直秘阁，居嘉兴；六子孟雍，直秘阁，居吴县；七子孟崇为奉直大夫，居吴县。

③ 章乃羹：《浙江文化起源与浙江对国家之贡献》，见《浙江战时教育文化月刊》1939 年第 10 期，第 1 页。

④ 山东地区向东北地区的移民开始的时间，有周秦说（见陈彩章：《中国历代人口变迁之研究》，商务印书馆 1946 年版，第 113 页）；战国末年说（见黄锡惠：《汉语东北方言中的满语影响》，《语文研究》1997 年第 4 期）；此外《三国志·魏志·管宁传》中记载，汉平帝中平六年（189 年），中原战乱，北海邴原、管宁、刘政，东莱太史慈等迁徙至辽东地区的事。

其中时间最久、规模最大、影响也最为深远的乃是清代以来的"闯关东"移民潮①。

从清朝顺治年间到民国近三百年的时间里，山东、河北、北京、天津、山西、河南等地的百姓由于种种原因纷纷奔赴东北谋生，形成持续不断的数千万人计移民潮。人们通常谈论的"闯关东"，就是指这段时期的移民活动。在"闯关东"的各地人口中，山东人占据了绝大多数②。据有关文献统计，清代"闯关东"的人口在3000万左右，仅山东人就达2500万之多，占据总人数的80%左右③。

与历史上齐鲁人士的南渡与西进不同，"闯关东"的人员构成主要为流民、难民、垦民等平民百姓。大量迁入的山东人，为东北地区的开发和文化建构作出了巨大的贡献。

山东移民把先进的生产、耕作技术带到东北，他们从事垦荒、缫丝、放山、淘金等活动，对东北地区经济影响尤大。在山东移民的影响下，东北地区较落后的游牧生活方式被改造，"蒙旗之区亦多弃畜牧之俗，从事于种植"④。到清末，东北地区蒙古十旗已基本上变成了农垦区，生产方式转换为以农耕为主。

山东移民还把齐鲁当地的传统风俗习惯包括饮食、服饰、婚丧文

---

① 山东人士避难东北的情况自古就有，但是安土重迁的山东人往往会在灾难过后回迁故土，因此对当地的影响往往因此而局限于一时。例如《三国志·魏志·管宁传》中的一则记载就最具代表性：汉平帝中平六年（189年），中原战乱，青虞流民大量避难辽东，其中也包括了齐鲁之地的士大夫，例如北海邴原、管宁、刘政，东莱太史慈等，通过这次迁徙，他们把学术文化带至辽东地区。然而此后"中原少安，客人皆还"，这次移民潮随着战乱的平息而回落，齐鲁士人的回迁使得刚刚得到发展的辽东文化又再次趋于寥落。与此不同的是，在"闯关东"的移民潮中，大量山东移民留在的当地，并为当地的经济、文化建设作出了突出的贡献。

② 综合《东北开发史》、《清实录·圣祖仁皇帝实录》、《清实录·高宗纯皇帝实录》《宣宗成皇帝实录》等。分别见稻叶君山：《东北开发史》，满洲株式会社1930年版，第271页；又见《清实录》之《圣祖仁皇帝实录》、《高宗纯皇帝实录》、《宣宗成皇帝实录》等，分见中华书局影印本，1985年，卷二三〇、卷二八四、卷二七三。

③ 张善余：《中国人口地理》，商务印书馆1997年版。

④ 见翟文选等《奉天通志》，1934年铅印本，卷一一三。

化，以及孔孟之乡传统的孝悌思想、礼义精神等，带到东北，促进了以儒家文化为主体的民间世俗文化的传播，使东北地区的风俗受到齐鲁乡俗的濡染乃或改换。例如东北地区在丧葬方式上，各民族各有其俗，各不相同，后来当地原住民受到齐鲁移民敬生畏死、"守孝三年"思想的影响，逐渐选择了与山东地区基本相同的丧葬制度。

山东人踏实诚信、吃苦耐劳的传统精神，在东北地区的开发、建设中发挥了巨大作用，由此获得了人们高度的评价和认可，东北民间至今还流传着诸多盛赞山东人信义精神的传说。山东商人在东北地区也享有极高声誉，直至清末，东北各地商会中，鲁商一向占据着绝对性优势①。

对于山东移民对东北地区文化和社会发展的影响，前代学者曾有中肯的评价："山东农夫，跋涉长途，开垦荒地，有探险之性，具沉毅之力，其质朴敦厚之风，关内农民，不能过也。至于移风易俗，使东北完全汉化，厥功尤伟。"② 这是符合历史真实的。

以儒学为主体的齐鲁文化，还越洋跨海、绵延东传，对朝鲜半岛及日本等东北亚国家文化产生过巨大的影响。对东亚儒家文化圈的形成作出过特殊的贡献！

齐鲁文化的东传，首先得力于山东半岛与朝鲜半岛、日本列岛隔海相望的特殊地理位置，这一特殊地理环境使其成为历史上中国与韩、日交通的重要海上门户。春秋战国时期，其间已有往来频繁的稳定航线③；汉唐时代，中国与东亚诸国在政治上建立起以中原王朝为主的朝贡关系，山东半岛即成为通往韩、日的海上主要通道。它是使节频繁往来及朝贡船只出入中国的主要门户，更成为东方海上丝绸之路的端点④，

---

① 例如成立于 1901 年大连的工商业公议会，在 1904 年时会员为 30 人，其中鲁商占 16 人；安东"各行商之占势力者则完全为山东帮"；哈尔滨地区直至清末"其根基稳固握有实力者仍为山东帮"（见沈云龙《近代中国史料丛刊第三编第五十二辑》，（台）文海出版社影印，1987 年，第 86、232 页）。

② 黄泽苍编：《山东》，中华书局 1935 年版，第 112 页。

③ 陈炎：《海上丝绸之路对世界文明的贡献》，《今日中国》2001 年第 12 期。

④ ［日］上田雄：《登州曾是隋唐的一个门户》，见《登州与海上丝绸之路》，人民出版社 2009 年版，第 22 页。

明清以来，山东更是京津海上交通的咽喉之地和重要的军防门户①。与韩、日等东亚国家在政治、经济、文化上的密切往来与联系，大大促进了彼此间文化上的相互交流与影响。

在漫长历史时期中，山东半岛与韩、日之间的相互移民，也极大促进了文化的交流传播，齐鲁文化以各种形态，传播于韩、日，产生了重要影响。据记载：齐人徐市（福）受秦始皇差遣，率童男女数千人，携带五谷种子和各种技艺工匠，从山东半岛出海寻求不死之药，最后徐福在有"平原广泽"的岛上留下做王，不再归来②。今天韩国济州岛及日本的九州岛的佐贺县等地，均保留了徐福东渡的遗迹和对徐福崇拜的习俗。大概他们就是由山东去韩、日最早的较大规模的移民。秦代末年，又有燕齐之地数万人因避战乱而移居朝鲜③。

其后，每遇朝代更替，战乱爆发，往往有大量山东人因避乱而移居韩、日，如东汉末及魏晋南北朝时期，均出现向朝鲜半岛大量移民情况，其中相当多的是山东人④。至唐代，唐王朝与韩国新罗王朝政治、经济联系尤为密切，山东与朝鲜半岛各国间侨民往来形成历史上的高峰期。大量山东人带着先进的稻作、金属冶炼制作等生产技术与儒家的经典及其思想观念来到朝鲜各国，或者经由朝鲜半岛，继续向日本迁徙，这对韩、日的文化影响是巨大的。同时大量韩人移居、侨居山东半岛，尤以唐代新罗人移居山东半岛的为最多，在登州、莱州和密州都有

---

① 清雍正十年王世俊奏折曰："成山头为三府极东之境，一切外洋船只必过之地，距登州水路六百余里，距胶州水路将近，形成孤悬，更关紧要。"（见"台北故宫博物院"《宫中档雍正朝奏折》第21辑，第796页。台北"国立故宫博物院"，1979年版，第786页。）

② 见《史记·秦始皇本纪》，《史记·淮南衡山列传》，中华书局1959年版，第47、3075—3098页。

③ 据《后汉书·东夷列传》记载，秦汉时期朝鲜半岛南部三韩之一的辰韩居民多是避乱而至的燕、齐后裔："耆老自言秦之亡人，避苦役，适韩国。"《三国志·魏书·乌丸鲜卑东夷传》："陈胜等起，天下叛秦，燕、齐、赵民避地朝鲜数万口。"再如《后汉书·王景传》提到，王景"八世祖仲，本琅邪不其人。……诸吕作乱……仲惧祸及，乃浮海东奔乐浪山中，因而家焉"。

④ ［韩］金德洙：《张保皋与"东方海上丝绸之路"》，见《登州与海上丝绸之路》，人民出版社2009年版，第135—142页。

分布，而登州文登县赤山村更是新罗人在山东半岛沿海地区的主要居住地①。在漫长的历史发展中，相互之间大量的移民和侨民交流，对素称发达的齐鲁文化尤其是儒家文明在韩国、日本等地的交流与传布，起了巨大的推动作用。

　　齐鲁文化在韩日的传播，使儒学的影响进一步走向政治领域。公元7世纪以后，儒学在朝鲜半岛的传播进入了蓬勃发展时期，朝鲜朝野上下受其影响匪浅②。1600年，朝鲜在首都建立文庙，文庙仿照曲阜孔庙建造，庙内放置"四圣"和朝鲜"十哲"牌位。此后，皇帝亲至文庙谒圣成为定制，礼仪规模之隆重可与中国皇帝谒孔庙相媲美，孔子创立的儒学在朝鲜成为国教。山东作为孔孟的故乡和中国文化的圣地，也受到了朝鲜半岛国家学子、官员的朝圣拜谒。如唐代新罗军团派大量王室和弟子及学者入唐学习国学，多从登州等出入境，游学齐鲁、拜谒孔庙，感受圣地文化的教育和熏染。元代孔子后裔孔昭则因朝鲜崇儒而为官翰林学士久居高丽，建造阙里祠，设堂讲学，宣传儒学经典，其后人亦秉承传统，以宣传孔子与儒学为职，影响深远③。

　　日本接触儒学的时间略晚于朝鲜。根据日本史料记载，孔子及儒家思想约于公元3世纪传入日本，日本应神天皇十五年（284年），王仁由百济去日本献《论语》及《千字文》，是儒学传入日本之始。唐代，日本多次派遣遣唐使至长安学习儒学，儒家经典和齐鲁士人著作也在此时大量涌入日本④，并在日本社会逐渐普及开来。1603年德川幕府成立以后，孔子及儒学的影响达到极盛，儒学被正式立为"官学"，孔子

---

　　①　[韩] 金德洙：《张保皋与"东方海上丝绸之路"》，见《登州与海上丝绸之路》，人民出版社2009年版，第135—142页。

　　②　儒学对朝鲜朝野均产生了巨大影响，例如据《旧唐书·百济传》载，百济的末代王扶余义慈："事亲以孝行闻，友于兄弟，时人号海东曾、闵。"

　　③　晁中辰：《海上丝路与旅韩华侨华人》，见《登州与海上丝绸之路》，人民出版社2009年版。

　　④　据《日本国见在书目录》记载，此时期传到日本的中国书籍约有1500余种，大量儒家典籍和齐鲁学者作品，如《孝经》、《论语》、《颜氏家训》等就于此时传入日本。（参[日] 藤原佐世：《日本国见在书目录》，见黎庶昌编《古逸丛书》，清光绪十年刻本。）

也被迅速神化。日本宽永九年（1632年），将军德川义直在首都建立圣殿，奉祀孔子及四贤，次年建立孔庙，并请名儒至孔庙讲经。正如《日本教育史》所言："德川时代……成了儒教的天下。"① 直至19世纪日本明治维新后，在西方近代化思想的冲击下，孔子及儒学的影响方才渐渐式微，但是其对日本社会文化的深远影响至今仍不能低估。

除了孔子思想及儒家经典在朝鲜、日本广泛传播之外，齐鲁文化中的其他精华成分及重要典籍也被陆续传播到朝鲜、日本。例如齐鲁地区的兵学思想对朝鲜、日本也影响甚远。《孙子兵法》一书在日本早有传播，德川幕府时代更受到了高度的关注和重视，第一次研读《孙子兵法》的热潮在这个时代出现。此后孙子的"五事"、"七计"、"诡道"成为日本武学流派的兵学源头。明治维新时代，《孙子兵法》被拓展到商业经营领域，并获益匪浅。著名军事家戚继光的《纪效新书》在万历年间传入朝鲜，朝鲜国王李昖亲自请人讲解，并让宰相柳成龙按戚继光练兵之法组织训练军队，"此后督监军常宿卫扈从，国家赖之"②。《纪效新书》在日本也同样备受重视，被多次翻印，日本学者盛赞："戚子之书节制精明，号令严谨，实兵家之规则，行军之律令也……而兴练兵讲武之要法，振护国保民之伟略。"③

不仅如此，齐鲁地区的诸多文学著作也不断传入朝鲜、日本，受到当地人民的喜爱。例如魏晋时期的颜之推的《颜氏家训》，明清时期李攀龙的文集、王士禛的诗文集、蒲松龄的《聊斋志异》等，均在朝鲜、日本两国广为流传。

千百年来，山东地区与韩日文化的密切交流，促进了东北亚儒家文化圈的形成与发展，齐鲁文化为世界文化的发展作出了重要的历史性贡献。

---

① ［日］小国原芳：《日本教育史》，关家镇等译，商务印书馆1935年版，第44页。
② 《朝鲜李朝录中的中国史料》上编，卷32。
③ ［日］平山潜子龙：《刻纪效新书序》，宽政十年（1798年）刻印。

中国早期文明的"重心"——齐鲁[①]

引言——"重心"的提出

七十年前,著名历史学家、北京大学的老校友、老校长傅斯年先生在他的著名学术论文《夷夏东西说》中说:"自春秋至王莽时,最上层的文化只有一个重心,这个重心便是齐鲁。这些话虽在大体上是秦汉的局面,然也颇可以反映三代的事。"[②] 在这里,傅先生提出了一个很重要的命题,就是:自三代至西汉末这段时间,中国文明的发展是有"重心"的,而且"重心"只有一个,就是齐鲁。无独有偶,早此两年另一位历史学家徐中舒先生也提出了一个相近的看法,他说:"秦汉以前,齐鲁为中国文化最高区域,必有文化上的凭借。"[③]

无论是傅先生的"重心"说,还是徐先生的"最高文化区"说,都强调了齐鲁在中华早期文明发展中的重要地位和特殊贡献,它对于理解齐鲁与中国早期文明的关系,进而正确认识中国文明的起源和中国早期文明的发展状况,具有重要意义。

但是,由于傅先生所论主题是关于中国早期文明发展中东西两大族群、两大文化系统的对峙和交流,徐先生所论则重在论述殷商文化的源流,以及殷商文化与龙山、仰韶文化的关系,所以,他们在论文中没有

---

① 2008 年 12 月在北京大学百周年纪念讲堂的演讲。

② 傅斯年:《民族与古代中国史》,河北教育出版社 2002 年版,第 19 页。

③ 徐中舒:《再论小屯与仰韶》,见《徐中舒论先秦史》,上海科学技术文献出版社 2008 年版,第 136 页。

也不可能对"齐鲁为中国早期文明重心"的问题作出系统的论说。七十多年过去了,随着考古事业的重大进展和齐鲁文化研究的深入,各方面所取得的成果都印证了傅、徐二位先生的论断是正确的。时至今日,我们有必要、也有可能对这一重要问题作一系统的论述了。对此,我不揣浅陋,愿意把自己不成熟的见解讲出来,就教于方家。

在正式讨论问题之前,有两点需要加以说明。其一,从逻辑上讲,要想全面论证齐鲁为中国早期文明的"重心",至少要做两个方面的工作:一是从中国早期文明发展中各个区域文化比较看,为什么唯齐鲁而非它处为"重心"?这可叫"外证";二是从齐鲁文化内部的发展及其贡献看,何以见得齐鲁为"重心"?这可叫"内证"。限于时间、篇幅和我的水平,我今天仅就第二个问题谈一些肤浅的认识。因此,我这个讲座的全部学术意义就在于:为一个著名历史学家的学术论断,按照个人的粗浅理解,做一个不完全的注脚。其二,我赞同傅斯年先生的论断,同时也应看到,中国早期文明的发展是一个长期、漫长的历史过程,我认为,这个"重心"地位的形成也经历了一个漫长的、动态的发展过程,并且这个过程贯穿了傅先生所说的"自三代至西汉末"的整个时期。我把这个发展过程分为四个时期,即:一、史前期与夏、商时期的"重心"奠基阶段;二、西周、春秋时期的"重心"生成阶段;三、战国时期的"重心"展现阶段;四、秦汉时期的"重心"结晶阶段。

一、"重心"的奠基

我认为,齐鲁"重心"地位的奠基,经历了从史前时期到商代这样一个漫长的阶段。

(一)在史前时期,山东地区就是一个文明发达的中国文明的发源地之一

1. 山东地区是一个自成系统的文明发源地

20 世纪 30 年代初,由当时的中央研究院历史语言研究所田野工作

队开始挖掘的现今山东章丘市龙山镇城子崖遗址，是由中国考古学家自
己发现、独立发掘的，具有开创意义的 20 世纪中国重大考古发现之一。
以其命名的龙山文化（约距今 4000—4600 年），是探求中华文明起源的
重要史前期之一。正是从城子崖以及在全国许多地方龙山文化遗址的挖
掘中，学术界基本形成了"中国文明的起源应该追溯到公元前第三千年
的龙山时代"①的看法。而其出土的大量造型优美的黑陶器令人叹为观
止，尤其是有"黑如漆、明如镜、薄如纸、硬如瓷"之誉的蛋壳黑陶和
发达的轮制陶艺技术，也确实证明山东龙山文化时代先民的生产技术已
经达到了相当高的水平。

城子崖挖掘之后的大半个世纪以来，山东和全国的考古工作者针对
龙山文化的来龙去脉，在山东地区做了大量考古挖掘和研究工作，探明
了山东地区（海岱考古文化区）史前文明的发展是沿着：北辛文化（约
距今 6200—7500 年）——大汶口文化（约距今 4600—6200 年）——龙
山文化（约距今 4000—4600 年）——岳石文化（约距今 3500—4000 年）
的序列自成系统发展的。其进一步证明：高度发达的龙山文化是在由北
辛文化至大汶口文化的基础上发展形成的，是有着深厚根基的相对独立
的高文化区。正是这个自成一系的山东史前文化成为中华文明的最早源
泉之一。

2. 诸多文明要素的最早发现

在考古界，人们常把文字记载、城市、冶炼金属称为"文明三要
素"②。山东地区的考古发现也给文明起源地之一提供了众多证据。

（1）山东地区是最早发现文字的地区之一

按照学术界的一般看法，文字是在经历了一个较漫长的发展过程后
才形成了像甲骨文那样相当发达的文字系统，而在这个漫长发展的过程
中，主要与年代较早的陶器上的刻画符号有直接的关系。在山东地区，
除在城子崖龙山文化遗址出土了有刻画符号的龙山文化陶片外，其后

---

① 王震中：《中国古代文明的探索》，云南人民出版社 2005 年版，第 30 页。
② 夏鼐：《中国文明的起源》，文物出版社 1985 年版，第 95 页。

又在邹平县丁公遗址发现了一块刻有 11 个文字的龙山文化陶片,此外 1959 年在山东大汶口文化遗址挖掘的灰陶背壶上还发现了有用毛笔绘写的朱色符号,更有人认为在山东陵阳河大汶口文化陶器上所发现的刻画符号"是我国古文字学界公认发现最早的文字"[①]。

当然,是否真如有的专家所说,山东陵阳河大汶口文化陶器上所发现的刻画符号,就是我国古文字学界公认发现最早的文字,学术界存有较大争议,尚有待考古界在今后的挖掘和整理中继续证明。但是,早至大汶口、龙山文化时期,山东地区是最早发现文字的地区之一,就充分表明了这一地区确是中华文明最早的发祥地之一。

(2)龙山文化城市群的发现

城市的出现是社会走向阶级分化的反映,是人类文明发展的一个重要标志。城市在山东地区出现之早、之多,集中反映了山东地区史前文化发展水平之高。近二十年来,山东考古界对城子崖遗址不断地钻探、试掘和研究,公认其最下层是一个山东最大的龙山文化城址,面积约 20 万平方米;另外,又先后在邹平丁公遗址发现了一个 12 万平方米的龙山文化城址;在临淄桐林遗址发现一个 15 万平方米的龙山文化城址;在寿光边线王遗址发现了 5 万平方米的城址;在胶州三里河也发现了一系列龙山文化时期的城址。更值得提出的是:近年在山东五莲县丹土遗址进行的考古挖掘中,"发现了大汶口文化晚期、龙山文化早期和龙山文化中期三个连续扩展的城址。其中大汶口文化晚期的城址距今 4800 年以上……在龙山文化中期城,人们发现了比较清楚的蓄水池、排水沟和出水口等设施"。[②] 这不仅将山东地区城市的出现提前到大汶口文化晚期,而且实证了龙山文化时期城市功能的齐全和筑城水平之高超。凡此种种都进一步反映了山东地区龙山文化时代的文明发展程度之高。

① 唐兰:《从大汶口文化的陶器文字看我国最早文字的年代》,《光明日报》1977 年 7 月 14 日。

② 山东省文物考古所:《五莲丹土发现大汶口文化城址》,《中国文物报》2001 年 1 月 17 日。

（3）金属器在山东龙山文化遗址中的发现

就金属的使用讲，虽然目前只在胶州三里河龙山文化遗址中发现了一件铜器，但这是继在西安半坡类型文化遗存中发现黄铜器片之后，发现的较早时代的金属器。另外，考古挖掘证实，在山东大汶口文化墓葬中出土的骨凿中附着的铜绿，含铜量达到99%，这也有可能说明，在山东，铜的冶炼还会产生得更早。

总之，当年城子崖龙山文化遗址的挖掘，震惊了国内外学术界，极大吸引了考古界、学术界对山东史前文明的关注。20世纪以来的考古发现，也使人们对齐鲁地区在中国早期文明，尤其是在中国文明起源中的地位，有了更清楚的认识。当时著名考古学家李济在《〈城子崖〉序》中就高兴地宣示："凡此一切都给予我们一个强有力的暗示，就是构成中国最早历史期文化的一个最紧要的成分，显然是在东方——春秋战国期的齐鲁国境——发展的。"① 徐中舒当时也认为："环渤海湾一带，或者就是孕育中国文化的摇床。"② 夏鼐在他的《中国文明的起源》一书中说："黄河流域是早期文化发展的一个中心，长江下游是另一个中心，山东地区文化的发展自有序列，是与黄河中游相对的另一个文化圈，这三个地区的晚期新石器文化与中国文明起源关系最密切。"③ 凡此都足以说明一个问题：齐鲁在中国早期文明中的"重心"地位，就是奠基在这样一个史前文明高度发达的中华文明发源地之上。

（二）齐鲁为商代东方文化中心区之一

考古学界一般认为：岳石文化是介于山东龙山文化与二里岗上层早商文化之间的考古文化……基本上处于夏代的纪年之内，因此岳石文化是夏代山东地区的文化。就目前情况看，岳石文化还有许多问题尚待考古工作的进一步证明和研究，山东地区夏代真实可信的文献文物资料亦缺乏，因而夏代山东地区的文化及其在夏代文明中的地位可留待以后再

---

① 见蔡凤书、栾丰实主编《山东龙山文化研究文集》，齐鲁书社1992年版，第8页。

② 见《徐中舒论先秦史》，上海科学技术文献出版社2008年版，第136页。

③ 夏鼐：《中国文明的起源》，文物出版社1985年版。

论。但齐鲁在殷商文化中的地位,则可以有较为清楚的说明。

随着 20 世纪甲骨文的发现与商史研究的深入发展,山东商文化的面貌、山东与商文化的关系都逐步显露出来,受到学术界的广泛重视。学术界关于山东地区在商代文化中的地位,主要有四种观点:

(1)认为山东地区在商人立国前,或者说商文化发展的早期是一个重要的活动中心,曾为商人早期建都之地。持这种观点的,主要以王国维先生为代表。早在 20 世纪初,王国维先生就在他著名的《说亳》一文中,提出汤都在亳,而亳即为今山东曹县一带的说法。此后,傅斯年先生又在《夷夏东西说》一文中,进一步肯定了王氏之说:"王国维君证汤之亳为汉之山阳郡薄县(今山东曹县境),以《左传·哀公十四年》'宋景公曰,薄宗邑也'为证,其说至确。"①

(2)认为山东环渤海一带是商人的文化发源地。这是 20 世纪前半叶一部分学者的意见,徐中舒在《再论小屯与仰韶》一文中提出:"殷民族颇有由今山东向河南发展的趋势。小屯遗物有咸水贝与鲸鱼骨,即殷人与东方海滨一带交通之证。秦汉以前齐鲁为中国文化最高区域,必有文化上的凭借。……我以为小屯文化的来源当从这方面去探求,环渤海湾一带,或者就是孕育中国文化的摇篮。"② 著名考古学家唐兰甚至提出,商"最后迁的一个都城是奄。……那就是由曲阜一带向西北渡河到安阳"。③ 著名甲骨文及商史学者胡厚宣先生在论商文化中占卜之来源时也曾说过:"殷人袭东方之黑陶文化,仍行占卜,并大加革新。"④他所言的黑陶文化指的即是龙山文化,胡先生意在说明,山东龙山文化是商文化的一个源头。这些前辈学者的观点,随着其后商史研究的深入,多有人提出不同意见。但近些年来,有些学者如美籍华裔学者张光直先生在他的《中国青铜时代》一书中,仍对李济先生提出的"殷商文化的基础乃是山东的龙山文化"表示赞同,又通过若干考古资料分

① 傅斯年:《民族与古代中国史》,河北教育出版社 2002 年版,第 19 页。
② 《徐中舒论先秦史》,上海科学技术文献出版社 2008 年版,第 136 页。
③ 唐兰:《从河南郑州出土的商代前期青铜器说起》,《文物》1973 年第 7 期。
④ 见《甲骨学商史论丛初集》,1944 年第 4 册。

析，进一步指出："殷商的统治者，亦即子姓的王朝，是来自东方的一个政治集团。"①

（3）山东商代文化的考古发现证明：山东商代文化的发展水平较高。20世纪三四十年代以后，山东青州苏埠屯等地发掘了大量的商代墓，出土了大批精制的青铜器和其他随葬品，这说明在青州一带，商文化发展水平是很高的。尤其是2003年3月间，在济南大辛庄商代遗址发现了大量刻有文字的卜甲，李学勤先生称为"造成了广泛的震动效应"的重大发现。震惊了我国考古学界，认为：自殷墟首次发现甲骨文104年，"其后再也没有在别的地点出土像殷墟那样的甲骨文……（这里）说是在殷墟之后又一甲骨文——严格讲是甲骨卜辞的出土地点，当之无愧"。② 这证明济南一带在商代很可能就是一个高度发达的文化中心。

（4）从有关文献记载商末山东两个强大的方国——商奄和薄姑的情况看，商末山东地区的经济文化发展水平相对较高。商奄是以曲阜为中心占有汶泗流域较大范围的方国，薄姑是以当今山东博兴、临淄一带为中心的方国。关于它们的情况，历史记载较少，但是，《左传·昭公九年》有记："及武王克商，薄姑、商奄，吾东土也。"《汉书·地理志》亦记："周成王时，薄姑氏与四国共作乱，成王灭之，以封师尚父。"从周初叛乱它们是主要力量来看，其国力应该较为强大。

总括以上四个方面，我们可以得出这样的认识：商代山东地区文化发展的水平是较高的，这也应是奠定齐鲁在中国早期文明中"重心"地位的重要基础之一。

二、"重心"地位的生成

齐鲁"重心"地位的生成，与中国早期文明发展中的两大历史变革紧密相关：一是商周之变，二是春秋之变。

---

① 张光直：《中国青铜时代》，三联书店1999年版，第84页。
② 见方辉主编《大辛庄遗址研究》，科学出版社2013年版，第678页。

（一）商周之变——齐鲁地位的提升

就商周之变讲，诚如王国维先生所说："中国制度与文化之变革，莫剧于殷周之际。……殷周之大变革，自其表言之，不过一姓一家之兴亡与都邑之转移；自其里言之，则旧制度废而新制度兴，旧文化废而新文化兴。"① 正是在这次巨变中，齐鲁之地发生了文化上的重大变革。

西周初年，姜太公与周公旦这两位文化巨人的东封齐、鲁，为这一地区文化重心地位的形成带来了新的契机，准备了必要的条件。

从传说中的史前社会，到夏商以来，齐鲁的重要文化地位看来，对起于渭水流域的黄土高原的周人来讲影响巨大，为其高度关注。因而，齐鲁封国对周初政权具有重大意义，这有三个方面的证明：

1. 周得天下，首封齐、鲁

《史记·周本纪》记："武王……封功臣谋士，而师尚父为首封。封师尚父于营丘，曰齐。封弟周公旦于曲阜，曰鲁。"齐、鲁为封建天下之始。

2. 封功臣母弟，特重齐、鲁

首封齐鲁的姜太公和周公在周王室均为地位特殊的重臣，可见齐、鲁之重要。

（1）姜太公，又名太公望、姜子牙，在周初，他是地位最高的功臣。一是文王之师，《史记·齐太公世家》记："周西伯猎，果遇太公于渭之阳……载与俱归，立为师。"二是灭商统帅，《诗经·大雅·大明》记："牧野洋洋，檀车煌煌，驷騵彭彭。维师尚父，时维鹰扬。凉彼武王，肆伐大商，会朝清明。"三是安邦首辅，《史记·齐太公世家》记："师尚父……讨纣之罪。散鹿台之钱，发钜桥之粟，以赈贫民……迁九鼎，修周政，与天下更始。师尚父谋居多。"

（2）周公：《史记·鲁周公世家》记："周公旦者，周武王弟也。自文王在时，旦为子孝，笃仁，异于群子。及武王即位，旦常辅翼武王，

① 见《王国维遗书·殷周制度论》，上海古籍书店 1983 年版。

用事居多。"他为辅弼重臣。

3. 特殊政策，扶持齐、鲁

（1）授齐以征伐特权，奠定霸业基础

《史记·齐太公世家》记：周成王"使召康公命太公曰：'东至海，西至河，南至穆陵，北至无棣，五侯九伯，实得征之。'齐由此得征伐，为大国"。这种特权成为齐国称霸诸侯，拓展疆域的重要基础。

（2）厚赐鲁国，培植礼乐中心

《左传·定公四年》记："分鲁公以大路、大旂，夏后氏之璜，封父之繁弱……以昭周公之明德。……祝、宗、卜、史，备物、典策，官司、彝器。"①《礼记·明堂位》记："凡四代之器、服、官，鲁兼用之，是故，鲁，王礼也。"鲁国受赐礼乐重器，拥有与天子等同的典章制度。

4. 建国之策，提升齐、鲁

齐鲁立国之后，分别采取了不同的建国政策，发挥各自的文化优势，大大提升了"重心"形成的文化基础。

齐国：简政从俗，工商立国，尊贤尚功——奠定了霸业基础；

鲁国：崇礼革俗，强农固本，尊尊亲亲——成就了礼乐之邦。

（1）《史记·齐太公世家》记："太公至国，修政，因其俗，简其礼，通商工之业，便鱼盐之利，而人民多归齐，齐为大国。"

（2）《吕氏春秋·长见篇》记："吕太公望封于齐，周公旦封于鲁。二君者甚相善也。相谓曰：何以治国？太公望曰：尊贤上功。周公旦曰：亲亲上恩。太公望曰：鲁自此削矣。周公旦曰：鲁虽削，有齐者亦必非吕氏也。其后齐日以大，至于霸。"表明齐尚霸业之策，鲁尚礼乐之策，建国治政策术各异。

（3）《史记·鲁周公世家》记："鲁公伯禽之初受封之鲁，三年而后报政周公。周公曰：'何迟也？'伯禽曰：'变其俗，革其礼，丧三年然后除之，故迟。'太公亦封于齐，五月而报政周公。周公曰：'何疾也？'

---

① 大路、大旂，车上之金路、龙旗；大璜，夏代的天子之器，封父国的大弓；祝，大祝；宗，宗人；卜，占卜者；史，太史；官司，配备专司礼乐之人；备物，服物；典策，典籍简册；彝器，百官（赐鲁百官）宗庙祭祀礼器。

曰:'吾简其君臣礼,从其俗为也。'"这也说明,对当地的既存风俗,齐没有加以重大变革,采取了从俗施治的治理措施,而鲁则加以根本性革除,采取了把鲁建成周礼乐文化中心的施政措施。

总而言之,周初将对齐鲁两个重臣分封到山东地区,以及齐、鲁建国后,各自采取的一系列政策,都为"重心"地位的形成,提供了有利的条件,打下了坚实的基础。

(二)春秋之变——齐鲁"重心"地位的形成

西周灭亡,周室东迁,带来了春秋时代的巨变。这种巨变主要表现为:周室衰微,王命不行;列国内乱,诸侯兼并;戎狄横行,交伐中国。而这样一个春秋巨变的乱局,给齐鲁"重心"地位的生成,却带来了难得的机遇。

其一,周室东迁,镐京被毁,典章文物大半流失,这为鲁国成为春秋时代颇受各诸侯国关注的礼乐文化中心创造了条件。

其二,周室衰微,列国内乱,戎狄横行,为齐国以霸主地位成为春秋时期的政治文化中心带来了机遇。正如钱穆先生所云:"周室东迁,西周封建一统之重心顿失,诸侯如网解纽……自有霸政,而封建残喘再得苟延。霸政可以说是变相的封建中心。"[①]

1.春秋之鲁——周文化之重心

孔子说:"周监于二代,郁郁乎文哉,吾从周。"(《论语·八佾》)也就是说,三代文化,周为最盛。周文化应是三代文化的总结和代表,而这个以礼乐文明为突出特征的周文化的设计师和创制者正是鲁国的始封者——周公。《礼记·明堂位》云:"周公践天子之位以治天下,六年,朝诸侯于明堂,制礼作乐,颁度量,而天下大服。"所以,人们把孔子称圣人,而将周公称为"元圣",即第一个圣人,最早的圣人。而以其子伯禽代就封地的鲁国,就成为周公着意经营的东方周文化的重心。春秋巨变,使鲁国周礼中心的地位大幅攀升,成为各国公认的周礼代表。《左传·闵公元年》记齐桓公问仲孙湫曰:"鲁可取乎?"仲孙湫曰:"不

---

① 钱穆:《国史大纲》,商务印书馆1996年版,第60页。

可，犹秉周礼。周礼，所以本也。……鲁不弃周礼，未可动也。"可见在霸主齐桓公看来，鲁是秉持周礼、不可轻易侵犯的，这应该代表了当时诸侯的普遍看法。据有关资料证实，至春秋末期，鲁国的周文化重心地位已有很深厚的积累。《左传·昭公二年》记载晋国的韩宣子到鲁国观礼乐之盛，即感叹道："周礼尽在鲁矣！吾乃今知周公之德与周之所以王也。"周初封建，"以蕃屏周"，晋、鲁都是周天子的宗亲之国，而且春秋晋国势力强大，但是晋人到了鲁国，也盛赞"周礼尽在鲁"，可见鲁已为诸侯公认的周文化的重心。

而就在此前不久的鲁襄公二十九年，吴公子季札到鲁国考察音乐，鲁国的乐师将各诸侯国的地方音乐——《风》尽数演奏，并将歌颂周之先王和业绩的《小雅》、《大雅》歌诗也一一奏来，季札"见舞《大武》者，曰：'美哉！周之盛也，其若此乎！'"最后感叹，"若有它乐，吾不敢请已"，意为看了鲁国的音乐他处的音乐就不必看了。周王室之雅乐及各诸侯国之俗乐都集中于鲁，而且让人叹为观止，可见周之礼乐文明，鲁为之集中代表。春秋之鲁，实已成为周朝礼乐文化的重心。

2. 齐桓首霸——促进齐鲁"重心"地位的形成

与鲁国以礼乐文化展示其中心地位相映成辉，齐国在春秋时期以另一种形式发展其"重心"地位，这就是盛极一时的齐桓称霸。而"齐桓称霸"的突出贡献，既展现在政治上，也凸显在文化上，使齐国成为当时的政治和文化中心。孔子于《论语·宪问》之中，三论管仲，两赞其文化贡献："桓公九合诸侯，不以兵车，管仲之力也。如其仁，如其仁！"又说："微管仲，吾其被发左衽矣！"即是说，齐桓公称霸靠会盟而不是兵车武力，这就是最大的"仁"啊！没有管仲，我们早就变成落后民族的俘虏了。

观齐桓霸业，征伐与盟会是其主要形式，而以"尊王攘夷"为号召，其在文化上的贡献尤为突出。首先是征伐：一是伐楚，二是北征戎狄，曾"伐山戎，至于孤竹而还"①，目的都是为了遏制南北方落后民族

---

① 《史记·齐太公世家》。

对中原先进文化的掠夺性破坏，着眼点主要在于对文化的捍卫。其次是诸侯盟会：我们从《左传》中做过详细计算，近半个世纪间大的会盟诸侯共有 19 次。从会盟内容看，既有政治、军事的，也有文化的。《左传·僖公七年》把盟会的内容概括为："夫诸侯之会，其德、刑、礼、义，无国不记。"而《孟子·告子下》则记载了葵丘会盟的一些具体条款，其中有要求诸侯"诛不孝"、"尊贤育才"、"敬老慈幼"等内容。所以清代学者马骕评价齐桓霸业的盟会是："衣裳兵车之会，大率尊天子而示信义。"①

齐桓公在管仲辅佐下的称霸事业，从当时的时代意义讲，荆楚受盟，刑、卫重封。正如冯友兰先生所言，是"在'尊王'的旗帜下，把当时中原的诸侯国组织起来，并逐步消除诸侯国之间的界限，这是统一中华民族的一个步骤"。从齐国自身而言，则是以"尊王"为号召，在当时"礼崩乐坏"局面下，应为加强中心地位的努力，这对齐鲁在春秋列国中"重心"地位的形成是一个极大的促进。

纵观春秋之世，鲁从礼乐文化，齐从霸权霸业，都在春秋之世凸显了其重大影响和中心地位。我们认为，从此开始，齐鲁在中国早期文明中的"重心"地位开始形成，并一步步走向高峰。也正是从这个意义上讲，傅斯年先生所说的"自春秋始，齐鲁为文化重心"，是很有道理的。

三、"重心"地位的展现

战国以降，大国争雄。在文化上，则形成了中国文化史上"百家争鸣"的新时代。在这个时代中，随着齐、鲁文化自身的进一步发展及列国纷争形势的造就，齐、鲁作为文化"重心"的地位进一步显现出来。这主要表现在以下四个方面：

---

① 《左传事纬》卷二《齐桓霸业》。

（一）诸子大半出自齐鲁

战国诸子学术的繁荣，是先秦思想、文化臻于极盛的重要标志，而其发生、发展的中心区域即在齐鲁之地。其主要表现就是诸子各家及其代表人物多半出于齐鲁或受齐鲁之重大影响。《汉书·艺文志》言："诸子十家，其可观者九家"，而其学派主张传之后世，代表人物可考，影响较大者，实际只有六家，即：儒、道、法、墨、阴阳、名家六家。从诸子六家的代表人物来看：（1）儒家之孔子、孟子，墨家之墨翟，都是鲁人；阴阳家之邹衍、邹奭，都是齐人；儒家大师荀子虽为赵人，但年十五即游学齐国稷下，"三为祭酒"，久居齐地三十余年，实可作为齐人。可见，儒、墨、阴阳三家代表人物，俱出齐鲁，已占去六家半壁江山。（2）其余三家，虽然情况复杂，但都与齐鲁关系密不可分：首先看道家，道家之代表人物老、庄虽皆非齐鲁之人（一说，庄子为今山东东明县人，地近齐鲁），但道家思想的产生却与齐国有密切关系。一是《汉书·艺文志》著录道家，列伊尹与太公（姜尚）为道家之首，也将《管子》列入道家著作，反映出在老、庄未生之前，道家思想萌芽或与齐国有更密切的关系。事实上，有些学者认为道家之学，源出齐太公对商代伊尹思想的继承。二是先秦道家的重要一派——"黄老之学"的形成与发展则主要是在齐国稷下完成的。齐人田骈、接子、环渊等一大批齐之稷下先生是这方面的代表人物。次看法家，后世法家人物多出秦晋，但法家与齐国的关系却源远流长，甚为密切。一是学术界已有论者提出，法家与兵家皆源出于殷周之际的兵家始祖齐太公；二是春秋时期，辅助齐桓称霸的管仲也是一位法家的先驱人物。齐国有一个管仲学派，号称齐法家，其思想大多集结于《管子》一书中。所以有人说："能够成为孕育法家思想的先进基地的，一个是齐国，另一个是晋国。"[①] 荀子的思想及理论体系受到了齐国法家学说相当强烈的影响，后来正是荀子的学生韩非和李斯完成了法家集大成的任务。最后看名家，

---

① 刘毓璜：《先秦诸子初探》，江苏人民出版社1984年版，第221页。

已知名家代表人物较公认的有四人：其一邓析是郑人；另一位公孙龙子，为赵人，但据考证是孔子的弟子；另两位名家学者尹文、宋钘则是著名的稷下先生，曾长期在齐国久居。可见，道、法、名三家与齐鲁文化实在有着密不可分的关系。

由以上六家分析，说诸子大半出自齐鲁，实非虚妄之词。

（二）"百家争鸣"之中心在齐国稷下学宫

战国学术文化之重心区域在于齐鲁，还与齐国稷下学宫的设置有着更直接的关系。田齐统治者在齐国都城临淄一带，"立稷下之宫，设大夫之号，招致贤人而尊崇之"（徐幹：《中论》），人数曾多至"数千人"。当时各国学者，都从四面八方汇聚到稷下学宫，展开自由争鸣，百家理论各现稷下讲坛。作为稷下先生著作总汇的《管子》，即真实地记载了当时各家学派的理论成果，被郭沫若称之为"道家者言，儒家者言，法家者言，名家者言，阴阳家者言，农家者言，轻重家者言，杂盛于一篮"[1]，他认为当时的稷下确实"成为一时学者荟萃的中心，周秦诸子的盛况是在这儿形成了一个最高峰的"。

这里要说明的是：战国时代，礼贤下士为时代风气，纳贤养士也是一时风尚，像齐之孟尝君、赵之平原君、魏之信陵君、楚之春申君等，所谓"四君子养士"之主，都是知名之人。但与齐之稷下相比，却有如下差别。一是稷下先生多为各家学派的高层学者，被齐统治者封为"上大夫"，"不治而议论"，而"四君子"所养却不乏"鸡鸣狗盗之徒"，正如钱穆先生说："四公子门下，真士少，伪士多。"[2] 二是稷下学宫为官办，历经五代国君，长达130多年，影响整个战国之世；四君子等为私人养士，因一人而兴起，因树倒而猢狲散。因而说，稷下为战国诸子百家争鸣的中心是符合历史真实的。

---

① 见郭沫若：《管子集校叙录》，见《郭沫若全集·历史编》，人民出版社1984年版。

② 钱穆：《国史大纲》，商务印书馆1996年版，第110页。

（三）儒、墨"显学"俱出于鲁

战国诸子之中，儒、墨两家并称"显学"，也是齐鲁"重心"地位的重要例证。这两家在当时是影响最大的学派，就其共同特点看：一是弟子众多，所谓"孔墨之弟子徒属，充满天下"（《吕氏春秋·有度》）；二是支派林立，世称"儒分为八，墨离为三"（《韩非子·显学》）；三是影响巨大，《吕氏春秋·当染》称赞说："孔墨之后学，显荣于天下者众矣，不可胜数"；四是品次极高，儒家之中不仅产生出如孟子、荀子、子思、曾子等儒家大师，还产生出众多传播、发展孔子思想的"圣贤"之人，如七十二子等。而墨家学派也产生出鲁人公输般等中国文化史上的明星人物。

就儒、墨两家来看，其称"显学"，实为两大学养、能力品次极高的智力集团：儒家重教育，主要培养精神之贵族、道德之楷模；墨家重实务，则主要培养实用型之科技专家。前者开中国人文教育之先导，位占当时中国哲学社会科学的顶端；后者实开中国科技教育之先河，代表那个时代中国自然科学发展之高峰。

儒墨两大"显学"，俱出于齐鲁，既是"重心"的文化产出，也是"重心"的学术硕果。

（四）先秦兵学最盛于齐

我认为：先秦齐鲁兵学的发达，也是其"重心"地位的一大展现。先秦时代号称有六大兵书，即《六韬》、《司马兵法》、《孙子兵法》、《孙膑兵法》、《吴子兵法》、《尉缭子》，前四种皆为齐人所著，而著《吴子兵法》的吴起虽是卫国人，也曾在鲁国出仕多年。事实上，先秦兵书出于齐者远不止以上数部，《管子》、《荀子》、《鲁连子》等书中都载有重要的兵学内容，可见一斑；《汉书·艺文志》著录有《子晚子》一书，班固自注曰："齐人，好议兵，与《司马法》相似。"大约也是一部齐人的兵书。齐人中的军事家，除享誉世界的孙武外，像姜太公、管仲、司马穰苴、孙膑、田单，乃至田忌、齐威王等，都是卓尔出众、智慧超群，辉耀中国军事史的军事家。我国先秦时期，尤其春秋战国五百年间，列国争霸，诸侯称雄，兵学之盛本不为奇，但众多军事家与兵学典籍多出于齐地，则反映出齐国悠久的兵学传统和深厚的兵学根基。这又为"重心"的展现，增加了一道亮丽的风景线。

四、"重心"地位的结晶

齐鲁在中国早期文明中的"重心"地位，在经历春秋战国五百余年分裂割据之后走向统一的秦汉时期，既进一步得到展示，又以其丰硕的思想文化成果，对秦汉时代的政治、文化产生了巨大的影响，其主要反映在四个方面。

（一）齐鲁对秦代政治的影响

秦朝建立后，齐鲁文化对新的王朝产生的重要政治影响，主要有两点：

1. 齐国阴阳家"五德终始说"为秦所用

秦始皇统一天下后，认为"天下大定，今名号不更，无以称成功，传后世"（《史记·秦始皇本纪》）。为此，他需要一种理论能为其统一天下，作出合理性的解说与阐释，正是在这种情况下，齐国阴阳家倡言的"五德终始说"满足了秦始皇的要求。

《史记·封禅书》有记："自齐威宣之时，驺子之徒论著终始五德之运，及秦帝而齐人奏之，故始皇采用之。"《秦始皇本纪》又载："始皇推终始五德之传，以为周得火德，秦代周德，从所不胜，方今水德之始。"

《史记·封禅书》亦记："秦始皇既并天下而帝，或曰：'黄帝得土德，黄龙地螾见。夏得木德，青龙止于郊，草木畅茂。殷得金德，银自山溢。周得火德，有赤乌之符。今秦变周，水德之时。昔秦文公出猎，获黑龙，此水德之瑞。'于是秦更名河曰'德水'，以冬十月为年首，色上黑。度以六为名，音上大吕，事统上法。"

"五德终始说"是在战国中后期被称作"帝制运动"的封建统一大

趋势中，应运而生的一种理论，它的主要创始者就是齐人邹衍等阴阳家。"五德终始说"的产生、发展及传布源地主要是齐国的稷下学宫。其思想核心就是将土、木、水、火、金五行相生相克、循环不已的理论，附会到人事和朝代更替上，即是说，新的朝代的兴起，必因前朝德衰，在五德中得到符应，显示出朝代更替是上天的意志安排。秦始皇认识到这种理论对促进统一和巩固政权的作用，因而采用这一学说，作为其制定各种典章制度的理论依据。

2. 齐鲁之地对秦始皇产生巨大吸引和影响

大概秦始皇这个偏居西方一隅的关中主宰者对齐鲁这个东方的文化圣地早已十分向往和迷恋，所以在始皇二十六年他统一全国后，即对齐鲁文化给予了最大的关注。概括讲，可用三个"最"来作以描述或概括。一是他最迷恋齐鲁大地的人文和山水。他在全国统一后的 11 年中，只有五次大的巡狩，其中四次为东巡，有三次都到齐鲁之地，最后他死在由齐鲁返回的途中——沙丘。秦始皇几乎踏遍了齐鲁名山大川，走遍了山东半岛的海岸线。二是最相信齐鲁方士之言。他听信方士"不死之药殆可得"的哄瞒与说教，甘心于神仙之道，《史记·秦始皇本纪》有记："二十八年，始皇东行郡县……南登琅琊……既已，齐人徐市等上书，言海中有三神山，名曰蓬莱、方丈、瀛洲，仙人居之。请得斋戒，与童男女求之。于是遣徐市发童男女数千人，入海求仙人。"他轻信方士之言，造成了"燕齐之士释锄耒，争言神仙，方士于是趋咸阳者以千数"（《盐铁论·散不足》）。三是最憎恨齐鲁儒生。统一之初，秦始皇对齐鲁儒生极为关切与重视，其"东行郡县，与鲁诸生议望祭山川之事"即是证明。然而由爱转恨，最终演变为"焚书坑儒"的惨剧，这一方面反映出齐鲁文化与秦晋文化，以及儒学与法家思想的尖锐对立，另一方面，一个重要原因应是儒生固执的偏见和迂腐的"冒犯"及方士们的欺骗，导致了这位刚愎自用的暴虐君主，最终将一部分儒生、方士"坑"掉解恨。正如顾颉刚先生所说："'坑儒'则不过始皇个人的发脾气而已。"①

---

①　顾颉刚：《秦汉的方士与儒生》，上海古籍出版社 2005 年版。

而从文化的层面上看，也折射出当时齐鲁文化对秦代政治的影响之大。

（二）齐鲁文化对汉代的重大影响

齐鲁文化对汉代政治、文化的重大影响，主要反映在三个方面，都为全国性、全局性的影响，鲜明体现出齐鲁作为中华早期文明的"重心"，在汉代逐步走向大一统的文化局面下，其所发挥的巨大作用。

1. 黄老之学在汉初政治领域的统治地位

主要形成于齐国稷下的黄老之学，是假托黄帝、老子之言形成的一种道家思想，齐亡后一直在齐地胶西一带传播发展。曹参相齐，首先以"黄老之术"治齐，结果"相齐九年，齐国安集，大称贤相"（《史记·曹相国世家》），因而倡言"人主之术，处无为之事，而行不言之教"（《淮南子·主术训》）的黄老之学，就成为颇受汉初统治者欢迎的治国良方。当曹参代替萧何为惠帝相国时，即在全国推行开来。正如钱穆所言："汉初之兴，未脱创夷，与民休息，则黄老之说为胜。"据《风俗通义》卷二《孝文帝》言"文帝本修黄老之言……其治尚清静无为"，而景帝时"窦太后好黄帝、老子言，帝及太子诸窦不得不读《黄帝》、《老子》，尊其术"（《史记·外戚世家》）。可见历史上所谓"文景之治"的出现，黄老思想的重大影响是不可否认的。黄老思想的被推崇，一直延续到武帝建元年间"罢黜百家"提出之时，方才结束，前后长达半个多世纪。

2. 齐鲁士子对西汉经学发展的垄断式贡献

孔子以六经教授弟子，孔子卒后，"七十子之徒散游诸侯，大者为师傅卿相，小者友教士大夫"（《汉书·儒林传》），历经战国以迄秦汉数百年间，孔子后学代代授传，在齐鲁之地形成了儒学丰厚的社会根底和人才基础。秦始皇东巡泰山封禅，一次能在鲁地征召 70 余名大儒，以及齐人叔孙通降汉"从儒生弟子百余人"，均可见出齐鲁之地经学之盛和儒者之众。汉惠帝四年"除挟书律"后，经学传授复盛，一时大师云集，其中多为齐鲁之人，几成垄断之势。《史记·儒林列传》言，汉初传经大师"言《诗》于鲁则申培公，于齐则辕固生，于燕则韩太傅；

言《尚书》自济南伏生；言《礼》自鲁高堂生；言《易》自菑川田生；言《春秋》于齐鲁自胡毋生，于赵自董仲舒。"所谓"五经八师"中，有六位是齐鲁之人。而赵人董仲舒，与齐人胡毋生同为齐人公羊寿之弟子，实为齐学大儒。钱穆有《自秦焚书后至汉文景时代之博士》一文，考证汉初经学博士12人，其中8人是齐鲁之士，连同受齐学的董仲舒、晁错至10人之多，可见汉初齐鲁之士对于经学的传授讲解实据于垄断地位。

汉代经学，"最重师法，师之所传，弟子所受，一字毋敢出入"，经学宗师，既出于齐鲁，所谓汉代经学的昌明、极盛时期，实际也就是齐鲁之学弥漫扩布的时代，所以两汉经学的繁盛，实为齐鲁之学的繁荣。齐鲁为"重心"的"余威"至是，实为中国文化史上一大景观。

（三）儒学的复兴到"独尊儒术"的提出——"重心"地位的结晶体

汉家起于楚地，高祖刘邦本是一个"谓读书无益"之人，对儒生素无好感，但是面对大一统帝国的建立和秦代二世速亡的教训，他还是虚心听取了儒道兼治的大学者陆贾等人的警告："乡使秦已并天下，行仁义，法先圣，陛下安得而有之？"（《史记·郦生陆贾列传》）他因而重用齐人叔孙通制定朝廷礼仪，并批准叔孙通的建议"征鲁诸生，与臣弟子共起朝仪"（《汉书·郦陆硃刘叔孙传》），又于高祖十二年在平淮归京途中，亲赴曲阜召见儒生，并用太牢之礼隆祭孔子，成为历代帝王中第一个祭孔者。

文景时期，虽然"黄老之学"在上层统治者中颇有市场，但由于经学的传布，儒学发展已成难以阻挡之势，儒、道之间的斗争颇为激烈。到了武帝时期，随着笃信黄老之学的窦太后的去世及"董氏儒学"的发展，儒学迅速复兴的情势更加不可遏制了。

董仲舒为赵人，但负笈求学于齐。《春秋公羊传》隐公元年序疏言其受学传承为"子夏传与公羊氏，五世乃至胡毋生、董仲舒"。他既得孔学真传，又得齐学之教，正是一位在新的大一统社会文化环境下，能够博采百家、融通齐鲁，推动儒学趋时求合的一代儒学宗师。而实际上，汉武帝思想的形成也是受到了齐鲁之学的影响，据《史记·儒林列传》记兰陵王臧，受诗申公，"以事孝景帝为太子少傅"。这说明，鲁人大学者王臧是武帝做太子时的老师，正如钱穆所说："王臧尝傅武帝，特见亲信，帝之好儒术，渊源当在此。"① 从某种意义上讲，"罢黜百家，独尊儒术"的提出与落实，非董仲舒不能，非汉武帝不成。

董氏之儒学，既推明孔子，阐扬仁学，又采齐学之阴阳五行之说，大讲天人感应，并兼采墨、法等尚同、法治等思想，将儒家改铸成新学说，终为汉武帝采纳，确立了"罢黜百家，独尊儒术"的基本国策。从此以后，由齐鲁之学形成的董氏儒学登堂入室，成为全国的统治思想，儒学也从此成为以后历代统治者所秉持的思想统治工具。区域性的齐鲁文化的思想精华最终上升为民族的文化主流，可以说正是齐鲁"重心"地位形成的结晶体。

---

① 钱穆：《两汉经学今古文平议》，商务印书馆 2001 年版，第 197 页。

齐鲁文化特色比较研究

　　齐鲁文化的元典阶段经历了千余年漫长的发展过程，那个阶段，是中国历史上社会制度变革最剧烈的历史时期，又是中华文明史上由统一而致分裂割据又走向大一统中央集权封建帝国的重要发展期。在这样一个历史时期，就齐鲁文化的表现形态看，应是一个动态的发展过程，也是一个外在表现异彩纷呈、特色迭出的时期，要用一些简单的语句，静止地概括出在一个剧烈动态变化中的文化特色，并非易事，也难于准确。我们在这里做的是仅就有关文献和实物资料中所反映的齐鲁文化中那些反映一般文化面貌的带有普遍意义的文化特征，作一概括的总结和表述。

　　特色往往在比较中显现，齐鲁文化由于其渊源、地理环境、发展道路的不同，其文化各具鲜明特征，将二者加以比较不仅可以更加清晰地展现其各自的特色，而且对其文化性质及其历史面貌也会有更深入的了解。

一、文化渊源之比较

（一）齐起炎帝，鲁起黄帝，族源不同

　　炎、黄二族为同起黄土高原的上古两大部族，但"成而异德"，发

展成为两大有姻缘关系的不同文化的部族。大致说来，黄帝为主居中原的华夏族之始祖，而炎帝为夷族及周边蛮夷羌等若干少数民族之始祖。太公封齐，以姜炎氏族文化而立国于滨海东夷之地，比较多地保留了姜炎氏族及东夷土著文化的特性，原始民主之风、母系氏族社会之习俗、遗存保留较多。

周公封鲁，而带黄帝之姬周文化来到东夷地，以"变其俗，革其礼"之策，摒弃当地东夷文化较多，而以周文化代之，所以，能成"周礼尽在鲁"的礼乐文化中心。

战国之齐，为田氏，姬姓，其代姜姓之齐而立，既传承姜齐的一些传统，又承继黄帝文化传统，为齐、鲁文化之融合，提供了氏族文化同源的基础。

（二）齐居薄姑旧地，鲁居商奄故地，方国文化不同

周公东征消灭薄姑和商奄势力，齐、鲁始得就封建国。薄姑、商奄虽同为殷商时期的方国，而且现在也没有资料更详了解两国文化的细况及与商之关系。但据有关专家考察，薄姑为姜姓方国，应属炎帝系统，族系与齐同源，为久居齐地的土著族系之一，以鸟为其图腾。商奄，为凤姓方国，以龟为图腾。可见，两国实为文化传统并不相同的方国。其对齐、鲁文化的基础作用和影响也是不一样的。

（三）对周文化的贯彻政策不同

齐、鲁同为周之封国，但太公本为东夷之人，为姜炎部族之后人，又封于姜姓部族聚居的东夷之齐地。立国后，采取"因其俗、简其礼"之策治国，形成齐以东夷文化为主的文化特点。周公以周王之弟封鲁，又为周之礼乐文化的创制者，封国后，采取"变其俗、革其礼"之策以对待原住居民，所以在周之强大文化攻势下，鲁建立了以周文化为主体的文化系统。

（四）齐、鲁两地区东夷文化的差异，是两国文化渊源不同的主要基础

史称之东夷，并非是一个文化统一的部族。

虽然山东考古文化被证明从北辛文化——大汶口文化——龙山化——岳石文化，形成同一个考古序列文化的不同发展阶段，说明山东的史前文化是渊源有自、独成序列的。但是，同一考古文化也可能包括起源不同的部落或部族。考古学家苏秉琦在其《中国文明起源新探》一书中，就从考古学的角度，对当今山东地区史前文明的发展做了独到而深入的分析。他认为："山东地区古文化也不仅是一个整体……各地块在整个历史发展过程中是有差别的。把山东龙山文化作为一个整体，把城子崖做它的典型遗址，或把北辛——大汶口——龙山看成一条单线，都只能增加混乱。"① 他直接提出："齐人文化确是源远流长，自成一系。"② 郭沫若在其《卜辞通纂》中提出，殷代的东夷"乃合山东之岛夷与淮夷而言"。实际认为齐地之岛夷与鲁地及鲁西南一带之淮夷是两个不同的部族。李白凤在其《东夷杂考》中则认为，齐鲁之地的土著东夷应分为：莱夷各族与徐夷各族这两类。

齐、鲁两地东夷文化的差异，对于形成齐、鲁文化的不同特色，起了更重要的奠基作用。

二、治国理念之比较

从比较角度观其差异，从政治层面分析齐、鲁两国文化的特色，主要有以下几点：

（一）齐尚霸道、鲁行王道

汉代刘向在《说苑·政理》中已明确地表述说："鲁有王迹"、"齐

---

① 苏秉琦：《中国文明起源新探》，三联书店1999年版，第52页。
② 苏秉琦：《中国文明起源新探》，三联书店1999年版，第59页。

有霸迹"。从齐、鲁两国八百年左右的治国历史看，两国展现出不同的治国理念。齐自西周初，即受周王室之命，对诸侯有征伐之权，所谓"五侯九伯，实得征之"，已开霸业之端。春秋时期，齐桓称霸，既为"五霸"之首，亦为齐国春秋霸业高峰，而其前，有"庄、僖小霸"之局，其后又有顷公、灵公之强和景公时期"代晋称霸之势"的复霸再兴之局。可以说，终春秋之世，齐国前赴后继、霸业迭兴。战国时代，自齐威王始，数代田齐国君，都以"绍祖黄帝，迩嗣桓、文"（《陈侯因咨敦》铭文）为追求，标榜要继承黄帝和齐桓、晋文的霸业。战国之齐，前有齐威称王，后有闵王称帝，而齐宣王则对孟子直露心迹："欲辟土地，朝秦楚，莅中国而抚四夷"，即立志统一天下。齐立国八百余年，多半时间展现为东方霸主之国。

鲁为"宗邦"之国，有"周之最亲莫如鲁"之说。从西周始，即为周礼在东方的一个中心，不仅"四代之器、服、官，鲁兼用之"（《礼记·明堂位》），而且拥有享用天子礼乐的特权。鲁以王道治国，强调两点：一为礼乐教化，二为重德保民。朱熹曾指出鲁国"重礼教，宗信义"，是"有先王之遗风"（《论语集注·雍也》）。鲁国始终由宗室掌权，君臣相弑杀者较之其他侯国为少，被称为"有道之国"。从周公始，就强调要实行德政，孔子则提出"为政以德"，而孟子的"仁政"主张更是直接突出了"保民而王"，强调以王道统一天下。

（二）齐重士族参政，鲁为贵族专权

就建国目标论，齐国因追求称霸图强，因而自太公始，提倡"尊贤尚功"，重用人才，举贤不避卑贱，尚功多由业绩，逐步形成君主强权下的官僚士族政治体制。齐也有宗室，如国、高二氏，但始终未能在齐国长期执国柄，因而，齐国较多产生有为君主，即使是寒微出身如管仲等，都能在齐国得到建功立业的机会。当然，也正是由于齐国政治体制的催生，产生了田氏代齐的政治变局，田氏新兴政权的出现，则保证了齐国霸业在战国时期的发展、延续。

鲁国行王道，因而自周公始即强调"尊尊而亲亲"，重用宗室，排

斥异姓。鲁国政权始终掌握在周公的后代手里，形成宗法贵族政体制。春秋以来，鲁国宗室势力发展，以致后来宗法贵族三桓做大，公室卑微，后发展到"三分公室"，"四分公室"，国君权力日削，到春秋末竟然"三桓胜，鲁如小侯，卑于三桓之家"（《史记·鲁国公世家》）。因而，鲁国历史上，除僖公等少数有为国君外，多为弱主，难有作为。大臣中如臧文仲等著名政治家较少出现，与齐国相比，既未能形成"江山代有才人出"的局面，也很少产生在政治上大有为的政治家。

（三）齐国尚变革，鲁国重守成

就两国而论，由于齐图以霸道治国，而"争强之国，必先争谋"（《管子·霸言》），也就是要有富国强兵的对策和谋略。因而，齐国政治始终处于不断变革发展的过程之中，即如《管子·正世》所言："不慕古，不留今，与时变，与俗化。"观齐国历史，就大变革言之至少有三：立国之初，太公以因俗简礼之策治齐为一变；春秋之世，管仲鲜明提出"政不旅旧"，"尊王攘夷"等内政外交的重大改革举措为二变；战国之世，齐威王任用邹忌为相，"谨修法律而督奸吏"（《史记·田敬仲完世家》），广开言路，以法治齐为又一变。三变而使齐居霸主之尊，始终为一东方大国强国，这与齐历代有为国君的治国理念崇尚变革、励精图治有直接关系。

鲁国则注重守成，较少变更前人之成法。鲁国政治家多以"先君周公"之言为立言标准，以周礼为治国准则，孔子在礼崩乐坏的春秋之末，不仅主张"一日克己复礼，天下归仁焉"（《论语·颜渊》），甚至以"久矣，吾不复梦见周公"（《论语·述而》）为大不幸之事，以为自己太衰老了。明人赵用贤认为，"善变周公之法者，莫精于管子"（《〈管子〉序》），而不是任何鲁国人。孟子更提出要"法先王"，就是要效法古代帝王的治国之术，更说明邹鲁之人治国，注重遵从前人遗教和传统，注重守成的特点。

三、经济类型之比较

齐重工商，各业并举；鲁重农业，比较单一。齐在立国之初，太公提出"通商工之业，便鱼盐之利"（《史记·齐太公世家》），奠定了齐国经济重视工商业的基础。春秋时期管仲治齐，进一步实行"士农工商，四民分业"政策，进一步明确职业分工，让工商业能够世代相传，使从业者的子孙"少而习焉，其心安焉，不见异物而迁焉"（《国语·齐语》）。保证了工商业的持续发展。从齐都临淄城考古挖掘探查中发现大量的冶铁、铸铜、制钱遗址，以及在当今山东境内东到牟平、荣成，西至长清，南至日照等广大地区出土大量齐刀币情况看，齐国的工商业号称发达，且贯穿始终。

值得提出的是齐重工商，并未带来其他各业的凋敝，而是呈现出各业俱兴的局面，使齐国经济向多元和开放型发展。农业的长足发展使齐由沼卤之地而成"膏壤千里"；鱼盐业的繁荣所带来的交通业的发达和城市的繁荣，不仅使临淄成为先秦时代我国最大、经济最发达的城市之一，而且到战国时，齐国的城市曾多至"百二十城"。以今天的观点看，齐立国之基重工商，带动各业并举，致齐经济长期繁荣，民富国强，始终为东方大国，此一经验值得借鉴和吸取。

鲁国地处泰山之阳，汶泗流域，自然条件最宜农业。鲁国是推行周礼最有成效的周之宗邦之国，而源于黄土高原的周文化即是"好稼穑，务本业"的较单一的农业文化。所以，鲁国自立国之初，即主要以农业为主，其文化亦建立在农业文化基础之上。《史记·货殖列传》载："鲁好农而重民"，"邹鲁滨洙泗，犹有周公遗风……颇有桑麻之业，无林泽之饶"，即述其农业文化的特点。

由于鲁国重农，平时君臣议政多涉及一些"动不违时，财不过用"之类与农业有关的事，而很少有关于发展经济的话题，鲁国历史上有一次影响最大的经济改革——初税亩，也主要是关于农业如何收税的。当然，说鲁国重农，也不是说鲁国没有工商业。鲁国的后期从事商业的人多了起来，鲁缟即是当时有名的丝织产品，著名工匠鲁班也是鲁人。但这一些工艺很高的手工业，大多都是附着于农业的，而没有形成像齐国那样的大规模的工商业生产和商品交换。在历来的考古挖掘中，铜铸鲁币还没有发现，与齐地大量刀币出土形成鲜明对照，就是有力的证明。

四、哲学思想之比较

齐、鲁的学术文化就春秋战国秦汉时期而言，其影响巨大，特色鲜明，超过了任何其他地区，展现出齐鲁文化的特异风采。齐、鲁两国又形成不同的思想派别和特色。

纵观先秦以迄两汉时代的齐、鲁哲学思想的主流，其差异主要表现在齐尚道学，鲁尊儒学。

齐从姜太公立国之始，即实行"修道术，尊贤智"之策（《汉书·地理志》）。所谓"道术"即是因任自然的道家思想。太公实行的"因其俗，简其礼"立国方针，即是修道术的表现。《汉书·艺文志》列太公于道家之中，可见在汉人看来，太公实为道家之祖。管仲相齐，也采取太公道术治国，"与俗同好恶"，"俗之所欲，因而予之；俗之所否，因而去之"。《管子·乘马》中提出："无为者帝，为而无以为者王。"大约也反映出管仲治齐的一种道术思想。《汉书·艺文志》也列《管子》为道家类，并不是没有道理的。管仲治齐，尚法治，但他是引道入法、道法结合。自管仲而后，齐有一个管仲学派，也有人称是齐法家，实际是道法结合，与秦晋法家大不相同。战国时期，在齐国稷下形成的黄老之学，亦是齐学尚道的一种时代产物。汉初曹参相齐，以黄老道家之术治齐，九年大治，百姓安集，大称贤相，更说明齐学尚道具有相当的文化基础。而汉初文景时代，以黄老之术治国，更是齐学尚道在大统一后的集中展现。

鲁为周之宗邦，以继周为己任，所谓"周礼尽在鲁"。孔子说："周监于二代，郁郁乎文哉，吾从周。"（《论语·八佾》）即是鲁学与儒学关系的最好表白。儒学是孔子对周公制礼作乐以来，周鲁文化精神总结和阐扬的结晶。胡适说："鲁学即儒学"，所言极是。

儒学在鲁国文化中的独尊地位，实际上，与孔子大办私学、广收弟子有关。弟子大多为鲁人，儒学在鲁国文化下移的社会潮流中，成为鲁国全社会崇奉的思想学说。傅斯年先生说："儒者在鲁国根深蒂固，竟成通国的宗教。"① 也对鲁学尊儒作了最深切的肯定。

五、学术风气之比较

（一）齐学重兼容，鲁学尚一统

因其自然，齐学尚道术，所以并不排斥其他思想的融入，而是不断吸纳和包容各种思想在齐的存在和发展，形成齐学各种思想多家并存，兼收并蓄的形态。一方面，齐人中的思想家，例如管仲似法，晏婴近墨，邹衍属阴阳，淳于髡如道家，公孙丑则为儒家之信徒，总的看，五光十色，均不属于一个思想系统；另一方面，在齐的学术思想发展中，并无一种思想一成不变，一贯到底。以道学为例，在齐国的发展中，道法结合，儒道融合，黄老之道家则是"因道全法"的一种思想主张，因而，也是在不断与各种思想的交流融合中发展变异的。战国诸子只能在齐国稷下而不会在别的国家形成百家争鸣的局面，都体现出齐学这种集百花于一束，熔众家于一炉的特点。齐学这种兼容并包的特点，在其学术发展的各种阶段都比较明显地展现出来。

鲁学尚一统。从伯禽就封鲁国后采取的"变其俗，革其礼"政策，已见其重一统、排除异说的端倪。春秋时代，尽管天下已临"礼崩乐坏"之境，但鲁"犹秉周礼"，展现出"周礼尽在鲁"的文化面貌，都说明鲁文化唯周是尊，唯礼是尊，亦即唯儒是尊的情况。尽管孔子生前，在鲁国政坛上并不得意，但其学说却能在鲁国首先得以广泛传播，

---

① 傅斯年：《战国子家叙论》，见傅斯年《民族与古代中国史》，河北教育出版社 2002 年版，第 213 页。

获得认同，正说明鲁国是儒学最宜产生和发育的文化土壤。

鲁尚一统，也体现在儒家后学对其他各派思想的排斥和打击上。在战国百家争鸣的情势下，儒家之徒对其他各派往往予以猛烈的批判和抨击，甚至有不能两立之势，如孟子之批杨朱、墨翟为"无君"、"无父"，荀子则著《非十二子》以对异说予以尖锐批判，都是鲁学排异己、重一统的具体表现，与齐学适成鲜明对照。

（二）齐学通权达变，趋时求合；鲁学严守古义，笃信师说

就齐学而论，齐人讲权变，实自太公始。《史记》上说太公"其事多兵权与奇计"，其治国"因其俗，简其礼"，实际上就是因地而宜，通权达变。管仲讲"不慕古，不留今，与时变，与俗化"，即是对齐学这种传统在政治上的继承和应用。战国之世，齐学趋时求合特点更加彰显。齐统治者在稷下学宫筑"高门大屋"，被吸引到齐国来的各国学者，大多数是些"各著书言治乱之事，以干世主"（《史记·孟荀列传》）的文人，对稷下先生来讲，投合世主，积极干政，趋时求用；而齐统治者不论哪家哪派，来者欢迎，走者礼送，甚至封官加爵，让其不处理具体政务，专门议论，为我所用。稷下通权达变、趋时求用的特点，是战国之世齐学特点的典型展现。

鲁学特点在先秦时代既已形成。儒家学说以法古崇古为主张，孔子认为："先王之道斯为美"、"文王既没，文不在兹"，认为对任何古制的改变都是"礼崩乐坏"，都是"是可忍孰不可忍"的事，孟子更提"法先王"、"守先王之道"。所以鲁学信守古义，自然成为儒家的为学传统。正如《盐铁论》中所说："儒者是信古而非今也。"

汉之经学传授，齐、鲁之学特点两现，殊为分明。其主要表现在释经与授学两个方面。以释经看，齐学博采杂说，趋时求合，好为经作"传"，而其意离本经往往较远。鲁学则好为训诂，往往着意求义。《汉书·艺文志》中曾提到：鲁人申培公解《诗》重训诂求本义，而齐辕固生解《诗》则"采杂说，咸非其本义"。两相比较，班固认为：鲁最为近本义。所以钱穆先生认为这"是齐学恢奇驳杂，是鲁学纯谨不同之

验也"。①

从经生接受经学的角度看，齐学弟子，往往比较通达善变，迎合世俗，甚至有"曲学阿世"之态；鲁学弟子则信守古义，不知变通。《史记·封禅书》载：汉武帝初年，曾拿封禅用的祠器给鲁诗申培的弟子周霸、徐偃看，结果都说"不与古同"，反对使用，武帝将二人罢黜免职。武帝又以封禅事问齐学弟子倪宽，倪宽则揣摩迎合武帝意愿，结果被拜为御史大夫。

六、思想观念之比较

齐、鲁之人，仕思想观念上的特点与差异，主要体现在以下几个方面：

（一）齐人重功利，鲁人重礼义

宋代理学家朱熹在其《论语集注·雍也》中曾评说："孔子之时，齐俗急功利，喜夸诈，乃霸政之余习。鲁则重礼教，崇信义，犹有先王之遗风焉。"齐、鲁之人，这种在观念上的差异，在周初立国之策上既已体现出来，齐太公提出以"尊贤尚功"立齐，周公提出以"亲亲尚恩"立鲁，这也成为其后培育两种不同观念的政策基础。齐人喜谈建功立业，《管子·明法解》就有对"功"解说："功者，安主上，利万民者也。"齐国历史上涌现出了大批建立功业的有为之人，如：齐桓公、管仲、鲍叔牙、晏婴、孙武、齐威王、孙膑、田单、邹忌等，都是齐人重功业的反映。

鲁人喜谈礼义，不大谈建功立业。孔子在《论语》中多次谈礼义，谈礼 74 次之多。他将礼看得很重："礼云礼云，玉帛云乎哉"，"一日克己复礼，天下归仁焉"，讲"为国以礼"，很少讲到如何建功立业。在《论语》中的《侍坐》一节中，他引导学生谈志向，而他却以赞成曾点

---

① 钱穆：《两汉经学今古文平议》，商务印书馆 2001 年版，第 222 页。

之说表达自己的意愿是过一种"浴乎沂，风乎舞雩，咏而归"的隐居生活。孔子也想干一番事业，但不合乎行为准则"礼义"宁愿不干，他认为"不义而富且贵，于我如浮云"。鲁国人中很少有齐国那样建大功、立大业的人物，即使是极少数像臧文仲且处有为君主鲁僖公时期的政治家，也主要是能立言垂世，崇德、明礼，以德辅君，少有建立大功大勋。

　　齐、鲁之人，都追慕先贤，但内容不同。齐人慕祖多羡其功业，鲁人忆祖多思其恩德。以战国齐人为例，齐宣王见孟子即说："齐桓晋文之事可得闻乎？"齐人公孙丑见其师孟子，劈头就问："夫子当路于齐，管仲、晏子之功可复许乎？"孟子曰："子诚齐人也，知管仲、晏婴而已矣！"可见，像管、晏一样建立功业，实际成为齐人的理想和追求。而鲁人说先祖往往注重先人的恩德和礼义教训，如《鲁颂·闷宫》忆先祖后稷时多写"降之百福"、"是飨是宜，降福既多"。齐人贪利，"好利之民，莫不愿以齐为归"（《荀子·强国》）。齐人理想的是一种"仓廪实则知礼节，衣食足则知荣辱"的先利后义的生活。而鲁人则不同，《论语》记载孔子"罕言利"，鲁人追求一种"饭疏食饮水，曲肱而枕之，乐亦在其中矣"和"一箪食，一瓢饮，在陋巷，人不堪其忧，回也不改其乐"的那样一种见义忘利，近乎超凡脱俗的精神生活。差异之大，可见一斑。

（二）齐人重才智，鲁人尚道德

　　"齐楚多辩智"。齐人重视才学和智慧，因而以善辩、好议、幽默、智慧为尚。《史记·货殖列传》记载：齐"其俗宽缓阔达而足智，好议论"；《汉书·地理志》中也说：齐地"其士多好经术，矜功名，舒缓阔达而足智"，都注意到齐人重智慧、才气的特点。齐人以善辩为尚，例如"晏子使楚"，智辩楚国君臣的故事是齐人的骄傲；稷下学宫学者"不治而议论"、"喜议政事"，邹衍善谈称"谈天衍"，淳于髡及汉代齐人东方朔以滑稽、幽默成为历史上智慧人物的代表，都是齐人重才智的表现。齐人重才智，故多所发明创造，其立国以"劝其女功，极技巧"

为尚，齐人不但在政治上善于改革、开拓、多所创造，而且在文化科技上也多所发明。齐国故都城市设计颇多匠心：大城墙西北之排水道口遗址，兼具排水、防敌功能，坚固整齐，科学而完备，显示出齐人的智慧和创造。① 从《战国策·齐策》记载看，斗鸡、赛狗、赌博等文化娱乐活动，齐人多有新的发明创造，临淄的蹴鞠活动更是世界上最早的足球运动。② 这都显示出齐人的智慧。

鲁人崇道德。周公讲"亲亲尚恩"，既是讲的"礼"，也是讲的"德"，在周鲁之人的眼里，明礼和明德是联系在一起的，看到"周礼尽在鲁"，就知"周公之德"了。正如杨向奎先生所说"西周春秋间礼和德的含义是相通的"，③ 鲁人治国强调讲德治，臧文仲即说"德之不建，民之无援"（《左传·文公五年》），孔子在《论语》中也说"为政以德"，强调对百姓要"道之以德，齐之以礼"。鲁人做事把德看得很重，最注重德行。元人陶宗仪著《辍耕录》中记载，鲁人柳下惠夜宿城郭之下，遇一个女子同来避寒，柳"恐其冻死，坐之于怀，至晓不为乱"。这种"坐怀不乱"的德行，只能发生于鲁人而不会在齐人身上出现，恐也是鲁人崇德的一种反映。《汉书·地理志》亦有记载：鲁地老百姓过河时，年轻人搀扶老人而且替其背东西，而老人们则互相推让，可见，民风道德之淳朴而高尚。当然，我们分析齐鲁之人观念差别，齐人重才智，并非不讲德行，而鲁人崇德，并非都无才智，鲁班即著名巧匠，只是两相比较，更有偏重而已。

七、社会风俗之比较

齐鲁两国分处泰山北南，地理环境不同，立国方针政策各异，久而久之，社会风俗表现各具特色，差异也较明显。

---

① 参见《临淄齐国故都的排水系统》，《考古》1988 年第 9 期。
② 参见《足球起源地探索》，中华书局 2004 年版。
③ 杨向奎：《宗周社会与礼乐文明》，人民出版社 1992 年版，第 332 页。

（一）齐有尚武之风，鲁有斯文之气

《管子·水地》篇说："齐之水道躁而复，故其民贪粗而好勇。"因而齐地从立国始，就有一种尚武的风气，夷，尚大好弓，好猎本为东夷人的旧俗，齐人保留，因而对英武的猎人往往赞颂有加，《诗经·齐风》中有《卢令》一篇，以"卢令令，其人美且仁"赞美英武高大的猎手，即反映了民间的这种风俗。

鲁国为尊周礼，主教化之国。礼乐传承，崇尚斯文，人们评价孔子"温、良、恭、俭、让"，这大致代表了鲁人的性格特点。在鲁人的心目中，"和悦平易"、坐怀不乱的柳下惠是深受崇拜的道德典范之人。"在鲁言鲁，前乎夫子而圣与仁，柳下惠一人而已。"①可知前有柳下惠，后有孔子，是鲁人普遍人认可的偶像。

（二）齐俗尚奢侈，鲁俗重俭啬

管仲相桓公，"故其俗弥侈，织作冰纨绮绣纯丽之物，号为冠带衣履天下"（《汉书·地理志》），"齐俗奢侈，好末技"（《汉书·龚遂传》），《列子·杨朱》中说管仲"君淫亦淫，君奢亦奢"。所以，孔子在回答其弟子问管仲是否"俭"时候说："管氏有三归，官事不摄，焉得俭？"（《论语·八佾》）实际是斥其为奢。石一参《管子今诠》中说道："齐地临海，洪洪大国，风教固殊，生事易而俗尚侈。"这些都说明齐国风俗具有奢侈的特点。

鲁国风俗却与齐俗相反，鲁国"有周公遗风俗好儒，备于礼。故其民龊龊，颇有桑麻之业，无林泽之饶，地小人众，俭啬，畏罪远邪"（《史记·货殖列传》）。

（三）齐俗长女不嫁，同姓可婚；鲁俗严守周礼，同姓不婚

齐国，女子地位较高，思想束缚少，行动较自由。在齐国有长女不

---

① 见《皇清经解·论语述闻》。

出嫁的风俗，"民家长女不得嫁，名曰巫儿。为家主祠，嫁者不利其家，民至今以为俗。"（《汉书·地理志》）结合在齐国盛行赘婿制度等可以看出，妇女在婚姻中地位较高。

按照周礼，将同姓不婚提到很重要的地位。"不娶同姓者，重人伦，防淫佚，耻与禽兽同"（《白虎通·嫁娶》）。"礼，不娶同姓……为同宗共祖，乱人伦，与禽兽无别"（《春秋公羊传》哀公十二年解诂）。可见，同姓不婚是西周以来周礼之大纲。因而，鲁人是严格按周礼行事，同姓不婚的。在鲁国，极少出现同姓可婚现象，如有，则上下共讨之。如鲁昭公娶吴国同姓女子都遭到议论和非难。

而在齐国，则存在着较普遍的同姓可婚现象。例如崔武子娶同姓女，庆封也娶同姓女；齐襄公则与其同父异母妹文姜长期通奸，可见在齐国不仅同姓可婚，在性关系上，齐国女子也是比较自由和放纵的。

（四）齐人夸诈放任，鲁人淳朴拘谨

齐人"其俗宽缓阔达……地重，难动摇，怯于众斗，勇于持刺，故多劫人者"（《史记·货殖列传》），可见齐人不受礼法约束，比较放任横行；而鲁人则是"有周公遗风，俗好儒，备于礼……畏罪远邪"（《史记·货殖列传》），与齐人的"勇于持刺"适成对照。《战国策·齐策》记载临淄城中人的生活说："其民无不吹竽鼓瑟，击筑弹琴，斗鸡走犬，六博蹋鞠者……家敦而富，志高而扬。"从一个方面说明临淄城内繁荣、富足，从风俗看，齐人较随便、任性、自由散漫，不受约束。

朱熹说："齐俗急功利，喜夸诈。"（《论语集注·雍也》）《汉书·地理志》说：齐人"其失夸奢朋党，言与行缪，虚诈不情，急之则离散，缓之则放纵"；《汉书·郦食其传》也称"齐人多变诈"，这都说明齐人比较夸诈的特点。鲁人则受周礼的束缚，"好学，上礼义，重廉耻"，有先王遗风，民风比较淳朴。"民涉度，幼者扶老而代其任"（《汉书·地理志》）说明鲁国老百姓有扶老携幼的民风。

八、宗教信仰之比较

齐鲁文化之特色反映在宗教信仰上，亦有显著差别。

（一）齐重自然崇拜，鲁重祖先崇拜

傅斯年先生在《周东封与殷遗民》一文中说："商之宗教，其祖先崇拜在鲁独发展，而为儒学；其自然崇拜在齐独发展，而为五行方士，各得一体，派衍有自。"①

一是齐之神多为自然之物，鲁之神多与祖先有关。齐地有著名的"八神祠"，祭祀的神有八个，即：天主、地主、兵主、阴主、阳主、月主、日主、四时主（《史记·封禅书》）。除兵主外，其余全是自然之物。鲁地则主要是祭祀祖先。

二是齐之祭祀之所，多在山川，鲁之祭祀之所多在宗庙。天主祠在牛山之天齐渊；阴主祠在今掖县一带之三山；阳主祠在烟台芝罘山；日主祠在荣成之成山；月主之祠在莱山；地主之祠在泰山之梁父山；四时之祠则在琅邪。除兵主未明外，都在山川之间。而鲁人祭祖主要在宗庙之中。

（二）齐人将祖先神化，鲁人将祖先伦理化

齐、鲁之人都对创业的始祖姜太公和周公十分崇拜向往，关于始祖的传说众多。但齐人在传说中逐步将姜太公神化。先秦以来，有关姜太公的故事中多写其传奇般的经历和神机妙算的能力，使其演变成了法力无边的"神"。而周公在鲁人的眼里，随着礼乐教化的推行，渐次成为伦理教条的人格化身，是一个儒家理想中的"完人"。一神一人的被异化，反映出齐、鲁之人宗教信仰观念的差异。

---

① 参见傅斯年《民族与古代中国史》，河北教育出版社 2002 年版。

（三）齐之神与海洋有关，鲁之神与农业有关

齐人最崇拜海仙，相信海仙的存在，齐地盛行海仙传说，并由此产生海中有三神山与长生不死之药的传说。

鲁之神大多与农业有关，认为："山川之神，则水旱厉疫之灾，于是乎禜之；日月星辰之神，则雪霜风雨之不时，于是乎禜之。"（《左传·昭公元年》）

（四）齐人相信有神而多方士，鲁人怀疑鬼神而崇祖先

齐人相信神的存在，特别对海中三神山及海仙的存在，更是深信不疑；由此，在齐燕之地产生大量的能够在人、神之间接通关系的人——方士。方士的产生使人对于齐地流传的有关海仙和仙山，有长生不死之药的传说，更是深信不疑，所以战国之世，海仙传说在齐地盛行，这对稷下形成阴阳五行学说产生了直接影响。秦始皇在统一之后，对齐地的海仙传说和方士文化产生浓厚兴趣，以至对秦代的文化、政治产生了重大影响。鲁人则对鬼神的存在压根儿是怀疑的。《论语·述而》记载孔子即"不语怪力乱神"，对于问他鬼神之事的学生，即说："未能事人，焉能事鬼？"又说："未知生，焉知死"（《论语·先进》），实际上是否定鬼神之存在。

九、故都文化之比较

齐、鲁两国，自周初立国，分别建都于临淄和曲阜，历经近八百年左右的建设，两个都城都发展成为我国早期城市史上的著名古都。临淄被确定为国家级历史文化名城；曲阜则以古都的底蕴及"三孔"在中国文化史上的地位被列为世界文化遗产名录。

20世纪以来，通过对齐、鲁故都遗产进行的多次考古挖掘和探查，两座古城的历史面貌基本厘清。从其两城的文化展现来看，也反映出齐、鲁文化不同的特色。这主要表现在以下几个方面：

（一）齐都不断扩建，鲁都变更较少

临淄始建，应在西周立国之初，根据近些年的考古发现，大约起始于大城的东北部，当时立都于荒辟的草莱之地，因需而建，规模很小。此后，随齐国国力强盛和疆域的不断扩充，临淄城不断扩建发展，战国秦汉时代即为我国早期最大的城市之一。从有关考古和文献资料看，齐都至少有三次大的扩建发展过程。一次是春秋中期的齐桓称霸。管仲对内实行改革，对齐都建设至少有两方面影响：一是对临淄居民实行"四民分业"，即士、农、工、商，人分四类，居分二十一乡，"勿使杂处"（《管子·小匡》），进一步明确了城内区域功能划分，同时，大规模扩充了临淄城的规模，使齐都形成了后来大城的基本规模。第二次是在春秋末期。随着齐灵公时消灭莱夷，统一山东半岛，国家疆域迅速扩张，大城继续向南扩展，使大城进一步发展，形成如北京大学侯仁之教授所说的"规模宏伟的大城"。[①] 第三次则是在战国中前期。为适应争霸图强的需要，田齐统治者在大城西南嵌筑一小城，作为宫城，使临淄构成大小两城相嵌，总面积达 15 万平方公里，据《瞭望新闻周刊》（2006 年）记载："方圆 62.5 平方公里的北京古城，占目前北京市 1085 平方公里的规划市区面积的 5.76%"，可见临淄在当时应是城市规模最大的"天下名郡"之一。

可见，齐都既非一次规划，也非一时所建，而是随齐国的发展而不断变化，逐步扩充，形成"海岱之间一都会"的规模的。

鲁城的创建始于周公封鲁，"周公卜居曲阜"（《说苑·至公》），可见，城址是由周公选择的。而有的学者认为：周公也可能是"对此鲁国之都的规模、形制及布局等进行筹划"的人[②]。目前学术界根据考古资料和有关记载，比较一致的看法是："曲阜鲁城为伯禽所都，遗址位置与范围可能变化不大……鲁城似一开始就有明确规划，而且始终遵循

---

①　参见侯仁之《历史地理学的理论与实践》，上海人民出版社 1984 年版，第 344 页。

②　孟祥才：《曲阜庙城与中国儒学》，中国社会科学出版社 2002 年版，第 17—18 页。

了这规划框架，不曾改变"①。从总的情况分析，结合文献记载，周室封鲁之初，曾将"殷民六族"分与鲁公，即史称的"商奄之民"。现代考古对鲁城的探查证明，鲁城内的人居区，大约是依"礼"划分的：东部为周人区，西部为殷人、奄人区，文化遗存界限分明，这说明鲁城在西周初既已定制。当然，鲁城在春秋时代，也有修建、扩充的记载，但从大的方面讲，其规模框架与临淄相比，变化并不大。

（二）齐城尽显霸业，鲁城合乎周礼

就齐都而言，由于随其国力增强和霸业发展而不断扩建，在城市形象上，则处处展现出东方霸主之国的风采：一是人口众多，按职业分居，以利生产和战争。齐桓称霸对齐城居民实行士农工商"四民分业"、"勿使杂处"制度，按职业分居明显，"制国二十一乡，商工之乡六，士农之乡十五"（《管子·小匡》）。而这里的士是指的"军士"，既有利于提高农工商各业的发展水平，又利于军事上的兵源补充和专门训练。齐国还实行"叁其国而伍其鄙"（《国语·齐语》）的改革措施，即三分国都之民以为三军，五分郊鄙（城郊之民）以为五属，实行兵民合二为一的军政体制改革，大大加强了军队战斗力。齐桓公时期的这种城市格局，一旦保留下来，对齐都发展产生了重大影响。

齐城人口，在齐桓公时已有相当扩充，据韦昭《国语》注："二千家为一乡"算，当时二十一乡，人口已到四万家近二十万人。《战国策·齐策》中记载"临淄城中七万户"，则人口已到三十余万，可见人口众多，显示出泱泱大国之都的规模与繁荣。

二是宫馆台池，显示大国之貌。由于齐国霸业迭兴，历代国君，形成好大喜功风气，常常在城内大修宫馆台池，以显示其地位和大国之风，所谓"居高台以自尊也"②。据《国语》记载齐襄公时，就喜"筑台以为高位"，开了诸侯国都城营筑高台的先风。齐桓公时，由于霸业成

① 张学海：《张学海考古论集》，学苑出版社 1999 年版，第 374 页。

② 《国语·齐语》韦昭注。

功，国富兵强，也大修台苑，以显尊贵，当时著名的有"泰台"；到齐景公时更是"好治宫室"（《史记·齐太公世家》），大规模修建台池，"筑路寝之台，三年未息"（《晏子春秋·内篇谏下》），说明工程之大。到战国之世，田齐统治者更是雄心勃勃，争强图霸，称帝称王。在临淄大城西南嵌筑一小城，主要作为王宫所在，更使临淄城显示出霸业的威势。现临淄故都尚有许多较著名的高台遗迹，也能说明当时齐国故都文化的这一特点。

三是道路发达，交通便利，展现出临淄作为当时的霸主之都，与各国诸侯交往的频繁和交通便利。据临淄考古发现，齐都大小城内共有干道十条之多，更有能"容下六轫都是绰绰有余"[①]的四条大干道，而据朱活先生考定，当时临淄城对外交通四通八达，与山东半岛及西至济南及其以南地区，南至莒国一带，都有重要交通干道相通。临淄成为"富商大贾，周流天下"的"海岱之间一都会"（《史记·货殖列传》），显示出其霸业之都的交通优势。

就鲁城而言，由于其在周初由周公卜择、规划，伯禽筑城建设，因而从多方面体现出周礼尽在鲁城的文化风貌，展现出鲁都作为周文化中心城市的地位。

一是鲁城布局最合周礼。据《曲阜庙城与中国儒学》一书记载：鲁城宫殿区位于城中心一片高地，宫城、南门、曲观、祭坛构成了鲁城的平面中轴线，这是我国建筑史上最早出现的中轴线。宫城东侧有宗庙，两侧有社稷坛，后面有市肆。[②] 这种布局最合周礼之"左祖右社，面朝后市"（《周礼·考工记》）的要求。

二是城内居民所处等级阶次地位分明。周初营城时，鲁国公室成员居宫城；一般周人居宫城北部一带，后因人员增多至东部一带。殷人、奄人则被安置在鲁城内西部或西南部。这种依社会地位分区居住的情况，是最合周礼中尊卑、贵贱、长幼有序的要求。

---

① 刘敦愿：《春秋时期齐国古城的复原与城市布局》，载《历史地理》第一辑，1981年版。

② 参见傅崇兰、孟祥才等《曲阜庙城与中国儒学》，中国社会科学出版社2002年版。

　　三是宗庙林立，展示其宗法之城的形象。鲁人尚周礼，首标敬祖先。重要内容是修宗庙以祭祀。据文献和考古证明：鲁城内建有周庙（文王庙）、周公庙、伯禽庙、群公庙，鲁之列祖应有者尽立庙，甚至也立了周人之祖先姜嫄的庙。庙多，祭祀活动也多，因而祭祖敬宗是鲁城内一项很重要的宗法活动内容。宗庙和祭坛也是鲁城文化特色的一项重要展示。

（三）齐为工商之城，鲁为礼乐之都

　　太公立国建都，即提出"通商工之业，便鱼盐之利"（《史记·齐太公世家》）的建国之策，这对齐郡工商业的发展起了重要的奠基作用。此后，随着齐都的不断扩充和建设，临淄的手工业和商业呈现出繁荣的局面，最终形成我国早期最重要的工商城市。

　　从文献记载看，临淄城内有"工商之乡六"，即有专门的工商业区；实行"四民分业"后，"商之子恒为商"（《国语·齐语》）即有世代相传的商家；城内有大小不等的若干个市，齐桓公时，有"宫中七市，女闾七百"；有繁华热闹商业集中的街道，所谓"临菑之途，车毂击，人肩摩，连衽成帷，举袂成幕，挥汗成雨"（《史记·苏秦列传》），即是形容街道商业的繁华之貌。

　　从考古挖掘和遗址探查看：临淄城中发现大量的手工作坊，其总面积达近百万平方米，其中包括冶铁、冶铜、铸钱、制骨等作坊；临淄郎家庄一号墓曾出土了大量绢、锦、刺绣、丝织物等，可见临淄丝业的发达。临淄及齐国齐地出土大量的齐刀币，亦见临淄的商业贸易十分发达。

　　由于齐都临淄工商业的发达，其城中商业文化生活丰富多彩。《战国策·齐策》中记载的临淄"其民无不吹竽、鼓瑟、弹琴、斗鸡、走犬、六博、蹴鞠者"，也反映出典型的商业文化的特点，这在战国故都中是少见的。

　　鲁都的礼乐文化之盛，当与周公制礼作乐有直接关系。

　　一是由于鲁国与周王室有特殊的"宗邦"之国的关系，所以鲁城有天子之礼乐，"鲁公世世祀周公以天子之礼乐"（《礼记·明堂位》）。

二是鲁城保存有各国的地方音乐，所谓"鲁有禘乐，宾祭用之"（《左传·襄公十年》）。三是鲁城中保存有各侯国的地方音乐。吴国公子季札，到鲁国观乐，乐工能为其演奏十三国风及雅、颂之乐即是例证。四是在鲁城的贵族家中，都要经常演奏乐舞，季氏甚至用"八佾舞于庭"，引起孔子极大不满，斥为"是可忍，孰不可忍"（《论语·八佾》）。这都可见鲁国的礼乐文化之盛，而鲁城则是礼乐文化之城。

十、代表人物之比较

齐文化的代表人物是管仲，鲁文化的代表人物则是孔子；齐文化的代表经典是《管子》，鲁文化的代表经典是《论语》。

管仲是伟大政治家，成就了齐桓称霸的辉煌业绩；孔子是伟大思想家、教育家，开创了我国私学教育的先河。

《管子》是管仲去世三百年后，稷下学宫的学者及部分秦汉学者在总结其管仲思想基础上，写成的一部论文集，内容主要是政治思想及治国之策。《论语》则是孔子死后由其弟子将其平日之讲学和谈话，辑录而成的语录片段，内容主要事关伦理道德教化。

管仲思想主要由齐国历代政治家传承，齐国形成一个管仲学派，主要由历代继承管仲治国理念和经验的齐国政治家和崇奉管仲、热心总结政治经验的学者组成。管仲学派主张道法结合，兼容各家思想，学派无组织形式，无师承关系，学无所主，与时而进。孔子思想主要由其弟子及后学传承，形成了儒家学派，其思想有明确的主张和完备的理论体系。上传下承，有明确的师承关系，而且随时代发展，都会有重要理论家出现以发展其思想，在战国是"显学"，汉后则成为中国历代的统治思想。

齐鲁文化精神的历史考察与当代价值①

所谓齐鲁文化，一般是指当今山东地区的历史文化。它是以公元前11世纪至公元前3世纪在此出现的齐、鲁两国文化为基本内涵形成的。现在国内学术界越来越多的人接受德国人雅斯贝尔斯提出的"在公元前八百年到公元前二百年间"是世界文明轴心时代的观点，并以此来解读中华文明的发展历程与世界文明的关系。这个时期，即是中国历史上的春秋战国时代。这个时期，社会巨变，列国纷争，诸侯割据，战争频繁；但在文化上，却是名人辈出，百家蜂起，哲学突破，学说纷呈的辉煌时代，在中华文明史上影响至深至远。在这个时期，齐鲁展现出独特的文化面貌：在这里产生了最伟大的思想家孔子以及管仲、墨子、孙子、孟子等一大批影响中国历史发展进程的伟大人物；培育出中华文明思想文化的主干——儒家学说；创设出世界文化史上蔚为奇观的稷下学宫。齐鲁文化不仅在当时主导着中国文化的发展方向，也影响了此后两千多年中国文化发展的历史进程。

习近平总书记在纪念孔子诞辰2565周年纪念大会上说："研究孔子，研究儒学，是认识中国人的民族特性，认识当今中国人精神世界历史来由的一个重要途径。"他强调要用好齐鲁文化资源丰富的优势，深入挖掘和阐释中华优秀传统文化。我们可以说，深入地研究探讨齐鲁文化的

---

① 2015年5月"齐鲁大讲坛"上的演讲。

本质精神，不仅是认识孔子、理解儒学的一个重要途径，也是深入挖掘中华文化中积淀着的中华民族最深沉的精神追求，实现民族伟大复兴的最宝贵的文化资源。以当代人的价值观念和文化自觉去深入挖掘、阐释齐鲁文化精神，我认为至少有以下五个方面：

一、坚守传统，继往开来的传承精神

齐鲁自古号称孔孟之乡、礼仪之邦，即凸显出齐鲁对以孔孟为代表、以礼义为内核的儒家传统文化的珍惜和传承精神。而这一文化精神的形成和发展，贯穿着齐鲁历史发展的全过程。周初分封立国，齐制定了"因其俗，简其礼"的国策，注重保留了东夷旧地的风俗传统，又以"简礼"之策予以改造发展，而非全盘夷化，即形成了继往开来的优良传统。而鲁国作为周王朝的宗亲国，以"变其俗，革其礼"为政策，最大限度去除夷俗夷礼，却是为了更多更好地传承"周礼"，两国政策相左，但实质相同，都以善于继承优良传统作为立国之策。到春秋时，两国文化各具特色，齐文化中传承了东夷文化的诸多因子，鲁国则赢得了"周礼尽在鲁"的赞誉，都是这一文化精神的硕果。

齐鲁文化的这种重传统精神，在民族传统文化遭受劫难之时，更为突出表现出来。春秋之变，礼崩乐坏，民族文化遭受空前破坏。此时，孔子出，编订《六经》，《诗》、《书》、《易》、《礼》、《乐》、《春秋》得以保存，夏、商、周三代文化典籍幸得流传。所以，后世学者称："无孔子则无中国文化。自孔子以前数千年之文化，赖孔子而传；自孔子以后数千年之文化，赖孔子而开。"[①] 孔子抢救典籍，弘扬传统，可谓齐鲁文化传承精神最突出的代表。孔子去世，弟子四散，儒学中衰，但齐鲁之地却别有一番文化景象。据《汉书·儒林传》记载："天下并争于战国，儒术既黜焉，然齐鲁之间学者犹弗废。至于威、宣之际，孟子、孙卿之列咸遵夫子之业而润色之，以学显于当世。"可见，儒学在战国之世得

---

① 柳诒徵：《中国文化史》，中国大百科全书出版社1998年版，第231页。

以传承，实有赖于齐鲁文化的传承精神。秦末楚汉相争，刘邦"引兵围鲁，鲁中诸儒尚讲诵习礼，弦歌之音不绝"（《汉书·儒林传》）。城外磨刀霍霍，城内读经习礼，泰然处之，生死之间，这是一种怎样的坚守？孔子所编《六经》，经战国动乱，秦皇"焚书坑儒"备受摧残，由于独在齐鲁一脉传承，因而，汉代设"五经"博士，经学大师，多为齐鲁之人。值得一提的是，齐鲁文化的传承精神，体现着传承与创新的统一，继往与开来的契合。例如：齐人重改革，但以弘扬传统为基础。齐桓公称霸，大力推行改革，但用人仍遵循姜太公的"尊贤尚功"之策，并明确宣示："俗之所欲，因而予之；俗之所否，因而去之。"（《史记·管晏列传》）鲁人重传承，但也颇多创新之举。孔子创儒学，即为理论创新典范；其大兴私学，也是教育创新之举。孟子的"仁政"、"王道"，荀子的"隆礼重法"，都是对孔子儒家学说的创新性发展，我们可以说，齐鲁文化的传承精神，实现了在传承中发展，在创新中传承，继往开来，蔚然一体。

二、争强图霸，奋发有为的进取精神

所谓"霸"，《管子·霸言》解释为："丰国之谓霸。"《重令》又说："地大国富，人众兵强，此霸王之本也。"中华民族爱好和平，追求和谐，反对一霸独大。但中华传统文化中追求国富民丰、人众兵强的"霸"业思想，齐鲁文化中争霸图霸、奋发有为的精神，则是民族思想文化的精华。

从历史记载来看，夏、商、西周三代无霸业之事。春秋之时，天子衰微，诸侯坐大，霸业始兴。而首霸即为齐国，可以说，争强图霸精神是首发于齐的。齐桓公称霸，在"春秋五霸"之中是持续时间最长，涉及区域最广，会盟最多，影响最大的，所以《孟子》中有"五霸，桓公为盛"的记载。这里特别值得一提的是，孔子对齐桓霸业的称赞："九合诸侯，不以兵车，管仲之力也。如其仁，如其仁。"（《论语·宪问》）齐国霸业靠会盟诸侯，而非靠兵车武力，是"仁"霸。以今日的观点即是：以谈判为主，和平崛起。反映了齐人既有称霸之心，又有和平之术。而春秋时期，齐国前有庄、僖小霸，后有景公复霸，可谓霸业连称，代有霸气，反映出争强图霸的确是齐文化精神的思想精华。战国之齐的统治者田氏，也是争强图霸的典型代表。其始祖原为陈国公子，因内乱奔齐，百余年间，惨淡经营，奋发有为，终于代齐姜而立，成为泱泱大国的主人。《盐铁论·论儒》记载："齐威、宣之时，显贤进士，国家富强，威行敌国。及湣王，奋二世之余烈，南举楚、淮，北并巨宋，苞十二国，西摧三晋，却强秦，五国宾从。"战国七雄中，齐国最有可能统一中国。如果不是齐湣王后期骄矜失国，致使燕、秦、楚及三晋等六国联合攻齐，几近亡国，大概中国的历史就是另一番景象了。

就政治层面讲，鲁国行王道，无霸业可言。但儒家向以积极入世为思想主旨，战国之儒，分为八派，人人自称真孔学，相互竞争，奋力发展，徒属众多，影响极大，号称"显学"。而孟子，更是一个典型的壮志勃勃、奋发有为之人。他推行"仁政"，游说各国，奔走呼号，不遗余力。而且知其不可而为之，其意志之坚，毅力之大，有威武不能屈，贫贱不能移的气概，是齐鲁文化中大丈夫精神的典型代表。由儒家之徒分裂而为墨家的创始人墨子，也是一位在文化上争强图霸之人。他批儒攻法，自立新说，主张兼爱，反对战争，"赴火蹈刃，死不还踵"（《淮南子·泰族训》）。其弟子弥众，其言满天下，与儒并称两大"显学"。战国时期诸子百家并起，两大"显学"，俱出鲁地，实为中国文化史上一大奇观。总概春秋战国时期的齐鲁文化，齐人在政治、经济、军事上，争强图霸；鲁人在文化上争先坐大，奋发有为，齐鲁文化之进取精神可见一斑。

三、崇德隆礼，尚仁爱民的人本精神

人本思想是中华优秀传统文化的核心价值理念。它的产生可以追溯到中华文明起源"五帝"时期的，人本思想的萌芽。在最早的文献《尚书·泰誓》中即有"惟人万物之灵"的记载。春秋以后，在剧烈的政治变革和动荡中，各国统治者和政治家认识到人心向背对政权的决定作用，民本思想迅速发展，在《左传》及先秦文献中多有记载。但民本寓于人本之中，民本并不等同于人本。中国的人本思想在齐鲁文化中发端最早，因而民本思想的发展、弘扬和提升最充分。人本思想既是民族文化的瑰宝，也是齐鲁文化主体精神的重要展现。

人本精神在齐鲁的发展沿着两条线：一条是在齐的政治实践，另一条是在鲁的理论提升。齐国是最早将人本思想落实到治国理政实践中的东方大国。姜太公武装殖民，却以道术立国，以"因俗简礼"为建国之纲，即包含对人的个性权利的尊重和对人长期形成的原始风俗的保护。"以人为本"四字，最早即出现于《管子·霸言》中："夫霸王之所始也，以人为本。"而管仲大力推行内政改革，也主要围绕"人本"大做文章。一是重视人才，即尚贤。他大力推行"三选之法"，实行逐级推荐、选拔人才政策，确保"察能授官"，让贤者上位。二是大力提升人的素质。实行"士、农、工、商，四民分业"，努力提高各类人群的专业技能素质；又提出"礼义廉耻，国之四维"，将道德教育的落实作为国家的行动纲领，大力提升人的道德素质。三是落实各项"民本"措施。提出"宽政役，敬百姓"，对老百姓要"爱之、益之、利之、安之"，提出"凡治国之道，必先富民"等等。管仲的人本精神，也为后世齐统治者所继承发扬。例如：晏婴就是一个爱民、保民、利民的典范，他力谏齐景公"省刑罚、薄赋敛"，往往收到"晏子一言而齐侯省刑"的效果。田齐政权靠惠民、爱民获取民心，代姜立国后，也处处效法齐桓、晋文，尚贤爱民，争强图霸，力求实现统一中国大业。特别值得提出的是：战国齐君对人的个性张扬的尊重，更使齐的人本精神放射出异彩。齐威王、宣王是战国"礼贤下士"之风能做到顶峰的统治者。齐宣王面对各种知识分子都体现出尊重、礼敬之态，甚至颜斶说"士贵，王不贵"，"生王之头，曾不若死士之垄（墓）"，齐宣王仍以谦恭之态待之，这在战国礼贤下士的国君中也是少见的。

鲁文化对民本思想理论的提升发展，主要反映在孔子、孟子所创立发展的儒家思想体系之中。孔子开其端提出："仁者，人也！"将"人本"提升为"仁"的思想体系。孔子的仁学，体大思精，内涵丰富，但主要有两个层面：爱人与修己。他提出："仁者，爱人"，"己所不欲，勿施于人"，又提出"克己复礼为仁"。将仁与礼结合构成他的思想体系的核心。并提出"孝悌"、"文行忠信"、"温良恭俭让"等一系列伦理道德范畴，在政治上主张"举贤才"，"为政以德"，建立起整个以人本思想为基点的思想体系。孟子一方面将孔子"仁"的思想与政治紧密结合，大力推行"仁政"主张，提出"民为贵，社稷次之，君为轻"的著名论断，将民本思想提升到历史的新高度。另一方面，将孔子的"修己"思想进一步创新、发展、提升，形成以性善论为基础的一整套的"人性论"。孔、孟作为伟大思想家、教育家，他们的思想在先秦的邹鲁之地得到广泛传承与弘扬，形成一种良好的尊孔崇德重礼的社会风气，历史上称为"邹鲁之风"。随着战国、秦汉时期儒学的巨大影响，齐鲁文化的进一步融合，其崇德重礼、尚贤爱民的人本精神，在整个齐鲁之地的文化中突出显现出来，成为齐鲁文化的主体精神之一。

四、海纳百川，多元并蓄的兼容精神

这是齐鲁文化学术理念和思想文化精神的历史结晶，也反映出齐鲁文化中博大宽广的人文情怀。兼容精神最突出的，首先展现在战国时期齐国稷下学宫的创设和它的学术文化理念上。由于历史资料的缺乏，我们已很难全面准确地探知齐统治者设置稷下学宫的目的和动因，但它的确是中华文明史上的伟大创举。它与同时期在欧洲雅典由柏拉图创办的阿卡德米学院，堪称世界文化史上璀璨夺目的"双璧"。稷下存在了150余年，历经田齐政权五代国君，是战国时期学术百家争鸣的唯一中心。从社会功能上说，它既是大学堂，又是研究院，还兼有为统治者做智库的功能。但它最突出的特点是：以宽松政策、丰厚待遇欢迎容纳政治主张不同、学术立场各异的学者汇聚稷下，让他们自由争辩、研讨、交流。据研究者统计，战国诸子百家学者，几乎都在稷下出现过。齐国统治者以道法理念治国，但儒家、道家、名家、阴阳家、纵横家等各派学说都在此得到长足发展。不以自己好恶取舍，不加任何政策限制，完全平等开放，来去行动自由。而且一百余年间，政策连续，一以贯之，实为五千年文明史上绝无仅有的文化奇观，其背后体现出的是一种兼容文化精神的主导与贯通。

齐文化中的兼容精神，不仅在学术上，治国理念亦然。齐立国之初，通工商，便渔盐，因俗简礼，以道家思想治国。《汉书·艺文志》著录道家，即列《太公》。但齐桓称霸时，管仲却依法家思想理政，同时又以"礼义廉耻"为纲，可谓法礼结合，开儒学之先；战国之齐，治国以道法结合，但《盐铁论·论儒》说："齐宣王褒儒尊学。"纵观战国时期，阴阳家、黄老学也都在齐国政治中有影响。齐以兼容文化理念治国，于此可见一斑。

鲁与齐相较，在治国理念上，比较固守周礼；在思想文化上，其尊孔崇儒，坚持传统，特色明显。但以发展的眼光审视，儒学兼容并包的精神理念，随时代的发展，越来越突出。且不说战国诸子各家中墨家、阴阳家本出自儒家，就"儒分为八"的情况而言，其内部也是既斗争又包容的。秦汉时期，儒学吸收齐的方士之学，形成儒生、方士混杂，以至秦始皇"坑儒"到底"坑"了多少方士，一直成为学术界的"讼案"。到汉代，董仲舒将黄老道家、阴阳、法、墨等百家之学融汇于儒学之中，又突出大一统的治国之需，方得"罢黜百家"，儒术定于一尊。两汉以后，作为统治思想的儒学，能与佛家、道家融通，与时俱进，为历代统治者（包括少数民族）推崇备至，其主要动因还是它具有海纳兼容的思想文化精神。

齐鲁文化的兼容精神，有一个思想理念基础，即"和而不同"。"和而不同"作为中华民族的核心理念之一，首先在齐国的晏婴那里以"五味""五声"为例，曾得到系统的阐释和发挥，是中华"和"文化的经典论述。而孔子则将"和而不同"上升到伦理道德层面，提出"君子和而不同，小人同而不和"，成为划分人格高下的标准之一。兼容精神作为齐鲁文化主体精神之一，与长期形成的"和"的文化理念在齐鲁文化中的弘扬传承有直接关系。

五、维护统一，勇于担当的责任精神

　　坚守"大一统"政治理念，以勇于担当的历史责任维护民族团结统一，是齐鲁文化对中华优秀传统文化的最大贡献之一，也是齐鲁文化精神的突出特色之一。中华文明自创始以来，就有崇尚统一的文化传统，夏、商、西周时期，邦国林立，但"协和万邦"，多元一体。春秋战国时期，天子衰微，诸侯坐大，霸主迭起，是中国历史上第一次大动荡、大分裂时期，民族的团结统一，面临着分裂、割据的危机。维护民族团结，坚守大一统的政治理想和文化理念在齐鲁最早、最突出地显现出来。鲁为周宗主之国，维护周王朝的一统是其文化传统。在鲁文化中，最突出的表现是对"周礼"的坚守和秉持。所谓"周礼尽在鲁"，实际上是在沧海横流中，保留着自西周以来所形成的一整套天下一统的文化制度体系，是对文化统一的坚守。孔子一生之志在维护周礼，对违背周礼的行为和事件深恶痛绝，特别是对季氏用天子之乐"八佾舞于庭"，愤慨之至，斥为"是可忍也，孰不可忍也"（《论语·八佾》）。后世多有人批评孔子思想守旧，梦想复辟旧制度，而实际上这是对孔子思想的曲解。面对礼崩乐坏的文化分裂局面，孔子梦想追求和维护的是周礼传承下，"普天之下，莫非王土"的大一统局面。这从孔子编著《春秋》可以更好地得到印证。《春秋》是孔子晚年编定的鲁国的史书。但这不是一般的记载史实的书籍，其下笔简约，寓意深远，寄托着孔子的理想、情志、褒贬和价值判断。所以孔子说："知我者其惟《春秋》乎?"（《孟子·滕文公下》）《春秋》以周初文王之正为正，核心思想是拨乱反正，维护大一统。并以此作为"正名"的标准，来"别嫌疑，明是非，定犹豫，善善恶恶，贤贤贱不肖"（《史记·太史公自序》）。所以，司马迁说："《春秋》之义行，则天下乱臣贼子惧。"（《史记·孔子世家》）孔子这种维护民族大一统的思想是中国儒学传统的主体思想之一，对后代影响极大，成为后世中华民族统一的政治思想基石。

　　齐文化中的维护统一，勇于担当的责任精神。首先表现在其春秋霸业实践中。面对春秋时期王命不行，诸侯蜂起的乱局，齐桓公最早称霸天下。而其称霸的主要政治图谋则是"尊王攘夷"，即以尊崇周天子为号召，镇服四周夷狄，维护天下统一的局面。正如冯友兰先生在《论管仲》一文所说的："管仲的'尊王'，是以周天子为象征，在'尊王'的旗帜下，把当时中原的诸侯国组织起来，并逐渐消除诸侯国之间的界限。这是统一中华民族的一个步骤。"的确，齐桓公首霸的最大贡献，即是在中华民族第一次面临分裂、割据局面时，维护了近半个世纪的团结统一。齐人的大一统思想，还体现在战国时期田齐政权统一天下的强烈意志上。战国之齐，从齐威王、宣王到湣王，励精图治，富国强兵，一个最重要的目的，就是结束列国纷争，统一天下。孟子到齐国问齐宣王的最大理想，宣王说："欲辟土地，朝秦楚，莅中国而抚四夷。"（《孟子·梁惠王上》）大致看，在春秋战国五百年的分裂割据中，维护统一，志在统一，始终是齐鲁文化中占主导地位的思想传统，并对后世产生了深远的影响。

　　研究、传承齐鲁文化精神，需要明确齐鲁文化精神与中华民族精神的关系问题。齐鲁文化奠基、形成的春秋战国时期也是中华民族精神在多元文化的交流激荡，凝聚融合中走向一体化的重要历史阶段。正是在这个过程中，齐鲁文化大放异彩，作出过特殊的历史贡献。习近平总书记在谈到孔子和儒学时说："春秋战国时期，儒家和法家、道家、墨家、农家、兵家等各个思想流派相互切磋、相互激荡，形成了百家争鸣的文化大观，丰富了当时中国人的精神世界。"齐鲁不仅是孔子的故乡、儒学发源地，也是诸子百家各种学派主要的产生地和百家争鸣的文化中心所在。当时的中国人更多地从齐鲁文化中汲取丰富的精神滋养，而在中国传统思想文化的主干——儒学，从诸子百家之一的学术流派走向全民族统治思想的过程中，齐鲁文化又发挥了主体推动和思想引领的特殊作用。原始儒学完备思想体系的建构主要是由齐鲁思想家子思、孟子、荀子完成的；儒学和民族政治的紧密结合则与孟子倡导"仁政"，荀子在稷下力推礼法结合有更直接的关系。而汉代大一统后，齐人弟子董仲舒传承、发展春秋公羊学的大一统思想，融汇百家之学于儒学之中，才有

"罢黜百家，独尊儒术"的思想文化巨变。可以说，孔、孟、荀、董是汲取、融汇齐鲁文化思想精华，创立、发展儒学的伟大思想家，齐鲁文化遂成为以儒家思想为主体建构的中国传统文化的重要基础和核心内涵之一。这一中华传统文化形成发展的历史进路，让齐鲁文化在中华传统文化中有更强的原始认同性、内涵主体性和传承先导性。齐鲁文化的主体精神更多显示出中华民族精神的主体内涵和突出特点，这也给当代山东人更多的历史启示：我们应该以历史上山东人所特有的文化自信与自觉，成为新的历史时期中华优秀传统文化的坚守者、传承者，成为继往开来创造文化的先行者、引导者，为实现中华民族伟大复兴作出新贡献。

国学经典·经典时代与齐鲁文化[①]

国学经典、经典时代与齐鲁文化三方面间的关系，是中国优秀传统文化中一个比较重要的问题，更是一个比较复杂且不易讲清楚的问题。今天我试图按照自己的理解，从解读具体的概念入手，作出一个大致的解读，抛砖引玉，以期待方家对传统文化有关问题，能够作出更加深入的探讨。

一、国学经典与经典时代

首先说国学。

什么是"国学"呢？这个名词自出现以来争议颇大，目前比较公认的一种意见是：在近代西学传入中国之前，现代意义上的"国学"概念并不存在。（虽然中国古籍《周礼》中早已出现"掌国学之政，以教国子小舞"，但这并非是现代意义上的国学。）国学是随着西学的大量传入中国，为了区别"西学"才产生的一个概念。

最早提出并使用这个概念的是章太炎先生。从章太炎在日本所讲的国学内容看，国学科目包括诸子学、文史学、制度学、内典学、宋明理学、中国历史等，实际上这差不多就是中国传统文化的全部内容了。

---

① 2015 年 7 月在国家教育行政学院国学班的演讲。题目、内容略有修改。

（此后，太炎先生 1912 年任国学会会长，1934 年开办国学讲习会，所讲内容大致相同。）另一个几乎与章太炎同时提到国学的学者是梁启超。1902 年梁启超在《论中国学术思想变迁之大势》中，多次使用"国学"来指称中国固有的学术文化，其主要包括文献学、德性学两个方面：反映中国发展历史之根源的"文献学"和反映中国人文精神实质的"德性学"。（后来梁启超在清华大学国学院担任导师并主持研究院工作。）章、梁二位对国学的见解对 20 世纪国学的研究与传播影响最大，也大致代表了多数学者的认识。

为什么那个时期以章、梁等为代表的知识界，要大力倡导学习国学呢？当时对这种主张批判的声浪也是很高的。甚至有人为这是些顽固不化的人在提倡不合时宜的"国故"。但今日回头看其原因，我认为，主要在于两点：一是面对西方列强在军事、政治、经济以及文化上"西学"的大举入侵，一些学贯中西的知识分子敏锐地意识到，民族文化的衰败、割裂、边缘化才是比民族危亡更可怕的东西，因而必须全面弘扬、继承中华传统文化。二是面对西强我弱的社会现实，对以儒家思想为主干的传统文化的反思，促使知识分子希图在研究吸收国学中。去继承民族的优秀文化，以抵御西方文化的强势侵入。

纵观百年来中国"国学"的发展、演变过程，就会发现，所谓"国学热"主要有两个时期：一是清末民初之时，一是改革开放之后。二者相距一百年，不同的是，前"热"是被动的，借陈平原先生的话说："'国学'一词是被'西学'倒逼出来的，因此带有浓厚的防御色彩"（见《文汇报》2015 年 6 月 30 日第 12 版）。后"热"，也就是现在的"国学热"，是在新形势下，全面认识民族文化的优秀传统，使之成为实现民族伟大复兴的文化基础和丰富滋养。

再说"国学经典"。

"国学"的含义既然指称中国传统文化的全部内容，那么我们所言的"国学经典"包括的范围也就很广大了。在章、梁时代，讲国学经典，其范围、内涵似乎就已经包罗甚大了。如梁启超 1923 年经办文化学院时提出，中国文化需要发扬光大五个方面：儒学，先秦诸子，宋明理学、佛学，中国文学、美术，历史学——几乎就是中国历史文献内涵的全部。

一百年过去了，世界格局和中国社会都发生了翻天覆地的变化，特别是全球化和信息化时代的来临，我们再谈"国学经典"，是应该有一种时移世易、与时俱进的思考的。

21 世纪是中华民族实现伟大复兴的时代。中华民族复兴之要义，首先应该是民族文化的复兴。而民族文化复兴的关键在于：一要传承、弘扬我们民族优秀的传统文化。二要以改革开放的姿态，广泛吸收世界各民族优秀文化，来丰富我们的民族文化。三要在全球化，即世界文化多元格局形势下，建设中国特色社会主义新文化。一句话，新的形势要求我们对于国学的继承、吸收，必须有与时俱进的新的思想进路。我个人认为，这个进路就是要落实到十八大以来所提出的新时期大力弘扬优秀传统文化的一系列指导思想，其中最为重要的就是要深入学习理解习近平主席关于传统文化的讲话与论述。从认识国学经典重要意义角度上，我认为，习近平主席讲话中所包含的以下两点非常重要：

其一，是他多次强调的"四个讲清楚"。其中讲到"讲清楚中华文化积淀着中华民族最深沉的精神追求"，传承中华文明，主要的应该关注并传承民族的精神追求，这才是最根本的。实现国家的繁荣富强，实现中华民族的伟大复兴，是几千年来先贤先哲们最崇高的民族梦想，是近代以来 150 余年来灾难深重的岁月中，浴血奋斗的中华子孙最强烈的民族愿望和精神追求。其二，在 2014 年纪念孔子诞辰 2565 周年纪念大会上习近平主席的讲话中，他特别强调了两点："文明，特别是思想文化，是一个国家，一个民族的灵魂。无论哪一个国家，哪一个民族，如果不珍惜自己的思想文化，丢掉了思想文化这个灵魂，这个国家，这个民族是立不起来的。""研究孔子，研究儒学是认识中国人的民族特性，认识当今中国人精神世界历史来由的一个重要途径。春秋战国时期，儒家和法家、道家、墨家、农家、兵家等各种思想流派相互切磋，相互激荡，形成了百家争鸣的文化大观，丰富了当时中国人的精神世界。"讲话对于传统文化的态度鲜明，掷地有声。

　　习近平主席的上述讲话，对我们今天认识、学习国学经典具有很强的指导意义。一是要突出国学中那些记载民族思想的东西，这是"灵魂"。中华传统文化源远流长，国学文献浩如烟海，当今我们身处信息化时代中，知识急剧增量，多数人已无可能如古人般全面系统地研习众多文化典籍了，所以传承弘扬优秀传统文化，就要注重思想文化，注重抓住民族文化的"灵魂"。二是在思想文化传统中，要突出孔子，突出儒家经典，重在传承、弘扬至今仍积淀在中国人的精神世界中的诸子百家的思想经典，这才是传统文化的主体。

　　梁启超先生在《国学入门要目及其读法》中说："《论语》为两千年来国内思想之种源。"又说："吾国民两千年来所以能博空为一体，而维持其不蔽，实赖孔子为无形之枢纽。"因而他把《论语》列为修养应用书类第一。儒学特别是原始儒学的经典地位，是在中国历史文化长期发展中形成的。当今我们传承学习国学经典，仍应突出强调以《论语》为代表的原始儒学经典的地位。这是我们今天看待经典的一个基本依据。

　　因而"国学经典"的含义，应如《文心雕龙·宗经》所定义的："经也者，恒久之至道，不刊之鸿教也。故象天地，效鬼神，参物序，制人纪，洞性灵之奥区，极文章之骨髓者也。"这样看来，所谓经典，只有作为历代统治思想主干的儒学"经典"著作才是合乎这个标准的。那么儒家经典包括哪些文献呢？在漫长的历史传承中，其经历了一个演变扩展的过程：大致说来，秦汉以前的经典，原本只指孔子编订的"六经"。后《乐经》失传，至汉代传有五经，即《诗》、《书》、《易》、《礼》、《春秋》。东汉时，加入《论语》、《孝经》，有七经之说。唐代，变一《礼》为三《礼》，变《春秋》为三传，加上《尔雅》，为十二经。五代至宋，加入《孟子》，为十三经，即《诗经》、《尚书》、《周易》、《周礼》、《仪礼》、《礼记》、《春秋左氏传》、《春秋公羊传》、《春秋榖梁传》、《论语》、《孝经》、《尔雅》、《孟子》。宋代，将《论语》、《孟子》及《礼记》中《大学》、《中庸》二篇合编为"四书"，与五经一起成为近千年来封建社会的传统经典教材。

　　为什么以"五经"为主的儒家文献，成为中国传统文化的经典呢？我认为，其原因至少有以下四个方面：

　　一是这些著作是对中华文明早期思想文化精神的概括和总结。这些著作大多都产生于春秋末期，它们是对孔子之前，两千五百年中华文明精髓的总结和概括。《诗经》是西周至春秋中期的诗歌总集；《尚书》则是虞、夏、商、周四代政治文献总汇；《周易》是商周之际先人对宇宙、社会发展规律进行哲学思考的结晶；《仪礼》是周初制定的社会规范，是对夏商以来早期"礼"文化的吸收与总结；《春秋》是以鲁国为主的编年春秋列国史。孔子所整理的"五经"，作为三代文化的总汇，既是民族文化之源，也是中华五千年文明之根。

　　二是儒家经典是传统思想文化主干的载体。汉代"罢黜百家，独尊儒术"以后，儒学是历代封建王朝的统治思想，其思想精髓即是通过以十三经为主的儒家经典传承的。儒家经典由五经扩大为十三经，正是随时代发展而不断诠释补充的结果。东汉以后，道教产生，佛教传入，六朝至隋唐佛道思想盛行，儒、道、佛相互吸收融合，所谓三教互补，共同构筑、丰富了中华传统思想文化的主体，但儒学则始终处于主干的地位，尽管时代或浮或沉，但儒学经典始终是历代奉若宝典的文献。

　　三是儒家经典是历代传承的思想宝典。汉代将儒家经典之地位推向了最高峰，实际上也是奠定了中华民族大一统民族思想文化以儒家思想及其经典为基石的历史地位。汉代以后，代代传承，相延不绝。宋代以后，"四书五经"更为治国经典与国学教育和科举晋身的主要路径，对中国传统文化影响之大，远非其他文献可以比拟。

　　四是儒家经典是民族精神的家园。自汉代之后，中国人，尤其是知识分子，思想精神的发生与构建，皆以经典所传承的儒家核心价值观念为基点。一生所求，"修身齐家治国平天下"，而修身之要，皆以儒家之"仁义礼智信"为核心价值理念。于国所依——"半部《论语》治天下"，于己所求——"四书五经伴终生"。儒家经典就是中国人的精神家园。

　　再说国学经典与经典时代。

　　上面提到，经典大致是产生于同一个历史时期——春秋战国时代，可以说经典时代就是春秋战国时代。这个在中国历史上的奇特文化现象，确实应该引起我们的深思。为什么经典几乎全部产生在这个时期？十三经中，知道作者的十一经，都产生于这个时代。只有《礼记》、《尔雅》两部，作者不详。现在学术界基本一致的看法是：《礼记》是孔子的弟子或后学等儒家门徒的论文集，也作于春秋战国时期。《尔雅》这部以解释五经词义为主的书，虽然在汉代最终编定，但大致上讲，它的成书与战国时期也有密切关系。

总的来讲，十三经都产生在春秋战国时期。这个时代是个混乱的时代，是列国纷争的时代，但也是中国文化史上最灿烂、辉煌的时代。这个时代主要有三个特点：一是旧制度崩溃，新兴力量崛起，为"一大变革之会"。西周以来的世卿世禄的旧贵族制度被打破，各新兴阶级纷纷自立，实施变法变革，社会变化加剧，社会结构发生巨大变化。二是"士"阶层崛起。士阶层崛起有两个原因，其一，贵族的没落，在文化上造就了一批没落的贵族知识分子。其二，私学的兴起，培育了大批平民新兴知识分子。两个方面结合造成了士阶层空前的崛起。它为中国文化史上最灿烂的时代提供了人才基础。其三，礼贤下士之风盛行。在一个天下混乱、大国争雄的时代，人才的向背往往决定着一个国家的强弱和斗争的胜败。当时的统治者都把知识分子奉若珍宝，统治阶级礼贤下士成为一时的政治风尚。宽松优越的社会环境，使之成为中国文化史上思想自由、学术平等、百花齐放、百家争鸣的时代，被后世称为中华文化史上的"轴心时代"。

这样一个时代，为大量产生中华优秀思想文化经典，提供了最优越的思想与人才条件。它表现在：一是空前的思想大解放，形成了学派林立、学说丛出，这是民族思想文化的凝聚期、发展期、创新期和哲学的突破期；二是产生了孔子、老子、管子、墨子、孟子、庄子、孙子等一大批影响中国历史文化进程的伟大哲学家、思想家、政治家、军事家。这个时代中，各家各派学者"各著书言治乱之事"，大量的传世经典文献相继产生，所以我们说它是中华文明当之无愧的经典时代。

二、经典时代与齐鲁文化

中华文明的经典时代，亦即春秋战国时期，在文化上另一个很重要的特点是，地域文化各具特色、大放光彩。

中华文明多元一体的特点，除了多民族团结统一之外，还有地域文化的多元一体化。而地域文化多元化的形成，除中国地域辽阔，丰富复杂的地理环境影响之外，从源头上讲，它与"轴心时代"地域文化的繁盛与发展有更直接关系。

一是春秋时代大国争霸，战国时期七强争雄，前后五百余年间，所谓周王朝实已名存实亡，中华版图之内处于分裂割据状态。各封国政治、经济、军事、文化上的相对独立，大大促进了以各大国为中心的地域文化的形成。历史上齐鲁、燕赵、吴越、秦晋、荆楚等，皆为地域文化之称，即与这种时代政体裂变有直接的关系。

二是各大国为图谋生存、发展、壮大、繁荣，各以不同建国、治国思想为指导，改革变法，争霸图强，所以各地域文化发展无不带有明晰的思想文化的主导意识。地域文化与思想学派之主张也往往紧密结合在一起，亦即学派带有较鲜明的地域性，例如儒墨出邹鲁，道家多楚宋，秦晋重法家，燕齐兴黄老、阴阳、方士之学等。

三是地域文化的多元化，促进了思想文化的多元发展，文化巨人层出不穷，带有鲜明地域特点的思想家大量产生。需要特别指出的是，诸子百家大多"喜议政事"，各学派思想观点，主张尽管不同，相互争鸣，但基本指向都是结束分裂，实现统一，即实现民族文化的一体化和政治上的大一统。这是经典时代各思想流派、各地域文化发展不约而同的努力方向和终极目标。所以，中华民族文化最终形成多元一体格局，不唯文化发展之必然，亦为全民族的人心所向，这种民族思想的价值取向和观念认同，奠定了此后数千年中华民族大一统优秀传统文化的思想基础。

经典时代地域文化虽各有繁荣之貌，但它们在经典时代的文化地位和贡献却并不平衡。就整个时代的文化发展而言，不同时期文化中心虽然在不断演变聚合与转移，但始终有一个影响着整个时代文化发展的文化"重心"所在。这个文化"重心"就是齐鲁。20世纪最有影响力的国学大师傅斯年先生在他著名论作《夷夏东西说》中认为："从春秋到王莽时，中国上层的文化只有一个重心，这一个重心便是齐鲁。"这一论断清楚地阐明了经典时代与齐鲁文化的特殊关系，也明确宣示了齐鲁文化在那个时代中的独特的历史贡献。

这一论断从历史文献中也可以找到证据。如《汉书·儒林传》载："天下并争于战国，儒术既黜焉，然齐鲁之间学者犹弗废。至于威、宣之际，孟子、荀卿之列咸遵夫子之业而润色之。以学显于当世。"可见，无齐鲁，儒家学派难以产生，无齐鲁，儒家学派难以发扬光大。刘勰《文心雕龙·时序》亦说："春秋以后，角战英雄，六经泥蟠，百家飙骇……唯齐楚两国，颇有文学……稷下扇其清风，兰陵郁其茂俗。"以刘勰之见，战国之世，文化学术上，唯有齐楚见重。齐在稷下，楚在兰陵，除此之外，文学难称繁荣。值得注意的是，刘勰对战国时代颇有"文学"的齐楚却有着不同表述：稷下"清风"，为上层学术文化；兰陵"茂俗"，则指民俗文化。正是对齐鲁为上层学术文化"重心"地位的一种肯定。

经典时代与齐鲁文化的关系，还可以从以下三个方面来探察：

第一，诸子百家，源出齐鲁。战国诸子，号称九流十家，察其流，溯其源，皆出齐鲁。诸子之兴，源于儒，而儒学之兴，实起于礼崩乐坏、五官失守，而私学大兴以孔子在鲁地兴学为最先。各家学派中最早最大的是齐鲁文化培育产生的儒家。儒家不仅可称第一学派，而且细加分析，也是诸子百家的发生之源。钱穆先生认为："囊括而言，先秦学派，不出两流：其倾向于贵族化者曰'儒'，其倾向于平民化者曰'墨'。儒者偏重政治，墨者偏重民生。法家主庆赏刑罚，原于儒；道家言反朴无治，原于墨。……故自孔子以下，学者精神所注，莫非讨论人类政治与生活之两问题。其他论点则均本此而引申。"① 钱穆先生所

---

① 钱穆：《国学概论》，商务印书馆1997年版，第59—60页。

论，考诸子各家主张之源皆出齐鲁，甚为精当。我们再从各家学派代表人物学由所出、师门传承细加分析，则更见诸子与齐鲁文化之渊源。

先说儒墨关系。儒墨两家均产生于鲁地。而墨家实际上也出自儒家。《淮南子·要略》载："墨子学儒者之业，受孔子之术，以为其礼烦扰而不悦，厚葬靡财而贫民，久服伤生而害事，故背周道而用夏政。"钱穆称墨家实为儒家中之激进派，二者为左派右派之别而已。

再说法家与齐鲁。先秦法家先驱，应溯及管仲。由管仲影响形成的齐法家管仲学派，在战国之齐大行其道。战国法家前有李悝、吴起、商鞅，后有集大成者李斯、韩非。李悝、吴起分别为孔子之徒子夏、曾子的弟子，商鞅又受业于李悝，源出儒家既明。李斯、韩非俱为大师荀子之弟子，荀子于稷下"三为祭酒"，李、韩二人曾稷下从师可能性极大。可见法家之与齐鲁渊源极深。

又说道家与齐鲁。钱穆旁征博引考辨，老子其人实出"战国晚世"，故有道家出于墨家之说。① 另从道家学术渊源上看，《汉书·艺文志》列姜太公为道家之祖，实出有因。太公立齐，即以道术治国，"因其俗，简其礼"近于"无为而治"。自管仲始，道法结合是姜齐与田齐共同的治国理念。战国时期，黄老学派产生于稷下，实际与齐文化中道家思想土壤的培育分不开。尽管道家代表人物老子、庄子皆非齐鲁之人，但考其渊源及战国道家之重要派别黄老之学，实与齐文化关系极深。

又谈阴阳家与齐鲁。百家之中阴阳五行家也是个影响很大的学派，史评"闳大不经"，其为创新型、探索性极强的学派，对宇宙天象、地理环境的探索达到了经典时代的最高峰。主要代表人物邹衍、邹奭都是齐人。《盐铁论·论儒》中说："邹衍以儒术干世主，不用，即以变化终始之论，卒以显名。"又说："邹子之作变化之术，亦归于仁义。"其思想来源既宗儒家，又纳道家，为战国末期儒道融合的创新学派。

又谈名家与齐鲁。先秦名家代表人物邓析、惠施、公孙龙子，皆非齐鲁之人。但在百家争鸣中，最活跃、影响最大的名家人物应属在齐稷

---

① 钱穆：《国学概论》，商务印书馆 1997 年版，第 53 页。

下学宫的辩士倪说和田巴，而这两人都是齐人。倪说号称"稷下之辩者"，文献记载："齐辩士田巴，服狙邱，议稷下，毁五帝，罪三王，服五伯，离坚白，合同异，一日服千人。"①倪说、田巴对战国晚期名家最主要代表人物公孙龙子的思想产生了巨大影响。

所谓诸子百家，依汉代人划分，实际上共十家，而有明确思想主张、理论建树和影响巨大的代表人物者，为以上六家，所以汉代司马谈论诸子百家，著有《论六家要旨》一文，独标上述六家。其余四家，其中杂家、小说家，或主张杂而无主，难成一家学派，或无明确思想主张和代表人物。所谓纵横家，即游说于各诸侯国间之政客说士，在思想上亦难成一家学派。农家，主张"与民并耕而食"的主要代表人物，史书所载共有二人：一是许行，虽为楚人，但他是鲁人墨子之再传弟子，大致属于墨家；二是陈仲子，是齐人，也有墨家之遗风。可见所谓农家，也是"墨分为三"中墨家的一个支派罢了。

综上分析，所谓春秋战国时代影响深远的诸子百家学派，其源盖出齐鲁，钱穆先生的考辨确是一个可信的论断。

第二，百家争鸣，汇聚稷下。产生于齐国都城临淄的稷下学宫，是战国时代各国学者聚集荟萃的学术争鸣之地。它的重要贡献在于，一是稷下存在了150年左右，与战国之齐的政权相始终，可以说终战国之世，这里始终是百家学者聚集争鸣的中心，这在战国七大国中是独树一帜的；二是从现存的历史资料看，当时各家学派的学者都曾汇聚于此，兴盛时，人数多达上千人；三是稷下争鸣的结果是各家学说的交流、融合、创新、发展，实现了中国思想史上的哲学突破。

表一　稷下各派学者一览表

学派	姓名	别称	国籍	时代
儒家	孟轲	孟子	邹	威、宣
	颜斶		齐	宣、湣

---

① 《史记·鲁仲连邹阳列传》正义引《鲁仲连子》。

续表

学派	姓名	别称	国籍	时代
	王斗		齐	宣、湣
	田过		齐	宣
	列精子高			湣
	匡倩			宣
	能意		齐	宣
	闾丘先生		齐	宣、湣
	孔穿		鲁	湣
	徐劫			襄、王建
	荀况	荀子、孙卿	赵	宣、湣、襄
	鲁仲连		齐	王建
法家	慎到		赵	宣、湣
	田骈		齐	宣、湣
	彭蒙		齐	威、宣
(注：尹文入道家)	尹文		齐	宣、湣
道家	环渊			
	接子			
	季真			宣
	黔娄子			威、宣
	告子	名不害		威、宣
(注：宋钘划入道家)	宋妍			宣、湣
墨家	唐易子			
阴阳家	邹衍	邹子	齐	襄、王建
	邹奭		齐	襄、王建
名家	田巴		齐	王建
	倪说		齐	宣、湣
纵横家	淳于髡		齐	威、宣

表二 稷下部分知名学者思想兼容示意表

学者	主体学派	兼容学派	学者	主体学派	兼容学派
淳于髡	纵横家	兼：百家学说	尹文	道家	兼：法、名道、墨
慎到	法家	兼：道	邹衍	阴阳家	兼：儒
宋妍	道家	兼：墨、小说	荀卿	儒家	兼：法
田骈	法家	兼：道	告子	道家	兼：墨、儒

三、齐鲁文化与国学经典

　　由于齐鲁在经典时代特殊的历史地位和突出贡献，齐鲁成为国学经典的主要产生地。就"十三经"而言，几乎全是齐鲁之人的杰作。《诗》、《书》、《礼》、《易》、《春秋》为孔子编订；"三礼"之《周礼》向来被认为是周公所整理的西周官制文献；《礼记》，前有所述，多数学者认为它是孔子弟子及其后学的论文汇编。据匡亚明《孔子评传》及诸多学者的考订，孔子学生中70%以上是齐鲁之人。《春秋》三传中，《左传》为鲁人左丘明著；《公羊传》为齐人公羊高著，《穀梁传》则为鲁人穀梁赤著；《孝经》为曾子之作；《尔雅》一书虽不知作者，但据考订其为战国秦汉时代的儒生所作，为齐鲁之人的可能性较大。加上《论语》、《孟子》，可以说"十三经"中，作者已知的大多出自齐鲁，作者不明的也有极大可能出于齐鲁。汉代以后，孔孟称圣人，齐鲁为圣地，不唯圣人故乡之故，就国学经典而言，往观千载，良有以也。

　　对于经典时代的经典，前人还有更深一步的探讨。20世纪30年代湖南学者石一参在著作《管子今诠》中提到，中国经典之经典，先秦有"四哲"，为中华民族早期智慧的集大成之作："中国古代之政术者，以管子为能集殷周开国二勋伊尹、吕尚之大成，与老聃之集道学之大成，孔子之集儒学之大成，实堪鼎足，合墨子而为周代之四哲。"① 而"四哲"

---

① 石一参：《管子今诠·概论》，中国书店1988年版。

之中有三哲为齐鲁人的著作。

兵学著作也是民族智慧的珍品。经典时代也是兵学经典大放异彩的时期。而兵学经典多出齐地已是不争的史实。在中国军事史上，先秦时期号称有六大兵书——《六韬》、《司马法》、《孙子兵法》、《孙膑兵法》、《吴子》、《尉缭子》。前四种皆为齐人之作。其实齐人之兵学经典还不止以上四种。石一参在深研《管子》后，说过一段让人耳目一新的话："后世谈兵者但知谈孙子之书，以孙、吴并称，而不知《管子》之书，多为孙氏十三篇所取材也。而孙子得用兵之法，将才也；管子得治兵之法，相才也。管子明其体，而孙子达其用，合二者而兼之，则兵家之能事毕矣！"① 看来真正地理解中国历史上的兵家，得把管子和孙子结合起来看。如此说来，《管子》一书不仅是政治智慧集成之作，也是兵学经典了。

经典时代之经典为什么多产生于齐鲁？这是个很值得深入探讨的文化现象，自有其多方面的历史原因存在。如上所述，齐鲁是经典时代的文化"重心"，诸子百家源出齐鲁，众多儒学经典的整理者、著作者多是齐鲁之人等，都是非常重要的历史文化因素。但细加分析，以下三个具体原因还是应该被突出强调的。

第一，鲁国作为周代的礼乐文化中心，其丰厚的文化资源和礼乐文化传统具备产生经典的充分条件。其一是鲁国保存了大量的三代文化典籍。周初封鲁，特以最优渥条件赐给鲁"祝、宗、卜、史、备物、典策"（《左传·定公四年》）。前四类为文化人才，"典策"即为文化典籍。正如杨伯峻先生在《春秋左传注》中之解释，"周礼尽在鲁，必有典籍简册赐之"。《史记·孔子世家》记载，孔子能"追迹三代之礼，序书传，上记唐虞之际，下至秦缪，编次其事。曰：夏礼吾能言之……殷礼吾能言之。"说明孔子在鲁国阅读了大量夏商时代的古籍。《孔子世家》又记载："古者诗三千余篇，及至孔子，去其重"，删为现存的三百零五篇，则又说明孔子在鲁国也看了大量的从各诸侯国收集

---

① 石一参：《管子今诠·界说》，中国书店1988年版。

来的诗乐文书和资料。孔子整理"六经"以为教科书，读《易》"韦编三绝"，也说明鲁国收藏了大量的古代典籍文献。所谓"经典"，其核心内容是三代文化之珍贵文献的整理，而鲁国充足的文献典策资料是他国所不具备的。

其二是礼乐传统及其人才之盛。西周以来鲁国即以周之正统自居，以其周公封地，鲁国享有"鲁公世世祀周公以天子之礼乐"的特殊地位，而且"惟鲁得立四代之学"，也就是说鲁国享有与镐京同样的研习唐、虞、夏、商四代文化办学的权利。鲁国贵族子弟有更优越的学习条件，鲁国之贵族较之他国更为一文化贵族，其子弟更为一文化之传人。这在春秋大变革，贵族制度瓦解，"文化下移"的过程中，鲁国成为举国上下乃至民间败落贵族子弟及庶民中，传承礼乐的文化人最为繁多之国了。孔子最得意的弟子颜回，十四世皆为鲁卿大夫，到颜回一代却贫困至"一箪食，一瓢饮，在陋巷，人不堪其忧"之境地。但颜回是孔子最优秀的学生，德行之高洁，学识之广博，连孔子都说"学不如颜回"、"弗如也，吾与汝弗如也"（《论语·公冶长》）。孔子之徒中此类出身的人当不在少数。孔子弟子大德大才者如此之多，固得之于孔子之教，但与其中大部分原本即是受教育程度之高的败落贵族子弟大概也不无关系。有典籍之多，有人才之众，这是产生经典的充足条件。

第二，私学兴鲁激发了编纂经典的动力。有利于经典的阐发与传播。孔子兴私学于鲁，弟子人数最多："弟子盖三千焉，身通六艺者七十有二人"；分布最广：来自 11 个国家；年龄差距也最大：子路少孔子九岁，而子游则少孔子 45 岁。大约孔子在世时，再传弟子，即学生之学生，恐怕已经不少了。这样庞大的教育集团，没有统一的教材是难以设想的，所以整理典籍，编订"六经"，应运而生。而经典之为经典，与世之所需、广为传习也有极大关系。孔子率徒周游列国 14 年，所到之处，宣传自己的主张，并在各国广收弟子，传经布道，影响之大，实非其他任何学派及私门之学所能比类。孔子死后，其数千弟子离鲁而去，散布天下，宣孔子之教，传经典之书，号称"显学"，《史记·儒林列传》有记载："自孔子卒后，七十子之徒散游诸侯，大者为师傅卿相，小者友教士大夫"。而在邹鲁之地则形成传习经典的一代文风、世风，《庄子·天下》说："在于《诗》、《书》、《礼》、《乐》者，邹鲁之士，搢绅先生，多能明之。"可见，孔孟的故乡，已成为经典传承、阐发、弘扬的文化基地了。

第三，齐文化对经典的传习发展影响甚大。如前所述，齐文化对产生《管子》及兵学经典贡献巨大，应特别提及的是齐文化对儒学形成发展的影响。一是齐对孔、孟、荀所著经典的影响。孔子35岁时游齐三年，对齐文化有深入的考察、研究与吸收。孟子三次游齐，居齐约20年之久。荀子在稷下"三为祭酒"，居齐约50年。齐文化对经典形成及对儒学理论发展的影响，是齐鲁成为经典主要发生地的重要因素之一。二是齐鲁地域相连，经典时代通过婚姻、交往、战争、兼并等多条途径，文化交流融合紧密，齐亦为儒学经典的首传之地。秦汉之时，齐为经学大师多产之地。汉初之时，五经之八师，六为齐鲁之人，四为齐人。可见齐学对于文化经典之结著、发展、传播的影响之大。

结　语

通过上述分析，下面我对于国学经典、经典时代、齐鲁文化三者的关系做一简单的概括：

所谓国学，自然是指中国学术文化的总称，其发展源远流长，其规模浩如烟海。但现代"国学"概念提出于清末民初之时，却是时代和社会文化发展需要的产物，因而具有强烈的时代性和现实性。"国学经典"，自然是指国学中那些重要的代表性、标志性的典籍文献。但在实际的研究与应用中，对"经典"作出具体的界定，又不能不带有各自观点、视角和出发点的不同，因而它向来是个颇具争议的问题。站在当代全球化及世界文化交流、碰撞、吸收、融合空前加剧的新形势下，国学经典的含义，应该重点指向那些体现民族传统思想文化的经典文献，其中，最重要的就是儒家经典文献。而儒家的经典，则大多产生于中国文化的"轴心时代"——春秋战国时期，因而这个时代成为中国文化史上的经典时代。而经典时代的文化"重心"则在齐鲁地区，齐鲁文化又是经典时代经典的主要产生地。这是我们解读国学经典、经典时代及齐鲁文化的关系，探究中华优秀传统文化之所由来，不可忽视的重要的切入基点。

齐鲁世家与文化传承^①

　　中国在历史上是一个宗法制农业社会，建立在血缘、婚姻基础上的家族是社会构成的基本细胞，也是立国之本。《尚书·尧典》早有记载："克明俊德，以亲九族。九族既睦，平章百姓。百姓昭明，协和万邦。"这说明从上古以来，家族就是国家政权存在的基础和支柱。中华文明的传承，家族也是重要的主线之一，而文化世家及其乡邦文化则是这条主线上闪亮的珍珠。

一、文化世家与文化传承

　　商周时期，世卿世禄的贵族世家既是社会政治的主体，也是文化上的垄断者。春秋战国时期，世卿世禄制瓦解，私有制产生，百亩之田、五口之家的核心家庭制开始出现。但在秦汉以后，世家大族逐渐形成。汉代以经学作为晋身入仕的条件，而经学传授又多限于家学私门，这样"累世经学"与"累世公卿"融二为一，形成了文化家族世代相因的局面。文化世家既是国家政治的中坚，也是文化传承的主体。

　　魏晋时期，实行"九品中正制"选人用人制度。"中正"的评定内容中有"家世"、"状"、"品"三项，选人要考察家族几代人的文化背景，

人才的选举与士族家族制结合在了一起，这就为文化世家的发展提供了制度上的保障，保持了文化世族在政治上的特权和地位的延续，"故家大族，虽无世袭之名，而有世袭之实"①。

隋唐至清代实行科举考试的选人用人制度，破除了自汉魏以来"上品无寒门，下品无世族"的门阀世族对政治、文化的垄断，为庶族士子开启了晋身仕途之门，这是一个以科举文化传承为主导的历史时期。在这个漫长的科举时代中，新的文化世家的出现，往往要经历由文化之兴、科举之荣，再到仕宦之显的发展奋斗过程。而仕宦之家的优越条件，家学、家风的传承影响，往往使世官、世科、世学有机结合在一起，形成科举文化世家，这在明清时期尤为明显。

这种家族文化具有传承性和地域性。一个文化世家，在儒家伦理纲常主导下，以科仕为追求，历经数代发展，往往形成具有自身家族特色的家规、家训、家风，这既是一个家族内部的精神连线和传家珍宝，传递着先辈对后代的寄望和父祖对子孙的诫勉，也成为中国传统知识分子"修身齐家治国平天下"人生价值观培育的重要先天环境和成长土壤，历史上诸多卓有成就的文化名人往往出身于数代显赫的文化世家，这是重要的文化基因。

与此相应的是，一个科甲连第、人才辈出的文化世家，又往往成为一个州、县或更大区域内的文化地标，其显赫门第以及通过仕宦、联姻、交游、著述、教育等形成的文化传播力，深深影响着一个地域的文化发展和区域整体文化形象的提升。正像陈寅恪先生所说："盖自汉代学校制度废弛，博士传授之风气止息以后，学术中心移于家族，而家族复限于地域，魏、晋、南北朝之学术宗教皆与家族、地域两点不可分离。"② 陈先生在这里虽说的是六朝之事，但对隋唐科举制以后的情况而言，也颇中肯綮。可见，中华文明的发展传承，家族文化是一个重要载体。在中国幅员广大、地理环境复杂的文化背景下，要深入探求中国文

---

① 钱穆：《国史大纲》，三联书店1955年版，第298页。

② 陈寅恪：《隋唐制度渊源略论稿·礼仪篇》，中华书局1963年版，第17页。

化，不可不探求家族文化，亦不可不深入探求地域文化和家族文化的关系。

二、齐鲁世家的文化建树

就山东文化世家和省外其他文化世家比较而言，有共同性的一面。其以农立家，以学兴家，以仕发家，是历朝历代文化世家的共性。农业社会决定了任何文化世家都必须以农业为基础，必须养成耕读家风。在士、农、工、商四民中，士往往来源于农，由农家子弟经读书治学转变而来，这在隋唐实行科举制度以后尤其如此。以工立家、以商立家固然有之，然而，工商以学兴家，以仕发家，由此而成为文化世家者，微乎其微，几乎不见。文化世家本质属性在于学，无学不成其文化世家。耕读传家，诗书继世，是一切文化世家的共同特征。唯有令其子弟刻苦读书，勤奋治学，通过经世致用而建功立业，光大门第，才能推动一个家族迅速崛起。充满书香的门第崛起于乡野小农之间，却未必有足够的力量推动家族的发展更上一层楼，这就要求其子弟必须走上"学而优则仕"的道路，以从政谋取高官厚禄，为整个家族的高贵和后续发展提供强有力的支持。可见，农—学—仕，既是文化世家形成与发展的三个必要阶段，也是文化世家建设与构成的三个必要因素，三者缺一不可，而学居于核心地位。这是文化世家的共通之路。

在中华民族文化发展进程中，齐鲁文化有着特殊的地位和贡献。中华文明起源时期的文化遗址在此多有发现，出土的新石器时代大汶口文化陶片上的文字和龙山文化时期城市群遗址及金属器等显示，山东是中华文明最早的发源地之一。而在被当代学者称为中华文明"轴心时代"的春秋战国时期，山东地区已是中华文明的"重心"所在。傅斯年先生在《夷夏东西说》中说："自春秋至王莽时，最上层的文化只有一个重心，这一个重心便是齐鲁。"秦汉以后，中国的文化重心，或移居中原，或西入关中，或南迁江浙，齐鲁的文化地位时沉时浮，但作为孔孟的故乡和儒家文化的发源地，两千多年来，齐鲁文化始终以"圣地"特有的文化影响力，为民族文化的传承、儒家思想的传播以及中华民族精神家园的建设，作出了其他地域难以替代的特殊贡献。

正是由于齐鲁文化具有丰厚的文化底蕴和特殊的历史贡献，使得山东的文化世家又具有一种特殊的历史承担、文化面貌和家族文化内涵。就山东文化世家的历史发展作以粗浅概析，其主要有以下几个方面的文化意义：

其一，山东文化世家的发展轨迹，反映了齐鲁文化在中华文明发展中历史地位的消长变迁。从历史纵向看，两千年来山东文化世家的发展，呈现出马鞍形两峰一谷的特点：汉魏六朝为一高峰，明清为一高峰，两峰之间的隋唐宋金元时期则为平谷。历史的变迁，反映出齐鲁文化在中华文明发展中经历的沧桑之旅！两汉时期文化以经学为主体，经学大师多为齐鲁之人，累世经学之家在齐鲁之地大量出现，这为魏晋之后形成山东文化的高峰期奠定了厚实基础。以笔者主编的《山东文化研究世家书系》入选的 28 个文化世家为例，六朝时期约为 7 家，多形成于魏晋时之齐鲁，兴盛于随晋南迁之江南，而且都是对当时政治、经济、学术、文化产生重大影响的显赫家族，如琅玡王氏、兰陵萧氏等。唐宋时期，政治文化重心西移，域内文化世家总体零落式微，自隋至元，《书系》入选者仅 4 家。明清时期是山东科举文化世家发展的又一个高峰，这与该时期山东文化复兴繁荣不无关系。一是明清两朝大力提倡尊孔崇儒，孔孟圣裔封官加爵，登峰造极，孔孟圣迹重修扩建，前所未有，山东"圣地"气象空前显现。二是明清时代定都北京，山东地理位置优越，以山东为枢纽的大运河成为南北经济交通的大动脉，促进了山东经济发达的同时，也推动了文化的繁荣昌盛。三是山东作为孔孟故乡，自古有崇文重教传统。明清二朝，特重科举，士人晋身入仕，科考几乎为唯一之途。明代即有所谓"中外文武皆由科举而进，非科举者毋得为官"（《明会典》）的规定，在此背景下，山东域内涌现出众多科举文化世家。科甲连第，人才辈出家族，各地多有，一家数代名宦，父子、兄弟文名并显者，亦大有人在。一时硕学大儒，诗人名家，多出山东，到清初时，形成"本朝诗人，山左为盛"的局面。山东成为考察明清时代，中国科举文化世家最有代表性、典型性的地区之一，故而入选《书系》的文化世家，明清时期有 16 家之多，占了多半。

其二，山东文化世家在儒家文化传承及中华文化交流融合中作出了特殊贡献。一是以孔府为代表的圣裔家族是中国文化世家中特殊的文化资源。在两千余年的历史发展中，圣裔家族虽经沧桑变迁，流散各地，但他们大多发扬了圣裔家族的文化传统，将血脉延续与文脉传承相结合，以尊先敬祖与传承儒家文化为己任，对以儒学为主干的中华民族文化传统的形成，对历代政治、文化的发展，产生了其他任何家族都无法比拟的巨大影响力。二是山东文化世家的迁徙对儒家文化传播、各地文化的交流融合乃至中华文化重心的转移，产生过重大影响。历史上，山东文化世家曾有几次较大规模的迁徙：一是汉代大量山东经学世家迁居关中，助推了汉代儒学、经学的西渐和关中文化中心的形成。《汉书》中即记载了以田氏为代表的齐鲁大族对关中文化所作的贡献，山东文化世家在他乡产生的巨大影响由此可见一斑。二是两晋时期齐鲁世族的南迁。大批山东世家大族随西晋政权迁往江浙一带。例如琅玡王氏、兰陵萧氏、东海徐氏、鲁郡颜氏等都是这方面的代表，他们大多"本乎邹鲁……世以儒雅为业"，大力推展儒学，积极融入、影响当地文化，成为江南数代名宦的世家大族。萧氏则成为南朝齐梁时代的皇族，对南北文化融合及江南地区文化发展，产生了巨大影响。三是北宋末年，大批孔、孟、颜、曾等圣裔家族随宋室迁都临安而南迁江浙，不仅形成了儒学史上著名的孔氏"南宗"，而且在江南办教育，传授儒学，为宋明理学的繁盛和文化重心南移作出了贡献。

其三，山东文化世家主导了齐鲁乡邦文化的特色——"礼仪之邦"的形成。山东是儒学发源地，自古号称"礼义之邦"，读经崇儒、尤重礼义的区域文化特色代代传承、千年不衰。由于汉代以后儒学独尊地位的确立和孔孟故乡"圣地"文化的不断提升和突显，以及金元以后齐鲁之地又逐步成为山东所辖的统一的行政区划，"礼义之邦"即成为山东之地所共有的文化特质。而这种区域文化共性在山东文化世家中从不同角度显现出来。从其传承的家族文化的精神主体来看，这些在不同时代中经历发展、形态各异的家族，崇德、重教、尊老、尚义等礼义之邦的文化特色，既在圣裔之家，也在自汉至清历代的文化世家中，以家风、家学、家训等形式反映出来。不仅世居山东之地的文化世家如此，而且由山东外迁江南等地的文化世家，数代之后依然以传承故乡之风，弘扬礼义为家族文化的至高追求。而明清时期，从山西、云南等地迁入山东之地移民的后代，最终发展为科举文化世家者，也从各个方面展现出"礼义之邦"固有的文化特色。

其四，山东文化世家揭示出众多杰出人物的成才与地域家族文化的密切关系。如果说，家庭是人才成长的第一环境，那么，文化世家则是时代人才的摇篮。历史上山东许多世族，杰出人才，丛生辈出，曾影响整个时代的政治文化发展。这种情况尤以六朝时期为显：泰山羊氏中，如羊祜、羊祉等二十四史有传记的即有34人，另有2人曾为皇后；而王粲、王弼等彪炳史册的文学、思想大家，皆出高平王氏；蜀相诸葛亮，虽以躬耕南阳而闻名，实出身生长于山东阳都（今沂南县）望族，成年后离乡；琅玡王氏为西晋南迁后司氏政权的主要政治支柱，号称"王马共天下"，是王戎、王肃、王墩、王羲之、王融等文化名人的共有家族；兰陵萧氏自称为齐鲁"素族"出身，但南迁后，发展为人才辈出的显赫世家，齐、梁时代，荣登"两朝天子"宝座。这在六朝时期由北南迁世族中亦为罕见。

人才的德行业绩也大多深受家族传统的影响。山东文化世家，又多注重家训的传承，而家训，多受耕读传家的影响，将立德、立言、勤政、清廉等德才要求视为传世箴言，这对人才价值观念的养成影响甚大。山东历史上众多的文化名人中，政治上多为忠直清廉之士，而在文化上则多出经学、文学大家。明清时期的各个文化世家，传世文献著述颇丰，都反映这一特点。例如：明代临朐有"冯氏五先生"，都以文名著称；新城王氏家族共出30余名进士，不仅仕宦显赫，而且多有著述传世。王渔洋不仅为清初"诗坛领袖"，而且为官特重"清、慎、勤"。其他如：诸城刘统勋、刘墉父子，清代彪炳文学史册的"南施北宋"之宋琬，以及田雯、赵执信、曹贞吉等，他们的文化成就，都展示出山东文化世家所特有的家族传承和文化影响之力。

　　在中国古代文明灿烂的历史长河中，世家及其世家文化的发展随着时代的浪潮几经沉浮，但是始终不乏弄浪泛舟的身影，其对中国文化的传承，对于乡邦文化的绵延，作出了重要的历史贡献，至今依然散发着独有的文化魅力。而作为不同历史时期中的山东文化世家，对于齐鲁文化的发展，对于儒家文明的弘扬，更是作出了卓绝的贡献。一部家族文化的兴衰发展史，就是一个民族生存发展的细节实录，其中凝含着跨越时代的民族精神，即在今天它对于一个人的成才、一个家庭的和睦、一个家族的兴旺乃至一个民族的发展，仍有着重要的启发意义和借鉴价值，值得我们以虔诚、恭敬的态度，翻开他们的谱系、家乘、著作，进行深入的研究。

孔子与齐鲁①

　　春秋战国时代（公元前 770 年—前 221 年）是中国历史上的一个特殊时期，这个时代是中华文化史上群星璀璨、伟人辈出的时代，是区域文化大放异彩的时代，也是文化经典光照千秋的时代。基于此，又有人把这个时期称为中国文化史上的"轴心时代"。在这样一个特殊时代中，中国的文化巨人孔子诞生于齐鲁大地，这不是一个偶然的现象。傅斯年先生说："从春秋到王莽时，中国上层的文化只有一个重心，这个重心，便是齐鲁。"孔子的出现，正是中国文化史上的"轴心"时代与这个时代的文化"重心"——齐鲁文化交互培养的结果。

一、文化沃土孕育孔子

　　从春秋时期中国的版图上可以看出，齐鲁的范围大致相当于当今的山东省。在孔子诞生之前，齐鲁地区既已成为当时东方的文化中心。这主要表现在以下几个方面：

（一）齐鲁是中华文明最早的发源地之一

　　20 世纪以来对中国文明起源问题的研究成果表明，齐鲁是中华文

---

① 2009 年 9 月在新加坡国立大学的演讲。

明最早的发源地之一。

夏鼐先生在《中国文明的起源》中说："黄河流域是早期文化发展的一个中心，长江下游是另一个中心，山东地区文化的发展自有序列，是与黄河中游相异的另一个文化圈，这三个地区的晚期新石器文化与中国文明起源关系最密切。"著名考古学家唐兰先生则以在山东出土的大汶口文化中发现的陶器文字为依据，提出早在 6000 年前的大汶口文化晚期，山东地区即已进入文明的时代。①

大半个世纪以来的考古挖掘和研究证明，山东地区（海岱考古区文化区）史前文明的发展，是沿着后李文化（约距今 7500—8500 年）—北辛文化（约距今 6200—7500 年）—大汶口文化（约距今 4600—6200 年）—龙山文化（约距今 4000—4600 年）—岳石文化（约距今 3500—4000 年）序列自成系统发展的。

从组成文明的要素看：山东地区是发现最早文字的地区之一；龙山文化城市群的大量发现表明，城市在山东地区出现之早、之多，这集中反映了山东地区史前文化发展水平之高；金属器在山东龙山文化遗址中也有发现，这是继西安半坡类型文化遗存中发现黄铜片之后，发现的较早时代的金属器。另外，考古发掘证实，在山东大汶口文化墓葬中出土的骨凿上附着的铜绿，含铜达到 99%，这也有可能说明，在山东，铜的冶炼还会出现得更早。文字、城市、金属三大文明要素在山东的最早发现，充分说明齐鲁地区是中华文明最早的发源地之一。这为齐鲁文化"重心"地位的形成奠定了雄厚的文化基础。

（二）齐鲁立国奠定文化中心的基础

西周初年，姜太公与周公旦这两位文化巨人的东封齐、鲁，为这一地区文化中心地位的形成带来了新的契机，准备了必要的条件。从传说中的史前社会到夏商两代，齐鲁在文化上都具有重要的地位。齐鲁封

---

① 唐兰：《从大汶口文化的陶器文字看我国最早文字的年代》，《光明日报》1997 年 7 月 14 日。

国，对周初政权意义重大，因而受到他们的高度关注。而周室对齐鲁的特殊政策又大大提升了齐鲁的地位，为其"重心"地位的形成奠定了坚实的基础，这主要表现在四个方面：

1. 周得天下，首封齐鲁

《史记·周本纪》记载："武王……封功臣谋士，而师尚父为首封。封尚父于营丘，曰齐。封弟周公旦于曲阜，曰鲁。"齐鲁在分封诸侯国之先。

2. 分封诸侯，特重齐鲁

首封齐鲁的姜太公和周公都是地位特殊的国家重臣，可见齐鲁之重要。姜太公，在周初是文王之师，是灭商统帅，是安邦首辅。周公则是周武王之弟，为人笃孝仁厚，"异于群子"，"常辅翼武王，用事居多"（《史记·鲁周公世家》）。

3. 特殊政策，扶持齐鲁

（1）授齐以征伐特权，奠定霸业基础。《史记·齐太公世家》有记，周成王"使召康公命太公曰：'东至海，西至河，南至穆陵，北至无棣，五侯九伯，实得征之。'齐由此得征伐，为大国。"这种特权成为齐国称霸诸侯，拓展疆域的重要基础。

（2）厚赐鲁国，培植礼乐中心。据《左传·定公四年》记载，封鲁之初，即"分鲁公以大路、大旂，夏后氏之璜，封父之繁弱……祝、宗、卜、史，备物、典策、官司、彝器"。特殊加赐的典章器物、服饰百官、宗庙祭器，使鲁国具有文化中心地位的基础。

4. 建国之策，提升齐鲁

齐鲁立国之后，分别采取了不同的建国政策，发挥各自的文化优势，大大提升了齐鲁的文化地位，为形成齐鲁"重心"地位奠定了基础。

在齐国，"太公至国，修政，因其俗，简其礼，通商工之业，便鱼盐之利，而人民多归齐，齐为大国"（《史记·齐太公世家》）。简政从俗，工商立国，尊贤尚功，为齐奠定了霸业基础。

在鲁国，则"变其礼，革其礼"。崇礼革俗，强农固本，尊尊亲亲，强化了礼乐之邦。

　　总而言之，周初将两个重臣分封到山东地区，以及齐鲁建国后，采取的一系列政策，都为"重心"地位的形成提供了有利的条件，打下了坚实的基础。

（三）春秋之变，促成齐鲁"重心"地位形成

　　西周灭亡，周室东迁，带来了春秋时代的巨变。这种巨变主要表现为：周室衰微，王命不行；列国内乱，诸侯兼并；戎狄横行，交伐中国。而这样一个春秋巨变的乱局，却给齐鲁"重心"地位的生成带来了难得的机遇。

1. 春秋之鲁是周之礼乐文化中心

　　鲁为周公封地，西周时本为东方文化中心。而西周末年，镐京被毁，周室东迁，典章文物大半流失，使鲁国周礼中心的地位大幅攀升，成为各国公认的周礼代表。

　　《左传·闵公元年》记齐桓公问于仲孙湫曰："鲁可取乎?"仲孙湫曰："不可，犹秉周礼。周礼，所以本也……鲁不弃周礼，未可动也。"可见在霸主齐桓公看来，鲁是秉持周礼、不可轻易侵犯的。这应该代表了当时诸侯的一般看法。而据有关资料证实，至春秋末期，鲁国的周文化重心地位已有很深厚的积累。《左传·昭公二年》载："二年春，晋侯使韩宣子来聘……观书于大史氏，见《易》、《象》与《鲁春秋》，曰：'周礼尽在鲁矣！吾乃今知周公之德与周之所以王也。'"周初封建，晋、鲁都是周天子的宗亲之国，而且春秋时晋国势力强大，但是晋人到了鲁国，也盛赞"周礼尽在鲁"。在春秋时代，齐、晋为两大霸主国，他们都以敬畏之态公认鲁国为周礼所在，可见鲁为公认的周之礼乐文化的中心。

2. 春秋之齐是周之政治文化中心之一

　　齐国在春秋早期即发展成为当时的核心大国，它体现为盛极一时的齐桓称霸。中国历史上有"春秋五霸"之说，但以称霸时间之早、时间之长、影响之大来看，齐桓公都可称为"首霸"。《孟子·告子》曰："五

霸，桓公为盛。"又说："春秋，其事则齐桓、晋文。"而"齐桓称霸"的突出贡献，既展现在政治上，也凸显在文化上，使齐国成为当时的政治和文化中心。

齐桓称霸是以"尊王攘夷"、"以诛无道，以屏周室"（《国语·齐语》）为号召，这就使地处海隅的齐国，实际上成为统领天下诸侯的政治中心。正如冯友兰先生在《论管仲》一文中所说的："是以周天子为象征，在'尊王'的旗帜下，把当时中原的诸侯国组织起来，并逐步消除诸侯国之间的界限，这是统一中华民族的一个步骤。"①

齐桓霸业的主要任务是组织诸侯盟会，使齐国成为各诸侯交往的文化中心。从《左传》作出的详细统计看，近半个世纪间大的会盟诸侯就共 19 次。从会盟的内容看，既有政治、军事的，也有文化方面，盟会的很多内容，是倡导尊崇周礼，提倡仁爱的。清代著名学者马骕在《左传事纬》卷二《齐桓霸业》中说："兵车之会，大率尊天子而示信义。"可见，齐桓霸业，一方面是在维护周礼，另一方面也是加强了各诸侯国间的文化交流和融合。实际上，当时的齐国也是各诸侯国文化的交流中心之一。

纵观春秋之世，鲁从礼乐文化，齐从霸权霸业，都在春秋之世凸现了其重大影响和地位，这说明从春秋之始，齐鲁就展现出其独特的文化"重心"的面貌。而这样一片文化沃土，正是能产生孔子这样伟大文化巨人的最好基础——可以说，非齐鲁无以生孔子。

二、思想文化培育孔子

孔子之成长为圣人孔子，不仅因为他诞生在鲁国这片文化沃土之上，还在于他的成长，特别是其伟大思想的形成，是齐、鲁两支文化融合的结晶。反过来，在齐鲁文化中诞生的孔子及其儒家学派，又深深影响了此后齐鲁文化的发展。

---

① 参见《齐文化丛书·中国论文选》，齐鲁书社 1997 年版。

（一）鲁文化对孔子的培育与影响

春秋时的鲁国作为孔子出生和成长的地方，它的文化毫无疑问从多个方面对孔子产生了直接而重大的影响。这种影响的深层意义虽然由于资料缺乏我们难知其详，但从以下三个方面仍能看到它的直接的影响所在。

1. 重礼

前文述明，鲁文化最突出的特点就是继承和保存了丰富的"周礼"文化。而"礼"则是孔子的核心思想之一。显见鲁文化为孔子构筑"礼"的思想提供了最重要的文化基础。其实，鲁文化对孔子"礼"学思想的培育，可说是与生即始的。孔子出身于没落的贵族之家，自幼年时代起，接受最多的教育是"礼"，参与最多的活动是"习礼"，他最反对的是"非礼"和"违礼"之举。所以，对于孔子"礼"的思想形成，鲁文化给予其多方面的深刻影响。下面我们可从有限史料中，钩沉几个细节加以说明。

一是自幼习礼。《史记·孔子世家》载："孔子为儿嬉戏，常陈俎豆，设礼容。"郑环《孔子世家考》言："圣母（指孔母）豫市礼器，以供嬉戏。"孔子自小以礼为嬉戏的内容，他母亲则买礼器支持孔子习礼，说明孔子自幼即对习礼有着浓厚的兴趣。《孔子世家》还记载：鲁大夫孟僖子告诫其子孟懿子说："今孔丘年少好礼，其达者欤？吾即殁，若必师之。"可知孔子年轻时即以好礼知名于世，成为人们学习的榜样。

二是勤于学礼。《论语·八佾》记："子入太庙，每事问。或曰：'孰谓鄹人之子知礼乎？入太庙，每事问。'子闻之曰：'是礼也。'"《史记·孔子世家》记："鲁君与之（孔子）一乘车，两马，一竖子俱，适周问礼，盖见老子云。"说明他曾向人求师学礼。

三是反对违礼。孔子极其看重礼的作用，认为："民之所由生，礼为大。"（《礼记·哀公问》）他告诫儿子："不学礼，无以立。"（《论语·季氏》）因而，他旗帜鲜明地反对违礼、非礼的言行，他明确告诫学生："非礼勿视，非礼勿听，非礼勿言，非礼勿动。"（《论语·颜渊》）

他还十分愤怒地斥责违礼的季氏："八佾舞于庭，是可忍也，孰不可忍也?"(《论语·八佾》)孔子强调礼的重要作用。孔子生长于周礼文化保存完好的鲁国，又自幼善于练习并虚心请教习礼，这使他极其看重礼的重要作用，所以在《论语》和其他著作中，我们会看到孔子是最"重礼"的。

2. 效儒

孔子的最大历史贡献之一，是他创立了儒家学派。孔子成为儒家创始人，这与他出生在鲁文化的环境中也有直接关系。胡适之先生《说儒》一文对儒之源流做了一番考证后，得出两点结论：一是"最初的儒都是殷人，都是殷的遗民"。二是"儒是殷民族的教士"，治丧相礼是他们的职业。他指出："一切儒……都是殷民族的祖先教的教士……在那殷周民族杂居已六七百年，文化的隔离一件件泯灭的时期，他们……竟渐渐成了殷周民族共同需要的教师了。"①

对胡适《说儒》一文，学界多有异议者，但我认为，胡适先生对儒之源流的考证至少给我们解决了一个问题：为什么创始儒学的孔子产生于鲁?

儒这一阶层，在鲁是特别发达的。儒在鲁国的特别发达，是有历史原因的。周初封鲁之时，即将两部分殷移民分封给了鲁国：一部分是"殷民六族"。据杨伯峻先生解释，其中的索氏可能是编绳索的工匠，长勺、尾勺氏则是酒器工匠，其余的则是些知识阶层。另一部分是"商奄之民"，即原在鲁地的商代方国奄的土著居民。可见，鲁国人有相当一部分是殷移民。傅斯年先生在《周东封与殷移民》一文中甚至说："鲁之统治者是周人，而鲁之国民是殷人。"②孔子六世祖为宋人，宋国即殷商的后裔封国，从某种意义上讲，孔子也是殷遗民之后，自然与鲁国的"儒"们有一种血缘上的亲近，也有利于孔子的学习、效法。

周初统治者在封鲁之时，已经看到了殷遗民的势力强大，于是断然

---

① 胡适：《说儒》，见《胡适学术文集·中国哲学史》，中华书局 1991 年版。
② 傅斯年：《民族与古代中国史》，河北教育出版社 2002 年版。

采取了"变其俗，革其礼"的文化"革命"措施，变的就是殷旧俗，革的就是殷旧礼，推行的当然就是周礼了。鲁之大量的殷遗民及其后裔组成的儒者队伍，他们传布、教授、习行的礼，虽不能完全割断与殷商文化的联系，但主要的还是周礼的传布者。这与"周礼尽在鲁"、"鲁犹秉周礼"的鲁国文化特点是一致的。而这样一种庞大的与孔子有同一文化渊源的民间文化队伍，对孔子的培育和影响是巨大的，它是孔子创始儒家学派的最原始的思想源泉。

3. 诵典

孔子之所以成长为伟大的文化巨人，是他大量诵读、修习三代以来的文化典籍，并用毕生精力对之进行整理传承的结果。他诵典"韦编三绝"的精神和他编定"六经"的贡献，都与鲁文化深厚的文化根基丰富的典籍资源和优良的学风传统有关。

首先，根据《左传·定公四年》记载：周初分封即特别分配大量"典籍"于鲁。《左传·昭公二年》有载，晋国韩宣子到鲁，"观书于大史氏，见《易》、《象》与《鲁春秋》，曰：'周礼尽在鲁矣。'"所言的"大史氏"即是"掌文献档案策书"的官职。实际上让韩宣子惊叹的是，鲁国图书馆藏书之丰富，周礼之籍尽在此处。由此我们可以推测鲁国藏有大量的历史文献和各国的史书。据《史记·孔子世家》记载："古者诗三千余篇，及至孔子，去其重，取可施于礼义者……三百五篇，孔子皆弦歌之。"孔子从三千余篇中选取三百零五篇编成《诗经》说明，在鲁国还有大量各国诗歌的存档文献。这都说明，鲁国人收藏有天下大量的典籍文献，孔子之成为一个伟大的思想家和教育家，与鲁国丰富的典籍收存条件，和孔子能够大量阅读和整理这些文献有直接的关系。

（二）齐文化对孔子思想的影响

中国学术界对孔子思想核心的研究，具有代表性的观点有三种：一为孔子的思想核心是"仁"，二为孔子思想核心是"礼"，三为孔子的思想核心是"礼"和"仁"。我觉得第三种观点是比较全面反映孔子思想核心的。

孔子的核心思想——礼与仁的形成，其来源是多方面的。就区域文化的影响而言，如上所述，其礼的思想来源，与鲁文化的熏陶、培育有直接的关系。但是，仁的思想来源于何处呢？我认为，从地域文化的影响来讲，这与齐文化的关系为最大。

在春秋列国中，齐国是与孔子关系密切的国家之一。这不仅因为齐、鲁是近邻，累世联姻，关系密于他邦，齐对鲁影响甚大，于孔子自不待言；还由于齐国是孔子最早到过的国家，居留时间较长，他对齐国历史、文化的研究、探讨、评论最多。齐文化对孔子思想的构筑产生了巨大影响。

1. 孔子游齐

据《史记》记载，昭公二十五年孔子适齐。这一年孔子35岁，距离他后来周游列国早16年，这一时期应是孔子思想初步形成之时。孔子在齐留居，时间应是三年以上。[①]

孔子在齐三年多时间，据《史记·孔子世家》记载，主要有以下活动：一是做"高昭子家臣"，即做过齐贵族家的幕僚；二是"与齐太师语乐"，说明他与齐人有探讨音乐的文化活动；三是"景公问政孔子"，说明他受到了齐国君的接见，受到国君礼遇，或做过国君幕僚。

在齐期间，我认为最重要的是，他对齐国的历史文化曾做了深入的研究、考察。其一，《论语》和《史记》都记载了"子在齐闻韶，三月不知肉味"的事，可见齐文化对他的感染和他对齐文化的迷恋。其二，《论语》中除鲁国外，孔子提到齐国的人和事是最多的，说明齐文化对他的影响之深。正是孔子对齐文化的深入考察和广泛学习，使其对齐文化中思想文化有了更深入的研究和吸收。

2. 齐文化中的"仁"学

"仁"字在中国思想史上出现较晚。甲骨文中至今未发现"仁"字，早期的金文中也没有。西周典籍中"仁"亦极罕见，仅《尚书·金滕》

---

① 参见王志民《孔子与齐文化》，《齐鲁学刊》1990年第5期。

中出现过一次——"予仁若考能",但并不甚可靠。① 根据清人阮元的论定,迟至《诗经·国风》时期,"仁"字方才形成。细检《国风》"仁"字共出现两次:一为《郑风·叔于田》"洵美且仁",二为《齐风·卢令》"其人美且仁"。两诗时代相若,皆产生于春秋之初,用法相同,都与美字相对。究其含义,都是描述猎人的美好情态,或谓之有内美,但较为模糊,反映出"仁"的观念初成时的情状。不过,结合齐国风俗和《齐风》内容来看,《齐风·卢令》中的"仁"字,实际反映了齐俗中一种好让无争、与人和谐融洽的社会风尚。那么,为什么在《齐风》出现了与后世的"仁"德含义相近的"仁"字呢?这当与齐国文化的来源有直接的关系。

占据山东半岛和泰山以北广大地区的齐国,在先秦时代是东夷民族的故地。东夷的旧风俗,由于文献记载很少,后人了解得不多。但汉代许慎《说文解字》的段玉裁注有"夷俗仁"的记载,说明"仁"是夷人风俗。《汉书·地理志》也有:"东夷天性柔顺,异于三方之外,故孔子悼道不行,设浮于海,欲居九夷,有以也夫!"《后汉书·东夷传》言:"(东夷)天性柔顺,易以道驭,至有君子、不死之国也。"这些都说明东夷人的风俗特点,的确有一种"仁"风存在。这种文化特点已经暗合孔子一些思想理念,对孔子具有某种吸引力。

东夷人的这种道德习俗,在孔子时代的齐国得以保留,则与周初姜太公封齐的治国政策有着直接关系。《史记·齐太公世家》:"太公至国修政,因其俗,简其礼……人民多归齐,齐为大国。"也就是说齐国保留了夷人的旧俗,简化了周礼的约束,因而,齐文化中应该是保留了许多东夷人的思想传统。所以,《齐风》中出现"仁"字不是偶然的。

实际上,齐国政治家在继承东夷"仁"风传统时,也将其运用到治国和外交等政治层面中,这对孔子仁学体系的形成应该有较大的影响。《论语·宪问》记载:"子路曰:'桓公杀公子纠,召忽死之,管仲不

---

① 《尚书·金縢》一篇,自宋代以来多疑其后人掺入之伪作,一般认为是战国时人的作品。

死。曰：未仁乎？'子曰：桓公九合诸侯，不以兵车，管仲之力也。如其仁，如其仁。"又载："子贡曰：'管仲非仁者与？桓公杀公子纠，不能死，又相之。'子曰：'管仲相桓公，霸诸侯，一匡天下，民到于今受其赐。微管仲，吾其被发左衽矣！'"管仲不死君难，却九合诸侯，一匡天下，使天下之民无兵车之灾，保全了生民的性命，百姓至今受其惠赐。在君民关系上，管仲轻君重民，这算不算仁？对此子路、子贡是怀疑的。但孔子却站在更高的认识角度给予了充分的肯定，认为这就是"仁"。

曾有学者总结说："孔子仁学思想形成，是随着西周末年以后人本主义社会思潮的兴起与发展，以及对'人'的发现，他对'仁'的思想加以省察和反思，以后才构成了以'仁'为核心的哲学思想体系。"我认为：他对齐文化的研究，即是其"省察"的主要内容之一。而对管仲的"仁"的行为的肯定，正是齐文化促成孔子对"仁"的思想加以省察反思的一种反映。

当然，齐文化对孔子思想的形成和影响是多方面的。例如《晏子春秋·外篇》中记载了晏婴关于"和"的思想的对话，用烹调五味、音乐演奏等各种生动的比喻说明——君臣关系要求"和"，而不宜求"同"。晏婴长孔子三十余岁，算是孔子的前辈，而且孔子对晏婴十分钦敬，称赞他"晏平仲善与人交，久而敬之"（《史记·管晏列传》）。那么，我们有理由相信，孔子关于"和"的思想也应当深深受到了晏婴思想的影响。

三、齐鲁之学成就孔子

孔子一生，仕途不顺，他生前思想的传播受到极大的压抑和限制，晚年主要是尽心于整理古籍和教学授徒。以孔子思想为核心的儒家学派的形成，其发展有两个基本的路径：一是其学说理论体系得到进一步发展；二是其思想得到广泛传播。而这两点，都与齐鲁有密切的关系。

（一）儒学大师俱出齐鲁

孔子创立的儒家学说，在战国时期即形成完备的理论体系，得力于三位儒学大师：一是子思、二是孟子、三是荀子。子思是孔子的孙子，名伋；孟子则是子思门人的学生，是邹人，鲁之属国人；荀子，虽是赵国人，但他"年十五始来游学于齐"，曾在齐国稷下学宫"三为祭酒"，一生以齐国为主要活动中心，约70岁才离齐去楚兰陵，所以基本上应属齐人。可以说，是齐鲁之人继承发展和完善了孔子思想，从而形成了影响巨大的儒家学派的。

三位儒学大师对孔子思想的发展是多方面的，如果简而言之，子思对孔子思想发展的贡献，主要是通过对孔子中庸思想的阐发，发展了孔子的伦理道德思想，是提出"中和"思想的主要的理论家。孟子对孔子思想的发展，除发展其思想的人性论外，主要是将孔子思想的核心"仁"，引入到治国安邦的政治思想中，提出了"仁政"学说。而荀子则将孔子"礼"的思想引入政治当中，强调隆礼重法，强调人必须以"礼"来约束，强调礼法结合，做到礼法并重以治世，这也是对孔子思想发展的一个创举。三子之中，两为鲁人，一为久居齐之人。主要经过这三个人的发展，先秦的儒家思想形成了一个完备的影响巨大的思想体系，为其后来成为中国文化的核心思想奠定了基础。

（二）孔子思想的传播以齐鲁为基地

孔子的思想由一人之学发展为声势浩大的思想流派，一是要有传播的队伍和组织系统，二是要有传播的基地和中心区域，而这两点都离不开齐鲁。

1.孔子弟子，多出齐鲁

孔子思想的传播首先有赖于他的众多弟子，《史记·儒林传》记载，孔子死后，他的学生散布到全国各地，有的做了高官，有的成为贵族的教师和幕僚。《史记》记载他有弟子三千人，其中最著名者有七十二人之多。弟子又教授弟子，形成了孔子思想传播的教育、教学体系。这是一个庞大的传播队伍，远非其他诸子学者可比。

孔子的弟子中，鲁国和齐国人居多。据匡亚明《孔子评传》统计，在孔子弟子中，知其名与国籍者，共有 9 国 68 人，而鲁国就有 42 人，次之为齐国 8 人，齐鲁地区的占了 73%。而据李启谦先生《孔子弟子研究》统计，知其名与国籍的共 11 国 104 人，鲁有 61 人，齐有 9 人，共 70 人，比例也近 70%。其七十二个著名的弟子中，现知其名与国籍者，据李启谦统计大约只有 29 人，其中齐鲁籍共 23 人，高达近 80%。可见，孔子思想的首批大力传播者主要是齐鲁之人。

2. 儒家各派俱出齐鲁

孔子死后，其弟子在传承其思想中，因解说不同、认知体系不同而形成了不同的儒学流派。《韩非子·显学》记载：自孔子之死也，有子张之儒，有子思之儒，有颜氏之儒，有孟氏之儒，有漆雕氏之儒，有孙氏之儒，有乐正氏之儒等，"故孔、墨之后，儒分为八，墨离为三，取舍相反不同，而皆自谓真孔、墨"。可见，在战国时期儒家已分裂成多个不同的传播派别，而且都以正宗儒家学派相标榜，也说明各派之间有激烈的斗争。有斗争，理论才能发展；有辩驳，学说才能深化，这对儒学的发展都是必要的。而这八个派别的创始者，除孙氏即孙卿是久居齐之人外，其他都是鲁人。这也从另一个方面反映了儒学发展传播的骨干力量都是齐鲁人。

3. 传播基地主要在齐鲁

从有关文献记载看，在孔子思想的广泛传播和儒家学派的形成发展中，齐鲁地区始终是一个中心和基地。

《汉书·儒林传》说："天下并争于战国，儒术既黜焉，然齐鲁之间学者犹弗废，至于威、宣之际，孟子、孙卿之列咸遵夫子之业而润色之，以学显于当世。"分析这段记载可知，儒学发展及儒学在战国诸侯间的传播并非一帆风顺，曾一度出现挫折和处处遭到贬黜的情况，但在齐鲁之地却仍然兴旺发展。特别是其发展、传承的基地，其前在鲁，而后转移到齐威王、宣王时齐国的稷下，更显示出儒学发展在齐鲁之地的时空优势。

据《史记·孔子世家》所载，孔子死后，"鲁世世相传以岁时奉祠孔子冢，而诸儒亦讲礼、乡饮、大射于孔子冢"。看来，在孔子故居与墓地，已自然成为弟子及后学聚居和讲学之所。《史记·封禅书》记载，秦统一后，秦始皇东巡郡县，"征从齐鲁之儒生博士七十人，至乎泰山下"，并"与鲁诸儒生议刻石颂秦德，议封禅望祭山川之事"。《史记·儒林列传》又记载，刘邦打败项羽后举兵围鲁，而"鲁中诸儒尚讲诵习礼乐，弦歌之音不绝"。可见孔子之后，鲁国儒风之盛。

故而，郑樵在《通志·校雠略》中说："叔孙通降汉时，自有弟子百余人，齐鲁之风原未尝替。"看来，在战国乃至秦汉之际相当长的时间内，齐鲁之地都是儒学传播的一个重要基地和中心区域。

（三）齐鲁为诸子百家争鸣的中心

儒家思想之所以能在先秦时发展成为博大精深的思想体系，当与战国时期是一个诸子百家思想繁荣的时期，因而历经了一个各种思想相互辩驳、交流、融合的发展阶段有关。根据有关文献记载和后代学者的考定来看，这个百家争鸣的主要中心也在齐鲁。

1. 诸子学派多出齐鲁

就战国学术流派而言，虽号称诸子百家，而实际上，大的学派共有十家，即：儒、墨、法、道、名、阴阳、农、杂、纵横、小说家。其中理论体系、代表人物和政治主张对后代影响巨大的，则主要是前六家。

此六家之中有三家创始人出于齐鲁。儒家孔子、孟子是鲁国人；墨家创始人墨子是今山东滕州，也是鲁国人；阴阳家代表人物邹衍、邹奭都是齐国人；而名家代表人物中，尹文、田巴都是齐人中的稷下学者。

法家和道家两个学派的代表人物虽非齐鲁之人，但法家代表人物李斯和韩非都是齐国稷下学者荀子的学生，应该也算是为齐文化培育的。齐国在战国时代本来存在一个尊崇管仲的学派叫管仲学派，这个管仲学派号称齐法家，这说明齐国也有法家。道家的两个代表人物老子和庄子都是楚宋之人，但产生于齐国稷下学宫的黄老学派，却是一个有别于庄子之学的道家学派。而黄老学派的思想在汉代初年一度成为当时的统治思想。

可见，战国诸子百家的学者，大多是与齐鲁有直接和间接关系的，齐鲁文化对诸子百家思想产生和发展有重大的影响。

2. 百家争鸣于稷下

从战国初期到后期的 150 多年间，齐国统治者在齐都临淄城的稷门之下设立了稷下学宫，成为当时各国各派学者趋之若鹜的百家争鸣活动中心。据《史记·田齐世家》记载，齐宣王"喜文学游说之士，自如邹衍、淳于髡、田骈、接予、慎到、环渊之徒七十六人，皆赐列第，为上大夫，不治而议论。是以齐稷下学士复盛，且数百千人"。可见当时，稷下学宫规模之大，人数之多。郭沫若在《十批判书·稷下黄老学派的批判》一文中的观点是：现存《管子》一书就是稷下学者的论文集，《管子》一书是"道家者言，儒家者言，法家者言，名家者言，阴阳家者言，农家者言，轻重家者言，杂盛于一篮"。并说，当时的稷下学宫"成为一时学者荟萃的中心，周秦诸子的盛况，是在这儿形成了一个高峰的"。

在这样一个百家争鸣的中心中，儒家思想得到了充分的发挥和发展。据徐幹《中论》记："昔者齐桓公立稷下之宫，设大夫之号，招致贤人而尊崇之，自孟轲之徒皆游于齐。"又据《史记·孟荀列传》之记，荀子是在稷下"三为祭酒，最为老师"的。可以说，孟子、荀子两位儒学大师能对孔子儒学在理论上有重大发展，应该是与稷下学宫各学派的学派汇聚、学术争鸣有直接的关系。

正是由于齐国在稷下学宫中提供了丰厚的物质条件和很高的政治待遇，各派诸子学者在稷下相互辩驳争鸣，各种思想交流、融合、吸收，孔子思想最终获得了学派的发展和思想理论的成熟。可以说，没有齐国稷下学宫的推动，就很难形成百家学说相互争鸣的局面，也可以说：没有稷下，就没有先秦儒学的重大发展。

就由上分析而言之，伟大思想家孔子的出现及其思想体系的创立与齐鲁之地的齐文化、鲁文化有着极深的渊源关系，从某种意义上讲，是齐鲁大地培育了孔子，也是齐鲁文化成就了孔子思想，所以说，无齐鲁则无孔子。而反言之，无孔子则无齐鲁，是孔子作为一代文化集大成者的出现，使齐鲁文化在中华文明历史发展中的重要地位得以凸显。因而在某种程度上说，孔子与齐鲁文化是浑然一体的。

孔子与齐文化^①

讲"齐文化与孔子"这个题目，主要目的有两个方面。一是充分认识、大力弘扬齐文化的需要。要弘扬齐文化，就要搞清它与中国传统文化的关系，要搞清它和中国传统文化的关系，就必须搞清它与中国传统文化核心思想——儒学的关系，要搞清它与儒学的关系，必须先搞清它与孔子的关系。二是全面深入研究孔子及其思想的需要。山东世称为"齐鲁之邦"、"孔孟之乡"，孔子虽为鲁国人，但"齐鲁"相连，孔子与齐文化是什么关系？深入探求孔子与故土文化的关系，齐文化是重要的组成部分，不应该被忽略。

当今世界已进入了一个新的时代，这时代有几个显著的特征：一是经济全球化，世界变成了"地球村"。二是信息革命。让世界上的人们真正实现了"天涯若比邻"。经济与信息发展带来的重要变化，使得文化的交流、冲撞和融合，空前加剧。民族文化的传承发展，摆到了空前重要的位置。曾有人说过：一个民族的兴衰，主要是民族文化的兴衰，一个民族的灭亡，往往与文化的毁灭与被取代相关。正是在这个意义上，我们说：民族的兴旺首先在于文化的兴盛，所以今天我们国家把文化建设提到了最重要的战略高度，加强文化建设，增强国家的文化软实力，实际上是一个关系着能否实现民族伟大复兴的根本问题。

---

① 2009年9月在山东临淄稷下学宫论坛上的演讲。

中国文化正面临着西方文化的巨大挑战，我们国家所实行的中国特色的社会主义道路，其中重要的一层含义就是坚持走中国特色的文化道路。而中国特色文化的重要内涵之一，就是要继承、弘扬中国优秀传统的文化。现在孔子回来了，又走了出去，我们在世界各国成立了近三百所孔子学院，目的在于传播中国的语言和文化，提高世界对中国文化的认同。只有弘扬中国的传统文化，中国的当代文化才能挺立，才能发展，中国才能会真正实现民族的复兴。弘扬中国的传统文化，就要弘扬孔子，从孔子的思想中寻找智慧，以解决当下人们所面临的信仰危机与道德问题，汲取优秀的文化因子以为当代新文化的建设所用。

弘扬孔子，就要研究孔子，实际上孔子研究已成为当今世界范围内的"显学"。要研究孔子，需要搞清楚的问题很多，其中关键问题包括：孔子为什么在那个时代产生？为什么是春秋战国时期而不是其他时期产生了孔子？孔子为什么出生在那个时代的齐鲁？他的思想只与鲁国有关，还是与齐鲁都有关？而齐文化、鲁文化分别与孔子的思想是什么关系呢？这些基本问题搞不清，从某种意义上讲，对孔子的研究也就更难深入。

应该说，孔子与鲁文化的密切关系是不言而喻的：孔子生于鲁，长于鲁，他的思想、他的成就离不开鲁文化的培育。那么齐文化与孔子的思想形成及其文化成就是什么关系呢？

孔子的出现是时代的产物。孔子生活的春秋战国时期，是中国文化史上的"轴心时代"，是一个"哲学突破"的时代，在中国，产生了众多的伟大思想家、哲学家、政治家和军事家。也是历史上一个在文化上继往开来的时代。纵观中华五千年文明发展史，这个时期确实是特殊的、关键的、核心的时期，在这样一个时代中，孔子这样一位文化巨人能够产生，就有其一定的历史必然性了。

春秋战国时代，齐、鲁是东方的两个大国，两国虽然地域上相近，交往比较频繁，但是在文化上却各具特色，这是一个独特的文化现象。两种不同的地域文化，在这个特殊时代中交融、融合，构建形成了齐鲁文化圈。在这个最具文化杂交优势的文化圈中，培育出了孔子这个划时代伟大的人物。从地域文化来讲，齐文化和鲁文化一样，也是形成孔子伟大思想的一个极为重要的区域文化的基石。我们说齐鲁是产生孔子的土壤，就是既应看到鲁文化是诞生孔子的重要的文化基础，也要重视齐文化对孔子的重大影响。对齐文化与孔子的关系我将从以下几个方面做一点理论和学术探讨。

一、孔子最早访游齐国

（一）孔子造访齐国的时间

《左传》记载：鲁昭公二十五年，"公伐季氏，不克，奔齐，鲁乱"。昭公奔亡齐国，鲁国内乱。《史记·孔子世家》记载："鲁乱，孔子适齐。"可见，孔子是在鲁昭公二十五年（公元前 517 年）发生内乱的时候来到齐国，时年孔子 35 岁，距他后来周游列国早 16 年。在此之前，从有关文献看，孔子还没有出国记录。虽然《孔子世家》记载，孔子曾"适周问礼，盖见老子云"，但问礼时间，《水经注》说这年孔子 17 岁，《庄子·天运篇》却说为 51 岁之时，争议很大。钱穆先生《先秦诸子系年》经过详细考定认为："孔子见老聃问礼，不徒其年难定，其地无据，其人无征，其事不信。"甚至否定孔子去过洛阳。

孔子到齐后驻留的时间，钱穆在《先秦诸子系年》中，引用了《历聘纪年》一书，说孔子在齐国待了七年。清代学者江永的《乡党图考》则提出，孔子在齐国住了一年。在另外的材料上，钱穆先生认为孔子在齐应该是三年。我在 20 世纪 90 年代发表过一篇文章，结合诸多资料，反复斟定，[①] 也认为孔子在齐三年，比较合乎历史实际。

（二）孔子在齐国的活动

《史记·孔子世家》记载："孔子适齐，为高昭子家臣，欲以通乎景

---

① 拙文：《孔子与齐文化》，《齐鲁学刊》1990 年第 5 期。

公。齐太师语乐，闻韶音学之……齐人称之。景公问政孔子……他日又复问政于孔子……景公说（悦），欲以尼谿田封孔子。"短暂的记载透露了三个信息：一是孔子曾经做高昭子的家臣，地位并不高，但他却想借此接近齐君。二是他曾和齐国宫廷里管音乐的最高长官太师，谈论过音乐。三是孔子在齐，一度威望颇高，齐景公曾向孔子问政，并且还打算在齐国给孔子一块封地。由记载可知，孔子在齐国的地位是有前后变化的，曾经由低到高经历了三个梯次，这说明了孔子在齐国的影响是由小到大，逐渐提升的。也可以看出，在齐国，孔子是有一定的身份、地位和途径来全面地对齐文化进行深入了解和研究的。

《史记·孔子世家》中，对孔子50岁以前的事迹记载相当简略，但却较多记载了孔子与齐国的相关事迹，除记载孔子来齐之事外，还记载了齐景公与晏婴去鲁国向孔子请教之事，又以较大篇幅记述了孔子参与齐、鲁两国国君夹谷相会的始末，这说明齐文化与孔子的关系受到了司马迁的高度重视。另外，在《论语》中，还可以看到孔子曾多次提到齐国，对齐人亦多有评说，应该承认，齐文化对孔子确实产生了重大影响。

从匡亚明的《孔子评传》和钱穆的《孔子传》所作的考定来看，大约30岁后，孔子才收徒讲学，50岁时才从政做官，而周游列国之时是51岁。而35岁来齐国时期，应当正是孔子吸收知识、形成思想的重要时期，所以与鲁有异的齐文化必然是对孔子的重要思想产生过重大影响的一支地域文化。

（三）孔子来齐的文化诱因

那么为什么孔子要到齐国来呢？也就是说，齐国对孔子的极大吸引又在哪些方面呢？结合当时的情况，我认为主要有以下几点文化的诱因。

首先，齐桓称霸对孔子的吸引。当时的鲁国，内乱不已，每况愈下，而孔子是一个积极入世，立志大有作为的人。他急于想改变鲁国的面貌，因而对齐桓称霸极感兴趣，是理所当然的。在《论语》中，孔子评论政治人物，最多的是对管仲的评论，有四次。可见他对齐桓称霸和管仲业绩非常重视，向往霸业，学习管仲，应该是孔子对齐国的文化倍感兴趣而使之前来的一个非常重要的原因。

其次，他对齐文化有浓厚的兴趣。齐文化对孔子的吸引是多方面的，对齐文化的服膺，从齐国音乐对孔子的征服上，即可见出。韶乐相传是大舜时候的音乐，一直作为最经典的古乐流传后世。鲁国也有韶乐，鲁襄公二十九年，吴国公子季札到鲁国观乐时，也看到了鲁国演奏的韶乐。但在《论语》中记载，孔子却独"在齐闻韶，三月不知肉味"。齐乐对孔子的震撼力太大了。为什么齐国的韶乐就这么有影响力，这正是齐文化的独特魅力之所在。

最后，齐国的治国方略，或者说齐国政治对孔子也是有巨大的吸引力。在《论语》中，我们可以看到孔子作为鲁人对管仲是多么赞赏："微管仲，吾其被发左衽矣！""九合诸侯，不以兵车，管仲之力也，如其仁，如其仁。""晏平仲善与人交，久而敬之。"从这些话语来看，应该说齐国的政治业绩和著名政治家对他的吸引力也是很大的。

正是由于齐国存在着如许文化方面的诱因，使年轻的孔子来到鲁国，与齐国社会进行了广泛而深入的接触，齐文化对孔子产生了深刻影响。

二、齐文化对孔子思想的重要影响

齐文化对于孔子思想的影响，应该是深入的，也是多面的。比如说在政治上的影响，极重要的一点，就是尊贤思想的影响。鲁国是礼乐之邦，所以在鲁国，尊贤有个前提，是要按照礼制，以身份、等级为标准的。在孔子思想中极其重视"礼"，可以说礼是他的核心思想之一。但是在尊贤上，孔子却并不强调受礼的约束，他提出："先有司，赦小过，举贤才。"（《论语·子路》）要求在上者先为部属做出表率，容忍他们的小过错，举荐有才德的人，在举贤才上，孔子并没有把礼作为前提而论及出身等级。孔子还提出了"有教无类"的主张，就是要求培养人才不分级别、不论出身。这些思想都是与齐国"尊贤尚功"思想有联系的，可以见出齐文化对孔子的影响。

而齐文化对孔子影响最大的，需要我们着重加以探讨的，是对于构成孔子核心思想基石之一——"仁"的思想的来源。

（一）孔子思想的核心——仁与礼

中国学术界对孔子思想核心的研究由来已久，但众说纷纭，莫衷一是。总体讲，20世纪以来，对孔子思想的研究，形成了比较一致的意见，认为孔子的思想博大精深，但是其思想有核心。关于这个思想的核心究竟为何？比较一致的观点认为孔子的思想核心是"仁"和"礼"，二者缺一不可。在《论语》中，夫子师徒论学，提到最多的字眼是"仁"字，109次，而"礼"字，则有74次，"仁"、"礼"二字是《论语》中出现频率最高的字眼，可见两种思想是最受孔子重视，也为其阐释最多的。

那么作为孔子核心思想中的"仁"与"礼"是怎么来的呢？总体来说，其形成原因是多方面的。例如通过对三代文化的总结，周公封礼作乐，对夏礼、殷礼都有吸收、提炼和升华。而孔子是以周公继承人自居的。这在《论语》中有明确记载。他认为："周监于二代，郁郁乎文哉，吾从周。"说明孔子吸收了夏商周以来的文化，他的思想是对他之前三千年思想的总结。还有一个重要的来源，就是对于时代文化的提炼总结。人不可能超脱时代对他的巨大影响，孔子所处时代的文化变迁和巨大成就，对他的思想发生了重要的作用。当时的著名思想家子产、老子都曾对他产生过重要影响。但是，从孔子的出生、受教、学习及文化吸收过程来看，对他的思想形成有着巨大影响的，即是他生于斯长于斯的故乡——齐鲁之地的文化。鲁文化对他的影响是很大的，他的"礼"的思想主要来自于鲁文化的培育，这也是有文献可考的。周朝文化的核心就是"礼"，周公创制的就是"礼乐文化"。而鲁国是周公封地，鲁文化一直是沿着周公创制的"礼乐"文化的主线发展的。孔子长于鲁，成于鲁，礼文化的影响是根深蒂固的，这一点已多有论述，不必多言。

但是孔子的思想中，"仁"较之于"礼"更突出、更重要。在《论语》中，"仁"字比"礼"字为孔子言及更多，可以为证。那么孔子的"仁"的思想是来源于哪儿？通过查阅文献可知，孔子之前的文献很少有"仁"字出现，"仁"字在《尚书》中只出现了一次。[①]而在《诗经》中只出现了两次：一在《郑风》中，一在《齐风》中。《齐风》有《卢令》一诗，歌颂一青年猎人，长得英俊，且道德高尚，诗中写道："其人美且仁"。其他文献中则难见踪迹。与孔子时代大致相近的文献有《左传》、《国语》，"仁"字在《左传》、《国语》中出现过几十次，但其意义比较含混。但为什么在孔子这里，"仁"字喷薄而出？为什么在《论语》中出现了这么多"仁"字？"仁"的思想如何成为孔子思想的主干和核心？我们认为，孔子对"仁"学的突发式发现和阐扬，与他对中华古老传统中"仁"的习俗的感悟回溯有关。而这和齐国文化有着很大的渊源关系，与孔子对齐文化的重视和吸收密切相关。而这一点恰是人们历来未予注意的。

（二）齐文化与孔子"仁"的思想来源

谈及"仁"，要先就要提到占据整个山东半岛和山东大部地区的东夷文化，因为在东夷社会风尚里就有"仁"的遗俗。《说文解字》中有"夷俗仁"的记载，就是说，齐国之前的土著文化东夷文化中存在"仁"的习俗。"仁"是夷人非常重要的一个习俗，《汉书·地理志》中论及地域文化的时候，特别提到"东夷天性柔顺，异于三方之外"这个特点。东夷之地的文化柔顺，就是"仁"的表现。因为东夷有"仁"俗，使孔子早就很向往，《论语》中有"孔子欲居九夷"的记载，也有孔子感叹"道不行，乘桴浮于海"的话，若政治理想不得实现，孔子愿乘船到夷地去。在《后汉书·东夷传》中也曾提到：（东夷）天性柔顺，易以道驭。由此看来，东夷文化天性柔顺，易于管理和驾控，如此风俗应该是齐国立国之前的旧有风俗传统。在《论语》中，孔子提到了舜，称赞

---

① "仁"字在《尚书》中只出现于《金縢》一次，而该篇历代学者多认为其为伪作，约产生于战国时代。

了舜的仁慈及其"仁"的思想。而舜就出生在古时的齐地"冯诸"（现诸城一带）。总之，在齐立国之前，作为东夷腹地的齐地就有"仁"的习俗。这一习俗在太公封齐之后，到了很好的保护。姜太公至国后，实行"因其俗，简其礼"的政策，保留了当地人的传统和习俗。《史记》记载，其后"人民多归齐，齐为大国"，这说明对"仁"的夷俗的保留，不但得到了人民拥护，还吸引了百姓投奔而至，成为强国之本。而后世齐国的政治家也以"仁"来治理齐国，这是有资料可据的。如管仲提出的"民之所欲，因而与之；民之所否，因而去之"，就是顺应民心、合乎民意。《管子》中最早提出的"以人为本"①就是重视了尊重人的"天性"，我们今天可称之为"人权"在巩固政权中的基石作用。齐桓称霸，"九合诸侯，不以兵车"，不是靠战争武力，而是靠会盟，实现了"霸业"，也是"仁"的思想的体现。可以这样说，"仁"的思想原始形态，来源之一是东夷文化原始社会风气中"仁"的习俗。齐立国之后，"仁"的习俗又得以保留、继承和发扬了下来，而孔子在他思想形成的关键时期到齐国居留三年，所以孔子的"仁"的思想来源之一，应当是从齐文化当中吸收的，齐文化是孔子核心思想的重要来源之一，这样的说法应该是能够成立的。

（三）孔子"仁"的思想的构筑

那么如何理解齐文化成为构成孔子"仁"的思想基石呢？要理解这个问题，有两点非常重要，它是我们深入认识的基础。

其一，齐文化对东夷旧有的原始"仁"俗的继承，不是全盘吸收、简单接受，而是由齐国政治家对之进行了改造、发展与提升。

东夷人的风俗，被齐国政治家提升到了治国的理念和政策之本，是进行了质的改造和升华的。其中，姜太公的"因俗简礼"就是它质的一个飞跃：旧风俗被提升到治国用人上来。管仲的"民之所欲，因而与之"，又是一个飞跃，它又被提升到"以民为本"的高度。《管晏列传》

---

① 参见《管子·霸言》。

中，管仲之事记述简略，而他的如下话虽较长却被记下："与俗同好恶，民之所欲，因而与之，民之所否，因而去之，下令如流水之原。"意思是，百姓风俗所好，则应保留顺应，风俗所反对的，则应反对抛弃，为政应当尊重民意，制定法令当如水流平地一般，顺其自然，治理百姓当戒急用缓。这一段话应该说是齐国治国理念的精华所在，非常值得深入分析，它的重要意义主要表现在：

它说明齐国的政治家——特别是孔子之前以管仲为代表的政治家——力行了"仁"的治国思想。首先是顺民之俗。顺应百姓意愿，为其所欲而使之；其次是供民之需。百姓欲求，尽量满足，让百姓衣食无忧，从心所欲。最后政令顺乎民心，这是政策制定之本。一言概之，管仲治国，顺民俗，供民需，顺民心。为什么"以人为本"这句话最早出在齐国《管子》一书中？这不是偶然的。仁的发现与齐文化中最早展现的人的意识的觉醒结合在了一起。我认为，他提出的"以人为本"这个理念，其中就有对东夷"仁"的原始思想的政策性提升，是本质上的改造和提升，它被总结为治国理念，进入了政治领域。这正是齐国的政治家、思想家，对原始的东夷"仁"俗和社会风气发展、改造和提升的结果。

其二，孔子对齐文化中"仁"学的思想吸收也不是照搬照抄的。

孔子对夷人"仁"风遗俗，以及对齐国政治家实践的"仁"的政治理念，又进行了继承、改造、提升，产生质变，带来了哲学性的突破。首先他把"仁"由齐国的治国理念，内化为心性之学，成为人们道德修养的一种内在的原则，使之进入到个人自我把握、自我完善的修身过程中；其次将之外现为人的行为准则。孔子将之提高到处理伦理关系的最大原则，是人之行为准则，要求人与人之间关系的处理体现仁爱；最后孔子还将之立为道德之本。要求在干事之先学做人，把"仁"字放到一个人道德最高境界来实现。今天人们叫做人底线。孔子用"仁"字对人的立世、修身、道德等基本原则做了一个高度概括，"仁"被提升到人生观、价值观的高度，这就是"哲学性的突破"。

在此后的教学授徒中，孔子经常把"仁"字挂在嘴上教导学生了。

从《论语》中可以看出，许多学生不太明白夫子常言之"仁"为何意，而孔子对"仁"的全部含义始终也没有作一具体解释，但"仁"却成为孔子博大精深的思想核心之一了。之所以"仁"字在孔子思想中具有丰富的含义，占有如此重要的地位，这与它的产生基础既有数千年东夷文化传统的结晶，又有齐国从太公到管仲等数代伟大政治家、思想家的实践经验的升华相关，更与孔子在此基础上的哲学性提升、突破密不可分。

"仁"和"礼"的合一，形成孔子思想的核心所在。那么"仁"与"礼"结合的境界到底是什么，《论语》中有两句话特别重要，一是"子曰：'仁者爱人'"。二是"克己复礼为仁，一日克己复礼，天下归仁焉"。这是孔子重要思想的流露。所谓的仁，第一要讲爱人，第二要讲克制自己合乎礼的要求行事。在孔子看来，"仁"不是无准则地爱，要将之与"礼"结合起来，推行这种仁爱于社会，才能做到"天下归仁"。而"仁"和"礼"的结合，而这种结合正是齐、鲁文化融合的结晶，是孔子对齐文化、鲁文化的吸收、改造与提升。只有鲁文化产生不了孔子的伟大思想，孔子既把齐文化中的精华，又把鲁文化中的精华，加以改造、提升，在二者融合的基础上，才形成了孔子的伟大思想。

孔子对齐鲁文化的这种融合、提升，从区域上讲，是齐与鲁的融合，从大处讲，还是夷与夏的融合。孔子生长、生活的齐鲁，正是夷、夏文化的结合部和交汇地带。作为轴心时代的文化"重心"，齐鲁文化融合的重要意义是：它们代表了夷、夏文化的融合。

在齐鲁文化基础上形成的孔子的伟大思想，不仅成了统治中国两千多年的一种传统思想，也由此奠定了孔子在中国历史上两个重要的地位：

第一，成就了以孔子为创始人的儒学在中国传统文化的核心地位。历代统治者皆以儒学治国。一要爱人爱民，才能社会和谐，所以"仁"字打头，为治理的前提。二要合乎礼，遵守礼制，社会才会有秩序、安定。如今天人们所说，既和谐，又稳定，这当然也是古代统治者追求的理想的目标了。

第二，使孔子声望极大提升，成就了他的至圣地位。作为一个学者、思想家、教育家，孔子是伟大的，但在生前，他在实现理想上不得其志，政治地位并不高。在汉武帝以前，只是作为经学、儒学的伟大创始者受到尊崇，但从汉武帝之后，孔子政治地位大幅攀升，历代统治者着力加封孔子，汉代封"公"、南北朝封"圣"、唐代封"王"，至元明清则被封为"大成至圣文宣王"，尊为至圣先师，"万世师表"，他被推到无以复加的地步，并且恩泽后代，他的嫡系子孙被封为"衍圣公"，位极人臣，享受特殊的礼遇。

孔子及其思想之所以地位如此尊贵，正在于孔子的"仁"学是讲爱人的，而他的"礼"学是讲秩序的。孔子的核心思想"仁"和"礼"成了做人的基本原则，也成为治国理政的宝典。所以孔子的伟大思想，能够跨越国界，成为世界公认的文化宝库；孔子才能成为中国历代推崇的圣人，才能成为世界尊重的文化名人。直到今天，国家提倡和谐社会建设、树立社会公德，宣示和而不同、以人为本等治国理念，实际上都闪耀着孔子思想的光辉，而这些具有超越时代意义的思想，在某种程度上也是孔子吸收了齐学智慧的结晶。

三、齐文化对儒家学说发展的影响

由一人之学发展到声势浩大的儒家学派，并在战国时期成为时代的"显学"，在当时诸侯竞雄、战乱频仍，传播手段较原始的情况下，孔子的思想的传播、发展之所以能够达到如此地步，这有赖于其具备了两个必要的条件：一有可靠的传播系统，二有稳定的传播基地。而这都与齐鲁有着密切的关系，其中齐文化的发展对这两个条件的形成有重要的促进与保障作用。

（一）孔子思想的传播系统

孔子的思想形成之后，它的扩散并播布于天下，主要有赖于两种传播力量：

　　首先是孔子的弟子。孔子是一名开门收徒的教育家，他的思想大多是在日常讲学和与学生的谈话交流中阐发的。弟子是最直接、最权威、最高级别的传播孔子思想的第一梯队。有人说孔子之所以成为中国文化的圣人，与他做老师有关，从思想的传承和传播角度讲，这话不无道理。在那个私学盛行的时代，孔子有弟子三千、七十二贤人，这是一支相当庞大的传播队伍。据考证，他的学生中，像七十二贤，又有相当一部分人也是设教讲学的。好多弟子以传播孔子思想为终身事业，学生再教学生，师徒相承，形成了一个前后相续的传播系统。这样一个传播体系，是孔子思想能够代代相传的组织保证。

　　在孔子弟子当中，以鲁人最多，齐人则居第二。据李启谦著《孔子弟子研究》统计，孔子弟子名字传世者有 104 人，其中鲁国人 74 位，齐国人 11 位，超过其他诸侯国。对孔子思想的传播，将齐鲁两国作一比较就会发现，齐人是逐渐由少到多，由从属地位到占据主导地位的。

　　其次是儒家的支派。孔子死了以后，弟子在传播他的思想过程中，形成了不同的学说派别，当时号称"儒分为八"，就是儒家分为八个学派了。在这八派的学术领袖里面，有七派是鲁人，一派是齐人。而有的学派，虽为鲁人，事业却主要在齐成就，如孟子为代表的孟氏之儒，就是在齐发展壮大的。孟子的思想受齐文化的影响很大，以至于有人说孟子是齐学的代表。

　　而先秦著名的几位儒学大师，与齐文化也都有着直接的关系。一个是子思，他是孔子的孙子，他的生平人们所知甚少，与齐国关系也就无从考察。而另外两位，一为孟子、一为荀子，孟子称"亚圣"，荀子称"后圣"（章太炎所称），这两个人可以说都受到了齐文化的重大影响。孟子主要是发展了孔子的"仁"的思想，荀子主要是发展了孔子的"礼"的思想。

　　孟子对孔子"仁"的思想的发展，主要在两个方面：一是进一步发展了心性之学，以心性之"端"，性本善之说解释仁；以养浩然之气来实现"仁"。二是把"仁"的思想发展为治国之策，提出"仁政"思想。孟子的思想从其来源看，很有可能是他在齐 20 年深入民间，吸收了齐的"仁"风遗俗，并对齐政治家"仁"政实践加以总结改造，结合战国时代的社会需要，从伦理、心性角度发展了"仁学"思想，从而提出了带有理想色彩的"仁政"政治主张。说孟子是齐学的传承人，这是从其"仁学"的来源而言。联系到孔子的"仁"的思想来源，孔、孟完全是同源而出，一脉相承的。荀子则发展了孔子的"礼"的思想。但是他的"礼"更接近于"法"。而战国之齐，尤其是齐威王、齐宣王之时，主要是实行齐法家之治，所谓长幼之礼、君臣之礼，在齐国就相当淡化了。让我们看一看在齐国的"士"是如何与齐君论辩，就知大体。《战国策》记载，齐宣王招见颜斶，而颜斶不肯上前拜见齐王，却要齐王下座迎接他，而当齐王问他王贵还是士贵时，他竟说："士贵耳，王者不贵。"最后齐宣王检讨自己，反拜颜斶为师。可见在齐国，君臣之礼的恪守已经不太严格了。因而可以说，荀子在齐50年，看到了"礼"的变化，肯定了"法"的确立，发展了礼学，虽然"隆礼"却更"近法"，显然是受到齐风影响。从这位儒学大师身上，已可以看出齐学对儒学的影响之大。

（二）孔子思想的传播基地

齐鲁共为孔子思想的摇篮，也是孔子思想传播的重要基地。《汉书·儒林传》记载："天下并争于战国，儒术既黜焉。然齐鲁之间学者犹弗废。至于威、宣之际，孟子、孙卿之列咸遵夫子之业而润色之，以学显于当世。"战国时期，天下陷于战争中，孔子儒学遭到了冷落，几近于废弃地步，但在齐鲁之地，儒学并没有断灭。特别在齐威王、齐宣王时期，孟子、荀子等在齐国发展孔子学说，以学问道德彰著于当时。《汉书·儒林传》所言孟、荀的作为，即是在齐的"稷下学宫"中，传播孔子学说，发扬光大儒学。从记载可见，战国时期传播儒家思想的基地主要是在齐国。这并不奇怪，因为鲁在战国时势力已经非常微弱，鲁和齐已不可同日而语了。由此可以看出，孔子思想的传播的基地在春秋战国时期就有一个由鲁国向齐国转移的过程。

值得注意的是：齐国"稷下学宫"是传播、发展孔子学说的一个最主要的基地。先秦诸子百家，大半出齐鲁，齐鲁再分，大半又出于齐国。其原因何在需要我们深入地做一挖掘。在诸子百家争鸣的战国之世，各派学术的交流、"争鸣"，非是隔空而为，而是有一平台和汇聚中心的，这个地方就是齐国的稷下学宫。战国之时的齐国，大多时间为"七雄"之首，疆域几乎占据当今山东全省，齐国国力强大，临淄城又是当时闻名的大都会，而齐国数代国君又有"重士"的传统，所以在这里产生争鸣中心是历史的必然。先秦之时，诸子百家各主要学派与齐国关系均十分密切。

墨家，战国时的大学派之一，代表人物墨子的籍贯，历史上就有争议，鲁人说、宋人说、齐人说都有。现在一种说法他是今滕县人。台湾有个学者在 1981 年《人民政协报》上发表一篇考证文章《墨子为齐人考》，他认为墨子是当今即墨（今平度、即墨一带）人，墨子因为出生于墨地而得名。此说极有道理，看《墨子》一书内容就知，墨子和齐国的关系太密切了，其思想受到齐文化的影响非常大。阴阳五行家，代表人物邹衍和邹奭都是齐人。道家，老子、庄子虽不是齐国人，但《汉书》上著录的道家之祖，第一位是商朝伊尹，第二位是姜太公。姜太公作为道家思想的创始人，现在国内学者基本公认。鲁的主导思想是儒，齐的主导思想从姜太公立国始，基本上属于道家。而郭沫若先生在其著名文章《稷下黄老学派的批判》中认为，庄子是稷下学者环渊的弟子。战国时期，道家影响很大的一个学派——黄老学派，就产生于稷下学宫中。所以齐国是道家思想的重要发祥地之一，不为虚言。齐地还是法家思想的发祥地，战国两大法家人物，韩非、李斯都是齐国学者荀子的学生。其实辅佐齐桓称霸的管仲就是法家的先驱。春秋战国时期，齐国始终有"齐法家"学派，叫"管仲学派"，是以继承、弘扬管仲法治思想为学术传统的。

中国文化发源于诸子百家，诸子百家又发源于哪里？可以说，最重要的基地是齐。齐文化博大精深，正是孕育诸子百家的土壤。当时的"稷下学宫"几乎集中了当时诸子百家的各派学者，成为百家争鸣的中心。而这样的争鸣，正是儒家学派发展孔子思想的必需。为什么孔子之后两位儒学大师孟子、荀子都出自齐国稷下学宫，与这里是百家争鸣的中心有直接的关系。"稷下学宫"成为儒学吸收百家之学，得以丰富发展的重要基地。

四、齐文化与"独尊儒术"的形成

春秋战国时期齐文化推动了儒学的发展，汉帝国建立后，其依然对儒学的发展产生重要影响。突出的表现，比如说汉代的"独尊儒术"，与齐文化难脱关系。那么汉代"罢黜百家，独尊儒术"和齐文化有什么关系呢？我们可从三个方面来看这个问题：

（一）齐学在汉初影响巨大

汉武帝之前，朝廷实行的是"黄老之治"，而黄老之学正是齐文化的产出，黄老之学与齐学关系前文已述。而黄老之术就是曹参任齐相，听取了道家学者建议，实习"无为而治"，结果齐"九年大治"。后曹参成为国相，又将"黄老之治"的经验，并经文帝、景帝实行，推向全国，成为著名"文景之治"盛世的奉行的政治思想。

而在汉代初年，尤其在文景时期，百家再起，学说纷呈，又呈文化繁荣景象。汉代诸子百家之学的兴盛，应该说，是"稷下学宫"诸子争鸣在新时期的传承与复兴。甚至"博士"这个汉代所设官职的名称，也是从战国时期人们称稷下先生为博士开始的。可见齐文化在汉初对政治、文化的重大影响。

（二）齐学推动汉代经学兴盛

汉代经学是奠定孔子两千年历史地位的主要支柱之一。汉代经学的主体就是齐鲁之学，而在齐鲁之学中，齐学更胜一筹。以下统计数字可作说明。《史记·儒林传》所记，汉初经学大师共有 8 人，其中 6 人是齐鲁之人，6 人之中 4 人是齐人。而钱穆先生《两汉经学今古文平议》一书专作考定，文景时代的博士共考定了 12 个人，其中 8 人出生于齐鲁，另外 2 人为齐鲁之学的弟子，就是说共有 10 人出自齐鲁，可见当时的经学主要依靠山东人传授。8 个齐鲁籍博士中，5 位为齐人。两位为齐鲁之学弟子的博士：一是晁错，为《尚书》博士齐人伏生弟子；一是董仲舒，为《公羊学》家齐人公羊寿的弟子。10 位大师中 7 位是齐人或齐学弟子，可见汉代经学之兴，齐人是骨干中的骨干。

为什么经学大师中，主要是齐人而非鲁人呢？其中一个重要的原因，钱穆解释为，"齐学恢奇驳杂"，"以阴阳灾异推论时事，所谓'通经致用'是也"。而"治鲁学者，皆纯谨笃守师说，不能驰骋见奇，趋时求和，故当见抑矣"。① 这就是说，齐学能够兼收并蓄，学问与现实结合，注重实用，随机应变。鲁人则比较拘谨守成，不能与时俱进，拘泥书本，因而鲁人不为统治者喜欢，所以齐人受重用者较多，博士官自不例外。

（三）董氏儒学出齐学

汉代"罢黜百家，独尊儒术"的实行，是董仲舒对儒学新发展的重要成就。而董氏儒学，也是齐学发展的结晶。董仲舒虽为赵人，但是在很年轻的时候，他就来到齐国学习《公羊》之学。《公羊传》是齐人公羊高所传，公羊高的五世孙公羊寿就是董仲舒的老师。

董仲舒热衷于齐学，董仲舒的儒术是继承了孔子思想原理，同时又结合汉代政治需要，丰富发展了孔子的思想。这个发展非常重要，孔子之所以能够成为两千年来历朝历代都欢迎和尊崇的"圣人"，与他的学说被不断发展，总有合乎时代要求的新儒学的不断产生有关。在汉代，董仲舒根据"大一统"局面下的时代需要，发展、创新了儒学。董仲舒对儒学的创新，主要在于他吸收了诸子百家等理论于一体，形成了一种新儒学——董氏学。董仲舒主要吸收的就是齐学，其中包括齐人阴阳五行学，黄老道家思想，及齐人中方士的理论。可见董仲舒既是齐学传人，又是引齐入儒之人。博大精深的齐文化在汉代的发展，和它对中国

---

① 参见钱穆《两汉经学今古文评议》之《齐学与鲁学》，商务印书馆 2001 年版。

传统文化的贡献，其中一个重要的门径，就是融入董氏儒学当中，并由此走上了统治思想的核心。可以这样说，无齐学之盛，难以形成董氏之儒；无董氏之儒，儒学的历史命运就会改写了。

齐文化源远流长，它对中华文明的贡献之大，远非今天一席讲座能够道尽，我们只是从"齐文化与孔子"这个角度来领略齐文化的风采。而对它的全面认识和深入研究，人们做得还远远不够，有待于学界同仁的继续努力。

孔子评价及其思想的当代意义[①]

孔子在当代的意义，简单讲，就是当代人如何认识孔子、发扬孔子思想来认识解决当代以为世用的问题，我想这是个在当下有重要意义的现实问题，也是个历史问题。我认为，对这个问题的深入讨论，首先要以对孔子的全面评价为前提，否则的话，单纯说继承孔子哪个方面，或者说何种思想，都是没有根基之谈。

据目前而言，对孔子应该如何评价，如何评判他的历史地位，其对中国文化的未来发展具有何种影响力或作用，该如何继承发扬孔子思想，在学术界、文化界，甚至整个社会上，还是有争议的。比如说有人提出来，应该把孔子儒学定为儒教，立为中国的宗教，将之提到国民信仰的高度，认为只有恢复孔子倡导的礼制那一套，我们民族文化才能在当今世界文化交流、重组、发展中立足，这可以视为国粹派的观点。还有一个看法就是，认为中国改革开放了，时代发展了，应该广泛吸收所谓西方的先进文化，再把一个产生于2500年前的孔子思想拿到当下来宣传、应用是不合时宜的，这可以视为虚无主义的观点。在对待孔子的问题上，这两种意见是对立的。又有一种比较调和的观点，认为应该继承孔子思想精华的部分，剔除糟粕和不合时宜的成分，和西方优秀文化

---

① 《中国艺术报》记者访谈录（根据录音整理）。2010年3月参加全国人大第十一届三次会议期间于北京中国职工之家。整理时略去了提问和部分对话。

相融合，这叫综合吸收创新派。这比较符合马克思主义的辩证唯物主义观点。

我认为，如何判断孔子在当下乃至未来文化发展的意义，如何全面评价孔子，首先就是要对孔子在中国传统文化中，在中国历史中的作用进行定位，明确孔子在五千年文明发展中到底处于一个什么地位，这个问题明晰了，我们今后文化发展如何对待孔子的问题自然就清楚了。

一、孔子是中华文明的传承者、创造者、代表者

孔子的历史地位是个老话题，前代学者和当代研究者已从多个方面、不同角度进行过研究和评价。我这里只是比较宏观地点一点题目。我认为，对孔子在五千年文明中的地位与影响力进行评价，大体上可以从以下三个方面进行表述：

其一，孔子是中华文明发展的传承者。

孔子生于公元前551年，卒于公元前479年。他生活的时期，正好居于中华上下五千年文明史的中间，也就是说，孔子之前的文化有2500年，孔子之后的文化也有2500年，这就决定了他对中国文化发展的作用是承前启后的。

他首先是一个中华文明发展的传承者。为什么这样说呢？因为孔子总结了他之前2500年的中华文化。孔子的主要文化贡献之一就是整理、编订了《诗》、《书》、《礼》、《易》、《乐》、《春秋》等六经，这是孔子对先他而在的中华文明的一个系统总结，是他把这些中国历史典籍加以编辑整理而传于后世的。孔子堪为五千年文明发展的传承者，他的这种历史地位无人可以替代。可以说，如果没有孔子整理的五经（《乐》亡佚）传世，孔子之前的文化，对后人而言，只能是一片模糊，甚至是一片空白。

孔子编订的五经历史影响深远，在他身后直到我们五四运动之前，2500年历史发展中，它们是恒久的文化元典，构成了中国文化的主干。虽然以五经为核心，历史中又形成了九经乃至十三经等典籍，但是孔子

整理的五经，实则成为五千年文化发展中代代相传、传承不断的一切经典中的核心部分。看一下孔子之后，从汉代开始，整个中国封建社会漫长的 2000 多年历史中，历朝历代认定的教育教材、教化内容及科举考试的内容大致始终是围绕着五经做文章，就可以知道孔子编定的五经在中国文化上这种绝对的统治地位。所以说孔子是五千年文明的传承者，而且是一个最伟大的传承者，他的这种历史贡献无人能够比肩。

其二，孔子是中华文明的创制者。

为什么说孔子是中华文明的创制者呢？我们说，孔子通过编定、整理古代典籍成为一个文化的传承者，但是他不是一个照抄照搬的传承者。比如说，《易经》经过了孔子编订，但它是孔子以自己的理解做的整理，其中有孔子的思想凝结其中。其余四经，大致如此。《春秋》更不是照录了鲁国的史书，而是承载着孔子对历史人物事件的褒贬，寄寓着他的众多的"微言大义"的思想之作。所以说孔子对其前文化的传承中，有着孔子的思想阐发，有着他思想的创造。孔子通过整理这些古籍，对他之前 2500 年丰富的历史文化进行了总结，进行了深入思考，注入了自己的思想主张，也推进了孔子思想的产生。

孔子创制思想的产生并不仅仅体现在对民族历史的认识传承中，还有一个与时代俱进，创新学说，创立学派的伟大创举上。孔子所处的时代正是春秋末期，春秋战国相交之际，这是个"礼崩乐坏"的时期，传统的旧的思想已经瓦解，一些新思想开始出现，这是个思想自由的时代。在这个时代中，孔子首先开启了私学，之后私学随即遍布华夏，最终导致文化下移，士阶层形成，百家争鸣出现，可以说孔子实际上就是开启百家争鸣的第一人。这个思想异常活跃的时期，被称为百家争鸣"哲学突破"的时代。虽然在这个时代中的孔子是以一种较为守旧的态度，来看待这个历史之变的，孔子的思想，也是以他之前的思想传统为基础构成的，但是孔子并不是一个述而不作，一味抱残守缺之人。他为改造这样一个时代，创造一个他所理想的新时代，他是有思想创造的。实际上，他所提出的儒家思想，既是对其前 2500 年传统文化的吸收，又是孔子处在大变革时代新的文化生态和环境之下，创立的一种有着诸多创新内涵的文化表述。孔子创立的儒家学说，既是孔子对传统文化的吸收与总结，也是孔子适应现实立足民族文化未来发展的一个创制，其中注入了包括哲学观、人生观、社会观等许多新的思想。儒家思想，就是孔子的创制，他是创始人，是在传承弘扬优秀传统基础上的创新者。

孔子创立的儒家学说在孔子之后，又经历了原始儒家各代表人物的推进发展。突出贡献者主要有以下几位：第一个是孔子的孙子子思，再一个是孟子，还有荀子，等。他们都以继承发展孔子思想自居，对儒家思想发展作出了重要贡献。传承孔子思想的还有孔子的弟子——七十二子，弟子以及再传弟子队伍很庞大。孔子创制的思想，经过他的弟子，以及后代孟子、荀子等大师的发展，经春秋至战国之时，已经成为当时的"显学"，产生了极大的社会影响。

孔子思想历经丰富和发展，到汉代的时候，迎来了经学大繁荣的时代。董仲舒之前，虽然诸子百家再兴，但是这个时期，学术上主要是经学的繁荣，从汉初文、景时期开始，就设置了五经博士，经学地位大大提升。到此之际，儒家思想在原始儒家发展的基础上，形成了以孔子思想为主体，综合吸收了从春秋战国以来到西汉之时诸子百家等各种思想的新的理论体系，这表现为汉代董仲舒提出的"董氏学"。所谓董氏学，就是董仲舒的儒学思想，它既是对孔子，包括孟子、荀子等儒学思想的继承和发展，也是对其他诸子思想的吸收和总结的产物。这样一种新儒学，随即开启了"罢黜百家，独尊儒术"局面，确立了儒学在中国文化中的核心地位。

从儒家思想成为中华文化核心的过程来看，孔子是创制者、奠基者，所以说孔子是中华文明的一个创始者，或者说是创制者。从5000年文明历史来看，孔子生活的时代是中华文明的一个新的奠基期、形成期。中华五千年文明，虽然可追溯到炎帝、黄帝，甚至五千年之初的文明源头，但是，一脉承传的中国传统文明或者说中国传统文化的真正形成却是在春秋战国时期。春秋战国是中华文明的奠基期、形成期，春秋战国时期以后的中国文明，基本是按照春秋战国时期铸就的框架而发展的。春秋战国时期的文明又是对此前2500年文明的总结、吸收、传承，在这样一个中华文化的奠基时代中，孔子承担了文化承传、创新的使命。孔子的历史地位是空前绝后的，孔子以其创立的儒家思想，成为中华文明新的创制者。

其三，孔子是中华五千年文明的代表者。

我们说孔子是中华五千年文明的代表者，可以从以下几个方面来理解：其一，中华文明的主干是儒家文明，传统思想文化的核心是儒家思想，孔子是儒家思想的创始人，是儒家文明的开启者，孔子思想是儒学的基石和内核。其二，孔子是中华文明的创制者、传承者，是中华文化核心思想的代表人、创始人。其三，历史上孔子受到历代统治者的加封，孔庙遍及全国州县。是历代中国人尊崇的"至圣先师"，在中国，孔子拥有至高无上的历史地位。其四，孔子在东亚、东南亚也受到追捧，在儒家文明圈影响力极大。其五，在西方世界，孔子被看作是儒家文明乃至东方文明的代表人物。所以我们说孔子是中华五千年文明的代表，这是一个不需要争辩的事实。

二、弘扬优秀传统文化，无法回避孔子

今天我们如何看待孔子、评价孔子，实际上也是如何对待中华传统文化的问题。要学习传统文化，必须学习孔子；继承传统文化，必须继承孔子；要弘扬传统文化，必须弘扬孔子，这是我们必须做的事情，因为孔子是中华五千年文化的代表者。

正因为孔子是中华五千年文化的代表，所以他的命运在近现代社会几经沉浮。当需要高扬中华传统的时候，人们就大力吹捧孔子；当传统文明发展遇到西方文化冲击，或遇到一些问题时，人们想和传统决裂，就打倒孔子。近代以来，随着西方文明进入中国，孔子或被批或被褒反反复复，原因就在于他是中国传统文化的代表。而今天我们要弘扬传统文化，也必须要正确认识孔子。就当前而言，所谓继承、发扬孔子，并非仅仅只对孔子一人而已，实际上也是对中国传统文化的继承与发扬。

今天是一个世界经济全球化的时代，经济较量始终伴随文化的较

量，各种文化、思想每时每刻都在交汇、交流、冲突、碰撞着。在此背景下，作为一个有着五千年文明史，在世界上的几大文明当中唯一一个绵延不断的、历史悠久的文明古国，它的经济发展、文化发展、社会发展必须是在文化传统基础上的向前推进，不可能割舍中国传统，这是不以个人意志为转移的。在这个问题上，我们是有历史教训的，比如"文化大革命"要和传统决裂，大批孔子，结果把数千年民族文化发展中积淀的很多优秀东西都丢掉了，造成了现实与传统的割裂，导致社会很大的混乱，特别是思想、精神、信仰的迷失，不良影响延及到今天。今天我们社会遇到的好多问题，都与"文化大革命"对待传统文化的决绝态度、破坏行为有着直接的关系。所以从这个角度讲，针对当下社会发展中出现的现实问题，目前不是我们愿意不愿意学习孔子、弘扬孔子的选择问题，而是我们必须继承孔子的优秀文化遗产，必须学习、弘扬孔子代表的优秀传统思想文化以及如何行动的问题。

当前就如何建设中国的现代化，如何处理传统与现实的关系等问题，社会也展开了大讨论，争论一直在交锋。我认为，建设现代化需要从国外包括资本主义国家吸收一些优秀的文化因素，取其精华以利发展，这是必需的；但是我们不可能割裂民族的文化传统以求发展，实际上这也是想割裂而无法割裂的。在中国土地上建设社会主义，建设现代化，必须立足于中国特色和中国国情，中国国情中就包括文化传统，这是最重要的国情之一。在现实国情基础上建设现代化，建设先进文化，就必须继承、弘扬传统文化。而继承、弘扬传统文化，就必须继承、弘扬孔子的文化遗产。

三、孔子思想精髓的普适性

就孔子的主要思想而言，在当代仍然具有光辉的价值，值得我们学习继承。当然这种学习继承，不是学习孔子"己所不欲，勿施于人"等几句话的事，而应该从总体上把握孔子思想的精髓。把握了孔子思想的精髓，就是把握了中国传统文化的精髓。我们需要继承的是这些思想或文化的精髓，而不是散乱的、零碎的、过时的东西。我们也要批判传统文化，但不是针对传统文化的精髓部分，要批判的是那些属于旧时代不能带进新时代的一些东西。中国文化中的糟粕、腐朽成分，必须去批判、否定它。对孔子思想的理解，我认为应该采用马克思主义的辩证的观点，我们肯定的是孔子所代表的中国传统文化的精髓部分，因为它是我们民族之根，是中国人之为中国人，中国文化之为中国文化的一个根基。这样一种思想精髓，是我们立足于当下所必须吸收、传承的。

正是因为有这些文化精髓的存在，所以孔子思想具有普适性，所以能够历经 2500 年而长盛不衰。时代虽然向前发展了，孔子思想还是适用的，即便外族少数民族入侵中原，成了统治者，它依然适用。所以不管是南北朝时期的所谓"五胡乱华"，还是草原民族蒙古人、白山黑水间满族人进来，他们都要举起孔子的大旗，而且往往越是少数民族进入汉地，越是推尊孔子。北朝时期、元代、清代，都把孔子尊奉到无以复加的地位，如"万世师表"就是康熙皇帝亲题。这是为什么呢，就在于孔子的思想精髓具有普适性。正因为具有了普适性的思想精髓，所以孔子思想在当今社会依然具有现实意义。

孔子的思想精髓是我们民族传统文化的精华和宝贵财富，这个思想精髓实际上就包括在孔子的思想核心中。孔子的思想核心为何是很清楚的，学术界对此早有总结：一个是仁的思想，一个是礼的思想。仁和礼是孔子思想的核心，它们具有超越时代、民族、地域的普适性价值。

1. 仁的思想

在《论语》"仁"字出现了 109 次，是提到最多的字。可见"仁"在孔子思想中的重要地位。孔子对于"仁"有若干解释，但归根结底，孔子思想中的"仁"实际上是心理的、伦理的一种原则，对内是心理的原则，即内部修养的原则；对外是伦理的原则，即人际交往的原则。从内部修养来讲，即是"仁者爱人"，以爱心去爱别人，由此孔子又有"己所不欲，勿施于人"，"己欲达而达人"等等，这些人际关系的处理原则，就是由爱人延伸而来。仁爱的思想是具有普适性的社会交往原则。为什么孔子总是打而不倒？不管什么人、什么时候，例如：五四前后，"文化大革命"中，都把孔子批得很厉害。可是，往往批而不倒，甚至越批越旺，越贬越高。就是因为孔子的思想具有超越时代的普适性。为什么现在连西方人包括美国都纪念孔子、赞扬孔子，就是因为孔子的思想博大精深，具有超越国家、民族地域的普适性。仁的思想具有普适性的永恒价值。

2. 礼的思想

孔子有言："克己复礼。"礼也是孔子思想的重要组成。关于礼的内涵，也极其丰富。仅孔子在《论语》中就提到 74 次，从多个方面阐发礼的内涵。我的一个通俗理解，简单说，实际上它就是一种社会规范，主要包含两个层面的意思：一是人和人之间的关系处理要有一定的交往原则；二是社会的运行和人的行事要有必要的行为规范。孔子"礼"的思想落实紧紧围绕内外两个方面：在内，靠的是人的内修原则，道德修养，精神陶冶，做事处世靠的都是自我道德的修养功夫，要用礼来约束自己那些不合理的欲望，用现在的话说，就是要发扬人性，约束动物性，以约束动物性来弘扬人性。对外，在社会关系、家庭关系等的处理上，要将之纳入一个有秩序的规范当中，就是要依"礼"而行事。尽管孔子在当时所崇尚并力欲恢复的礼，可能指的是以前应有的那种社会秩序，带有守旧的成分，但是礼的内涵却随着时代的发展而有不同的解释，作为一种社会规范，礼也是具有普适性的价值，在所有社会形态中都是必须有自己的"礼"。

孔子思想中的"仁"、"礼"是指导人实现内心和谐、外在关系和谐，处世处事的根本原则，也是治理国家的准则。具有普适性的价值。虽然中西文化存在差别，西方人把孔子当作一位伟大哲学家看待，但我认为，孔子这些思想的精髓是适用于整个人类的，具有超越国界的意义。

孔子的核心思想，在当下依然具有重要的意义。比如说仁的思想是讲爱的，有爱才是人生的核心价值和生命指南，无爱则无。礼的思想是讲规范的，社会与人生不是只有爱，还必须合乎一定的规范，接受一定的约束，爱不是没有任何约束，没有规矩不会有真正的爱。在社会之中父子、君臣、夫妇合乎礼才有真爱，不合礼则无真爱，无真爱则无社会的核心价值观。社会、人生核心价值观的建立，必须以仁、礼为原则。所以孔子的核心思想不仅为我们现在社会主义核心价值理论体系的建立提供了许多启示与借鉴，也提供了许多有益的思想营养。所以孔子的思想在当代的意义，就体现在孔子博大精深的思想实际上代表着中华文明传统，是今天我们进行现代化建设所必须注重加以吸收的。

我们建设现代化、建设先进文化，是一个继往开来重塑社会的过程。具有普遍意义的孔子的思想永远不会过时，我认为在当前当代文化建设当中，应该充分吸收孔子的思想。我们今天提出弘扬和继承孔子的文化遗产，是立足于未来社会发展的理性思考。

四、反对对孔子思想的错误读解

如何继承孔子的文化遗产，如何吸收、弘扬孔子的思想，我认为，应该注重把握孔子思想的内核，就是孔子的思想精华，从整体上理解孔子的思想体系，抓住那些最本质最根本的论述，全面把握和理解孔子，而不是单纯取出一句话，进行断章取义的片面理解，为我所用的任意阐释。现在对孔子思想的理解与使用上有两种错误倾向，都是我们应该反对的。

第一种倾向是庸俗主义的倾向。把孔子的某几句话拿过来，套上当下的某种需求，随意加以解释，实际上这不仅歪曲了孔子本意，也违背了孔子学说的基本原理。只把孔子言论作为一个外壳传递当前个人意图，这不是在继承、弘扬孔子，而是偷梁换柱，篡改孔子，这种情况当前还是存在的。我认为，抓着孔子的一些语录、几句话，不去深刻思考、挖掘思想内涵和精神实质，只为了迎合当前的一种世俗需要，来曲解孔子，这是要不得的。适应我者取，不适应我者弃，这种现象在当今比较突出，这就是庸俗化实用主义。是一种浮躁文风、学风在对待孔子及传统文化问题上的表现。一部分人包括一部分学者，常常用孔子来诠释当代提出来、想出来的一些口号、一些提法，我觉得这不是一种科学的态度。经典自有其自身体系，必须科学把握之。现在包括对孔子的研究、对传统文化的研究，往往是断章取义，拿来主义、实用主义，把传统文化，把中华民族几千年来形成的精髓当成了一个随意使用的工具，结果走向了庸俗化。

第二种倾向，是虚无主义的倾向。有人认为，孔子的思想毕竟是2500 年以前产生的，那个时代和现在时代已经相差甚远了，孔子及其思想已经不适合这个时代了，我们现在应该彻底抛弃孔子的思想。我认为这是僵化地理解孔子思想，是对孔子思想的评价有意贬低，是一种虚无主义的观点。孔子思想虽然是 2500 年前提出的，但孔子的思想核心，如前面所述，实际上是中华民族文化，包括民族性格、民族精神、民族心理传统等等的结晶体，它的内涵所包容的是我们民族最本质的东西。这是我们民族的基因，是血脉，丢掉了孔子思想，就是丢掉了中华民族最根本的东西，换句话说，我们之成为"中国人"的资格就打折扣了！同时，孔子思想讲的是一种内修的道德原则，是一种社会的伦理原则，有超越时代性，超越地域性，甚至超越人种和民族的普适性意义。否定孔子思想的科学性，也就难于认识到它的当代意义，是不可取的。

我们应该大力弘扬、阐发孔子思想的核心内容，全面来挖掘以仁和礼为核心的孔子思想体系的意义，只有以传统文化为基础，把孔子的思想认真加以吸收，我们建设先进的文化，才会有了雄厚的文化根基。

五、将孔子核心思想融入文化建设之中

当然我们说建设先进文化必须以孔子思想为核心的传统文化为基础，并不是认为传统文化只有孔子，而是强调孔子在传统文化中的代表性和核心地位。

在这个问题上，我认为有必要将孔子时代的孔子与传统文化中的孔子区分开来，前一个孔子是真孔子，他的思想是百家争鸣时代的产物；后一个孔子，是被封建专制时代皇帝、文人包装了的。我们应该大力学习、弘扬原典的孔子思想的精髓，这是孔子代表民族化的真实所在。

中国文化有近 2000 年的儒、释、道思想互补的发展史。从中更可以认识儒学的主体性。儒家思想的核心地位是不能取代的，文化发展中虽有道、佛的融入，但均不能代替儒家思想在其中的核心地位。比如说所谓儒道互补，道家思想的融入，丰富了中华文明中的上层文化。道家被称为："君人南面之术。"道家注重人与自然的关系，包括崇尚自然、尊重自然等理念皆是。它的文化互补主要体现在上层，尤其是在统治者和知识分子心理层面、哲学思想发展层面上。儒道的互补是相辅相成的。但从广大的社会层面，世俗的比如说家庭关系、伦理道德等社会层面，人们在社会中还是按照"仁、义、礼、智、信"来行事的，所以说整体上看中国传统文化，从上层到下层，从皇帝到民间，文化核心还是儒家的。佛家的思想融入中国传统文化亦如此。南朝时期佛教影响很大，但佛教依然以其教义和社会有着较远的疏离，佛家对世界和人生的诠释，对中国人的文化心理影响确实很大，但也是以儒家思想、道家思想为基础的。所以，是在儒家思想的根基上吸收佛教，在儒家的根基上吸收道家，儒、释、道思想实现了互补共融。又例：中国历代的官员往往有达则兼济天下和穷则独善其身的思想，体现了儒道互补，乃至佛家思想的影响，但都是以兼善天下、壮志有为为基础，底色还是儒家思想的。中国人的民族秉性就是崇尚刚健有为，一部中华民族发展史，就是一部自强不息的奋斗史，它的文化基因，就是儒家的注重现实人生、积极向上的人生价值观为根基。否则，民族的发展、民族自强不息的精神是找不到根源的。所以儒家思想的核心地位，不管怎么说是难以被取代的。

正是从这个角度来讲，我们今天打开国门吸收各方面先进的思想、先进的文化，总结吸收我们当代的文化，包括革命文化，来建设新时代先进文化，都不应该丢弃中国传统文化这个根基。在充分吸收中国文化传统的基础上，融合古今中外各种优秀思想与文化，去重塑、创制新时期面向未来的中国新文化，民族文化的复兴才有了坚实的根基。

今天我们建设先进文化也好，建设新时期中国特色的社会主义文化也好，我认为核心问题还是孔子提出的道德伦理价值观念的重建。党的十七大提出了构建社会主义核心价值体系问题，其中就有弘扬传统文化的内容。弘扬传统文化不是拿孔子来搞旅游，也不是套用孔子的语句来诠释我们当前提出的一些口号，而是要真正吸收以孔子为代表的传统文化的精华，来构建当前具有中国特色的社会主义核心价值理论体系。所以应该大力弘扬孔子思想，吸收孔子思想的精华，以备时代之需，从仁和礼的思想核心出发，孔子思想的若干优秀成分，都可以纳入到这个理论体系中。以"礼"为例，我们中国号称"礼义之邦"。孔子时代讲"周礼"，讲"克己复礼"，讲"非礼勿听，非礼勿言"，我们今天，看古代的"礼"实分为公德与法两个部分，弘扬传统礼制精神就是要讲依法办事和自觉遵守社会公德，维护公共秩序和利益，既不能认为"礼"已过时，又不能照搬古"礼"，也不能只是讲"克己复礼"的古语，而应将其礼制精神融入当今社会主义核心价值观践行之中。

六、传承孔子思想应该注意的几个问题

在这个经济全球化的时代，特别是网络革命拉近了整个人类、全世界人和人之间的距离，现在各民族文化之间不可避免，也不以人意志为转移，要进行相互的接触、交流、碰撞及吸收、融合。在这种情况下，有两个问题值得我们注意。

一是如何对待外来文化。在这个文化接触的过程中，西方包括其他外来各种文化产品乃至思想影响不可避免都进来了，此时我们该怎样看待、怎样吸收这些异质的文化？我认为首先我们要持欢迎开放的态度，三十年改革开放，也就包括文化、思想的开放与改革。但是这里有一种在与外来文化交流、融合中的立足点及价值判断标准问题。即以中国特色社会主义价值观中的"中国特色"在哪里？我认为主要即在中国传统文化。当此之际，传统文化这个立足点必须坚守，在继承弘扬传统文化的基础上，吸收当今世界的先进文化。如果民族文化阵地失掉了，我们的民族性也就失掉了，那么无论经济怎么发展，在世界上依然没有地位。所以我们必须加强对于民族文化的保护、继承与发扬。就目前看，在文化问题上，从学术界到广大干部、群众正在逐步清醒，从改革开放初期一种盲目的崇洋媚外，到目前正在逐步认识到中华民族还有五千年文明的深厚根基，还有优秀的民族传统文化，在当代仍还在闪光，具有价值。在对外开放的过程中，坚守、传承、发扬中国优秀的传统文化，应该是全民族坚定而明确的认识。

二是如何正确对待历史传统文化。在当今这种情势下，要想全面恢复、吸收传统的东西是不可能的，也是不必要的。世界上任何国家都不会坚持16、17世纪的思想、制度乃至器物文明，社会及文化都必须是与时俱进、不断发展的。但是与时俱进，不是全面的舍弃，那些具有普适价值的思想、文化在新时期仍然要加以弘扬，这也是今天人们必须有的明确认识。对于儒家思想而言，两千年历史发展已经证实，它的包容性极强，任何时代它都可以以新形式、放软身段来适应新变化，而坚持它的精髓或本质始终是不变的。不管社会发生多么大的变化，不管外来文化带来多么大的冲击，儒家文化都能放低姿态以柔克刚，与外来文化融合，在融合中形成一种新的适应时代的文化，在这个过程中它没有失掉儒家的本质，又更加适应了时代要求，所以孔子才永远是孔子。

所以，当此世界发生前所未有的剧变之时，中国人首先是文化上的自信和自强。不管什么时候，都不能把儒家思想丢掉，否则社会就失去了指南。历史经验反复证明，在新的时代，我们继承、弘扬孔子的思想是文化发展之正途。让孔子依然活在当下，永放光芒。

根据你们（记者）的提问，我就以下两个问题再谈点看法。

一是关于弘扬孔子思想的形式问题。

在当前继承、弘扬孔子的思想中，出现了电视节目上的"国学热"。我认为一些学者作报告、办讲座，做电视节目——包括百家讲坛，乃至发表论文、见解等等，都是一些新的必要的形式。

但是，有些形式炒得过热，负作用不小。我觉得不宜把一种形式比如电视的讲坛之类，不适当地操作。一是由于各种原因，并非一流的权威学者能上讲坛，所以大多数电视讲座的权威性、科学性，是打折扣的。二是为迎合观众和收视率，"佐料"及任意曲解处太多。电视节目上的讲座，仅仅是演讲者的一人心得，个人心得见仁见智，不好批评，理解得或正或偏，那是个人观点问题。但是一旦上了大众媒体，所谓"一人之见"就容易成为群众"共识"了。其影响之大，就不是一般的学者发表个人见解了，所以，一是媒体选人要负责；选专家来讲，走学术普及化；但现在有的所谓"名家讲坛"，实为"名嘴"，单纯追求好听、有趣。把他抬到一个不必要高的热度，就会造成很大的负面影响。有的并非某个领域的研究专家，对所讲专题一知半解，东拼西凑，虚张渲染，信口开河，借孔子以自重，任意曲解，随性而发。我们只能说他所讲的孔子，只是自己的一种理解或者一种解释，并不能代表这就是孔子本来面目。但经媒体的过度渲染，对普通观众的认识影响就大了。还有的人名为学者，实为"讲书郎"，成了卖艺之人，什么经典都能讲，把诸子百家都讲遍了，仿佛什么都懂，这都是浮躁的学术风气，如果放在大众媒体上，效果就扩大了，多数人毕竟接触孔子原著较少，听信曲解之言就会造成很大的负面影响。目前一些媒体为了追求经济利益，一些学者为了出名谋利，二者相结合问题就产生了。

所以我认为，现在应该倡导扎扎实实、认认真真挖掘、研究传统文化之风，大力提倡高校教师和学者潜下心来认真深入地学习、研究以孔子为代表的传统文化。应该看到，20世纪后半期以来，前30年受"左"的思想的影响，后30年又受到利益驱动的影响，我们对传统文化的研究、挖掘做得很不够。在很多方面落后，对孔子的弘扬、宣传应该以学术研究为基础的研究没有做好，正因为研究不够，难辨真假是非，所以才使得谬说流传，导致学术讲座的泡沫化。当然，我们也应该看到，学术界的主体，还是有一种正气，一些老学者，包括一批年轻才俊，在这方面做出了榜样。

二是对于在海外建孔子文化学院的看法，我认为这是找到了一个中国文化走向世界的很好的形式。从目前看，在世界各地所建的这些孔子学院，主要功能还是汉语教学，推广汉语。从在世界各地建立孔子学院的举措上，人们也能感觉出来，孔子就是中国文化的代表，宣传孔子就是宣传中国民族文化。但是孔子学院现在还没有走到宣传、传播传统文化这一步。其实，推广汉语，就是推动了中外文化的交流。但我觉得这是一个很好的基础，我们需要在世界范围内宣传以孔子为代表的中国传统文化，今后还应该以宣传孔子为着力点，加大弘扬中国传统文化的力度，让世界从中国传统文化中更深更多地了解中国，了解中国特色社会主义的根基所在。

方今世界处在全球化的时代，信息化、地球村的形成，使世界范围内各种文化都处在充分交流、接触的随时在线的状态中。我们主动在世界上传播中国传统文化，这也是在这个新时代中建设民族先进文化的必需，文化传播的过程也是一个互相交流学习的过程。在世界上尽管孔子的影响非常大，但是孔子的学说和以孔子为代表的中华民族的传统文化，因为种种原因，特别是近代以来，很难走出去，世界上对中国的了解还是非常有限。当下许多问题的产生，就是因为大家对中国的文化、对中国国情了解知之甚少所致。所以我们今后的文化建设、经济建设，国家发展与民族振兴，首要的问题，还是应该在世界范围内加深人们对中国的了解，在这个问题上我们还有很多工作要做。

《论语》——优美的散文诗^①

　　《论语》作为儒家经典，也是一部文学名著，将《论语》视作先秦诸子散文之首来研究其所具有的文学意义，学界已有不少成果，在此基础上，再进一步结合文化背景对作品进行分析，就《论语》文学表现的诗化特征——即行文的诗歌化倾向作一探讨，仍然是十分必要的。

一、《论语》独特的艺术个性

　　当今学者们论及孔子与《论语》，有"诸子以孔子为第一人，诸子之书以《论语》为第一部"^②之说，并从文学的角度，将《论语》列为先秦诸子散文之首来看待。然而，从散文发展进程看，《论语》与先秦诸子哲理散文相比，又有着不可忽视的差异性和特殊性。就《论语》的文体而言，除个别篇章外，大部分是零散的语录组合。尽管后世儒家学者、经学家乃至现当代研究者们，都坚持从《论语》中梳理、归纳、概括出孔子的思想体系，并积极寻找其内在的思维逻辑，但是，从文本实际看，《论语》却是一堆杂乱无序的语录组合，是难以称之为"文"的，这与后世所说的散文的形式和内容相差甚远，亦与战国诸子散文如《墨

---

　　① 原载《孔子研究》2004 年第 6 期，题目有改动。

　　② 蒋伯潜：《诸子通考·绪论》，浙江古籍出版社 1985 年版。

子》、《孟子》、《荀子》、《庄子》、《韩非子》等所表现出的逻辑严密、结构谨严、长篇宏制等特点大相径庭，而且与之似乎也没有一种直接的承接关系。

据《汉书·艺文志》记载，《论语》是"孔子应答弟子、时人及弟子相与言而接闻于夫子之语，时弟子各有所记，夫子既卒，门人相与辑而论纂，故谓之《论语》"。据此，我们可以大体断定，《论语》是孔子与弟子等相与而言时的在场实录，而"当时弟子各有所记"，故其言成于孔子生前与弟子应答之时，辑而成书则于孔子卒后不久。也就是说，《论语》应是春秋时代的产物，反映着春秋时代的文化特征。而诸子散文则是战国时代的产物，反映着战国时代的文化特征。故诸子散文大多表现出争鸣与论辩的特点。孔子生当春秋末期，当时，好学之士固然也在追求"立言"的不朽，但著述与争鸣之风彼时尚未形成，所以孔子提出、阐述并推行自己的思想，只是遭遇过阻力、嘲讽，却没有遭遇过真正的论敌与之激论。他在与弟子们"相与言"时，自由自在，随感而发，弟子们将之忠实地记录下来，竟使得那些语录的口语化倾向十分鲜明，甚至连孔子讲话时的神态、举止、叹息、伤感等表情也都准确地描绘了出来。在一些篇章中，孔子的小幽默乃至情急之下的失态之状也都展露无遗，如"子之武城"一节中"割鸡焉用牛刀"、"前言戏之尔"（《论语·阳货》），"子见南子"一节中孔子面对子路"不悦"的发誓："予所否者，天厌之！天厌之！"（《论语·雍也》）等，孔子的情态仿佛栩然在前。这种成书时代背景带给《论语》的文体特点，与战国诸子散文大多经过理性的思辨、逻辑的梳理、精心的组织后写成的书面性哲理文章是十分不同的。

以前论者对《论语》文学性的分析有一个基本的观点，认为散文大致可分为哲理散文、记事散文、抒情散文三种，《论语》既为诸子哲理散文之首，即属于哲理性散文的一种范式。因而，对《论语》文学性的分析，一个重要方面往往注重其说理写作成就的总结与探讨，认为它"不是通过具体的感性形象形式来反映客观事物，而是着力于分析具体的个别现象的一般性质，运用逻辑概括来反映世界的"，甚至认为"整部《论语》充溢着学术论文的气息"①，所以主要就"说理性散文"的特点来对《论语》进行分析，如认为其符合"弥贯言，精研一理"论著的基本要求，说理章节条贯清晰，具有较强的逻辑性，使用多种修辞手法来说理等等②。

但是笔者认为，《论语》的文体基本上是语录而非文章，从一般意义上的散文分类看，难以断定《论语》的归属。应该说，《论语》确有哲理性，它确实记录了孔子许多富有哲理性的语言，如"逝者如斯夫，不舍昼夜"、"岁寒，然后知松柏之后凋也"、"人无远虑，必有近忧"等类如箴言之语。但《论语》也是记事散文，书中记载了孔子的一些事迹和活动行踪，如"阳货欲见孔子"、"在陈绝粮"、"长沮、桀溺耦而耕，孔子过之"等，甚至细节生动。《论语》还是抒情散文，一些篇章记载了作为哲人、师长的孔子的真挚感情的抒发，如他对最得意弟子颜回的死，痛心疾首道："噫！天丧予！天丧予！"他赞扬颜回"贤哉！回也！一箪食，一瓢饮，在陋巷，人不堪其忧，回也不改其乐！"皆是声情并茂的抒情名言佳句。此外，还有一部分篇章很难区分它应属于哪一类散文，如："子之武城，闻弦歌之声，夫子莞尔而笑，曰：'割鸡焉用牛刀？'子游对曰：'昔者偃也闻诸夫子曰："君子学道则爱人，小人学道则易使也。'"子曰：'二三子！偃之言是也。前言戏之耳。'"（《论语·阳货》）既是记事，又是说理，还有抒情，杂糅一起，韵味皆浓。如此说来，《论语》就是《论语》，我们在分析它的文学成就时，无须拿某一类散文的现成标准来套用和衡量，尤其不能用欧美一些文艺学家设定的概念、标准，去机械地、定格地评价孔子这位文化巨人与语言艺术大师的作品，正所谓"任何先验的理论模式和僵化的思维方式，都将会阉割其丰富性，不足以揭示其真正成就和独特魅力"③。

---

① 聂永华：《20世纪〈论语〉散文艺术研究述评》，《孔子研究》2002年第6期。
② 聂永华：《20世纪〈论语〉散文艺术研究述评》，《孔子研究》2002年第6期。
③ 聂永华：《20世纪〈论语〉散文艺术研究述评》，《孔子研究》2002年第6期。

二、诗性文化的时代产物

春秋与战国时期是我国文化史上的辉煌时代，这两个时代既紧密相连又各有特点，以往的研究大都关注战国时代"百家争鸣"及诸子百家的思想成就，而常常忽略了春秋时代的诗性文化对中国早期文明发展的重大影响。

有周一代文化的变迁，经历了一个诗书礼乐由宫廷庙堂走向社会，走向民间的过程。在这个过程中，先是迎来了春秋时代诗性文化的繁盛与普及，接着又迎来了战国时代思辨文化的繁盛与提高。而成书于春秋末期的《论语》正是春秋时代诗性文化的总结性硕果，也是战国时代思辨文化的先导。

中国诗歌源起很早，从史前传说时代到夏、商、周三代，诗歌慢慢产生并发展、成熟起来。周人制礼作乐，推行礼乐教化，更助长了诗性文化的蓬勃发展。由西周至春秋中叶产生的诗歌总集《诗经》，不仅在内容上反映了相当广阔的社会场景和深广的社会生活，而且在艺术形式、谋篇结构、语言艺术及表现手法上都达到相当高的艺术成就。更为重要的是，当时社会中还盛行着一种赋诗言志的风气，有学者对《左传》的记载做了统计：自春秋中期鲁僖公开始即有赋诗记载，至鲁定公前后，书中共记载赋诗 32 次、用诗 65 首，而正值孔子少年至中年时期的鲁襄公、昭公两代，共赋诗26次、用诗53首[①]。这充分反映了春秋中叶以后，以赋诗为主要表现形式的诗性文化之兴盛。

据笔者对《左传》所记鲁襄公时期赋诗的具体情况分析看来，这种以赋诗为主要表现形式的诗性文化，已经深入当时政治文化生活的多个方面，其主要的用途有：

赋诗礼迎：《左传·襄公四年》记载："穆叔如晋，报知武子之聘也。晋侯享之，金奏《肆夏》之三，不拜；工歌《文王》之三，又不拜；歌

---

① 张宇恕：《从宴会赋诗看齐鲁文化不同质》，《管子研究》1994 年第 2 期。

《鹿鸣》之三,三拜。"又襄公二十年记载:"季武子如宋,报向戍之聘也,褚师段逆之以受享,赋《常棣》七章以卒。"皆属此类。

赋诗外交:《左传·襄公八年》记载:晋范宣子聘鲁求援兵,将用师于郑,"宣子赋《摽有梅》",以表达请求及时出兵之愿望,季武子则赋《角弓》、《彤弓》二诗,以表达对晋的情谊和希望。另,襄公十一年、十五年均有此类记载。

赋诗应对:《左传·襄公二十一年》记载:"晋侯问叔向之罪于乐王鲋。对曰:'不弃其亲,其有焉。'于是祁奚老矣,闻之,乘驲而见宣子,曰:'诗曰:惠我无疆,子孙保之……',宣子悦,与之乘。"其他如襄公二十五年、二十六年亦各有此类记载。

赋诗干政:《左传·襄公四年》记载:邾人、莒人伐鄫,臧纥救鄫,侵邾而败。于是国人以诵诗发表政见,鞭挞臧纥。"国人诵之曰:'臧之狐裘,败我于狐骀。我君小子,朱儒是使,朱儒朱儒,使我败于邾。'"

赋诗颂贤:《左传·襄公三十一年》记载:子产从政一年后,"舆人诵之曰:'取我衣冠而褚之,取我阳畴而伍之。孰杀子产,吾其与之。'及三年,又诵之曰:'我有子弟,子产诲之;我有田畴,子产殖之。子产而死,谁其嗣之?'"

赋诗言志:《左传·襄公二十七年》记载:郑伯宴请赵孟,赵孟对子展等人曰:"七子从君,以宠武也。请皆赋,以卒君贶,武亦以观七子之志。"于是子展赋《草虫》、伯有赋《鹑之贲贲》、子西赋《黍苗》、子大叔赋《野有蔓草》、印段赋《蟋蟀》,各言其志。此类赋诗言志的情况,在《左传》中多有记载。

实际上,赋诗的用途还远不止这些。在《左传》、《国语》里,赋诗是人们常用的表情达意的方式,正如班固在《汉书·艺文志》中所说:"古者诸侯卿大夫交接邻国,以微言相感,当揖让之时,必称诗以喻其志,盖以别贤不肖而观盛衰焉。"春秋时赋诗用途之广泛,正反映出诗性文化在当时社会的漫布。

鲁国正是春秋时代诗性文化的中心。鲁国是周公的封地,立国之始即"变其俗,革其礼",大力推行礼乐文化。并且由于周公的缘故,

"鲁得郊祭文王，鲁有天子礼乐者，以褒周公之德"（《史记·鲁周公世家》），"成王以周公为有勋劳于天下……命鲁公世世祀周公以天子之礼乐"、"凡四代之服器官，鲁兼用之，是故鲁王礼也"（《礼记·明堂位》）。鲁国实际上是周文化在东方的代表，是东方的礼乐文化中心。所以晋国韩宣子到鲁国后，才会有"周礼尽在鲁矣"（《左传·昭公三年》）之叹。

鲁国的诗性文化十分发达。从《左传》来看，在春秋列国中，有关赋诗的记载以鲁国为最多。尽管《左传》为鲁人所作，对鲁国赋诗情况的记载有所侧重似在情理之中，但其中以鲁、晋、郑三国居多，而齐国独少，大概亦非偶然，它从一侧面反映了鲁国诗性文化的兴盛。鲁襄公二十九年，吴国公子季札到鲁国观乐，鲁国"使工为之歌《周南》、《召南》"，"为之歌《邶》、《鄘》、《卫》"，"为之歌《王》"，"为之歌《郑》"，"为之歌《齐》"，"为之歌《豳》"，"为之歌《秦》"，"为之歌《魏》"，"为之歌《唐》"，"为之歌《陈》"，"为之歌《小雅》"，"为之歌《大雅》"，"为之歌《颂》"等。除《桧风》和《曹风》被季札认为"自《桧》风以下无讥焉"①之外，其余由鲁国乐工以各国之乐曲伴奏歌唱的诗，与后来《诗经》编定的次序是完全一致的。可见，鲁国当时已担负起收集并整理各诸侯国乐曲和诗歌的任务，且体制已相当完备，有专司其职的管理人员和乐工。鲁国为当时诗性文化中心的地位，于此记载中可见一斑。

孔子生当诗性文化兴盛的春秋中后期，又在诗性文化特别发达的鲁国出生成长，再加上孔子有"每事问"的好学精神，学礼学乐，学无常师，所以孔子的诗性文化的素养之高是可以想见的。其主要体现在：

其一，孔子爱诗歌。春秋时代，诗、歌、乐是合一的，《论语》中多处记载孔子对诗、歌、乐的向往、喜爱和研究。诸如："子在齐，闻《韶》，三日不知肉味，曰：'不图为乐之至于斯也。'"（《论语·述而》）"子与人歌而善，必使反之，而后和之。"（《论语·述而》）孔子与弟子言志，对曾点的"浴乎沂，风乎舞雩，咏而归"，"夫子喟然叹曰：'吾与点也。'"（《论语·先进》）"孺悲欲见孔子，孔子辞以疾。将命者出

---

① 均见《左传·襄公二十九年》。

户，取瑟而歌，使之闻之。"(《论语·阳货》)"楚狂接舆歌而过孔子，曰：'凤兮凤兮，何德之衰……'孔子下，欲与之言。"(《论语·微子》)另外，《孟子·离娄上》还记载："有孺子歌曰：'沧浪之水清兮，可以濯我缨；沧浪之水浊兮，可以濯我足。'孔子曰：'小子听之，清，斯濯缨；浊，斯濯足，自取之也。'"均反映了孔子对诗歌的强烈爱好和深刻理解。

其二，孔子阅读、整理过大量诗歌。《史记·孔子世家》记载："古者诗三千余篇，及至孔子去其重，取其施于礼义。"可见，孔子阅读、整理过的诗歌数量一定不在少数。

其三，孔子对《诗经》进行过整理和研究。虽然史载《诗经》为孔子删定，多有人表示怀疑，但是，综合多方面的材料来看，孔子对《诗经》进行过加工整理应该是没有问题的。如《史记·孔子世家》记载："三百五篇孔子皆弦歌之，以求合韶、武、雅、颂之音，礼乐自此可得而述，以备王道，成六艺。"《论语·子罕》也记载，孔子自言"吾自卫返鲁，然后乐正，雅、颂各得其所"。不管孔子在世之时，诗之三百零五篇是否已经成形，但孔子整理《诗经》的事实是不容被轻易否定的。孔子还是研究《诗经》的大学问家。《论语》中多有记载孔子对《诗经》的相关评论和研究所得，如："诗三百，一言以蔽之，思无邪！"(《论语·为政》)"恶郑声之乱雅乐也。"(《论语·阳货》)"《关雎》乐而不淫，哀而不伤。"(《论语·八佾》)"师挚之始，《关雎》之乱，洋洋乎！盈耳哉！"(《论语·泰伯》)等等，皆为人所知。

其四，孔子以《诗经》教授弟子。有人统计过，《论语》中引用《诗经》、论及《诗经》共有21章之多[①]。孔子论学中，多有诗教的重要性的强调，如他言"小子何莫学夫诗！诗可以兴，可以观，可以群，可以怨。迩之事父，远之事君，多识于鸟兽草木之名"(《论语·阳货》)。又言："兴于《诗》，立于《礼》，成于《乐》。"(《论语·泰伯》)也有对

---

① 黄绍祖：《〈论语〉中"诗礼乐歌舞"五者合一说》，《诗经国际学术研讨会论文集》，河北大学出版社1994年版。

弟子学诗的答疑释惑，如："子夏问:'巧笑倩兮，美目盼兮，素以为绚兮，何谓也?'子曰:'绘事后素。'"(《论语·八佾》)还与弟子一起研讨、交流学诗心得，如:"子贡曰:'《诗》云:如切如磋，如琢如磨。其斯之谓与?'子曰:'赐也! 始可与言诗已矣! 告诸往而知来者。'"(《论语·学而》)等等。

总之，孔子是诗性文化培育出来的诗学大师，他是诗的爱好者、整理者、研究者、教育者、传播者。虽然我们没有更多的历史资料证明孔子还是一位卓有成就的诗人，但孔子的诗学才能与成就在《论语》中得到了充分的体现。

三、优美的散文诗

论及《论语》文学表现的诗化特征，首先要对诗与散文有一个正确的界定。朱光潜在《诗论》一书中曾引述了部分西方文艺理论家的观点，他们否认诗与散文的分别，并引用雪莱的话说:"诗与散文的分别是一个庸俗的错误。"朱光潜在考察了诗与散文这两种文体产生的历史后，指出:"诗早于散文……散文是由诗解放出来的，在初期，散文的形式和诗相差不远。"他还认为:"诗和散文在形式上的分别也是相对而不是绝对的。……诗可以由整齐音律到无音律，散文也可以由无音律到有音律……有诗而近于散文，音律不甚明显的；也有散文而近于诗略有音律可寻的。"[1] 从中国诗歌、散文产生与发展的早期历史来看，两者区别之不明显也是很显然的。事实上，我国文学史家早就在对早期散文的分析中得出结论说:"散文本来不用韵，但它在发展的最初阶段，由于物质条件的限制，也要求简短、精炼，便于记诵，所以往往有节奏、有韵调而富于诗的味道。"[2] 在中国文学史上被当作最早散文看待的殷商卜辞中的某些句段，实际上是颇类诗歌的韵句，如郭沫若《卜辞通纂》载

---

[1] 朱光潜:《诗论》，三联书店 1994 年版。
[2] 游国恩等:《中国文学史》，人民文学出版社 1964 年版。

录的:"癸卯卜,今日雨。其自西来雨?其白东来雨?"① 而作为最早的语录体、散文体之一的《论语》,其文学表现的诗化特征也属于这样一种情况。

《论语》近乎诗而远于哲理散文。《论语》中大多数篇章为因事而发,有问而答,非为论辩而作。句式简短,结构松散,但讲求齐整,长短有致,有类于诗之一事一咏,简短精练,而与诸子散文之为一主张而辩,为一论题而作相距较远。并且,《论语》之文多为有感而发,口语实录,语带感情,文多感叹,语气抑扬,韵散间出,这与诗的特点又较接近。朱熹《诗集传·序》有言:"既有思矣,则不能无言;既有言矣,则言之所不能尽,而发于咨嗟咏叹之余者,必自然音响节奏而不能已焉,此诗之所以作也。"由此将《论语》文中之慨叹与诗之发于吟咏,将《论语》语气之跌宕与诗歌之节律相联系而分析,《论语》之诗化特征彰显。

而依据当代文学理论对诗歌特征的一般性概括来加以分析,则《论语》的诗化特征尤为突出:

其一,语言的诗化。总体上看,《论语》的语言,文约义丰,凝练含蓄,类乎诗而不同于散文,尤其不同于论说之文。具体言之,其语言上的诗化特征主要有三点:一曰句式简短。结构整齐的句段占绝大多数,如"君子怀德,小人怀土,君子怀刑,小人怀惠"(《论语·里仁》)、"三人行,必有我师焉"(《论语·述而》)、"知者不惑,仁者不忧,勇者不惧"(《论语·子罕》)之类。少数篇章如《侍坐》章等,却大多记事成分较多,而非纯说理之文。二曰讲求音律。抑扬跌宕的句式比较普遍,虽无一般意义上诗歌的整齐节律,但却颇具抑扬顿挫之美,如"学而时习之,不亦说乎?有朋自远方来,不亦乐乎?人不知而不愠,不亦君子乎?"(《论语·学而》)句子文美、义美、境美,音节顿挫,开篇一出,即已把人导入一个诗化的佳境了。三曰叠句重语、气韵悠长的句子,不在少数。吟诵"君子坦荡荡,小人长戚戚"之类文句,

---

① 游国恩等:《中国文学史》,人民文学出版社1964年版。

比之《诗经·卫风》诗句"氓之蚩蚩，抱布贸丝"、"言笑晏晏"、"信誓旦旦"等，其差别大约只是五言与四言句式之分了。其他如"沽之哉！沽之哉！我待贾者也"（《论语·子罕》），亦是节奏抑扬叠句的代表。

其二，表现手法的诗化。诗歌常用的一些表现手法，在《论语》中都能找到充分运用和发挥的例证。如比兴手法："三军可夺帅也，匹夫不可夺志也。"（《论语·述而》）"为政以德，譬如北辰，居其所而众星共之。"（《论语·为政》）此类比兴，俯拾可得，并非个别。又如象征手法，"岁寒，然后知松柏之后凋也"（《论语·子罕》），"逝者如斯夫，不舍昼夜"（《论语·子罕》）等，其象征运用手法之高、之美，留给人诸多不可磨灭的意象。其他如夸张手法，如"滔滔者，天下皆是也"（《论语·微子》）；对比手法，如"君子周而不比，小人比而不周"（《论语·为政》）等，也都在《论语》之中有较多的运用和展现。

其三，诗化的形象。《论语》之文，绝不类哲理散文之长于逻辑推理，而乏形象可陈，亦与抒情散文的着意抒情形象描述不同，倒是与诗之意象展现有着更多的接近和互通之处。《论语》善造语境，三言两语，即勾画出一个完美的境界，而其高超却常常意在言外、境生象外。在语境之背后，更有一个含义深远而美妙的意境在，让人玩味再三，深思其中，一旦豁然开朗即得悟大道理。如"觚不觚！觚哉，觚哉！"（《论语·雍也》）其语境一望而知，而其意境却是：一位忧患天下的老人，面对着一个被改变得已无原样的觚呆呆看了很久，想了很久，最后，仰天长叹："觚不像觚了！觚啊！觚啊！"（潜台词是：真正的觚你在哪里呀！你怎么会变成这个样子了啊！）对新式觚的不解，对原始觚的呼唤，实际反映的是孔子对世风不古的哀叹和面对社会大变革表现出的那种"无可奈何花落去"的惆怅心态。语境和意象之外，还有另外的形象与影子。《论语》中寥寥几笔勾勒出的一个个鲜活的形象背后，往往还有另一个时而清晰、时而也许模糊的影子存在，此即是境外之境、象外之象、形外之形。我以为它是《论语》文学表现的最"文学"之处，亦是其诗化特征的更加突出的亮点。如"岁寒，然后知松柏之后凋也"，在傲然挺立于寒风凛冽、万物萧索的岁末严冬旷野里的松柏形象背后，不是同样还有在艰苦恶劣环境中顽强抗争的傲霜之菊、迎春之梅、立岩之松、断桥之竹等一类具有相同精神的"影子"存在吗？甚至还有不畏艰苦、顽强进取的人的"影子"与之对照同在。

可见，《论语》文学表现的诗化特征十分突出而鲜明。诗化的《论语》或《论语》的诗化，这正是《论语》在文学表现上，特异于先秦诸子散文的卓越之处。

孟子与齐鲁文化^①

  孟子出生的战国时期，该时期不仅是中国文化史上诸子蜂起、百家争鸣的"轴心时代"，也是诸侯割据、区域文化大放光彩的时期。这个时期所奠定的区域文化的基本格局，譬如齐鲁、吴越、荆楚、巴蜀、三晋、秦文化等，影响到中国历史两千多年。在这样一个时代，诸子思想的形成和发展也跟区域文化有着不可分割的密切关系。孟子生于邹鲁，一生活动主要在齐鲁之地，从齐鲁文化的角度探讨孟子的成长和思想来源，厘清二者的关系，是以往孟子研究中少有涉及而应予关注和深入挖掘的重要课题。

  今天主要从以下三个方面解答一下上面我们所提出的问题：一是孟子与邹鲁文化的关系；二是孟子与齐文化的关系；三是孟子对齐鲁文化的提升。

一、孟子与邹鲁之风

  孟子为战国时期邹国人，邹与鲁毗邻，但文化渊源并不相同。根据杨伯峻先生《春秋左传注》引王国维《邾公钟跋》及《礼记》、《国语》等历史文献考定：邹，也做邾，邾娄，是一个东夷土著小国。王献

---

① 2013 年 5 月在山东邹城"孟子系列公开课"的讲演。

唐《炎黄氏族文化考》对其文化源流多所考定，认为邹为炎帝神农氏的苗裔，与黄帝后裔的鲁是两支不同文化。据《左传·僖公二十一年》记载：鲁僖公之母称，"邾灭须句"为"蛮夷猾（乱）夏"，是"周祸"。次年，鲁国"伐邾，取须句，反其君"，则是"礼也"。可见在鲁人看来邹实为文化上的"异类"。细检《孟子》及以前的文献《左传》、《国语》、《论语》、《墨子》等，都没有"邹鲁"并称的记载。这反映出在孟子之前，邹、鲁实际表现为两支不同质的文化。

邹、鲁融合为一支文化，是孟子故里区域文化在春秋战国时代发展演变的结果。"邹鲁"并称，最早见于《庄子·天下》篇："其在诗书礼乐者，邹鲁之士，搢绅先生，多能明之。"庄子与孟子同时而稍晚，这说明：1."邹鲁之风"与孟子有关。2."邹鲁之风"与邹鲁之士崇尚儒学、传习六经的风气有关。3."邹鲁"并称，邹在鲁前，反映出邹文化在邹鲁文化中曾一度具有的强势地位及巨大影响力。

（一）孟子居邹

根据现有的历史文献，关于孟子和邹鲁文化关系的资料很少。孟子的研究之所以受到一定影响，与相关资料较少是很有关系的。《史记》记载孔子有《孔子世家》，但是记载孟子是《孟子荀卿列传》，这是以孟子、荀子两个人为主的诸多学者的合传，而且有关孟子的内容非常简短。

我们谈孟子与邹鲁的关系，首先来看孟子和邹国的关系。由于历史文献记载很少，我们从文献中找不到孟子和他的故乡邹之间关系的系统记录。但是，我们注意到这样几点：

第一点，虽然在现有历史文献里，我们看不到他40岁以前跟邹有密切关系的记载，不过我们也看不到他在40岁以前离开邹地的记载。我们知道他生在邹地，孟母曾三迁教子，因此我们有理由认为孟子在40岁以前主要就是在邹地度过的。根据有限的历史记载和一部分学者对这一问题的初步探讨，我们认为他在邹的前40年主要有这么四件事情。一是接受启蒙教育，这个可以由孟母三迁教子为证，他从小就进学堂，受到很好的启蒙教育。二是他从师学习。《史记》上记载，他曾经是子思或子思门人的学生。他在邹完成了整个学习生涯，在这里系统地接受过儒学教育。三是设教授徒。根据有限的记载看，他也曾经在30岁以后，在这里授徒讲学。四是初仕于邹。40岁以前，他的父亲就去世了，孟子曾经按仕礼葬父。这说明他很可能是一个级别不高的官吏，有过从政的经历。

因此，孟子40岁以前跟邹的关系就是：启蒙教育、从师学习、设教授徒、初仕于邹。

第二点，孟子在40岁到60岁的时候，曾经周游列国。他曾三次到齐国，这个我们后面还要讲到。两次到鲁国，当然邹跟鲁是很近的，他可能多次去过，只是根据文献记载来看，他两次到鲁国。两次在滕国；一次到梁，也就是魏国，即现在的河南开封一带。然后到宋国，宋国古城在今天河南的商丘一带，宋国的国土包括今天的菏泽甚至金乡以西这一片区域。过薛，就是今天枣庄一带。孟子周游列国，主要就是到这六个地方。

在这个过程中，他多次往返于邹国，根据文献记载至少有两次。也就是说，他在周游列国的时候，邹国不仅是他的故乡，也是他的根据地。

第三点，终而归老。他虽周游数国，也得到很好的礼遇，他在齐国待的时间比较长，跟齐国的关系实际上是非常密切的，但他始终没有得到重用，所以他终而归老，回到了邹国。《史记》上记载：他"退而与万章之徒，序《诗》《书》，述仲尼之意，作《孟子》七篇"。他年老之后跟他的徒弟万章序诗书，"诗"指的《诗经》，"书"指的是《尚书》，这里也是代指五经，就是《诗》、《书》、《易》、《礼》、《春秋》。晚年他研讨孔子编纂的五经；同时"述仲尼之意"，阐发孔子对五经的见解；"作《孟子》七篇"，写成了《孟子》这本书。

就现存文献来看，孟子40岁以前在邹，60岁以后也在邹，中间周游列国的20年中也经常回来。可以这样说，虽然《孟子》一书中记载他在邹国活动并不太多，但孟子的一生主要还是在邹，也就是在今天的邹城度过的。邹文化对他事业的影响是巨大的。

（二）孟子与鲁

孟子跟鲁国的关系非常密切，以致后代好多人都以为孟子是鲁人，根据文献梳理一下，至少有三点是特别值得重视的。

第一点，历史上有人讲他是鲁国公族孟孙氏的后裔。这种记载最早见于汉代赵岐的《孟子题辞》："孟子，鲁公族孟孙之后。故孟子仕于齐，丧母而归葬于鲁也。"赵岐指出孟子是鲁国公族孟孙氏的后人，因而孟子虽在齐做官，但丧母却归葬于鲁地。虽然后代的很多学者对这一问题提出了质疑，认为《孟子》中从来没提到过这件事，也就是孟子本人对此并没有什么说法。但是先秦诸子生平大都简而缺失，像《荀子》、《韩非子》、《庄子》等谈到个人出身生平的也都很少，这与当时文人著述习惯等因素都有关系。我们认为，他是孟孙氏后裔的可能性还是比较大的。唐代《元和姓纂》说："孟敬子生滕伯，滕伯生寢，寢生孟轲。"清代焦循《孟子正义》上也说，孟子既然以孟为氏，应该是孟孙氏的后裔，只是世系不详。在后代学者眼里，他跟鲁国的关系是至为密切的。

第二点，如赵岐所言，孟子葬母于鲁。而且《孟子》本书有记载："孟子自齐葬于鲁，反于齐，止于嬴。"关于孟子为什么把他母亲埋葬在鲁国，这里面也有好几种说法。例如赵岐认为他是孟孙之后，将母亲葬于祖籍地自然是情理之中的事。还有一种说法认为，孟子的外祖母家是鲁国。当然这个问题历史上也有争议，不过我们今天不再深谈。可推知的是，他在鲁国至少守孝三年，或者曾住过更长的时间。另外，《孟子》上还有记载，乐正子在鲁国当政以后，孟子非常高兴，到了"喜而不寐"的程度，也就是高兴得失眠了。此外，《孟子》中还记载鲁平公要去看孟子的事。可见，孟子在鲁，可能时间较长，关系也较深。

第三点，孟子跟孔子的孙子子思关系非同一般。司马迁《史记》记载，孟子"受业子思之门人"。元代刘泰提到"邹乃孟子之乡国也，斯地乃子思倡道传心处也"。在元代人的看法中，子思在邹地授徒讲学，而他的弟子又来教授孟子。一直到明清时期，邹地还有相传是子思教书育人处的子思书院。

还有一点，就是孟子非常推崇孔子，他说："自生民以来，未有盛于孔子也。"就是说，自从人类产生以来，没有一个人能超过孔子。"乃所愿，则学孔子也"，即孟子说他最主要的愿望就是学习孔子。他对孔子是如此地崇拜，我们认为他受鲁文化的影响确实很深。

从多个方面看，我们可以看到孟子跟鲁文化的关系是非常密切的。鲁文化对孟子影响也是很大的。

（三）邹鲁文化对孟子的培育

孟子之所以成为一个战国时期伟大的思想家，成为后来仅次于孔子的儒家学派的代表人物，这与邹鲁文化对他的培育有直接的关系。而在这里，我主要想谈一下邹文化对孟子的培育。

前人探求孟子思想的渊源，大多关注到鲁文化的巨大影响，这一点绝非偶然。刚才我们已经讲到，孟子是鲁国公族孟孙氏的后裔，与鲁国有一种血缘的亲情。孟子葬母于鲁，住鲁守丧三年，他跟鲁国有非常密切的关系。他是子思门人的弟子，而子思是孔子的孙子，孟子系统地接受过儒家教育，自然跟鲁文化有着密切联系。孟子一生极其崇拜孔子，以孔子的继承人自居，以传播孔子之学为己任，这都反映出鲁文化对孟子的培育，以及对其思想的巨大影响。

这一点，历代的学者包括当代学者，在这方面都有比较多的论述。今天上午，牟钟鉴先生讲孔子与孟子，就重点谈了孔子对他的影响以及他对孔子思想的继承和发扬。实际上，这也就是讲鲁文化对孟子的培育。

现在我着重谈一下邹文化对孟子思想的影响。这方面前人少有单独讲到的。所谓"邹鲁文化"，实际是邹文化与鲁文化，两者不能混为一谈，也不能只谈鲁不谈邹。

讲到邹文化对孟子的影响，我们先从孟子思想的形成来做粗浅的分析。孟子的核心思想之一是仁政思想。孟子的仁政思想，首先来源于孔子是毫无疑义的，孟子继承和发展了孔子"仁"的思想，提出了明确的"仁政"主张，并将"仁"从道德层面引向了政治、引向了治国。也就是说，从如何做一个好人，发展到如何做一个好官、好国君。"仁政"思想里有孟子对孔子思想的创新、发展。同时，我认为这与孟子的乡邦文化即邹文化对他的影响是分不开的。从现有历史文献考察，孟子仁政思想的形成与邹国文化的传统具有直接关系。这是我从有限的文献中总结出来的一点个人见解和看法。邹和鲁是毗邻的，不过邹和鲁在当时是两个不同的诸侯国，邹是邹、鲁是鲁，鲁国比邹国要强些，邹国也是鲁国的一个附属国。当然，那时的鲁国也已衰弱，邹、鲁都生活在大国的夹缝中。公元前256年，鲁和邹一起被楚国所灭。但鲁文化和邹文化在渊源上有本质的不同。邹本来是东夷的一个土著小国，是颛顼的后代；而鲁则是周初分封之国，且鲁国人主要是移民，是从周王朝那里，也就是从今天的陕西移民到这里的。

邹人是东夷的土著，保留着东夷文化传统。东夷的文化有一种"仁"的习俗，叫作"夷俗仁"，这是汉代学者许慎在《说文解字》中提到的。而邹人这种"仁"的习俗，用今天的话来讲，就是有仁义之风。《后汉书·东夷传》注引《风俗通》："夷者，柢也，言仁而好生。"这里"夷"指东夷文化；"柢"指的是根。那根又是什么？是仁。"而好生"是指爱护生命。从这里可以看出来，邹文化中有一种仁的传统，是有依据的。

《孟子·梁惠王下》记载了这样一段话："邹与鲁閧。穆公问曰：'吾有司死者三十三人，而民莫之死也。诛之，则不可胜诛；不诛，则疾视其长上之死而不救。如之何则可也？'"邹国和鲁国发生了冲突之后，邹穆公来问孟子说，打仗的时候老百姓向后退，只有官员奋勇向前，我手下的官吏死了三十三人，而老百姓没有死的。我想要惩罚这些老百姓吧，人太多了；不杀他们吧，他们看着官员在前面战死也不去营救，也不能不惩罚。我该怎么办呢？从这里可以看出来，邹穆公对待百姓确实有不忍之心，但是他又拿不出主意，就只好向孟子求教。总之，邹穆公没有滥杀百姓，这表现出他对老百姓是很仁慈的，有仁政之风。

汉初贾谊的《新书·春秋》中记载了这样一段话："（邹穆公）王舆不衣皮帛，御马不食禾菽，无淫僻之事，无骄熙之行，食不众味，衣不杂采，自刻以广民，亲贤以定国，亲民如子。邹国之治，路不拾遗，臣下顺从，若手之投心。是故以邹子之细，鲁、卫不敢轻，齐、楚不能胁。邹穆公死，邹之百姓，若失慈父，行哭三月。四境之邻于邹者，士民乡（向）方而道哭，抱手而忧行。酤家不雠其酒，屠者罢列而归，傲童不讴歌，春筑者不相杵，妇女抉珠瑱，丈夫释玦軒，琴瑟无音，期年而后始复。"

《新书》记载中的邹穆公是这样一个人：他不穿皮子和绸子衣服，没有奢侈的爱好，吃饭不求多种味道，穿衣不求华丽服饰，对自己严苛，对百姓宽厚，亲近贤人，定国安邦，爱民如子。邹国社会安定，路不拾遗，臣民服从，上下和谐，像手跟心一样协调。以邹这样一个小国，处于大国中间，鲁国和卫国不敢轻视它，齐国和楚国不能威胁它。邹穆公死了，老百姓像死了父亲一样，奔走哭丧三个月，周边邻国的百姓也面向邹国而哭，作揖施礼，表示尊敬。酒家不卖酒了，屠宰的停工致哀，小孩子不唱歌，春米的罢活，女人不戴首饰，男人不穿修饰之衣，琴瑟无音，乐器不奏。过了一周年，这些活动才恢复。在这里我们看到的是一个感人至深的仁者形象。战国时期的国君中，邹穆公就是一个行"仁政"、得民心的典范。

无独有偶，汉代刘向《新序·刺奢》中也记载了邹穆公告诫官吏喂养禽鸟要用秕子（草种子）而不用粮食的话："穆公曰：'去，非汝所知也！夫百姓饱牛而耕，暴背而耘，勤而不惰者，岂为鸟兽哉？粟米，人之上食，奈何其以养鸟？……夫君者，民之父母，取食之粟，移之于民，此非吾之粟乎？鸟苟食邹之秕，不害邹之粟也。粟之在仓与在民于我何择？'邹民闻之，皆知私积与公家为一体也。"邹穆公说，去！你们不了解老百姓的辛苦。老百姓喂饱了耕牛，在烈日下耕耘，他们辛辛苦苦种出的粮食，难道是为了喂养禽鸟的吗？粮食是百姓的上等食品，君主是百姓的父母，粮食虽然在仓库里，但那不是我国君的，而本来就是老百姓的。粮食在国君仓库和在老百姓手里是一样的，我不能拿着老百姓的粮食随便去喂鸟兽。

可以看得出来，邹穆公跟老百姓心心相印、息息相通，确实是一个实行仁政的国君。虽然我们现在找不到其他材料证明邹穆公之前的邹国国君也有这样的言行，但是从邹穆公以仁政治国看，至少在汉代人所看到的有关邹国的历史记载里，邹国有一种"仁"的习俗，有一种"仁政"的治国传统。正因为有这样一种传统，所以邹这样一个小国，才可以安然无恙地在大国的夹缝中生存多年。

邹穆公与孟子同时而稍早，邹文化中"仁"的传统，邹国国君以仁政得民心的政治实践，说明了邹文化对孟子仁政思想的巨大影响。也可以这样说，为什么大力主张仁政的孟子不是出生在其他国家，甚至也没有出生在鲁国，而出生在邹这样一个小国？从邹国的这个文化传统中，我们找到了答案。

（四）孟子与邹鲁之风的形成

孟子之前，文献上没有"邹鲁"合称的记载。"邹鲁"合称最早见于《庄子·天下》篇："其在诗书礼乐者，邹鲁之士，搢绅先生，多能明之。"庄子谈到，邹鲁地区的知识分子，大都能非常熟练地掌握《诗》、《书》、《礼》、《乐》这些儒家经典。庄子这句话，也描述了一个非常重要的文化景象：在邹鲁地区，传习孔子的学说已经成为社会风气；也可以说，邹和鲁这两个地方共同形成了良好的儒学学风。庄子和孟子是同时代的，比孟子年轻。庄子这样说，就说明了"邹鲁"能够合称，而且形成一个良好的风气，与孟子这位儒学大师在邹鲁地区的文化活动有直接关系。应该是孟子促成了邹鲁文化的融合。

所以，我们得出了这样三点：一是在孟子晚年，所谓"邹鲁之风"已经形成。这应与孟子一生努力传承创新儒学密不可分。二是"邹鲁之风"的内容是以崇尚儒学、传习六经的士风为主的，充分展示出儒学故乡的特征。三是"邹鲁"并称，邹在鲁前，这反映出邹文化在邹鲁文化中的重要地位及巨大影响力。

鲁国比邹国强大，为什么没有称"鲁邹"而称"邹鲁"呢？这反映了邹文化在这里面有非常重要的地位。我们这里再回应前面提到的邹文化对孟子的影响，可以看出邹文化在当时的影响力。是邹、鲁文化的结合培育了孟子，而孟子的出现和文化上的突出成就，又使战国时期的邹、鲁文化进一步整合、提升，形成了一个统一体。这个统一体在学术上被称为"思孟学派"，而在文化上则被称为"邹鲁文化"和"邹鲁之风"。融合邹、鲁，提升邹、鲁文化，这是孟子作出的巨大贡献。

邹、鲁文化的结合，使儒学的故乡由孔子之鲁，扩充到孔、孟的"邹鲁"，并形成了一种特殊的区域文化风气，有力地提升了齐鲁文化在中华文明发展中的贡献力量。

二、孟子与稷下气象

战国时期，齐国的稷下学宫是诸子百家争鸣的中心。孟子一生与齐国关系极为密切，《孟子》书中，齐国对孟子的巨大影响随处可见。而稷下学宫百家争鸣的学术繁荣景象，与孟子的加盟和推动也密不可分。

（一）孟子游齐经历

孟子曾经三次到齐国，这在孟子所有周游的列国当中是去的次数最多的。第一次在齐国居住了八年左右。现代著名学者钱穆在《先秦诸子系年·孟子在齐威王时已先游齐考》中考定："孟子游齐当在齐威王二十四年前……去齐当在齐威王三十三年后。"我们算一下，这一次孟子在齐国应是居留了八年左右，所以他对齐有非常深入的考察和研究。第二次是齐宣王初年，杨伯峻的《孟子译注》认为是齐宣王二年。齐威王在位 36 年，孟子在齐宣王二年又到了齐国，这说明孟子离齐仅五年后又到了齐国，这一次他把母亲也接到了齐国。第三次是他把母亲归葬于鲁后返齐，直到齐宣王八年，孟子才离齐返邹，不再出游，这时孟子已 60 多岁。我们可以这样说，孟子周游列国，是从游齐开始，又以游齐结束。

孟子游齐正当齐威王、齐宣王在位时。这时，齐国在政治上实行改革、唯才是举、励精图治，是战国之齐最兴盛发达的时期。据《战国策·齐策》记载：在经济上，通货积财，工商并举，甚富而实。在军事上"带甲数十万"，有"战如雷电，解如风雨"之强势。孟子见齐宣王纵论天下大事，问"王之大欲"，齐宣王期待自己能"辟土地，朝秦楚，莅中国而抚四夷"。也就是说，齐宣王要扩展他的国土，要让秦和楚两大强国向他朝拜。这里的"中国"相当于今天的中原、黄河流域这一带。也就是说，齐宣王希望率领中原各国来镇抚周边的少数民族，实际上就是要统一天下。在文化上，威、宣之世、大兴礼贤下士之风，建造稷下学宫，招贤纳士。据《史记》记载是"高门大屋尊崇之"，用今天的话说就是建造了豪华的校舍，把各国知识分子都吸引到这里。齐国文化也呈现出一派繁荣景象。

（二）齐文化对孟子的影响

孟子在齐国至少待了十几年，他对源远流长、博大精深的齐文化进行了深入的学习和考察，从多个方面吸收了齐文化的思想成果。在这里，我们从以下几个方面来说：

一是孟子在齐国与齐国君臣交流深广。《孟子》一书共14卷，除《滕文公上》外，几乎每卷都提到齐国或齐人齐事，这是当时的其他各国都无法比拟的。书中提到齐宣王23次，是所有的国君中提到次数最多的。提到齐国大臣12人，也是所有国家的大臣里提到最多的，包括鲁国。从书中我们能够看到，孟子跟齐国的君臣进行了深入广泛的思想交流。可见，孟子一生跟齐国的关系之密切，他的思想受齐影响之大。

二是他对齐国历史文化耳熟能详，可以说了然于胸。他对齐国历史上齐桓公、管仲等明君贤臣都如数家珍。《孟子》里记载了齐宣王在雪宫见孟子时的一段对话。齐宣王问孟子"贤者亦有此乐乎？"贤德的人难道也有这么快乐吗？孟子马上根据齐国历史作答："昔者齐景公问于晏子……"这一段中，孟子把一百多年以前的齐景公与晏子对话的一些具体内容做了详细的复述和评说。从这里我们可以看出孟子对齐国的历史文化、对齐国历史上明君先贤的政治主张、对他们的一些思想成就了然于胸，吸收很多。这里面就曾经提到晏子所说的"诸侯朝于天子曰述职"，我们今天还讲官员的述职，"述职"这个词在《孟子》中很早就记载了,"述职者,述所职也",就是你叙述一下你所做的工作。从这里我们能够感觉到他对齐国的历史文化确实耳熟能详。

三是孟子的许多思想能在齐国的著作和历史上著名政治家的主张中找到渊源。这说明孟子吸收了齐文化特别是管仲、晏婴等著名政治家的思想。例如孟子的仁政思想就吸收了齐文化的多个方面。据《管子》记载,管仲很早就提到要"省刑罚,薄赋税","宽政役,敬百姓",管仲也专门提到"仓廪实而知礼节,衣食足而知荣辱",这都对孟子抨击虐政,反对残民,主张"有恒产者有恒心"等仁政民本思想有重要影响。孟子主张要给老百姓稳定的财产,有稳定的财产才能有稳定的人心,这个核心思想叫"制民之产"。所以"省刑罚,薄赋税"跟孟子的"省刑罚,薄税敛"的思想是一致的,从这儿能看出孟子对管仲思想的吸收。从管仲到孟子有二三百年的历史,从晏婴到孟子也有一百多年的历史。晏婴说,"定民之居,成民之事","君民者,岂以陵民,社稷是主",作为老百姓的国君,怎么能去欺负老百姓呢?国家是主要的。这个话跟孟子的"民为贵,社稷次之,君为轻"也是一脉相承的。孟子的思想实际上是大量吸收了包括齐国在内的历史上著名政治家的思想主张,又有了新的发展。我们从这里可以看出来他对齐文化的吸收以及齐文化对他的影响。

孟子在与稷下先生的广泛学术交流中,也大量吸收各派的观点,丰富发展了自己的学说。孟子到齐国是在齐威王和齐宣王时期,而这个时期也正是稷下学宫兴盛的时期。孟子也是著名的稷下先生。他在稷下学宫广泛的学术交流中,吸收了各家学派的观点。当代著名学者、北京大学张岱年先生有一篇文章是《〈管子〉学说的历史价值》,其中提到《管子》一书是齐国稷下学宫中崇拜管仲的学者的著作汇集,可以说是齐国管仲学派的代表作。[①] 郭沫若先生则说:"《管子》书乃战国秦汉时代文字之总汇……道家者言,儒家者言,法家者言,名家者言,阴阳家言,农家者言,轻重家者言,杂盛于一篮。"[②] 其中相当一部分是稷下学宫这

---

① 参见《管子学刊》1987 年创刊号,第 7 页。

② 郭沫若:《管子集校·叙录》,《郭沫若全集》第 5 卷,人民出版社 1984 年版,第 18 页。

些学者的论文集。

孟子思想中一个很重要的学说叫"浩然正气"说，这个学说可以从《管子》这本书中找到它的理论渊源。郭沫若先生在《稷下黄老学派的批判》中说："'浩然正气'说，显然是将《管子·内业》等篇中的'浩然和平，以为气渊'之语及'灵气'说，袭取了来，稍为改造了一下"。可见，孟子的"浩然正气"说，实际上吸收了稷下学者中的"浩然和平，以为气渊"以及"灵气"说，有稷下之学的重大影响。

郭沫若先生还提到孟子的"民贵君轻"说，显然是吸收了慎到"立国君以为国，非立国以为君"的思想。慎到也是稷下学宫中的一个著名学者，他认为：拥护一个国君是为了一个国家，而不是说建一个国家是为了一个国君。这跟孟子的"民为贵，社稷次之，君为轻"思想是一致的。另外，据郭沫若先生研究，"有恒产者有恒心，无恒产者无恒心"之说，也是吸取稷下先生"凡治国之道，必先富民"和管仲学派的"仓廪食而知礼节，衣食足而知荣辱"思想的结果，等等。

齐文化中所包括的稷下学宫这些学者的思想，是孟子思想形成的一个源泉。也可以说，孟子杰出思想的产生与齐文化密不可分。

（三）孟子助推稷下百家争鸣的新气象

孟子在齐助推稷下学术发展，进一步巩固了稷下百家争鸣中心的地位。

汉代著作《盐铁论·论儒》中记载："齐宣王褒儒尊学，孟轲、淳于髡之徒，受上大夫之禄，不任职而论国事，盖齐稷下先生千有余人。"可见齐宣王时期，稷下学宫学者到了一千多人，盛况空前，其中包括孟子和淳于髡。另据司马迁《史记》记载，"宣王喜文学游说之士，自如邹衍、淳于髡、田骈、接予、慎到、环渊。皆赐列第，为上大夫。"一共有76人为上大夫，"是以齐稷下学士复盛，且数百千人"。这也说明孟子在齐国的时候，稷下学宫是特别兴旺发达的。

孟子在稷下的地位是特殊的。第一，官居卿位。《孟子》中有三段文字记载：其一，"孟子为卿于齐……公孙丑曰：'齐卿之位，不为小矣！'"其二，"夫子加齐之卿相，得行道焉！"其三，"夫子在三卿之中"。齐王把稷下学宫中的其他著名学者都封了上大夫，而对孟子则封了更高一级的卿位。他的弟子也说，你既然升到这么高的地位，德性到了，你可以推行你的主张了。可见，孟子在齐国曾受到特殊礼遇。

第二，备受尊崇。一是《孟子·梁惠王下》记载，与齐宣王直接辩论最多的人是孟子，而且齐宣王对待孟子执弟子礼。孟子多次指责齐宣王，但齐宣王都是洗耳恭听。甚至孟子直接批判齐宣王的时候，齐宣王也没有与孟子针锋相对地顶撞，而是"王顾左右而言他"，可见，孟子在齐是备受尊重的。二是待遇最优厚。孟子声言要离开齐国，为了挽留，齐宣王说，"我欲中国而授孟子室，养弟子以万钟"。这里，"国"是指都城，即在都城中间最好的地方，"钟"是当时的一种量器。我们今天说就是，齐宣王为了挽留孟子，不惜给孟子的弟子以万担粮食，并把京城中的一片土地给孟子作为宅院。可见，孟子在齐国享受着特殊的优厚待遇。《孟子·滕文公下》还提到："前日于齐，王馈兼金一百而不受。"从这些记载，都反映出齐王对他特殊的尊重。

第三，孟子能言善辩。他说，"余岂好辩哉，余不得已也！"孟子在稷下和各派学者展开争论，有力推动了稷下各派学者相互之间学术上的争论。战国时期重要的思想成果就是诸子百家争鸣，而稷下学宫就是诸子百家争鸣的一个中心。孟子的到来，恰恰推动了这个百家争鸣中心各派间的争鸣。

第四，其道难行。尽管孟子在齐国做了很多努力，但是他的主张并没有得到充分接受，最终孟子还是离开了齐国。他离开齐国的原因之一，据文献记载，是他的主张"迂远而阔于事情"，用今天的话说，他的主张不合乎齐国的国情。这个也是不难理解的，在战国时期，最重要的是大国之间的兼并战争，而齐国在当时是能统一中国的大国之一。孟子主张仁政，这和齐国国君的意图是不合的，所以他最后离开了齐国。他离开齐国的时候是"欲去还留"，"三宿而后出昼"，走了三天，住了三个晚上才离开了昼这个地方，而昼离临淄城只有20里。可见，孟子最后是以恋恋不舍之情离开齐国的，这也反映出孟子与当时齐国关系的特殊之处。

概言之，孟子居齐的齐威宣时期，正是稷下发展的高峰期，名家荟萃，人数众多。而孟子又受到齐王特别的尊崇，以高于"上大夫"的卿位常居于稷下学宫。我们认为，孟子极有可能就是助推百家争鸣达到最高峰的稷下领袖人物。孟子以其积极有为的人生态度、敏锐的政治洞察和雄辩的才能，领导着稷下的学术走向了争鸣的高峰，创造了中国文化史上彪炳史册的稷下学术气象。

三、孟子对齐鲁文化的提升

齐鲁文化是培育孟子思想的沃土，孟子对齐鲁文化的提升也作出了巨大贡献。一个方面是孟子对齐鲁文化"重心"地位的提升；第二个方面是孟子促进了齐鲁文化的融合和二元一体的进程。

（一）对齐鲁文化"重心"地位的提升

德国人雅斯贝尔斯在 1950 年发表的一篇文章《历史的起源与目标》中提出了一个观点：在公元前 800 年到公元前 200 年之间，世界的文化发生了突变，这是至今我们仍然赖以生存的人类精神的基础，同时独立地在中国、印度、波斯、巴勒斯坦、希腊出现。即是说，世界上几大文明古国的思想突然产生了飞跃，出现了一种爆炸式、跨越式的发展。"世界历史的轴心似乎是在公元前 800 年至公元前 200 年之间发生的精神历程之中。"非凡的事都集中在这一时代发生了。孔子、老子、释迦牟尼、创立犹太教的先祖、亚里士多德、柏拉图等世界文化名人，大多数也是在公元前 800 年到公元前 200 年之间产生的，这个时期被雅斯贝尔斯称为世界文化的"轴心时代"。

公元前 800 年到公元前 200 年，正是我国的春秋战国时代。在这个时代，文化有一个重心区，这个"重心"就是齐鲁。傅斯年在著名的《夷夏东西说》一文中说："从春秋到王莽时，中国上层的文化只有一个重心，这一个重心，便是齐鲁。"① 在这里我们可以这样定位齐鲁文化在中国文化史上的重要地位：中国文化轴心时代的文化重心。为什么在齐鲁这个地方产生的孔子、孟子包括子思、荀子的儒家思想成为后来中国文化的核心思想？这与齐鲁文化的这样一种重心地位是有直接关系的。齐鲁文化的这一地位，在战国时期是以"邹鲁之风"与"稷下气象"为主要支撑，在邹鲁地区形成了一种儒家的风气，在稷下学宫形成了百家争鸣中心的气象，这两者支撑了战国时期齐鲁文化在中华文明轴心时代的重心地位，而这两点也都突出显示了孟子的贡献与影响。

（二）促进齐鲁文化二元一体的融合进程

齐鲁文化在结构上是二元的，齐和鲁是两支从渊源、形成到文化形态都有很大差别、各具特色的文化。大致说来，齐文化较多地传承了东夷的土著文化，鲁文化则是周文化的集中代表。鲁跟邹是两支不同的文化，齐和鲁也是如此。但是在春秋战国时期那样一种特殊的文化交流和融合的时代背景下，使两支不同性质的文化能够形成一个文化圈，邹和鲁形成了邹鲁文化，而齐和邹鲁也是在这样的大文化背景下交汇融合，形成了一个形象趋于一致、结构存在二元的齐鲁文化圈。

邹鲁文化形成一支文化，齐和邹鲁文化又融合成一个齐鲁文化圈。这两个方面的融合有什么不一样？我们可以这样认识这个问题：邹鲁文化形成的一个统一体，以及齐鲁文化形成的一个文化圈，在形象上是趋于一致的，但实质上仍然存在着二元，既是一个文化圈，又各具不同的特色。实际经历了一个由二元一体向一体之二元的变迁过程。在这样一个发展融合的过程中，有两个阶段非常重要。

第一个阶段是春秋末期孔子在文化上融合齐鲁，创立了儒学。即是说儒学的创立实际上也是鲁文化和齐文化融合的一个结晶。孔子在周游列国之前的 15 年，即在 35 岁的时候到了齐国，他在齐国待了三年，对齐文化有深入的研究和吸收。这一点我在《孔子与齐鲁文化》的论文中

---

① 傅斯年：《民族与古代中国史》，河北教育出版社 2002 年版，第 58 页。

有较深入的分析探讨。孔子创立儒学，实际上是齐鲁文化融合的一个硕果。

第二个阶段，齐鲁文化的第二次融合就是战国时期。这个时期的文化融合有两个方面：一是齐强鲁弱局势的深入发展，齐对鲁的土地兼并促进了齐鲁文化的融合。在战国时期，鲁国国力已经非常衰弱，它的国土面积就是现在的曲阜周边很小的范围，而包括原来鲁国大片领土的地盘都成了齐国的土地。这一种兼并，使齐和鲁的文化融合加快了。再一点是，鲁国的学者和各国的学者都在齐国的稷下展开了学术的争鸣，也促使儒学在齐地迅速地传播，使齐鲁思想文化的面貌由二元向儒学一体化迅速发展。这是一个很有戏剧意味的历史文化现象：在国土的占领上，齐国占领了鲁国大片的国土；但在文化上，鲁国却凭借他的儒家文化软实力，同时借助稷下的百家争鸣，在齐国大力推行儒家文化，促进了齐鲁两国政经硬实力和文化软实力的逆向交流，促进了文化融合。在这一过程中，孟子起到了特殊的作用。细加分析，孟子从三个方面予以促进：第一，孟子在齐大力推行仁政主张，使儒学从诸子之学术走进了齐国国君的殿堂，成为政治家的治术议题。第二，在与齐人及稷下先生的交流融合和辨析中，推动了儒学进一步的丰富和发展，使之更加适应时代和历史发展的要求。也就是说，孟子借助稷下推动了儒学的丰富和发展。第三，孟子在齐国大量地招收齐人为学生，这样就壮大了齐人中儒家学派的组织力量。在齐文化中融入了儒学，在齐地形成一种儒家的风气，奠定了人才的基础。

正是在这样一个基础之上，孟子之后，在《荀子·性恶》中，首次出现了"齐鲁"并称。"天非私齐鲁之民而外秦人也，然而于父子之义，夫妇之别，不如齐鲁之孝具敬文者，何也?"这里用"齐鲁"指儒家故乡的一种仁孝风气。荀子时期比孟子晚了数十年，也就是说，在荀子时期，已经认为齐鲁两地都同样具有一种儒家的文化风气了。

我们认为：推动齐鲁文化融合的儒学大师，前有孟子，后有荀子。但是孟子以其邹鲁之人的身份而居齐好辩，推动了百家争鸣，在这方面，其贡献更加突出。

　　总之，邹文化是养育孟子的文化渊薮；邹、鲁文化的结合，培育了孟子，是孟子思想的重要源头；齐文化对孟子主体思想的形成，产生了重大影响，齐鲁文化是培育孟子的文化沃土。孟子对齐鲁文化在中华文明史上的重心地位和齐鲁文化圈的形成，作出了巨大贡献。

孟子梦与中国梦①

　　梦想，是一种立足现实、超越现实的高远境界。有梦想，才有方向；有梦想，才有动力；有梦想，才有未来。中华民族是一个富于梦想的民族，历史上众多先哲达人的梦想，积淀着我们民族最深沉的精神追求，是我们今天实现民族伟大复兴之"中国梦"的丰富历史文化资源和文化滋养。孟子，作为中国历史上伟大的思想家和政治家，就是一个富于梦想、追求梦想之人。

一、梦想与梦境

　　主要记载孟子言行的《孟子》一书，通观全篇，并无一个"梦"字，但深入研析却发现：全篇紧紧围绕一个"梦"字，真有"不着一字，尽得风流"之妙。《孟子》一书，系统地展现了孟子的梦想，深入地阐发了他的梦想，真实地记载了他对梦想的不懈追求。在他所处的那个"天下并争于战国"的时代，他的梦想，既立足社会现实，又超越社会现实，有清晰的梦境，有高远的境界，有系统的表述。而他的梦想，一言以蔽之：既是他个人的梦想，也是那个时代民族的梦想和追求。具体分析，孟子之梦，至少有三个层次：

━━━━━━━━━━

　　① 在 2014 年 5 月"孟子思想的当代价值"高端论坛的讲演。

其一，治国梦。天下大乱，大国争雄，战争频仍，民不聊生。一国之治，如何实施，孟子有明确的理想——就是实行"王道"主张，以"仁政"治国。何为"王道"？孟子认为："保民而王，莫之能御。"（《孟子·梁惠王上》）只有让百姓安定、富足，受到良好的教育，民心归附，才会无敌于天下。如何保民？即实行"仁政"。"仁政"的内涵是什么？孟子作了较为丰富全面的解说：主要有："王如施仁政于民，省刑罚，薄税敛"（《孟子·梁惠王上》）；"夫仁政，必自经界始。"（《孟子·滕文公上》）也就是保土地，少刑罚，薄税负，让老百姓过富足日子。孟子还说："老吾老以及人之老，幼吾幼以及人之幼，天下可运于掌。"（《孟子·梁惠王上》）就是让天下老人皆有所养，天下儿童皆有所育，天下就无敌了。孟子的治国梦，有明确的治国目标：反对战争掠夺，反对滥用刑罚，以民心向背为旨归；有具体的"保民"措施：保土地、保富足、爱惜生命，敬老抚幼；有鲜明的路线图：由一国之治到统一天下。这对当时一心靠武力灭六国得天下的有为大国之君，是一个充满诱惑力的梦想。

其二，社会梦。在战乱不止、民不聊生的时代，孟子提出了他的社会梦想，这个梦想有其具体的梦境：一个美妙的社会图景。他在与齐宣王对话时描述说："五亩之宅，树立以桑，五十者可以衣帛矣！鸡豚狗彘之畜，无失其时，七十者可以食肉矣；百亩之田，勿夺其时，数口之家可以无饥矣！谨庠序之教，申之以孝悌之义，颁白者不负戴于道路矣！"（《孟子·梁惠王上》）这是一个古代版的"小康"社会图景：和平安定，社会祥和；林茂粮丰，六畜兴旺；衣帛食肉，生活富足；仁礼孝悌，教育及时；民风淳正，老幼皆宜。

第三，个人梦。他的个人梦，是和治国梦、社会梦连接在一起的。孟子有宏大的个人抱负，有高远的个人理想，对自己要成为一个什么样的人，他的个人梦想也有三个层次：一是以孔子为楷模，做民族文化的传人。他最崇拜孔子，一生立志做孔子那样的人。他不止一次表达说："乃所愿，则学孔子也。"他以孔子之后，中华文化的传人自居，立志传承道统，发扬光大。他认为："由尧、舜至于汤，五百有余岁……由汤至于文王，五百有余岁……由文王至于孔子，五百有余岁……由孔子而来，至于今，百有余岁。去圣人之世，若此其未远也。近圣人之居，若此其甚也。然而无有乎尔，则亦无有乎尔？"（《孟子·尽心下》）其历数了代代道统传承，最后表示：我离孔子时代不远，故居距孔子最近，难道我就不能承担其发扬光大民族传统的重任吗？足见其梦想之高远。二是以尧舜为榜样，做平治天下，大有作为之人。他明确表白自己的责任："如欲平治天下，当今之世，舍我其谁？"孟子一生敬民爱民，最大的梦想就是，立足现实救人民于水火之中。他提出"民为贵，社稷次之，君为轻"，也是对他人生梦想的一个很好注脚。孟子治天下，有先圣做榜样：要像尧舜那样勤政爱民。他是将自己的人生理想与古代先哲的榜样、现实的民生疾苦联系在一起的。三是做有浩然之气、有高尚人格的"大丈夫"。他提出要做"富贵不能淫，贫贱不能移，威武不能屈"之大丈夫，要做能"动心忍性"，"生于忧患，死于安乐"，有"浩然"正气的君子人格的大丈夫。为了做到这一些，他以"舜发于畎亩之中"以及傅说、管仲、孙叔敖等先圣先哲为例，提出："天将降大任于斯人也，必先苦其心志，劳其筋骨，饿其体肤，空乏其身，行拂乱其所为，所以动心忍性，增益其所不能。"（《孟子·告子下》）这一倒因为果的人生哲理，是实现"大丈夫"梦想的必由之路，也是孟子对自己提出的苛刻的自奋要求，做好了为梦想献身的准备。

二、梦想与追梦

　　深入分析孟子之梦，就会发现他的梦有很突出的个性特点，大致有以下三点：其一，孟子梦想很高远。他的梦想以天下为己任，一己之梦而胸怀天下；他的梦想以民生为主旨，千方百计渴求民生安康；他的梦想以社会为蓝图，追求的是整个社会的升平景象。孟子的梦，既超越自我，又超越现实。以往观千年，先圣先哲为根基；又放眼未来，以天下统一为旨归，展现出孟子崇高的精神品格和高远的思想境界。

　　其二，孟子梦想很系统。孟子有言："人有恒言，皆曰'天下国家'。天下之本在国，国之本在家，家之本在身。"(《孟子·离娄上》)他的梦境体现着由天下到国家社会，再到自身的层递。孟子时代的"天下"，即国人之"普天之下，莫非王土"的天下；他的天下国家，是民族的、社会的，也是家庭的。孟子梦想是以家庭为基础的社会景象。而在天下、国家、社会之中的个人之梦，只是由天下而始的民族的、国家的、社会的梦想的聚焦点。因而，孟子梦想图景的层递变化，正体现着他理想的由近及远，由个人而致天下的系统扩展与发扬。孟子之梦将平天下之责、治天下之术、安社会之象、修个人之身有机地结合在了一起，是一个系统化的丰富有序的完美内涵。

其三，孟子梦想很具体。孟子的梦想宏观而不缥缈，高远而接地气，丰富而又具体。谈治天下之梦，有雄辩分析，有系统阐发，有具体措施。大到"天下可运于掌"的谋略，而具体则提出"夫仁政，必自经界始。经界不正，井地不均，谷禄不同"。也就是说，要将土地一亩一分的田界分清楚，不分好田界，就会带来不公不均。可见，是如何的具体。谈到社会梦，孟子所关注的也是"五亩之宅，树之以桑"，像聚焦镜头，具体可感。所以孟子之梦，既让人感受到了崇高，又体验到具体和亲切。

孟子的梦想，体现着一种孟子梦精神，即他为追求梦想所展现出的执着顽强、锲而不舍的追梦精神。这种精神大致也可以从以下三个方面来挖掘其丰富内涵：

第一，宣传梦想。孟子之梦，事关天下、国家、社会，实际上是要建设一个在政治、经济、社会、文化上的理想社会，这就决定了他的梦想实现，必须依靠统治者的接受和实施。所以，孟子追求梦想的过程，就是大力宣传、推销自己梦想的过程。他在二十年中，四处奔波，到各国游说，与各国国君对话，宣讲、辩说，不遗余力，力图说服对方接受自己的梦想，实行"仁政"治国，给老百姓以安定富足的生活。孟子游说诸侯，正处在一个诸子百家蜂起，各国君主争相礼贤下士的时代，他周游列国，"后车数十乘，从者数百人"，浩浩荡荡，八面来风，气势非凡，但真正接受他主张的人却很少。他滔滔不绝，与人争辩，感情充沛，言辞机敏，气势雄健，锋芒毕露。人讥其"好辩"，他辩解说："余岂好辩哉？余不得已也矣！"一句话，道出了他的追梦精神之所在：为了梦想不得不为，奋力而为不遗余力。

第二，实践梦想。孟子对梦想的实现，不仅思之于心，宣之于口，而且见之于行。他从三个方面推动实践：一是积极出仕，参与国家管理。孟子游说各国诸侯的目的，不只是推行理想主张，还想得到重用，去实践自己的梦想。所以，他在齐国被封为上卿，也着实准备大干一场，但因其主张不为齐宣王所接受，所以位高而权微，只是让他"不治而议论"，并无实职任用，他只能失望而去。二是他"招天下英才而教育之"，实际上他在采取措施，为实现梦想，培养自己的人才队伍。所以，在战国诸子中，孟子的学生是最多的人之一。三是强化人格修行，养浩然之气，竭力提高个人实现梦想的思想水平和实践能力，全力为实现梦想，打造过硬本领。

第三，坚持梦想。应当承认，孟子的梦想在那个时代是难以实现的，正如《史记·孟子荀卿列传》所言："天下方务于合纵连横，以攻伐为先，而孟轲乃述唐虞三代之德，是以所如者不合。"在处处遭遇碰壁之后，孟子仍坚持自己的理想信念不动摇。他提出："立天下之正位，创天下之大道，得志，与民由之，不得志，独行其道。"（《孟子·滕文公下》）因而他晚年"退而与万章之徒，序《诗》、《书》，述仲尼之意，作《孟子》七篇"（《史记·孟荀列传》）。他晚年的讲学授徒，退而著述生活，进一步彰显他对梦想的坚持与执着：他表示："仰不愧于天，俯不怍于心"；他是以坚持梦想为满足，以培养人才为乐事的。

三、孟子梦与中国梦

首先，孟子的梦和中国梦在本质上是有联系的。当代中国梦的具体实现，实际上也有三个层面的内容：国家怎么实现、社会怎么实现、个人怎么贡献。孟子之梦想最可贵的地方在于：它是把国家的梦、社会的梦和个人价值实现的梦，非常有机地结合在一起。而今天我们实现中国梦，也应该将实现国家富强、民族复兴的梦，实现社会繁荣富足、百姓享受小康生活的梦，与我们个人价值实现的梦紧密结合在一起。孟子思想博大精深，但也有时代的局限性，时移世异，我们当然不能把孟子的梦想原封不动地照搬到今天，但是其梦想的精神本质，却是与实现民族复兴的中国梦一脉相承的。孟子的梦是我们当下实现中国梦的丰厚文化滋养。

其次，孟子对梦想执着追求，对于今天每一个人来讲，也都可以从中汲取丰富的精神滋养。孟子一生的梦想，不是个人的一己之梦，而是国家、社会、民族的梦想，他周游列国，到处宣传自己的梦想，在游历魏国、齐国，与魏、齐国君交流时，孟子高调畅谈自己的梦想。如《孟子·梁惠王上》中记载孟子借齐王喜谈"齐桓晋文之事"，而大谈"仁政"主张，就是孟子推销、宣传自己梦想的经典例子。孟子在宣传自身梦想的时候，很注重提出具体的理想图景和实现措施，如制民之产、生态保护等都是其具体的内容。他被自身的梦想——也就是他的社会理想所鼓舞，通过"辩"来战胜自我，战胜困难，说服他人，他执着地为了自己的梦想而求索、努力。其在理想与现实之间发生冲突之时，始终坚持梦想不动摇，积极探索实现梦想之路不停步，他的执着追梦精神堪称典范与榜样。

再次，孟子还积极地实践自己的梦想。与孔子不同，孟子周游列国主要是为了与国君沟通交流，其实际目的是想通过这些统治者，来实现自身的梦想，《孟子》中很多的对话都是对着这些国君而发的。无论是身处齐国，还是身在魏、薛、滕等国，孟子都是在积极实践，以宣传他的梦想。所以孟子并不推辞做官，其在理想与现实之间也发生冲突，但无论如何孟子都在坚持自己的理想，积极地实践自己的梦想。他为了梦想不懈努力的精神非常值得我们学习。

又次，为了实现梦想，孟子对修身提出了很高的要求。这一点更难能可贵。他做到了对人对己、在内在外的一致。他提出了养心、养性、养气、养身的主张，意在不断地提升自己。他认为，只有提升自己个人素质，才能去实现善济天下之人的梦想。孟子的梦想不是只对别人而言，也是对自己的要求。孟子的大丈夫精神，做人的品格和追求，体现了一种人格的崇高美。值得后人去继承、发扬。

孟子之伟大，在于其人格的伟大、境界的高远、梦想的超群。战国时期，列国纷争的社会现实，决定了孟子的理想和社会现实之间是有距离的，他到处碰壁，以至于有人评价其"迂远而阔于事情"，但他始终执着地坚持、坚守自己梦想。不为人所动。这样一种固守理想、人格的精神，在今天的社会中，尤其需要我们承继与发扬。

孟子的梦境，已成为历史的陈迹，但孟子追求梦想的精神，却是我们中华民族、国家、社会乃至每一个百姓的理想追求和精神滋养。孟子对梦的追求，他在追求梦想中的所作所为、一言一行，展现出中华民族的一种伟大精神力量。对于今天我们实现中华民族伟大复兴的中国梦，是一种激人奋进的恒久动力。

孔孟教育实践的当代意义[①]

中国儒学创始者孔子与孟子，都是伟大的思想家，也是伟大的教育家。他们在世界文化史上一个最辉煌的时段——"哲学突破"的"轴心时代"，是世界东方的文化巨人，以其思想的光辉和创造性的教育实践，为人类文明作出了卓越贡献。他们的思想理念超越时代，跨越地域和国界，影响了中国和世界数千年。今日，当我们身处全球化和信息革命的时代来思考人类发展、展望整个教育的未来时，仍有必要回首两千余年，从孔、孟的教育思想、教育实践中去汲取当代人所需要的智慧和营养。

一、拉近距离看孔孟

孔子出生于春秋末期，孟子生活于战国中期，他们的教育实践与历史贡献，既是那个时代文化的产物，也与那个时代的文化生态与发展变革紧密相连。分析那个时代的政治特点与社会文化生态，是历史地分析孔孟思想的重要组成部分。

在中华五千年文明史上，春秋战国时期是一个极大地影响了中国历史发展进程，决定着民族文化建构，引领中华文明发展方向的特殊历史

---

① 2015年5月在韩国安东市"21世纪人文价值论坛"上的主题演讲。

阶段。而这一个时期，在世界文明史上也是一个不寻常的时代。现在学术界越来越多的人赞同德国学者雅斯贝尔斯提出的世界文明"轴心时代"的观点："历史的中轴似乎被发现处于公元前 500 年左右。在公元前 800 到前 200 年间发生的精神历程之中。正是在那一时期我们遇到了最深刻的历史分界线，我们今天所知道的'人'在那时形成了。我们可以把这个时期简称为'轴心时代'。"①

雅斯贝尔斯分析、关注世界几大文明古国在这一时期的文化现象，认为在这个时期，充满了不寻常的事件："在中国诞生了孔子和老子"，"在印度，这是优波尼沙和佛陀的时代"，"在伊朗，祆教提出它挑战式的论点……在巴勒斯坦，先知们奋起：以利亚、以赛亚、耶利米"，希腊产生了荷马及柏拉图等。"这都是在几个世纪之内单独地也差不多同时地在中国、印度和西方出现。"② 这里值得我们注意的是：在雅斯贝尔斯的论述中，他特别注重中国。中国在他所说的"轴心时代"的论述中是重要的历史依据。

这个"轴心时代"，在中国历史上即春秋战国时期（前 770—前 221 年）。这个时期，也是中华文明发展史上的"轴心时代"。

将孔孟生活的春秋战国时代与当今世界作比较，我们发现：尽管相距两千余年，两个时代社会性质和发展水平存在巨大差异，但从时代特征和文化特点上看，诸多方面却呈现出形似甚至神似之状，存在着相当的可通性、契合性，似乎历史出现了惊人的"复活"现象。不仅东西方学者早有人提出了当代社会进入了"第二轴心时代"③ 和新轴心时代④，而且也有人提出世界进入了"战国时代"。我们分析中国历史上的春秋战国时期与当今世界发展的大势，至少有以下三个方面体现出两个时代

① Karl Jaspers：*The Origin and Gaol of History*，魏楚雄、余新天译，华夏出版社 1989 年版。

② Karl Jaspers：*The Origin and Gaol of History*，魏楚雄、余新天译，华夏出版社 1989 年版。

③ 见剑桥大学唐·库比特《空与光明》，王志成、何从高译，宗教文化出版社 2003 年版。

④ 见汤一介《论新轴心时代的文化建设》，《探索与争鸣》2004 年第 1 期。

的相似特征：其一，总体社会状况为大变革，大调整，大发展时期。春秋战国时期是中国历史上最动荡分裂的时期之一，也是大变革、大发展时期。其结束了西周以来"普天之下，莫非王土，率土之滨，莫非王臣"的统一局面，形成了长达五百余年诸侯割据，列国纷争，变法改革，争强图霸的社会局面。各诸侯国为适应社会巨变以求生存发展，从多个方面实行改革探索，使这个时代成为一个以变革主导发展的时期。明代学者王夫之称战国之世"为古今一大变革之会"，即是对其社会实质的深刻洞悉。当今世界虽非"战国"乱局，但总的发展情势却颇为相似：世界处于一个大变革、大调整、大发展期。在世界范围内不仅发生着权力结构的深层变迁，而且各个国家也都处在从深度变革到加快发展的历史过程中。正如有学者所指出的："在过去30年中，世界所发生的巨变，超越了此前300年的变革。"① 值得我们关注的是：两个时代大变革、大发展的总趋势是走向"统合"。即：尽管动荡、变革是时代主要特征，但总体发展趋势却是走向一体化。只不过中国战国之局发展的结局是"大一统"，当代国际社会发展则是加快走向各国依存度越来越高的全球化。正如美国前总统克林顿曾说过的："我们在这个变得越来越小的星球上，拥有共同的未来。一个没有墙的世界是唯一可持续的世界。"②

其二，都是文化上的多元发展，冲突碰撞，交流融合时期。战国时代，是中国文化史上各地域文化竞相发展，异彩纷呈的繁荣辉煌时期。一方面在社会剧烈变革中，西周以来以贵族统治为主体的旧制度的破坏与消亡，带来文化上的"礼崩乐坏"，形成各诸侯国政治、经济、军事的相对独立，从而形成文化上地域文化个性彰显与多元发展；另一方面，"高岸为谷，深谷为陵"的社会巨变，形成了"三姓之后，于今为庶"的贵族家族制的解体。在此情况下，贵族平民化而使知识下移，私

---

① [新加坡] 马凯硕：《大融合：东方、西方与世界的逻辑·绪论》，海南出版社2013年版。

② [新加坡] 马凯硕：《大融合：东方、西方与世界的逻辑·绪论》，海南出版社2013年版。

学的兴起又使一些平民、"庶人"增加了受教育的机遇，提升了大量平民的知识水平。两相汇聚，形成当时知识分子群体的膨胀和社会地位的迅速提升，即"士"阶层的崛起。由此形成战国时代思想解放、学术自由、哲学突破、百家争鸣、名人辈出、文化繁荣的历史奇观，对中国乃至世界文明产生了至深至远的影响。出现在公元前4世纪至前2世纪齐国（今山东淄博）临淄的稷下学宫，就是当时各派学者的汇集之所。几乎所有学派都在这里相互交流、辩说、吸收、发展，反映了战国学术交流融合的趋势。在当代社会，由于科技发展与信息技术带来的全球范围的交往与交流的便捷与频繁，大大拉近了不同文化、宗教的交流距离，是历史上空前的全球文化大交流、大碰撞、大融合的时代。近些年，国际学术界多边合作举行的各种文明对话会，即是这种文化交流，互相辨析吸收的体现。

其三，人本思想的发展。追求人的自由，尊重人的个性，重视人的发展是两个时代共有之特征。人本思想是中华优秀传统文化的核心价值理念。中华文化中人本思想发育很早，在最早的文献《尚书》中就有"唯人万物之灵"的记载。春秋战国时期，旧贵族制度的崩溃，给人本思想带来了发展机遇。在春秋时期，列国争霸，竞相发展，人成为主导因素。五霸之首的齐桓霸业，"九合诸侯，不以兵车"，在成就霸业的同时，体现出对人的生命的珍惜和尊重。所以，在《管子》中就首先提出"以人为本"。战国时期"礼贤下士"之风盛行，既是对人才的渴求，也是人本思想的重要体现。当时，齐宣王见一平民之"士"颜斶。王坐堂上，颜斶止步不前。王说：你到我面前来！颜说：你到我面前来。齐王说：我身为一国之君，身份高贵，你为一介平民，身份低贱，我怎么能下拜求你呢？由此爆发了一场"王贵"还是"士贵"的激烈争论。颜斶以举例折服齐王说：当年秦败齐，下令有敢去柳下季（名士）之垄（墓）砍柴者"罪死不赦"；有得齐王头者，"赐金千镒"，可见"生王之头曾不若死士之垄也"。结局是以齐宣王认错并拜师收场。在儒家，孔子将人本提升为其思想体系的核心内容："仁者，爱人。"孟子则将人本与政治结合，将"民本"思想提升到前所未有之高度，提出"民为贵，社稷次之，君为轻"。在当代社会，不论在东方还是西方，文化传统、宗教信仰尽管有较大差异，人本却是时代思潮的主流。将人本、民本思想作为最高的价值追求，并与法治结合，成为当今时代普遍的治国理政的主导思想。

我们将孔孟的时代与当今时代作一简要的比较，拉近了我们与孔孟的距离，增加了我们与两位"圣人"的亲近感。孔孟时代与我们今日社会虽相距两千余年，但由于诸多社会形态的相似，使我们能在相隔两千余年遥远的时空，"近距离"观察孔孟的教育实践。因而将孔孟回放到他们所处时代的社会现实中，观察总结他们的教育实践，再现一个真实的孔孟，将更加有利于我们直接、真实地汲取孔孟教育实践在当代的思想意义和文化价值。

二、孔孟教育实践的当代意义

在当今社会经济全球化、科技一体化、信息网络化将全人类联成一体的新形势下，人类的发展、社会的进步，需要我们首先解决面向未来教育的若干现实和潜在问题。那么，以当代人的价值观念和文化自觉去深入探求孔孟教育的实践，我们可以发现，孔孟毕其一生的丰富教育实践活动是一座取之不尽的思想文化宝库。现仅就以下三个方面简单谈一点粗浅的认识。

其一，"天下"视野的创新精神。孔孟身处分裂割据的春秋战国时代，地处当今山东省的一隅之地——邹、鲁之邦。这两个诸侯国在春秋末到战国之世都已是地狭力薄的小国了。他们在邹鲁之地办教育，一个共同的特点却都是"以天下为己任"，培养适应"天下"需要的栋梁之才。这种视野、境界和胸襟很值得我们今天的人们特别是从教者学习。一是招天下之士。据匡亚明《孔子评传》统计，孔子的弟子到目前仍知其名者有 68 人，属当时 9 个诸侯国。李启谦先生有《孔子弟子研究》一书，则统计为 104 人，属 8 国。可见，其所谓"有教无类"，不仅不论出身穷通，也不分出身何国何地。二是行天下之路。孔孟从事教育的实践活动之一是周游列国。孔子一生从教，注意对当时各国政治、社会现实的考察。因而，游学成为其重要教育实践活动之一。他在 35 岁时先到齐国，居齐达三年之久，主要是学习齐文化。51 岁又先后到过卫、陈、曹、宋、郑、蔡、匡、楚 8 个诸侯国，达十数年。孟子则"后车数十乘，从者数百人"，到过齐、魏、滕、薛、宋、鲁等国，时间也超过 20 年。三是育天下之才。《史记·儒林列传》说："孔子卒后，七十子之徒，散游诸侯。大者为师傅卿相，小者友教士大夫。"可见，其弟子散布各国，多为栋梁之才。而孟子招收弟子的原则更明确定为"得天下英才而教育之"，并以此作为"君子有三乐"之一。[①]

　　孔子之前的教育体制，主要是"学在官府"，教育为贵族垄断，至于民间教育怎么办，并无先例可循。孔子针对"礼崩乐坏"、天下纲纪不张的社会现实，创立私学，而且有一整套行之有效的教育原则、教学方法、管理制度等，以一人之力创办中国教育史上最大的教育集团，成为影响最大、人数最多的"显学"。这里需要说明的是，孔子之创新，反映出他对时代发展潮流的深邃观察以及他对民族文化发展非凡的创新精神，又将这种创新精神付诸教育实践活动之中。例如：孔子教学生，始而以传统的"六艺"为教课内容，即礼、乐、射、御、书、数；继之则把"文、行、忠、信"作为四大教育内容，也就是把文化知识、实践能力、忠诚品格和与人交往的诚信等全面素质教育列入，再后来即把亲自编定的"六经"作为教材。这在教材改革上无疑是一种创新，而深入探究，这与春秋之后列国纷争，民族文化遭受空前破坏有直接关系。他编定"诗、书、易、礼、乐、春秋"，实际将三代文化之经典整理保存，并通过教材形式传之学生，使民族文化典籍得以流传，民族文化传统得以延续。而从知识的角度看，却是用三代文化之精髓培育学生的民族精神。后世有人赞孔子："无孔子则无中国文化。自孔子以前数千年之文化，赖孔子而传；自孔子以后数千年之文化，赖孔子而开。"[②] 其赞孔子

---

① 见杨伯峻《孟子译注》，中华书局 2005 年版。
② 见柳诒徵《中国文化史》，中国大百科全书出版社 1982 年版。

之伟大贡献，而实际上，这也是对孔子伟大创新精神的赞扬。

在当今之世，全球化已成为势不可挡之发展潮流，探析孔子教育实践，吸取其教育智慧，尤其需要吸收的是孔子视域天下、创新教育的实践精神，就是要有面向世界、面向全球化之未来，培育人才的视野和境界，以创新精神改革现代教育中存在的封闭的、程式化的教育方式，以全球化视野引领教育方向。

其二，以德育为本的教育理念。孔子创办私学是社会变革的产物。针对春秋时期"礼崩乐坏"的社会现实，孔子创办教育的目的有两个：一是培养匡正天下，改造社会的人才；二是传承道德教化，以实现其维护一统恢复礼制的理想。因而，他的教育是与当时的政治、文化紧密联系在一起的。他培养学生特别注重"仁"、"礼"的道德教育。《论语》大多是孔子在教育学生时的谈话记录，其中提到最多的是"仁"，109 次；其次是"礼"，79 次。孔子口中的"仁"，是政治化的道德，孔子口中的"礼"是道德化的政治。孔子教育学生，很和谐地将二者结合起来，所以他的学生大多德才兼备。孔子教育精神之伟大处，还在于他以德为本的育人观念，在其教育实践中具有很强的示范性、仿效性。一部《论语》读罢，一位诲人不倦的师者形象久铭于心，发人深省。后世赞孔子为"万世师表"，既有对其道德精神的崇尚，也有对其师者风范的倾慕。孔子的这种教育理念，经历代传承推阐，对中华民族以德为本的民族精神的培养产生了不可估量的历史影响。孟子继承发扬孔子的德育精神，力推仁政之说，将政治、道德、教育更紧密地结合在一起。汉代以后，以儒家思想治国，进一步形成以仁、义、礼、智、信为核心价值观的民族精神传承体系，中国素称"礼义之邦"，与孔子"以德为本"的教育理念传承有直接关系。

在当今经济全球化、科技发展日新月异的新形势下，吸取孔孟教育实践中的智慧理念，应将孔子"德育为本"的教育理念转化为当代教育的先进思想。首先，孔子道德教育实践所追求的社会终极目标，是建立和谐有序的美好世界。孔子所赞扬的"礼之用，和为贵。先王之道，斯为美"，其理想就是人人有君子之德，而"君子之德风"，才能形成天下国家的和平与安宁。20 世纪以来，人类在经历了两次世界大战的血腥和苦难之后，建立和谐世界是全人类所共同追求的理想。其次，孔子以德为本的教育实践，是以"仁"、"礼"教育为主旨；孟子进而提出父子、君臣、夫妇、长幼、朋友的五伦之教，则是"仁"、"礼"教育的具体化，孔孟所主张的德育之核心理念，实际即是一种博大的"爱"的教育，在当今世界具有普适的意义和价值。特别值得提出的是，以孔孟德育思想为内核形成的"五常"儒家道德教育体系"仁、义、礼、智、信"，是两千余年来中国社会的核心价值观。尽管随时代发展，其内涵的诠释不断发展演化，其精神内核却超越时空具有永恒的价值，是全球化背景下人类共有的精神食粮。其三，孔孟之教育，强调德、才并重，面向社会，服务现实，实践性极强。这也为当代教育和人才培养提供了具有先导引领意义的典范。要坚持加强以弘扬传统美德、建设新时期道德观为主体的核心价值观体系建设，让道德教育体系伴随终身教育，做有德之人，建有德之国，推动和谐文明世界建设。

其三，以人为本的教育实践理念。孔孟教育的伟大之处，又在于他们在那个时代，大力挖掘、弘扬、实践了人本思想。在他们的教育实践中，处处闪耀着人本思想的光辉，其丰富多彩的人本思想是我们今天应该倍加珍视的精神财富。孔子的人本教育实践主要体现在以下几个方面：一是注重公平，有教无类。孔子提出："自行束修以上，吾未尝无诲也。"[①] 即凡是成年之人，都可以做我的学生。这种教育平等的理念反映出孔子超脱时代的博大人本情怀。二是因材施教，注重个性。孔子学生来源广泛，成分复杂，孔子坚持因人而异，循循善诱，提出"听其言，观其行"，"视其所以，观其所由，察其所安"，而分别施教。南宋时朱熹总结孔子之法为"孔子教人，各因其材"。三是尊重人格，师生平等。孔子与学生关系中已展现出可贵的平等精神，即教学相长、平易近人、互敬互爱，成为尊师爱生的典范。他公开提倡"当仁，不让于师"。即号召学生在面对行仁践义这样重大问题时，对老师也不谦让。他对学生

---

① 见《论语·述而》，以下凡引文未注出处者，均出自《论语》。

的爱及学生对他的敬，达到了情同骨肉的程度。当他听到学生颜回去世后，望天哀叹："天丧予！天丧予！"反映出他与学生近乎骨肉的深情。而他的学生子贡听到有人诋毁孔子时，则由衷赞叹："仲尼，日月也，无得而逾也。人虽欲自绝，其何伤于日月乎？"

孔子在教育实践中所展现的人本思想，是我们当代人的一面镜子，他所创设的师生关系堪称代代从教者的典范。清代康熙皇帝特赐曲阜孔庙御匾"万世师表"，也道出了孔子教育实践超越时空的普适价值。

孔子在教育实践中所展现的人本思想，既是我们当代人的一面镜子，又是丰富的精神滋养，我们可以从孔子之精神理念和孔子教育实践经验的直接汲取中来实现孔子人本教育思想的现代转换与价值实现。实现转化、传承和弘扬孔子人本思想理念，我认为主要有三点，而这三点是与孔子的整个道德品性修养密切相关的。一是"仁者爱人"。孔子之人本，首先出于爱人之心，今日之人，首先要学习孔子之爱心。师生如父子，如手足（兄弟），爱之深，关之切。二是忠恕思想。"己所不欲，勿施于人"，这是尊重他人人格的精神理念基础。只有将孔子思想理念作为我们今天构筑道德精神的基础，才能真正践行人本思想。三是"和而不同"。这是孔子所倡导的君子人格之主体精神之一。在当代不同民族、宗教、国家的密切交往中，只有实现孔子所赞赏的君子品格的落实，才有全球化背景下的人本。我们以爱、恕、和的思想理念去培养君子的浩然之气，才能成为新时代的仁者与君子，而这一点正是当代人所应具备的道德基础。

孔子的人本教育实践经验贯穿在他一系列与学生教学相长的实践中。孔子的教育实践直接为我们提供了人本教育实践的模本。如何在言行实践中去实现，我以为孔子也至少提供了三种范式：其一，随遇而发的对话交流。一部《论语》多录孔子与学生的对话，或谆谆告诫，或侧耳倾听，显见孔子与学生深度交流之态。其二，日常生活的相互关注。孔子教育的个性化，因材施教，都寓于他对学生日常生活的关注。他总结颜回："一箪食，一瓢饮，在陋巷，人不堪其忧，回也不改其乐。"他细致入微的观察评说，既是对弟子的尊重与赞誉，也是教育学生的一种方式与方法。其三，专题安排实践活动。如：与四个弟子"各言尔志"的侍座交流，像是一场精彩的专场演出，又是其特意安排的教育活动，成为孔子教育实践活动中代表性的实践断面。对话交流，日常关注，专题研讨，孔子为我们提供了丰富的教育实践经验，也展现出其丰富博大的人本思想情怀。

"邹鲁之风"的形成与演变[①]

在中国儒学史乃至文化史上,"邹鲁之风"是一个值得研究的重要文化现象。在汉代以后的两千余年里,"邹鲁之风"已经成为"儒风"及传统文明之风的代称。例如《唐文拾遗》卷45载《文宗御注孝经赋》即有"万门翕集,清传邹鲁之风;万室雍熙,普咏文明之德",以"邹鲁之风"与"文明之德"对应。元代诗人吴海为福建闽县人,博学负气节,人称"性不悦流俗,慕邹鲁之风"[②]。《台南古迹志》记载徐树人任职台南时,大兴海东书院,"一时文士兴起,有海滨邹鲁之风"[③]。可见,"邹鲁之风"历来成为一地优良文化风气的代表。

邹鲁是孔孟的故里。邹鲁文化研究是儒学研究的一个重要领域。但毋庸讳言,这个领域的研究,特别是邹鲁文化与孔、孟及儒家学派关系等诸多问题的探讨,还是很不够的。

杜维明先生从世界儒学研究的意义出发,就提出了一个思考深远的问题:"为什么曲阜、邹城形成的区域文化影响到中原,继而到全世界?这其中经过怎样的曲折和发展,逐渐成为主流……都很值得探究。"[④] 最

---

① 2015年5月,在邹城"全国邹鲁文化特色城市联盟"研讨会上的演讲。

② 见《元诗选上集·辛集》。

③ 见《雅堂文集》卷三。

④ 杜维明:《在儒家思孟学派国际学术研讨会闭幕式上的总结发言》,见《儒家思孟学派论集》,齐鲁书社2008年版。

近，我又读到了李学勤先生在十年前谈到这个问题时切中肯綮的一番话，很受启发："这里需要研求的问题是，邹鲁文化何以会孕育出孔子及儒学？孔子和儒学又怎样塑造与推进了邹鲁文化？以孔子儒学为代表的邹鲁文化是在什么环境下形成的，与其他区域文化存在着如何的关系？要回答这一类问题，必须对邹鲁文化进行全面的考察分析，说明其本质和特征。"[①]

杜、李两先生的话，代表了新时期学术界对孔子与儒学研究的一种热切期望：要从孔、孟产生的地域文化的角度来深入挖掘和探求孔、孟及儒学孕育、产生、发展的文化动因。这不仅是儒学研究深化的需要，也是齐鲁文化研究的重大课题。本文拟从邹鲁之风的形成、发展与演变的角度，做一些粗浅的探索。

一、邹、鲁与"邹鲁"

"邹鲁"并称，始见于战国《庄子·天下篇》，不见此前史籍。但邹、鲁两国都是立国很早，而且文化渊源有自的文明古国。关于两国文化的渊源、发展及相互关系，已有学者进行过有益的探讨论说[②]，但仍有必要在此梳理。

（一）邹与鲁——两支不同渊源的文化

邹、鲁两国毗邻，以今日观其古国遗址，相距不过 20 公里。但从文化渊源看，两国文化并非一体。鲁，立国于周初封建诸侯之时，为周宗室、姬姓，史多有载，论者亦多，此不赘述。邹之文化渊源却值得深入探析。

从已有的研究成果看，能够确信的是：邹，即邾（邹，亦作驺，为

---

① 见贾庆超等《邹鲁文化研究·序》，中华书局 2004 年版。

② 参见李启谦《论孟子思想与邹鲁文化》，《烟台大学学报》1995 年第 4 期；王钧林：《论邹鲁文化》，《东岳论丛》1997 年第 1 期；杨朝明：《邾鲁关系·邾国文化·邹鲁文化》，《齐鲁师范学院学报》2012 年第 4 期。

邾之异体字），邾，也作邾娄，为一立国早于鲁的东夷土著方国。其文化渊源，有学者依据《路史》、《元和姓纂》等文献和出土的《邾公牼钟》，认为邾人的祖先为陆终氏，而陆终氏为黄帝之孙昌意之子颛顼高阳氏的后裔。①且据《路史》："朱，曹姓，子，邾也。"曹为姬姓，如此说，邹与鲁应为同祖同源的姬姓方国了。但此说颇多可疑处。一是上述材料多据唐人之《元和姓纂》和南宋罗泌《路史》，推导、传说成分较大。二是与先秦文献中有关邾、鲁关系的记载多有矛盾之处。细斟验之，笔者以为王献唐先生在《炎黄氏族文化考》一书中所说"三邾土著为东夷炎族"，而非黄帝族裔是正确的。此外，我们发现还有三条资料可以证明邹、鲁两国不同源，现补充如下：

其一，周王室未视邾为同族同源之国。邾为夏商时立国的东方较大方国，与商奄等同属东夷土著。其大约未参与周初的商奄、薄姑叛周之乱，在周公东征后，保留下来。然而周初封建，并未封邾，只是将其作为周之附庸而据邾地。直至春秋时期，因其支持齐桓霸业，"尊王"有功，方封其为子爵之国。②显然，周王室并未将邾视为同宗，更没有像鲁、晋一样，具有"以蕃屏周"之待遇。

其二，春秋之世，邾、鲁最为敌对之国。邾鲁毗邻，观春秋之时，邾与鲁，虽时有朝鲁及与鲁盟好之事，但总体看，却始终为敌意最大之国。这与鲁同晋、曹等同宗之国的亲密关系适成鲜明对照。此非纯为外交之事，而与文化相异有绝大关系。据顾栋高《春秋大事表》统计，春秋之世，鲁国"兵之伐国仅二十，而书公伐邾者六，书大夫伐邾者八。……邾在鲁之宇下，而陵弱侵小之兵，史不绝书如此"。所以，王献唐在说到春秋邾三国之忧时说："邻国来侵，亦时以兵戎相见，其愁结最深者莫如鲁。"③统观《左传》所记春秋史料，邾与鲁，能抗则抗，

① 参见郭克煜《邾国历史略说》，见《东夷古国史研究》，三秦出版社1988年版。
② 《左传·隐公元年》载："三月，公及邾仪父盟于蔑，邾子克也，未王命、故不书爵，曰仪父。"杜预注："以为附庸之君，未王命，例称名。"孔疏："齐桓行霸，仪父附从，进爵称子。"见《十三经注疏》，中华书局1980年版，第1714页。
③ 见王献唐《三邾疆邑图考》，齐鲁书社1982年版。

能伐则伐，时有结盟，但以敌对为主。《左传》记载中，亦不乏邾联莒、联齐、联吴、联晋等国攻鲁之事①。以"尊尊亲亲"为治国方针，至春秋时仍享有"周礼尽在鲁"之誉的鲁国，对邻国之邾，"相煎何太急？"看来，本非同根生。

其三，鲁人视邾为"蛮夷"之国。据《左传·僖公二十一年》载：鲁僖公母成风之母国须句为邾所灭。"成风为之言于公曰：'崇明祀，保小寡，周礼也。蛮夷猾夏，周祸也。'"不仅指邾灭须句为蛮夷乱夏，且认为这是周王朝之祸。并于次年春，"伐邾，取须句，反其君。礼也。"可见，邾在鲁人眼中，实为异类。邾、鲁之争，带有夷夏文化冲突的底色。

邹、鲁文化的差异，从古文字和考古学上也能得到进一步的认证。山东考古学者王树明先生在其《邾史二题》一文中就提出："邾之得名，缘于邾人原以蜘蛛为图腾。邾又'邾娄'一名，是人们直呼其图腾之名'蜘蛛'二字的声转易字。"②

又例：邾国有诸多与鲁人相异的习俗。《左传·定公三年》载：邾庄公下葬，"先葬以车五乘，殉五人"。这与同属炎帝后裔，保留较多东夷习俗的齐人殉车马、殉人③相类似，而在鲁国不曾发生。

近些年，在枣庄东江村发掘的三座小邾国墓葬中，发现春秋时期青铜器 63 件，24 件有铭文。其中，多有小邾国君为嫁女而制作的媵器，这与在河北易县及河南洛阳发现的齐嫁女的青铜媵器十分相似。④

春秋之时，邾与鲁为敌，却一直与齐国结盟，数度夹攻鲁国，很有些"借齐势以侵鲁"、"邾为齐之属"⑤的倾向。这应该与文化上的同源不无关系。

---

① 参见童书业《春秋左传研究》，上海人民出版社 1983 年版，第 362—364 页。

② 参见枣庄山亭区政协编《小邾国文化》，中国文史出版社 2006 年版。

③ 齐国故城遗址中现有大型殉马坑：东周殉马坑、殉车马坑两处。又参山东省博物馆《临淄郎家庄一号东周殉人墓》，载《考古学报》1977 年第 1 期。

④ 参见李学勤《东周与秦代文明》，文物出版社 1984 年版，第 105 页；李零《读小邾国铜器铭文》，见《小邾国文化》，中国文史出版社 2006 年版。

⑤ 参见童书业《春秋左传研究》，上海人民出版社 1980 年版，第 363 页。

做了以上的梳理，我们大致总结为邹、鲁文化是两支渊源不同的文化。在春秋以前，鲁为周之封国，邹为周之土著附属国。在"兴灭国继绝世"的周礼文化生态环境下，邹、鲁两国主要传承着各自的部族文化。邹为土著东夷古国，保留和传承着较多的东夷土著文化的诸多特色；鲁为周文化在东方的代表，传承着以周礼为核心的周鲁文化传统。两国和平关系的维持主要表现为邾（邹）以礼朝鲁、尊鲁；鲁以礼安邾，关系平稳，各承传统。

（二）邹鲁文化交汇于春秋，融合于战国

春秋时期，王室衰微，纲纪不张，礼乐崩坏，列国纷争。从邹、鲁两国关系讲，在鲁强邹弱的基本格局下，进入了一个以动荡、冲突、敌对为主的时期；从文化上看，则经历了一个由排斥、冲突到交流、融合的过程。大致可以说，春秋前、中期，两支文化在以冲突、敌对为主的关系中交流；春秋后期，随着鲁强邹弱国势的定格和士阶层的兴起，邹、鲁在上层文化中加快了交流与融合。

春秋末到战国中期，是由邹、鲁两支文化到"邹鲁"文化融二为一的完成期。它以文化下移、士的崛起为基础，以孔子大兴私学为途径，以邹鲁士风的一体化形成为展现，实现了邹鲁文化融二为一的过程。这种融合，从民族文化的发展演变讲，是在犬牙交错的部族文化的交流融合中，在一个相对统一的地理单元内，夷、夏文化融合的缩影；是社会巨变所导致的原部族方国与封国之势力消长而形成的文化融合的必然结局。由邹、鲁到"邹鲁"，既经历了漫长的历史演变过程，又是社会文化剧变的结晶。邹、鲁两支异质文化的融合，不是简单的一加一式结合，也不是以鲁融邹的简单合并，而是两支文化的提升和升华。邹鲁文化既非邹文化，也不是简单等同于鲁文化，邹鲁文化是在制度文化大变革时代产生的新区域型的文化。而其结晶体，即表现为"邹鲁之风"。

二、从《庄子·天下篇》看"邹鲁之风"

　　"邹鲁"并称，最早见于《庄子·天下篇》，也是关于邹鲁之风形成的最早文献记载。《庄子·天下篇》是一篇专论诸子百家争鸣的珍贵文献，被认为是中国历史上最早的学术史专论。《天下篇》认为：古之道术"配神明，醇天地，育万物，和天下，泽及百姓，明于本数，系于末度，六通四辟，小大精粗，其运无乎不在"。而到了战国之世，天下大乱，贤圣不明，道德不一，而各派思想家各执一己之见。作者遂以此篇论述今之各派与古之道术关系。

　　《庄子·天下篇》以古之道术"无乎不在"为宗，评述当时六个主要学术流派及其代表人物的思想主旨及与"古之道术"的渊源关系。其中提及五个学派的主要代表人物有 13 人，其中，对墨翟、禽滑厘（墨家），宋钘、尹文（稷下黄老学派），彭蒙、田骈、慎到（稷下道法家），关尹、老子以及庄子本人（本真道家）四家论述，大致运用同一模式：先述学术宗旨及与古之道术关系，再提代表人物，继之评说基本思想主张。以稷下道法家为例："公而不党，易而无私，决然无主，趣物而不两，不顾于虑，不谋于知，于物无择，与之俱往，古之道术有在于是者。彭蒙、田骈，慎到闻其风而悦之。齐万物以为首……知万物皆有所可，有所不可。故曰：'造则不遍，教则不至，道则无遗者矣！'"另一家惠施、桓团、公孙龙等辩者（后世称名家），则对其善辩特点及思想观点主张进行了评述。《天下》之文，汪洋恣肆，思想宏阔，知识广博，又精深独到，点石成金。虽然，该文的作者是否为庄子本人，历来存在较大争议，但如非像庄子这样的旷世奇才确难写出如此之高论。诚如王夫之所说："或疑此篇非庄子自作，然其浩博贯综，而微言深至，固非庄子莫能为也。"①

　　值得我们特别关注的是《天下篇》对儒家学派的记载，从内容及引

---

　　① 王夫之：《庄子解》，中华书局 1984 年版。

文方式与前数家学派都不同，可说是一个特例。其记载为：

"古之人其备乎！其明在于数度者，旧法世传之史尚多有之。其在于《诗》、《书》、《礼》、《乐》者，邹鲁之士，搢绅先生，多能明之。《诗》以道志，《书》以道事，《礼》以道行，《乐》以道和，《易》以道阴阳，《春秋》以道名分。其数散于天下而设于中国者，百家之学，时或称而道之。"

细分析这段文字，作者在这里实际提出了：在道术为天下所裂之后散布的三个方面：一是"旧法、世传之史"；二是《诗》、《书》、《礼》、《乐》之五经文献；三是百家之学。评析儒家，既没有与其他各家并列论之，也没有像其他各家一样去评析代表人物及思想主张，而是讲述了对"邹鲁"之地的一个群体——"邹鲁之士"与"搢绅先生"的一种风气：即对《诗》、《书》、《礼》、《乐》中的"古之道术""多能明之"。这是对"邹鲁之风"的最早描述。其中，有几点很值得关注：

其一，"邹鲁之士"是邹鲁之风的营创者。在"士"阶层蓬勃兴起、百家争鸣的战国中期，"邹鲁之士"已是一个在各派各家学者中影响巨大的群体。以至庄子在评述各主要学术派别时，不得不将他们作特别的表述。这个群体跟其他学派那些朝秦暮楚、"取合诸侯"的游士不同，他们固守着"邹鲁"文化家园，营造出一种区域独特的文化风气。这个群体数量之众，不限于部分学者，而是一个阶层"士"。这个阶层在《庄子集解·天下篇》云："士，儒者；搢绅先生，服官者。"①《庄子集释·天下篇》成玄英疏云："搢，笏也，亦插也。绅，大带也。先生，儒士也。"②总体分析大约有两部人组成：一种是儒士，即冯友兰先生所说："是一种有知识有学问之专家，他们散在民间，以为人教书相礼为生。"③邹鲁为孔子兴学之地，儒士众多，当在情理之中。二是"服官者"，即穿官服的知识分子。我的理解即是新兴的士大夫阶层，包括大、小有知识的官吏。总之，邹鲁之地的庞大知识分子阶层成为百家争

---

① 见王先谦《庄子集解·天下篇》，中华书局 1987 年版，第 288 页。

② 见郭庆藩《庄子集释》，中华书局 1985 年版，第 1068 页。

③ 冯友兰：《中国哲学史》附录《原儒墨》，中华书局 1984 年版。

鸣中的一支生力军，正是他们催生了邹鲁之风的形成。

其二，"邹鲁之风"的内涵主体是尊孔读经的儒风。《天下篇》认为：那些"古之道术"载于《诗》、《书》、《礼》、《乐》等古典文献中。邹鲁之士"能明之"，既反映出在邹鲁之地，研习六经已是知识分子的一种普遍风气，也说明他们对六经典籍的研习已有相当的深度。班固在《汉书·艺文志》中对儒家所作的诠解，实际也是对这种风气很好的总结阐发，即"游文于六经之中，留意于仁义之际，祖述尧舜，宪章文武，宗师仲尼，以重其言，于道为最高"。

而今人郭沫若先生则直接将对儒的诠释与邹鲁之士联系在一起，提出："儒本是邹鲁之士搢绅先生的专号。"① 此亦足见邹鲁之风在儒学形成中的重要历史作用。

其三，邹鲁之风的精神内核是一种崇尚道德教化之风。《天下篇》对邹鲁之风的精神文化内涵并没有直接的表述，但是，它肯定了"其"（古之道术）在六经中的蕴含，邹鲁之士"多能明之"，实际上即是说，邹鲁之士最能理解与领会"古之道术"的实质，而这古之道术即是"配神明，醇天地，育万物，和天下，泽及百姓。明于本数，系于末度，六通四辟，小大精粗，其运无乎不在"（《庄子·天下篇》）的精神思想的内核，亦即指中华文化自上古"三代"以来的文化精髓。而这个精髓，主要还是体现在精神层面，亦即思想文化。

陈来先生在其《古代宗教与伦理》一书中，对儒家思想的来源曾作过系统的梳理和考证。他认为："儒家思想本身是三代以来中国文化产物。……儒家思想是连接着三代文化的传统及其所养育的精神气质的。"《周礼·地官》之"大司徒"职中，有所谓"十二教"，"十二教中的前六教明显属于礼乐教化的部分，与后来春秋战国儒家所讲的礼乐教化，其精神是一致的"②。关于教，文献中记载："以乡三物教万民，而宾兴之：一曰六德：知、仁、圣、义、忠、和；二曰六行：教、友、睦、姻、

---

① 转引自陈来《古代宗教与伦理》，三联书店 2009 年版，第 367 页。

② 陈来：《古代宗教与伦理》，三联书店 2009 年版，第 373、377 页。

任、恤；三曰六艺：礼、乐、射、御、书、数。"① 可见所谓六德、六行，主要是道德教化。《左传·昭公二年》中有晋国韩宣子到鲁国感叹"周礼尽在鲁"的记载，鲁地作为周公的封地，一直是《周礼》之制的典范执行者，到了春秋"礼崩乐坏"之时，鲁地可谓"乱云飞渡仍从容"，仍然保持周礼，可以想见，邹鲁之风所展现的也是一种道德教化之风。

三、形成：由孔子到孟子

关于邹鲁之风形成的过程，并无直接的文献记载。但作为邹鲁之地一种"儒风"文化现象，来探讨其形成的历史轨迹，我们大致可以作如下的追溯：邹鲁之风的文化基础，应该上溯至周公封鲁之时。杨向奎认为："鲁遵守西周传统，'周礼在鲁'是宗周礼乐文明的嫡传……以德、礼为主的周公之道，世代相传，春秋末期遂有孔子以仁、礼为内容的儒家思想。"② 作为以尊孔读经为主体展现的邹鲁之风的形成则应该从孔子生前整理六经，以六经授徒开始。其在春秋战国之世的形成发展过程大致经历了肇于孔子、兴于子思、盛于孟子三个阶段。

第一阶段：肇端孔子，始于鲁。

孔子对中华文明的最大贡献之一，即是对三代文献为主的古代典籍整理而编定"六经"。《庄子·天运篇》借孔子与老子的对话说："丘治《诗》、《书》、《礼》、《乐》、《易》、《春秋》六经，自以为久矣！"匡亚明在"文革"批孔后不久出版的《孔子评传》中即高度评价说："经过孔子整理的'六经'（现仅存'五经'），不同程度上反映了夏、商、周特别是春秋时期的政治、经济、文化、思想等方面的情况，对研究中国古代的思想文化史、政治社会史起了不可估量的作用。'六经'不仅是我国的珍贵史料，也是世界上不可多得的富有学术价值的古代文化瑰宝。这是中华民族的骄傲。"③ 在整理六经过程中，孔子本身就为学生和

---

① 见《周礼·地官·大司徒》。

② 杨向奎：《宗周社会与礼乐文明》，人民出版社 1992 年版。

③ 匡亚明：《孔子评传》，齐鲁书社 1985 年版，第 355—356 页。

社会树立了一个学习经典、尊崇传统的榜样。《孔子世家》记载孔子读《易》"韦编三绝"的事，可见他读经之勤奋和编经之艰辛。据笔者粗略统计，《论语》中，有13次专谈或采引《诗经》，74次提到礼，数次引用《书》、《易》，多次论《乐》。诵读、研习《诗》、《书》、《礼》、《乐》、《易》，成为他一生的精神追求和职业生活的重要组成部分。孔子应该是"邹鲁之风"的开创者，也是其形成的前提和基础。

前人早就注意到孔子编定六经目的之一，是作为私学教材。《史记·孔子世家》记载"孔子以《诗》、《书》、《礼》、《乐》教弟子盖三千焉，身通六艺者七十有二人"。近人周予同先生说："孔子既然设教讲学，学生又多，很难想象他没有教本。毫无疑问，对于第一所私立学校来说现成的教本是没有的……孔子为了教授的需要，搜集鲁、周、宋、杞等故国文献，重加整理编次，形成《易》、《书》、《诗》、《礼》、《乐》、《春秋》六种教本。"[①]孔子的弟子众多，其弟子尊崇孔子，亦以孔子为榜样，读经习经。可以设想，在孔子生前，鲁地在一定程度上就已形成一种崇礼重经的文化风气。

应当看到，孔子去世后，鲁国文风曾一度消沉。一是弟子四散。《史记·儒林传》载："自孔子卒后，七十子之徒，散游诸侯，大者为师傅卿相，小者友教士大夫，或隐而不见。"《汉书·艺文志》引刘歆语云："昔仲尼没而微言绝，七十子丧而大义乖。"虽然孔子死后，"弟子皆服三年"，然后"相诀而去"，"弟子及鲁人，往从冢而家者百有余室"，但毕竟师生相聚论学、共读经典的昔日风光不再，鲁地的文风大受影响。二是百家之学兴，读经之风消。时入战国之后，列国纷争，兼并战争激烈，为了取得战争的胜利，各国争相延揽人才，催生诸子百家的形成。而各家各派学者大多"喜议政事"、"各著书言治乱之事，以干世主"，力求投合统治者的需要。而以三代文献为主编定而成的"六经"，因其不合时宜，则受到冷落。这也对鲁地文风产生重大影响。《文心雕龙·时序》中评论说："春秋以后，角战英雄；六经泥蟠，百家飙

---

① 朱维铮编：《周予同经学史论著选集》，上海人民出版社1996年版，第801页。

骇。"正是这种情况的写照。

第二阶段：兴于子思，扩于邹。

在邹鲁之风的兴起发展中，子思是一个关键人物。子思，名伋，为孔子嫡孙。其一生以弘扬其祖之学，教授六经为己任，在邹鲁之地大兴私学，使邹鲁之风得以兴盛发展。关于子思的生平，文献记载较少，大致说来，可有以下几点：

其一，子思生于孔子晚年，曾亲聆孔子教诲，[①] 他一生以弘扬孔子之学为己任。《孔丛子·记问》记载："夫子闲居，喟然而叹。子思再拜请曰：'意子孙不修，将忝祖乎？'"可见，孔子晚年对子思的成长十分关注，每有闲居独处之时，祖孙问答，即刻教诲，解疑释惑，着力培养。《孔丛子》记孔子与子思对答共四处，涉及家事、任贤、礼乐、哲理等，内容广泛，可见多所用心。而子思也继承乃祖之志，以弘扬儒学为己任，成为孔子之学的正宗传人。正如康有为所说："孔子之道大矣，荡荡如天，民难名之，唯圣孙子思，亲传文道，具知圣统。"[②]

子思曾受孔子得意弟子曾子之教。《孟子·离娄下》曾记载说"曾子、子思同道"。《礼记·檀弓上》、《孔丛子·居卫》都记载有曾子对子思教育的话。宋儒则认为："孔子殁，传孔子之道者，曾子而已。曾子传之子思。"[③] 孟子则"受业子思之门人"(《史记·孟荀列传》)，可见子思是孔子死后孔学传承中，"孔子→曾子→子思→孟子"这一传承谱系中的关键人物。

其二，他做过官，但官职不高。曾受到鲁、宋国君重视，做过师傅、咨询一类虚职，大致属于颇有声望的"士"一类。

他曾在鲁穆公时为官吏。《孟子》中多次提到子思，"鲁穆公之时，公仪休为政，子柳、子思为臣"。他也曾在宋国做官，但依孟子的说法"子思，臣子，微也"。可见，官职并不高。

---

① 据李启谦先生考定：孔子去世时，子思 12 岁。见李启谦《子思及〈中庸〉研究》，载《孔子与孔门弟子研究》，齐鲁书社 2004 年版。

② 见康有为《孟子微·礼运注·中庸注》，中华书局 1987 年版，第 187 页。

③ 见《二程语录》转引李启谦《子思与〈中庸〉》一文，《孔子研究》1993 年第 4 期。

其三，他一生主要的事业是继承其祖的衣钵：读经传经，兴学授徒，安贫乐道。《盐铁论·贫富》曾记载："孔伋，当世被饥寒之患。"《说苑·立节》则记"子思居于卫，缊袍无表，二旬而九食"。可见，他一生比较贫寒。子思兴学的直接文献资料亦较缺乏，但子思一生，门人众多，应是事实。孟子即"受业子思之门人"。《礼记·檀弓下》记载：子思之母死于卫，子思哭于庙，而门人随至，劝其不要哭于庙的事。另有多处记载子思与门人的对话，均可见其门人之多。

子思兴学授徒，曾扩展到邹地。这方面先秦两汉文献中并无直接记载，但《史记·孟荀列传》中即有"孟子授业子思之门人"一说，孟子就学未有到邹之外的记载，可作一证。另，邹城地方文献及林庙石刻中则有多方面记载，众多遗址尚存，想必完全有历史的依据。

邹城现存宋代以来的林庙石刻中，记载子思曾来邹地讲学，并在邹地写成《中庸》。元代所修的中庸精舍，有孔颜孟三氏教授张所写的《中庸精舍记》记其事，"旧名子思讲堂，谓孟子传道于此"①。此后，改为中庸书院、子思书院等，现仍有明清时代多次重修遗址。

笔者综合各种资料认为：子思在战国初期邹鲁之风的形成发展中，是一个过渡性的关键人物。一是他将孔子去世后，因弟子各奔东西、散游诸侯，鲁地一度消沉的文风重新振作起来，使之得以延续。二是他将兴教讲学扩充到邹鲁之地。这在战国初期鲁国国力日衰，"状如小侯"的情况下，为邹鲁之地传承发展儒学，培养人才，提供了支持，也为孟子的出现奠定了厚实的文化基础。三是子思施教，以传授五经为主。这为形成"邹鲁之士，搢绅先生"对《诗》、《书》、《礼》、《乐》"多能明之"的邹鲁之风形成打下基础。《孔丛子·杂训》载："子上杂所习，请于子思。子思曰：'先人有训焉，学必由圣……故夫子之教，必始于《诗》、《书》，而终于《礼》、《乐》，杂说不与焉。'"这说明，在战国百家之学兴，天下之士，朝秦暮楚，以干世主的风气下，人们要学什么？思想是混乱的，而子思坚持"学必由圣"，排除杂说，以《诗》、《书》、

---

① 见刘培桂编著《孟子林庙历代石刻集》，齐鲁书社2005年版，第28页。

《礼》、《乐》教授弟子，传承儒学，这对邹鲁之风的形成、延续、发展起了决定性作用。而事实上，邹鲁之风的形成由孔子教授六经之起到孟子崇孔读经之兴，子思是个关键人物，正如清代黄以周在辑录《子思子》时所言："求孟子学孔圣之师承，以子思为枢纽。"① 子思所作《中庸》中，共引《诗》14 篇，亦可见他对诗学的重视。

第三阶段：盛于孟子，风行邹鲁。

从文献记载的角度看，邹鲁之风的繁盛和战国之世儒学的振兴是直接联系在一起的，这都得之于孟子的伟大贡献。

《汉书·儒林传》："天下并争于战国，儒学既绌焉。然齐鲁之间学者犹弗废。至威、宣之际，孟子、荀卿之列咸遵夫子之业而润色之，以学显于当世。"《文心雕龙·时序》中也有大致相同的记载："春秋之后，角战英雄。六经泥蟠，百家飙骇。"这说明，在战国早中期相当一段时间，儒学声势大衰，"诗"、"书"、"礼"、"乐"的传授也仅在齐鲁之地绵延不断而已。儒学的振兴，主要得力于孟、荀卿二人。而六经复传，且在邹鲁之地形成知识分子一代文化风气的，孟子功莫大焉。原因有二：

其一，孟、荀虽俱为战国时代振兴儒学之大师，但孟子先在齐国的稷下学宫论儒传教，影响巨大。孟子较荀子早半个世纪。前有孟子，后有荀子，共推儒学，显于当世。而所谓"威、宣之际"儒学"显于当世"主要是孟子。根据历代学者考定，荀子出现在稷下大致在齐湣王及以后。

其二，孟子一生，绝大部分时间生活在邹国，其对邹鲁之地的文化影响是可想而知的。有关孟子生平事迹的材料较少，但现有历史文献中，大致可以这样来分析他与邹国故乡的关系：第一，他在 40 岁之前，没有离开邹国的记载。从总体看，主要有以下四个方面的生活内容：一是他在邹国接受了启蒙教育，著名的"孟母三迁教子"的故事就是出现在这个阶段。二是他在这儿从师学习，受子思影响巨大，是子思门人的

---

① 见《清史稿》卷 482。

学生。尽管后世学者以此认为孟子可能在鲁国求学，但古代文献中并没有孟子在鲁国或其他地方从师学习的记载，为子思之后学，与是否在鲁求学是两码事。孟子很可能是子思及其弟子在邹地兴学的直接受教者。三是孟子曾在邹地设教授徒。[1] 四是初仕邹国。《孟子·梁惠王下》曾记载邹穆公问政孟子之事，所以，清人周广业在《孟子出处时地考》一文中说："孟子之仕，自邹始也。时方隐居乐道，穆公举之为士。"[2]

总结来看，早年孟子之与邹国的关系，大致可概括为：幼承母教，从师学习，设教授徒，出仕为宦。他的人生是从邹国开始的。

第三，孟子在40岁到60岁的20年间，曾周游列国。孟子于齐、梁两大国之间奔波往复用力最多，冀有所为。在邹、鲁、滕、薛、宋等国间率徒游说，传经讲学，将邹鲁之风传播各地。值得关注的是，孟子在齐威王、宣王之时，三次游齐，在稷下学宫长驻达十数年之久，在各国与君臣交往甚广。《孟子》一书中提到齐宣王就有23次，是所有国君中提及次数最多的。其在齐之稷下率徒讲学，不治而议。但官居卿位，特受尊崇。辩说争鸣，影响极大。在魏国，他与梁惠王大谈"仁政"，希望他"省刑罚，薄税敛"，"与民同乐"；他称不行仁政的梁襄王"望之不似人君"。在滕国，他"馆于上宫"[3]，受到很高礼遇。他劝滕文公保民而王。大讲"有恒产者有恒心，无恒产者无恒心"的道理，如此等等。我们可以说，孟子对"邹鲁之风"的形成发展，贡献是巨大的：一是孟子尽其所为，所到之处，大力弘扬儒学，力挽"儒学既黜"之颓势，重振儒风，大力提升了邹鲁之风的影响力。二是培养了大批"邹鲁之士"。同时，孟子讲学始于邹鲁，其弟子大多为邹鲁之士[4]。孟子出游，从者如云，"后车数十乘，从者数百人"[5]。这实际上发扬光大了邹鲁之风，培育了数代传承的生力军。

---

① 参杨泽波《孟子生卒系年新考》，见《孔孟学报》第八十期（台湾孔孟学会）。

② 参王其俊《中国孟学史》，山东教育出版社2012年版，第70页。

③ 见《孟子·尽心下》。

④ 参见刘培桂主编《孟子志·孟子弟子考述》，山东人民出版社2009年版。

⑤ 见《孟子·滕文公下》。

第四，终老邹国。根据大多数前人研究的成果，大致说来，孟子自 60 岁左右直到 84 岁去世，晚年 20 余载主要居在故乡邹国。其晚年对邹鲁之风的推助及兴盛发展影响甚大。主要有以下几个方面原因：其一，其晚年以研究《诗》、《书》、《礼》、《乐》为主业，对邹鲁士风影响极大。《史记·孟荀列传》云：孟子"退而与万章之徒，序《诗》、《书》，述仲尼之意"。《史记考证》引清人梁王绳语："七篇中言《书》凡二十九，援《诗》凡三十五；故称叙诗书。"赵岐《孟子题辞》亦说：孟子晚年，"治儒术之道，通五经，尤长于《诗》、《书》"。《庄子·天下篇》所言："诗书礼乐者，邹鲁之士，搢绅先生能言之。"与孟子晚年与众弟子万章等人在邹地的《诗》、《书》活动有极大关系。其二，晚年教授大量生徒，为邹鲁之士的大量产生作出突出贡献。孟子晚年生平情况文献记载不详。但其广招弟子，讲经授徒是可以肯定的。从文献记载看，万章、公孙丑之徒是其晚年不离左右的弟子，后世学者多有认为："孟轲之书，非轲自著，轲既殁，其徒万章、公孙丑相与记轲所言。"① 同时孟子曾说"君子三乐……得天下英才而教育之"，② 为三乐之一。可见其晚年，一是学生数量多，二是来源广，孟子以此为乐事，估计其晚年教育成就之大，自己是很满意的。

孟子是孔子之后，传承、弘扬、发展孔子儒学影响最大的学者，不仅他对孔子尊崇备至，认为"自生民以来，未有盛于孔子也"③，"乃所愿，则学孔子也"④，而且，他也以捍卫弘扬孔子之道为其一生最主要的历史担当，认为："自孔子而来至于今，百有余岁，云圣人之世如此其未远也，近圣人之居若此其甚也。"⑤ 而要担当起这一历史重任，"当今之世，舍我其谁"呢？后世学者从东汉赵岐以至韩愈也都对孟子在儒学特别是对先秦孔子儒学发展中的独特地位给予中肯的评价，的确是"自孔

---

① 见《韩昌黎文集·答张籍书》。
② 《孟子·滕文公上》。
③ 见《孟子·滕文公》。
④ 见《孟子·滕文公上》。
⑤ 见《孟子·尽心下》。

子没，群弟子莫不有书，独孟轲氏之传得其宗"①。因而，观战国之世儒学及百家之学发展中，孟子实成为儒家学派挽颓势，开新局的中兴之巨人。自其同时代之后的学者庄子《天下篇》始，孟子已成为战国儒学的代表。故在《天下篇》中"邹鲁"并称孔孟之乡，邹、鲁并称，邹在鲁前，实因孟子。这是战国儒学发展的时代印记，也是孔孟故里区域文化发展的历史轨迹——儒学因孟子而兴，邹国因孟子而名世，"邹鲁之风"因孟子而达于繁盛。

四、特点：四大展现

纵观从孔子到孟子，"邹鲁之风"的形成、发展过程，结合《庄子·天下篇》及先秦文献对邹鲁之风的有关记载，笔者认为：在战国之世形成的所谓"邹鲁之风"实际是一种士风，亦即在邹鲁之地形成的一代知识分子的时尚风气，这种士风的文化特点，主要表现在以下四个方面：

其一，它是一种以"述唐虞历代之德"为己任，坚守传统，弘扬传统的风气。是以历史担当精神，对自上古三代以来形成的民族文化精神的坚守、传承和弘扬，孟子"言必称尧舜"，邹鲁之士对三代以来的经典文献《诗》、《书》、《礼》、《乐》的热衷研习、传诵，以致形成了一种邹鲁士人共同创始的独特文化风气。战国时代社会巨变，战争频仍，"士风"的主流是热衷政治，竞逐功利，著书立说，游说诸侯，迎合时尚，以干世主。邹鲁之风显示的却是一种特立独行的社会风气，不合时尚，却为民族文化的传承作出了独特的贡献。

其二，这是一种尊崇孔子，弘扬儒学的风气。孟子以"私淑孔子"自道，以"乃所愿，则学孔子也"为人生追求的目标，以孔子编定的六经为教材，"聚天下英才而教之"。而邹鲁之士，对《诗》、《书》、《礼》、《乐》独"能言之"，这在战国中期，列国纷争，"角战英雄，六经泥蟠，

---

① 见《韩昌黎文集·送王秀才序》。

百家飙骇"的大环境下是一个独特的文化景象。从战国儒学发展讲，邹鲁则是儒学一处弘扬孔子儒学、培育儒家学者，坚持传播、发扬儒学的一个大本营和文化基地。

其三，是一种崇尚道德教化，宣扬修身养性之风。邹鲁之士研修《诗》、《书》，深挖圣王先贤的"圣德"，以为自己的楷模和榜样。孟子道性善并专讲仁义礼智四端之说，倡言以身示范，立志要做"富贵不能淫，贫贱不能移，威武不能屈"的以天下为己任的大丈夫。《孟子》中38次引用《尚书》①，引《诗》35条，大力宣扬"养浩然之气"。孟子说："唯有德者，然后能金声而玉振之"。他认为邹鲁之士的时代使命就是要在世风日下、人心不古的社会环境下，大力弘扬传统美德，要"正人心，息邪说，距跛行，放淫辞，以承三圣者"，这是孟子所极力宣扬和坚持的，也是邹鲁之风所体现的一种道德精神。

其四，是一种知识分子坚持理想，壮志有为的风气。由孔子到孟子，历览邹鲁之风形成的精神发展过程，都体现着一种胸怀天下，积极入世，奋发有为的人生态度，孔子及其弟子、子思、孟子是这样，邹鲁之士也是以此精神为主体，这样一个知识分子群体，而由这样一个群体形成的士风也同样充溢着这样一种"士"的精神。孟子之所思所想即是"五百年必有王者兴"。要负起传承文明的历史责任，"如欲平治天下，当今之世，舍我其谁?"以积极人生态度，投身其中，"居天下之广居，立天下之正位，行天下之大道，得志，与民由之；不得志，独行其道。"②甚至周游列国，四处碰壁，有志难申之时，则"退而与万章之徒序《诗》、《书》，述仲尼之意"③，坚持理想，独行其道。这反映出以孟子及其弟子为主体表现的邹鲁之士的共同精神面貌和风气时尚。

以如上四点为主要内涵特征的邹鲁之风在战国至秦汉的历史变迁中，传承发展，与时俱变，蔚然成为邹鲁之地一种独特的文化现象。

---

① 刘起釪:《尚书学史》，中华书局 1989 年版，第 49 页。

② 见《孟子·尽心下》。

③ 见《史记·孟荀列传》。

五、演变：由士风到世风

从有限的文献资料分析，邹鲁之风，在战国之世经历了一个较为曲折的发展历程。总的趋势是在艰难中延续发展。赵岐《孟子题辞》云："孟子既殁之后，大道遂绌，逮至亡秦，焚灭经术，坑戮儒生，孟子徒党尽矣！"这说明孟子去世之后，特别经秦始皇"焚书坑儒"，邹鲁之风有可能受到了摧残，但邹鲁之风并未泯灭。一是士风延续，断而未绝。在《史记·儒林传》中记载秦末农民起义中邹鲁之士的活动情况，其中有记载"陈涉之王也，而鲁诸儒，持孔子之礼器，往归陈、王"之事，足见邹鲁之风在暴秦之世的坚守。又记载"及高皇帝诛项籍，举兵围鲁，鲁中诸儒，尚讲诵习礼乐，弦歌之音不绝"的文化景象，兵临城下，依然书声朗朗，弦歌不绝，亦可见邹鲁之士在恶劣的社会环境中依然有着坚守传统，光大邹鲁之风的不屈不挠的抗争精神。二是我们也看到了邹鲁之风由士风向世风转化的迹象。《史记·货殖列传》："邹鲁滨洙泗，犹有周公遗风，俗好儒，备于礼"；"济济邹鲁礼义唯恭，诵习弦歌，于异他邦"①。这说明，好儒之风，到秦汉时已经从知识分子的"士风"逐渐演变为邹鲁之地的民风民俗了。邹鲁以其尊孔好儒，风行诗书礼乐，已成为邹鲁异于他邦的社会文化景象，成为中华文明史上卓异于他邦的文化名片。

六、发展：由邹鲁到全国

由于孟子及思孟学派的大力推澜，邹鲁之风在战国时代既已远播全国，深深影响了战国诸子百家争鸣的发展。一是孟子率邹鲁弟子周游列国，"后车数十乘，从者数百人"，孟子能言善辩，力倡仁政，传播儒学，弘扬邹鲁之风的文化精神，使区区小国之邹因孟子而名扬天下，

---

① 见《汉书·韦贤传》。

"邹鲁"遂成为儒学故乡之代名，推高了儒学在战国诸子百家中的"显学"地位，大大提升了邹鲁之风在诸子争鸣中的影响力。

二是邹鲁之风劲吹稷下。孟子带万章、公孙丑等弟子，三次游齐，与齐宣王等多有论辩，大力推行仁政主张，他长住稷下达十数载，官居卿位，待遇优厚，备受尊崇，与稷下各学派学者争鸣、交流、辩说研讨，推动了邹鲁之风与稷下之学的交汇、融合，促进了齐、鲁文化的交流、融合以及儒学在齐地的传播。《汉书·儒林传》称："天下并争地战国，儒学既绌焉，然齐鲁之间学者犹弗废。至于威、宣之际，孟子、荀卿之列咸遵夫子之业而润色之，以学显于当世。"威、宣之际，即是田齐政权最兴盛的威王宣王之时，在半个多世纪中，稷下成为诸子百家争鸣的学术中心，前有孟子，后有荀子，光大儒学，助推诸子学术争鸣，齐鲁之地南有邹鲁之风，北有稷下学宫，共同营造出战国学术文化的"重心"地位。

三是邹鲁之风远播长江南北。从孔子到孟子，邹鲁之风如何影响传播到长江流域，历史文献中相关资料并不多。在《孟子·滕文公上》中记载孟子的话说："陈良、楚产也，悦周公，仲尼之道，北学于中国，北方之学者，未能或之先也。"这是有关荆楚学者北学孔孟之道，感受邹鲁之风，从而南传长江流域的一则间接记载。陈良是否来邹鲁之地或求学于孟子，该篇记载不详。但却记载着楚人学者许行和陈良及其弟子陈相与其弟陈辛等数十人在滕国与孟子辩仁政，论农家学派的事。滕为邹之邻国，又是孟子率徒久住论学之处，我们说，有大批的楚地学者来邹鲁之地求学，与邹鲁之士谈经论道，将邹鲁之风带回长江荆楚之地，应在情理之中。战国邹鲁之士是否到长江流域传经说儒，虽然所见文献的直接记载并不足，但是，孔子弟子澹台灭明，字子羽，武城人，而"南游至江，从弟子三百人，设取予去就，名施乎诸侯"①。《史记·儒林列传》也有"澹台子羽居楚"的记载，可见，邹鲁之地的孔门后学曾大批南下长江一带，恐怕从孔子时代就已开始。《吕氏春秋·去宥》有

---

① 见《史记·仲尼弟子列传》。

"荆威王学《书》于沈尹华"的记载，沈尹华为何处之儒家学者史无详考，但楚国威王学《诗》、《书》、《礼》、《乐》应有儒家学者教之，其中亦必有邹鲁之士。总之，从孔子到孟子，邹鲁之士将"邹鲁之风"传播至长江流域是完全可能的。

20 世纪 90 年代在湖北荆门郭店楚墓中出土的一批战国中后期竹简及其释文的发表，为邹鲁之风远吹长江流域荆楚之地提供了新的证据。这些竹简中有 14 篇为儒家著作。李学勤先生认为：郭店楚简的"这些儒书都与子思有或多或少的关联，可说是代表了由子思到孟子之间儒学发展的链环"①。对于简书《五行》篇，庞朴先生认为"经部是子思所作，说部是孟子后学的缀补"。陈来先生结合《荀子·非十二子》中"子思唱之，孟轲和之"进一步提出"《五行》说文为孟子所作"②。其中出土竹简《缁衣》即出自《子思子》，已是绝大多数郭店竹简研究学者的共识③。而《缁衣》中"简本保留战国中期的特点，引文只引《诗》、《书》"④，郭店竹简的出土，为邹鲁之风传至长江流域提供了探讨的路径。

邹鲁之风怎样吹到长江岸边，杜维明先生有一段话值得我们分析思考。他说："郭店出土的资料有一个重要特点，就是这次出土的资料可以认为是先秦时期一个精致的图书馆里的材料。郭店一号楚墓的墓主，现在认为是'东宫之师'，也就是楚国太子的老师，他应该是当时水平很高的知识分子。"

杜先生的推导给我们打开了一扇门窗，让我们看到了邹鲁之风吹绿江岸的美妙图景，这个"水平很高的知识分子"，不知其名，但极有可能是一个饱学的邹鲁之士，理由有三：一是从竹简的内容看，儒学的著作共 14 篇，而其中主要的是思孟学派的著作。这个时期，正是在子思

---

①　李学勤：《先秦儒家著作的重大发现》，见《中国哲学》第 20 辑，辽宁教育出版社 2000 年版。

②　陈来：《〈五行〉经说分别为子思孟子所作论》，见《儒家思孟学派论集》，齐鲁书社 2008 年版。

③　参阅梁涛《郭店竹简与思孟学派》，中国人民大学出版社 2008 年版，第 232—233 页。

④　周桂钿：《郭店楚简〈缁衣〉校读杞记》，见《中国哲学》第 20 辑。

及其门人和孟子推动下，邹鲁之风极盛时期，一位邹鲁之地的儒学大师当了"东宫之师"最具可能。二是从《五行》的作者即是子思与孟子来说，可能从子思到孟子，在一个较长的历史时期邹鲁之士持续地传播儒学于长江流域，使邹鲁之风在战国之世即重现江南。三是从《缁衣》内容多引《诗》、《书》看，所谓邹鲁之学传布江南，实际是再现了从子思到孟子讲学授徒重《诗》、《书》的传统。是以邹鲁之士"多能明之"的《诗》、《书》、《礼》、《乐》在楚地落地生风为主要体现，这更显示出，邹鲁之士在江南复制了邹鲁之风的历史。

从郭店竹简发现的思孟学派有关活动情况，结合《庄子·天下篇》、《荀子·非十二子》综合分析，大致可以看出，战国时期邹鲁之风形成的骨干力量——邹鲁之士，实际即是思孟学派的广大成员，他们根植邹鲁、活跃四方，西至中原，南到长江，是推动邹鲁之风吹向全国各地的骨干力量。《荀子·非十二子》中记载荀子批判思孟学派，"子思唱之，孟轲和之。世俗之沟犹瞀儒，嚾嚾然不知其所非也，遂受而传之，以为仲尼子游为兹厚于后世"。

这段话，以思孟学派在邹鲁之风形成发展中的一种文化影像来理解，会找到更好的注脚：荀子在这里，以激烈的言辞抨击思孟，说他们那些"言必称尧舜"，自称是传承"真先君子（孔子）之言"的学说，由子思首唱在前，孟子呼应在后，这个前后近百年的"唱和"，是以那些"嚾嚾然不知其非"的世俗之儒，"受而传之"，推波助澜的。这些"世俗之沟犹瞀儒"，实际即指那些对"《诗》、《书》、《礼》、《乐》多能明之"的"邹鲁之士，搢绅先生"。而被荀卿指斥的思孟学派的"俗化"，正是指的邹鲁之风将孔子之教义，将《诗》、《书》等经典推向大众化、社会化和风俗化的过程。这是思孟学派的特征，也是邹鲁之风在先秦儒学发展中的巨大贡献所在，郭店楚墓中儒简的出土，佐证了《荀子·非二十子》中对思孟学派特征的描述，也证实了邹鲁之风强劲的文化传播力。

战国时代，邹鲁之风是先秦儒学发展演变为儒学的广泛传播，在西汉时期上升为国家和民族的统治思想，为秦汉以后不绝于史的"邹鲁之风"在全国各地的落地生风，奠定了坚实基础。

诚信：一脉承传的立人之本[①]

党的十八大报告提出的培养和践行社会主义核心价值观"三个倡导"中，诚信这个古老的德目被列入了倡导的公民价值准则之中。《管子·枢言》云："诚信者，天下之结也。"历史积淀了其丰厚的文化内涵，时代又赋予其鲜活的历史使命。

在古代可靠的文献记载中，诚信思想的出现很早。最早的文献《尚书》中，即有赞扬帝尧"允恭克让，光被四表，格于上下"（《尚书·尧典》）的记载，《尔雅》释之曰："允，信也；允，诚也。"其意谓尧"诚信恭谨，推贤让能，光照四方，道通天地"。在商汤对臣民的誓言中，也有"尔无不信，朕不食言"（《尚书·汤誓》）之语，说明，早在五帝、三代时期，诚信即已是为政者治国理政之本。

春秋时期，王命不振，诸侯纷争，诚信成为一个国家能否立足生存的根基，这是诚信思想发展的重要时期。《左传》中，"信"字出现了216次，"信，战之器也"、"礼以行之，信以守之，仁以厉之"（《左传·襄公十一年》）等话语，屡出君臣上下之口。诚信思想在政治、外交、军事层面的重要价值得到了充分的挖掘和运用。

对诚信从道德伦理上进行深入论析、系统阐发、大力推扬的是先秦儒家学派。在《论语》中，孔子38次提到"信"字，"信"是出现率最

---

① 原载《光明日报》2014年7月22日。

高的德目之一。他从多个方面阐述了"信"的丰富内涵和重要价值，并将"信"作为教育学生的四大科目之一。"信"亦被列入为人最基本的"五德"——"恭、宽、信、敏、惠"。以子思、孟子为代表的思孟学派，是先秦儒学发展中承先启后、影响最大的学派，其对诚信思想体系的发展贡献尤为突出。子思在《中庸》中，首对"诚"作了哲理、伦理的深入阐释，将其提升到"天人之道"来认识，"诚者，天之道也，诚之者，人之道也"。《孟子》传承发展子思"诚"的天人之道，将天人合一统一于至诚之境，并论导之，提出："诚身有道，不明乎善，不诚其身矣。"（《孟子·离娄上》）他还发展了孔子的诚信思想，将"朋友有信"提升到与"父子有亲，君臣有义，夫妇有别，长幼有序"并列的"五伦"之中，成为整个社会关系的道德基准。荀子对诚和信的思想各有深入论析，进一步将孔、孟提出的"朋友有信"的道德要求扩展为商贾、百工、农夫等各种职业的道德准则，提升、巩固了诚信的社会人伦道德属性。

需要说明的是：先秦诸子中法、道、墨、杂等各家虽然主张各异，但对诚信思想都高度关注，各有论述。例如《韩非子》中"信"字出现 149 次，为诸子之最。被郭沫若称为各家思想"杂盛于一篮"的稷下学的论文总汇《管子》一书，对"诚"、"信"论述亦颇多。杂家代表作《吕氏春秋》，不但大量论及诚与信，且有《贵信》专篇以论诚信。可见，"诚信"是百家思想的一个核心理念。

从诚信思想的形成、发展和传承看：其一，诚信有丰富内涵。它由诚与信两个既有差别又相互连通的道德范畴融为一体。大致说来，诚，既有外在的"真实无妄"（朱熹语），又有内心的真诚、忠实、专一，重在内心修养。信，既讲外在的"言忠信"（孔子语），又有内心的信任、守信、不欺，重在为人准则。而诚信相通，"诚则信矣，信则诚矣"（程颐语），诚是信的前提，信是诚的保证；诚是信的内在自觉，信是诚的外在展现。诚是神，信是形，诚信合一，立德立人，形神兼备。

其二，诚信是为人之本、立国之本。孔子有言："人而无信，不知其可也。"与人交往，要"言而有信"（孔子语），"守之以信，行之以礼"

（《左传·昭公五年》）。作为个人的道德修养，要"身致其诚信"，"意诚而后心正，心正而后身修"（《礼记·大学》）。为政者，要明白"民无信不立"（孔子语），"信，国之宝也"（《左传·僖公二十五年》）。总之，诚信既是治国为政之本，也是进德修业之根。

中华民族是一个有着诸多优秀传统美德的民族，历经数千年的社会发展、文化变迁后，许多德目已留在了漫长的历史话语中，唯有诚信，却历久益丰，历久弥鲜，成为我们今天树立和践行社会主义核心价值观的重要准则之一。这既说明诚信是民族精神之魂，是我们实现中国梦的丰富精神滋养和珍贵的文化资源，也标志着我们今天在社会巨变、文化转型、全球化的时代背景下，继承、发展、创新诚信文化的重要性和迫切性。建设信诚社会、诚信政府、诚信企业、诚信家庭，人人诚信是实现中华民族文化伟大复兴的根本所在。

通力合作，推进儒家思孟学派研究

——《儒家思孟学派论集》序①

《儒家思孟学派论集》是 2007 年 8 月召开的由山东师范大学齐鲁文化研究中心、美国哈佛大学燕京学社、北京大学儒学研究中心、山东大学儒学研究中心、山东省邹城市人民政府联合举办的"儒家思孟学派国际学术研讨会"的论文结集。这次学术会议的召开，曾得到国内外儒学界的高度关注和广泛参与，相信这本论文集的出版，也一定会受到学术界尤其是儒学界的欢迎。

儒家"思孟学派"的研究，是最近一个时期以来国内外学术界尤其是儒学界备受关注的"热点"问题。说它是热点，首先在于它是个重点。在先秦儒学史上，从孔子到孟子这一百年间的发展是一个重要的历史阶段，而思孟学派正是这个时期极重要的链节，由于文献资料的散佚和缺失，思孟学派的面貌始终是模糊不清的，遂成为儒学史研究的难点之一。说它是一个热点，还因在近十几年来，随着考古新发现的不断问世，尤其是湖北荆门郭店楚简的出土和整理发表，为人们探求、研究思孟学派提供了新的考古文献资料，学习者、研究者趋之若鹜，研讨会、座谈会纷至沓来，很快成为国内外学术界关注的焦点。据不完全统计，自 1998 年楚简出版发表以来的十年间，大小国际、国内

学术会议就召开了 30 余次，研究成果也不断产出，出版专著数十部，发表论文数百篇。其中，相当多的成果是专门探讨思孟学派及其相关问题的。

近些年，在对思孟学派研究的海内外学者中，杜维明先生是最有成就、影响最大的少数学者之一。他对这一问题的研究，以及他在儒学和在中西方文化研究中的学术成就和贡献，已有多人专门进行研究，我没有足够的能力和水平作出全面、科学的评价，但从近些年我与他较多的学术交往中，仍然深切感受到，他不仅是一位学贯中西、卓有成就的著名学者，也是一位始终站在学术前沿的杰出学术领导者和组织者。他有深邃的学术思考、有脚踏实地的开拓精神，更有高远的学术视野和学术理想，而其中揭开尘封两千年的思孟学派的面纱，重写先秦儒学史就是他的一个理想和目标。仅据我所知，在这方面他已经做了很多工作，有突出贡献，主要有：

第一，他是中国大陆及港澳台和世界各个国家举办的郭店楚简和思孟学派各种会议最积极的推动者和参与者、主持者之一。看一看对这一问题的研究现状，尤其是形成一时的国际学术热，他的贡献，是举世公认的。第二，他领导的美国哈佛大学燕京学社，积极推动了中美学者间的合作与交流。他在燕京学社招收大陆数批访问学者，进行系统的合作研究，或抓住重点，寻求突破；或研修文本，培养后学；在一个时期形成了一个杜维明儒学研究中心或燕京学社网络。第三，努力寻求与国内学术机构合作，积极支持和推动思孟学派这一儒学史上的重点、难点和热点问题的研究，以求在思孟学派研究上有更多系统的突破，这次"儒学思孟学派国际学术研讨会"就是杜维明先生倡议、主导的系列研讨会中的一次。

纵观会议的全过程，细检会议的各项成果，我们有充足理由说这是一次创获颇丰、圆满成功的学术会议，会议实现了从传世文献与出土文献的结合上深入探求思孟学派学术主旨的学术突破。来自世界各地的 60 余名学者中，许多是卓有建树的资深学者和青年才俊，大家济济一堂，集中就思孟学派问题进行了研究探讨。会议采取统分结合、以分为主的方式，一人发言，大家讨论，相互切磋，各抒己见。许多问题引起了激烈的辩驳和争论，会议自始至终充溢着昂扬、创新和热烈、和谐的气氛，非身临其境者不能感其一。在这曾经产生过稷下学宫的齐鲁大地上，我们似乎又真切感受到百家争鸣优良学术传统的延宕，这使我们齐鲁文化中心的同仁们也受到了一次优良学风的教育。

山东师范大学齐鲁文化研究中心，作为国家教育部人文社会科学重点研究基地，成立近十年来，学校在多个方面给予了重点扶持和培育，目前不仅有20余名以教授、博士占绝大多数的专职科研队伍，也以课题为纽带形成了校内外专兼职相结合的科研队伍网络，在学术方向和学科建设上已经形成了儒学（经学）研究、齐鲁文化与中国早期文明研究、全真道及道教研究、区域文化与中国古代文学研究等较强势的学科群。杜维明先生曾多次到齐鲁文化研究中心访问、讲学、指导，这次会议由齐鲁文化研究中心与哈佛大学燕京学社以及孟子故里邹城市联合主办，就充分体现了燕京学社和杜维明先生对我们的支持和信任。

这次会议能够圆满举行，并取得丰硕学术成果，得力于杜维明先生和燕京学社的通力合作与全力支持。在整个会议的筹备过程中，许多具体问题，杜维明先生、黄万盛先生都给予了充分的支持和具体指导，会议及论文集出版经费也是由燕京学社和齐鲁文化研究中心共同承担的。

为了充分商讨、认真准备会议的相关议题和事宜，受杜先生主动邀请，于2007年4月23日至25日，我与李衍柱教授、孙全志同志一行三人代表山东师范大学齐鲁文化文化研究中心，专程访问了哈佛大学燕京学社。其间，与杜维明、黄万盛二位先生就举办会议所涉及的诸多具体问题一一进行了具体深入的研究、探讨和安排，形成了由杜维明先生和我共同签署的《关于召开儒家思孟学派国际学术研讨会有关问题的座谈纪要》，这次访问会谈是会议成功举办的关键环节。

会议分在两地召开，前期在齐鲁文化研究中心，后期在孟子故里邹城市。邹城市人民政府为这次会议的接待和考察做了大量细致的准备工作，各联办单位从学术研究和与会学者邀请等各个方面给会议以大力支持，山东师范大学各位领导及齐鲁文化研究中心各位同仁，为会议的召开及论文集的出版做了大量的具体工作。

令人难忘的儒学盛会，已随时光的流逝渐成为美好的回忆，而儒学和思孟学派的研究之路正长，深望海内外学术界的同仁与我们共同努力，携手前行！

齐文化的内涵、历史与贡献^①

这里主要从三个方面讲一下齐文化，第一讲齐文化的内涵，第二讲齐文化的发展历史，第三讲齐文化的历史贡献。

一、齐文化的内涵

讲齐文化的内涵，主要有这么四个要点：

一、齐文化的基本内涵：改革开放以前实际上没有"齐文化"这个概念，最早出现这个概念是在 20 世纪的 80 年代。根据这 20 多年来对齐文化的研究，对齐文化概念的理解，大家认为它应该有一个时空的规定性。在时间上来讲，是特指先秦时期的齐文化。时间从公元前 1046 年周武王灭商封姜太公于齐开始，到公元前 221 年秦国最终灭齐统一全国，总共 825 年。这个周灭商的年代，公元前 1046 年，是根据国家搞的夏商周断代工程确定的。以地域范围来说，齐国以当今的淄博和潍坊为中心区域，疆域最大的时候，东括山东半岛，西到聊城以西，北到无棣以北，南到枣庄薛城一带。如此说来，齐国的范围，应该说占据当今山东的大部地区。可以看出春秋战国时期，齐国的势力是很强大的。相比之下，鲁国的范围则相对较小，在战国时期，最后缩小到曲阜周围很

---

① 2006 年 7 月在山东省政协中心理论学习组全体会上的讲演。

小的一块地盘。所以后来的齐鲁并称，齐当头，就因为山东这个地方，主要还是齐的范围。

二、齐文化的外延：齐国的历史从太公封齐到亡国共 800 多年的时间。但是从文化来讲，它并不是随一个国家的成立才产生，也并不随一个国家的灭亡而截然割断。它前面应有一个渊源，后面有一个延续时期。所以学术界认为"齐文化"概念，应该包括齐国成立之前齐地的这一段文化，这是齐文化的一个基础，或者是一个渊源。秦灭齐之后，齐国虽然灭亡了，但是在汉代齐地是封国，分封了侯王在这里，它这个行政区域也相对比较独立。譬如说刘肥是刘邦的长子，就封在临淄称齐王。前些年在临淄的大武汉墓出土了大量的文物，其中包括镏金编钟乐器等珍贵文物。所以两汉时期，齐地的文化影响很大，包括齐鲁的影响都很大。如此说来齐文化也应该包括秦汉齐地的文化。这样算来，齐文化应该主要包括齐国的 800 年和西汉的 200 年，这样就 1000 年，如果加上东汉，还有 200 年，应该是 1200 多年的历史，再包括渊源发展时期的话，应更长一些。所以齐文化的概念应该是以齐国文化为主，外延上溯齐国建立之前那一段齐地文化，现在也称它为东夷文化，下延至秦汉时期的齐地文化。因此现在学术界认为，所谓"齐文化"应该主要是由这样三个部分组成。两汉以后临淄及其周围齐地的文化就不应该称为齐文化了。因为所谓齐文化，它有一个基础：就是齐国是独立的行政单位，是一个诸侯国，它的经济、文化、军队，都是独立的。所以，文化的地方特色很明显。秦汉时期则应看成是齐国文化的余波和延续，而且汉代齐地封王，也相对较为独立。而齐地在两汉以后成为若干个郡县、州府之一，这样一个设置只能是一个行政区划的一个部分。这时的文化除了在民风民俗还保留一些地方特点之外，很难说还有独立的本质的文化特色。我们尽管可以说，某县有什么文化特点，但实际上来讲，除了民风民俗方言等之外，在一个大的统一的国家之下，很难形成一种有本质差别的独立的文化类型。齐文化之所以是一支独立的文化，首先它是一个诸侯国，而且是文化很突出的一个大诸侯国。所以我认为，齐文化应该是指以齐国这一段为主的，包括其渊源和直接影响延续的，这样一个历史时期的文化，而不包括两汉以后的齐地文化。

三、齐文化和齐鲁文化的关系：从金元以后，山东这个区域基本上维持了当今山东省的这样一个独立的建制。山东的区域文化，在范围上以古代齐鲁为主，将其泛称为齐鲁文化。齐鲁成为山东省的代称，这是后来的事情。但是回到先秦时代，说到齐鲁文化，就不是这样一个区域文化的代称，而应该是齐文化与鲁文化的合称。我觉得认识齐文化和齐鲁文化的关系，首先应明确齐文化和鲁文化是两支性质不同的文化。我最近在一本专著中，专门列了齐文化与鲁文化的十大差别，我认为它们实际上是两支性质不同的文化。但是由于齐国和鲁国地理位置相近，文化交流融合一直力度很大，齐鲁历来通婚，互为甥舅之国。中国同姓不通婚，同族不通婚。齐国的姜姓属于炎帝族，就是炎黄子孙那个炎帝（战国田齐统治者则是姬姓，黄帝后裔，但其更多继承延续姜齐文化的传统）；鲁国是从陕西分封而来的，是黄帝的后代，因此这两个是完全不同的部落氏族，历史上就通婚。两个国家交往多，而且战争多，原来的鲁地被齐国吞并较多，所以文化交往融合程度高，形成了一个复合型的文化圈，现代人叫作齐鲁文化圈，春秋时期可能已出现。但是在齐鲁文化里面，齐文化和鲁文化始终都是各具特色的两种文化。包括从齐鲁立国到两汉时期，齐、鲁文化各具特色，齐文化是齐鲁文化的重要组成部分，但是它又是独具特色的一种类型的文化。

四、齐鲁文化影响的历史差异：就齐文化而言，在先秦时期，齐是强势文化，鲁在春秋虽也曾是大国，但渐次衰落，总体相较，齐强鲁弱，所以齐鲁并称，齐为首。两汉之后，由于独尊儒术的影响，齐鲁之邦为孔孟之乡所替代，孔子在汉代就封为公，唐朝封王，鲁的影响越来越大，"齐鲁之邦"被"孔孟之乡"掩盖，齐就在鲁的盛名之下弱化了，所以鲁为齐鲁之邦的代表，山东简称"鲁"。但是，将历史回放到先秦两汉时代，齐文化是相当辉煌、光彩夺目的。山东历来称齐鲁大地，齐字当头，可见岁月流逝，也难掩盖其历史的光辉。

二、齐文化的发展阶段

第一个阶段——先齐文化时期。

这个时期是齐文化的渊源期，是齐国文化的历史源头。这里有几点应注意：一是先齐时期，齐地的状况，历史文献记载很少。但是总体上看，这一地区，包括淄水、潍水流域这一齐国的腹心地带，是一个史前文明发达的地区，是中华文明最早的发祥地之一。这一点后面我还要讲到。二是这个齐国的腹心地区，当时遍布着大量的小方国，有一些很小的国家，有的地方相当于现在一个县，有的甚至相当于现在的一个乡镇，这也是夏商时期的社会结构特点。三是在临淄这一带，商代末年，有一个比较大的方国，叫薄姑，这个薄姑和商王的一些残余势力曾联合起来反抗周的统治。在这种情况下，周公东征，就灭了薄姑，封姜太公于此地。当然姜太公什么时候封的，历史上还有争议。一是我说的这个意见，周公东征以后封的；但司马迁《史记》记载，是在武王灭商后大封群臣，第一个封的是姜太公。至于我的观点：我是同意第二说的，即武王灭商，首封太公于齐，武王去世，始有三监、商奄、薄姑反叛周公东征三年之事。不管怎么说，这是齐立国之前的一段史实。

第二个阶段——西周时期。

这一段时间，从公元前1046年到公元前771年，这样将近300年的时间，在齐国共经历了12代国君。西周时期齐国的情况历史文献记载也较少，有两个事件很重要：第一件，姜太公封齐之后，采取了一系列措施，建设发展齐国。姜太公在中国历史上是一位非常伟大的人物：首先他是一位伟大的军事家，他辅佐周武王一举灭商，是主帅，所以周武王取天下之后，第一个封的是姜太公。太公的兵法，到战国时有人给他整理出来，叫《太公兵法》，也叫《六韬》，这是中国历史上第一部兵书。所以，太公封齐后，很快击退东方莱夷的进攻，镇压了反抗力量，稳定了局势，巩固了政权。其次，姜太公还是一个伟大的思想家。他有一系列思想主张，其中很重要的就是"顺其自然"的思想。他到齐地后制定了一个文化政策，叫"因其俗，简其礼"。"因其俗"，就是仍然沿用齐地的风俗，顺乎百姓意愿，不去勉强改变。"简其礼"就是简化老百姓对周礼的贯彻，也是顺乎齐地百姓的措施。这种"无为"而治，不去强制改变的思想，是一种道家思想。《汉书·艺文志》把伊尹、姜太公列为道家之首。中国的文化影响最大的，一个是儒家，一个是道家。说儒家文化是中国文化的主干、核心，有人并不完全同意，学术界有一种观点是：中国文化是儒道互补。儒家讲"修身、齐家、治国、平天下"。道家讲"无为而治"，"无为"也是一种有效的治国方略，就看国情如何，对个人处世而言，讲"独善其身"，古代的中国知识分子有两句话，叫"达则兼济天下，穷则独善其身"，就是儒道互补的。在《汉书·艺文志》的记载说明，在汉人的眼里，认为道家还是从姜太公这里产生的，老子、庄子则是后来的道家思想家，中国唯一的本土宗教——道教就是从道家发展而来。这个姜太公应是较早的道家人物，所以是个伟大的思想家。再者，姜太公也是一个很了不起的伟大政治家。姜太公来到齐国以后，提出了一系列正确的立国方针。与"因其俗，简其礼"的文化政策相辅相成的，还有成功的经济政策和政治方略。他确定的经济方针，就叫"通商工之业，便渔盐之利"。齐地有海，他就鼓励捕鱼、制盐，可见距今三千年前，齐地就开始晒盐，然后把盐运到内地来，和内地搞商品交换，因此带动了齐国工商业的繁荣。工商立国，既符合齐国实际，又符合经济发展规律，这很了不起。他确定的政治方略叫"尊贤尚功"。尊贤就是尊重贤人。贤人，就是道德好的、有能力之人。尚功，就是"上功"，谁有功劳谁处上位，今天咱们叫按政绩提拔。尊贤尚功，这种思想也很了不起。所以史书上专门就这个问题拿太公和封在鲁国的伯禽作了比较，《史记》上记载，周公问伯禽：你到鲁国怎么治国？他说我是"尊尊而亲亲"，也就是该尊敬的尊敬，该亲的亲，讲的是一种礼，鲁国讲尊尊而亲亲是以礼治国。而齐国讲尊贤尚功，以人才治国。你看齐、鲁文化的这种差别从立国开始就很显明。所以姜太公这个人是一个伟大的政治家。齐国有辉煌的文化，首先在于它的创始者——姜太公——是一个伟大的人物。当然，鲁国文化也很辉煌，后来还产生了孔子这样的伟大思想家，而且它也有一个伟大的开创者，周公。他辅佐周成王摄政七八年之久，周王朝礼制的主要制定者、奠基者，所以孔子最崇拜他。齐鲁为什么在全国地域文化中具有重心地位，原因固然是多方面的，而其一就因为分封到齐、鲁两地的创始者是两个伟大的政治家、思想家，在周朝来说，是两个顶尖层次的人物。所以与其他区域文化比较，齐鲁确实不一般。

在齐国，西周时期还有一件事情。就是到了第五代国君齐哀公时，齐国与纪国产生矛盾。这个纪国在现今寿光纪台一带，纪国君就去周天子那里说齐国君的坏话，周天子就把齐哀公给烹杀了。烹杀就是将人煮了，是一种很残酷的刑罚。并扶持齐哀公的一个弟弟胡公，做了国君。胡公把国都迁到了薄姑，就是现在的博兴一带。后来哀公的另一个弟弟献公又袭杀了胡公，把国都迁回来了，并把国都称为临淄。在这之前，姜太公刚封到临淄的时候，这个地方叫营丘。临淄这个称呼则是从齐献公开始的，姜太公首封营丘即现今临淄。对姜太公建都营丘，以前学术界有两种意见，一种是营丘即临淄，另一种是营丘在昌乐营陵或其他地方。所以 20 世纪 70 年代北京大学著名历史地理学家侯仁之教授来考察临淄以后所写的一篇关于临淄的文章中，就提到说临淄建都 650 余年。但近 30 年来，学术界就临淄与营丘的关系，有多位学者进行论证，目前学术界具有压倒性的意见是，临淄即营丘。鉴于这种情况，我认为：临淄之称是从齐献公始，但建都临淄，应始自姜太公立国，作为齐都是 800 年历史。西周时期，是齐文化的奠定期。

第三个阶段——春秋时期。

这个时期我把它称为齐文化发达期。时间是从公元前 770 年到公元前 481 年，共经历了 18 代国君，我们今天到临淄去看到的好多古迹遗址，有相当一部分是春秋时期的。譬如说殉马坑，就是春秋末齐景公时期的；在高速公路下的车马馆，也是春秋时期的。春秋时期，是齐文化发展历史的一个辉煌时期。

这个时期有这么几个特点：一是齐国疆域的扩展期。在齐桓公称霸以前的齐襄公时期，就已经灭了其东部邻国纪国，齐桓公称霸以后的齐灵公时期，灭了莱。到齐景公，整个山东半岛都成为齐国地域。史书记载：到春秋末，齐国已东到半岛，南至穆陵（即沂水穆陵关），北到无棣，西到了聊城。二是文化的繁荣发展期。西周时期，周天子权力还比较大，诸侯国独立性比较差，文化独立性也难发展。春秋时期则是齐文化的第一个高峰期。齐桓公在管仲的辅佐下，把姜太公制定的治国方针落到了实处，所以齐国很快地繁荣发展，是一个文化大发展的时期。三是一个国力增强的时期。姜太公封于齐时，临淄一带是一片较荒芜的盐碱地，经济基础薄弱。但到齐桓称霸时，齐已成强国，到春秋末期，是相当繁荣富庶的洋洋大国。所以我认为这段时间是齐国疆域的扩大期，文化的繁荣发展期，也是国力强盛期。

在这一段时间，还有两个比较重要的人物：一个就是齐桓称霸时期的管仲。齐桓称霸的时间，是从公元前685年到公元前643年，一共43年时间，大约半个世纪。这是管仲成就事业的半个世纪。齐桓公是一个非常了不起的政治家，他的伟大之处在于善用人才，他用管仲而成就了一番轰轰烈烈的霸业。孔子所记鲁国史书叫《春秋》，历史上就把平王东迁后，大致相当于《春秋》所记这段时间（实际比《春秋》记载长45年）叫春秋时代。历史上有春秋五霸之称，齐桓公是首霸，其余四霸还有宋襄公、晋文公、秦穆公、楚庄王。但是五霸中真正显赫的就是齐桓公和晋文公。前有齐桓公称霸，后有晋文公称霸。两霸影响和改变了那个时代的历史进程。齐桓称霸的主要推动者则是管仲。孔子对管仲甚加赞扬，他说："桓公九合诸侯，不以兵车，管仲之力也，如其仁，如其仁。"又说："微管仲，吾其披发左衽矣。"评价相当高。第二个人是晏婴，这是春秋齐国的一个贤相，连续辅佐三个国君，其中辅佐时间最长的是齐景公，即殉马坑时期。因为晏婴的努力，保持了齐国50多年的繁荣和发展。这两个人是中国后来宰相的典范。"宰相"这个名称，也应该是从齐国开始的。史书载齐桓公封了管仲个官名，叫太宰，但管仲也称为相，所以后来称的"宰相"大概应从桓公开始。管仲、晏婴两人各有所长。管仲是协助明君齐桓公立了丰功伟业，晏婴辅佐的齐景公则是一个庸君，这个人会享受、比较无能，从《晏子春秋》这部书上可以看到，景公什么事情都问晏婴，比较无能和昏庸。但他的好处是听晏婴的话，因此，齐国在齐景公时 50 多年保持繁荣和发展。后代的宰相，遇见明君就向管仲学习，遇上昏君就向晏婴学习。所以齐国春秋时期的两位大宰相就是中国历代宰相的典范。我猜想司马迁著《史记》，特意将二人合传为《管晏列传》，既有褒扬二相，也有昭示后人的意思吧！现在临淄建了一个中国宰相馆，我觉得完全有道理，因这里是宰相起源地，又有两位典范名相。圣人孔子不仅极赞管仲，也很称赞晏婴。孔子称赞晏婴是"晏平仲善与人交，久而敬之"。

第四个阶段——战国时期。

战国时期是齐文化的高峰期，时间是从公元前 481 到公元前 221 年，共 250 年。这个时期的齐国是田氏政权。中国当代历史学界，春秋与战国的分界、奴隶社会和封建社会的分界，较长时间采用"田氏代齐"为分水岭。在齐国 800 年的历史上，前段（西周、春秋）是姜氏政权；后段（战国）是田齐政权，姜齐近 600 年，田齐 200 多年。这个时期，有几个重要历史事件，需要解释一下：一是田氏代齐。公元前 672 年，即齐桓公十四年，陈国这时发生了内乱，陈国一名公子叫陈完，因内乱跑到齐国来了，齐桓公就收留了他，让他当了一个官，叫工正，即管手工业的。给他的封地叫田，所以陈氏也称田氏。因而，齐国陈氏的始祖即叫田完。"田齐世家"，在《史记》为"田敬仲完世家"。田氏到齐国以后，逐步壮大了力量，采用了若干方法，把齐国的公族一个个打败。到第六代也就是春秋末期时，田氏出了个人物，叫田成子，他杀了齐简公，就完全掌握了政权，国君就成傀儡了。又过了五代，最后夺了政权。周天子封田氏为诸侯。田氏代齐运用的什么战略？采用了什么方法？其中一种方式就是争取民心。"以大斗出贷小斗收"，即用大斗借粮食给老百姓，用小斗称量还粮。田氏就靠争取民心夺得了政权。田成子当时还采取了另一个措施，选了长得漂亮、个子高的女子 100 多人，在后宫养着。男人进出，他也不管，所以田成子到死的时候，有 70 多个儿子。他把这 70 多个儿子都封到齐国各地，所以姜齐末期基本地方上的权力全是归田氏的了，政权轻易就夺了过来。田氏经历了 10 代，共

190 年，最终夺取政权。

二是在战国时期，齐国文化非常辉煌，是齐文化的高峰期。前后六代国君，大多都有所作为。特别是中间四王，就是临淄故城南"四王塚"的墓主。那个时期应该是一个国势最强盛的时候。这表现在，第一点：国力最强。当时"齐最强于诸侯，自称为王以令天下"，这是《史记》所说齐威王时的情况。《孟子》当中，记载齐宣王当时的雄心就是"欲辟土地，朝秦楚，莅中国而抚四夷"，就是把疆域扩展到整个中国，让秦楚这样的大国也俯首称臣，然后让四夷即周边民族都来归顺，实际也就是统一天下。所以齐威王、齐宣王，他们的目标是追求天下统一。到了齐湣王的时候，那时秦国力量已很强大，秦昭王想称帝，就派了一个使者，到齐国对齐湣王说：你应该称帝了。齐湣王这个人比较骄横，因当时齐国之强，也很自负。于是齐湣王称帝，秦昭王才敢宣布称帝，当时号称东西二帝。以秦国之强，也甘居齐国之下，可见当时齐之国力。所以齐湣王时期，《史记》上有记："齐南割楚之淮北，西侵三晋，欲一并周室为天子。"说明齐湣王前期，齐国强盛，达到了顶峰。当然，齐湣王后期，燕国乐毅率五国联军攻破临淄，连破齐 70 余城，几乎亡国，五年后，田单用"火牛阵"反攻才复国。不过齐国经此一败，元气大伤，难与秦国抗衡了。否则，统一天下非秦而齐，也是完全可能的。第二点，齐国最富。历史书上曾记载着"齐地方二千里，带甲数十万，粟如丘山"。说齐这个地方，土地广阔，沃野千里，军队精良，粮食堆得像山一样，可见也是国家最富裕的时候。第三点，国都最繁荣。临淄曾经是中国先秦时期最大的城市之一。我在 20 世纪 90 年代主编《齐文化丛书》的时候，请中国社科院先秦城市史专家曲英杰写了《齐国故都》，他写了 30 万字。他认为，在先秦时，中国最大的城市，论面积最大的，叫燕下都。但是燕下都，中间有条水，文化堆积比较薄，所以面积大、广阔，但是繁荣程度不如临淄。第二个最大的城市就是临淄。《战国策》记载了"临淄城中七万户"，车毂互相撞击，人们摩肩接踵的繁华景象，还写了临淄人生活富足，吃喝玩乐的情景。所以说临淄是当时最繁荣的城市，也是完全合乎实际的。

第五个阶段——秦汉时期。

我称之为齐文化的转型期，为什么叫转型期呢？就是到了秦汉大一统之后，齐文化不是全面展现其面貌，而主要在学术、思想上表现出齐文化的特点，所以叫转型期。这个时间是从公元前221年到公元220年，一共400年时间。在这一段时期，以稷下学术为主的齐国学术、思想文化的巨大影响力对秦汉时期整个政治、经济、文化产生了巨大的影响，展现出显著的特色和辉煌的成就。主要有以下几个阶段：一是在秦代，主要产生于齐国稷下学宫的阴阳五行家的"五德终始学说"，以及齐国的方士及其文化，对秦国政治、文化，尤其是对秦始皇影响巨大；二是在汉初直至汉武帝前期，主要是产生于齐地的"黄老思想"对汉代政治、经济、文化产生了巨大影响，汉文、景二帝时期实行的"黄老之治"即来源于齐；三是汉武帝对齐学的"公羊学派"大学者董仲舒"罢黜百家，独尊儒术"的主张，产生了极大兴趣，吸收、采纳，立为治国统治思想，对汉代及后世都产生了深远影响。这几个方面，在后面讲历史贡献时还要专门讲到。

三、齐文化的历史贡献

这里先讲一下对中国历史文化的一个认识。我认为中国五千年文明有一个时期叫轴心期。就是说，这段时间所创造的文化，是整个五千年文明的一个核心。这个时期我认为，应该就是从春秋到西汉这个时期，从公元前770年到公元前零年左右，近八百年时间。如果把中国五千年文明分成五段，正好是中间这一段。为什么叫它轴心期？一是，这个时期对前面两千余年文化讲是一个发展、总结和提升，达到了高峰。二是，这个时期对后两千年文化讲，是一个奠基和启动。中国的文化就是在这个轴心期形成了基本传统框架的。

从政治上来讲，中国封建社会两千年的大一统专制制度，是战国时期进行了充分探索和思想理论的准备，从秦始皇开始的。秦始皇奠定了中国封建社会的制度基础，也奠定了中华民族大一统的基础，是个了不起的人物。从思想传统的核心和基调来讲，也是这个时期定格的。儒家思想、道家思想、法家思想、阴阳家思想都是产生于这一轴心期，其后相互吸收，形成以儒家为主的思想传统。中国人的价值观念、文化心理，也都是以儒家为主，长期积淀形成。知识分子就是按照"修身齐家治国平天下"来做事的。这不都是从孔子开始传下来的吗？山东淄博的蒲松龄，是一个了不起的小说家，但他一辈子因没能做一官半职，而终生遗憾。他那辛酸，那苦恼，你看看蒲松龄的诗词就知道了："落拓名场五十秋，一事无成雪凝头。"他一生并没虚度，教书创作，成就卓著，怎么能说"一事无成"呢？他的整部诗集处处散发着这种悲苦之情，原因都在科举失意，毫无成就之感。他就借着《聊斋志异》中花妖鬼狐的故事骂官府，揭露社会黑暗，为什么？这就是儒家的文化心理使然。这种文化心理从先秦儒家之徒到清代学者蒲松龄，可说一脉相承，它就是孔子倡导的"学而优则仕"，所以两千年封建社会人们的文化心理的奠基也在轴心期。

　　齐文化在中国文化的轴心期占有什么地位？对中国文化核心时期有什么贡献？这对认识齐文化对整个中国文化的巨大贡献是很关键的问题。那么，齐文化在这个轴心期占据什么地位呢？20世纪30年代研究先秦文化著名的历史学家徐中舒，他在研究安阳、殷商文化的时候说："齐鲁为先秦最高文化区。"另一著名史学家傅斯年先生是我们山东聊城人，他曾经说过："从春秋到王莽时，中国的上层文化只有一个重心，这一个重心便是齐鲁。"我非常同意两位学者的评价，齐鲁文化的地位就是：它在整个中国文化发展中，特别是中国文化的轴心时代，实际是一个"最高文化区"，是一个"重心"，可以说是轴心的轴心。齐鲁文化是由齐、鲁两支各具特色的文化组成的复合型文化圈。齐鲁作为中国文化的最高文化区，这两支文化缺一不可，其历史贡献也是相辅相成的。而就那个时代齐鲁两国发生的重大文化事件，对这一轴心时期文化发展的影响来讲，齐并不逊于鲁。作为当时影响巨大的强国，而且数百年间一直是强国，它在政治、经济、文化上对当时历史的发展影响之大，就不难理解了。但话说回来，在当时影响大，不一定对后世影响就更大。

鲁国产生的儒家、墨家思想在战国时期号称"显学"，到了汉代，儒家思想又从"罢黜百家，独尊儒术"走进了中国传统文化核心，显示出鲁文化影响巨大。当然儒家的形成与发展是包括齐、鲁在内，由多种文化、多家思想融合的结晶，也并非只是鲁文化的产物。但是，鲁作为孔子的故乡和其思想产生的基地，随孔子思想的光大，鲁文化在后代也更为亮丽，这同样不难理解。

下面，我单就齐文化在早期文明中的贡献讲几点：

第一点，齐地是中华文明最早的发祥地之一。从先齐文化讲，齐文化对中华文明起源贡献巨大。齐国成立之前，齐这个地方主要是从济南到淄博、潍坊一带的腹心地区，就是中华文明最早的发源地之一。中国的文化起源一直是学术界不断探索、争议较大的问题。但从总体上讲，著名考古学家夏鼐先生的见解是比较有代表性和为人普遍接受的。他曾经在《中国文明的起源》一书中说："黄河流域是早期文化发展的一个中心，长江下游是另一个中心，山东地区文化的发展自有序列，是与黄河中游相对的另一个文化圈，这三个地区的晚期新石器文化与中国文明的起源关系最密切。"看来学术界较公认的中华文明最早的发源中心地带有三个地方：一个长江三角洲，一个黄河中游地区，再一个就是山东。山东这个发源地主要是围绕泰山周围的地区，根据世界上大家比较公认的文明起源的四大要素：一是礼器，二是文字，三是城市的出现，四是金属器。最早出现以上四者，则说明文明的到来。单就齐地看，一个是在章丘，发掘了城子崖遗址，被中国考古学界命名为龙山文化，这是由中国人以现代考古技术自己挖掘的最早的遗址之一。20世纪20年代末30年代初开始挖掘，这个地方既发现了礼器，又发现了水平极高的蛋壳陶，考古学家描述为"黑如漆，明如镜，薄如纸，硬如瓷"。再一个是在齐地最早发现文字：邹平丁公村遗址发现的11个陶器文字，一直被我国考古界认为是中国最早的文字，当然在日照大汶口文化遗址陶器上也发现了刻画符号，被认为是最早的文字雏形。最早的龙山文化城市出现，是文明的另一种标志。章丘城子崖遗址还有邹平丁公遗址、临淄桐林田旺遗址、寿光边线王城址等一系列龙山文化城堡，大体上沿着泰山以北，胶济铁路线，渤海南岸这一带齐文化的腹地排列，其文化发展足见其文明发祥之早。金属器是在胶县三里河龙山文化遗址当中最早发现的。所以，齐国的腹心地带是中华文明最早的发源地之一，是得到一系列考古成果一再证明了的。这应是齐文化对中华早期文明发展的第一个贡献。

第二点，齐文化对商代文化发展的贡献。商代文化是中华文明形成期一个重要的阶段。特别是随甲骨文发现和考古的现代化，越来越证明商文化是一支高水平的文化。在这支文化发展中，齐地贡献巨大。一是学术界有一种意见认为：包括齐地在内的渤海湾地带，是先商文化的一个来源地。最早提出这一看法的就是前面说到的徐中舒先生，他早在1931年写的《再论小屯与仰韶》一文中就认为："殷民族颇有由今山东向河南发展的趋势……环渤海湾一带，或者就是孕育中国文化的摇床。"① 后来，著名的考古人类学家美籍华人张光直，在他出版的《中国青铜时代》这本书中，也认为殷商文化的基础之一是山东龙山文化。这就是说，山东的齐地一带文化，实际是高度文明发达的商文化的一个基础。二是，20世纪三四十年代在处于淄水、潍水之间青州的苏埠屯，挖掘的大量的商代墓葬，出土的大量商代文物，证明当时这一带商文化文明程度是相当高的。2003年在济南的大辛庄挖掘的商代遗址，发现了大量的刻文字的甲骨，被考古学家认为是历史性重大发现，是自殷墟首次发现甲骨104年之后的第二次重大发现。我要说的是，这些挖掘说明：齐地，包括济南这一带，在商代的时候，这些地方文化水平发展很高，实际是一个高文化中心区，对商文化发展贡献巨大。

第三点，齐桓称霸对于中华民族统一的贡献。齐桓称霸的情况我前面讲了。桓公称霸当时有几个政策：一是尊王室。因为春秋时期，社会发生重大变革，诸侯各自为政，周王朝的权力衰败，在这个时候齐桓公打出旗号来，号召尊重天子，尊王室，这实际上是在维护一统。二是攘夷。攘夷就是让周边少数民族安定下来，阻止他们侵犯中原。所以齐桓

---

① 见《徐中舒论先秦史》，上海科学技术文献出版社2008年版，第136页。

公称霸的重大贡献，可从这三个方面来说明：先说尊王室，西周时期有一句话，叫"普天之下，莫非王土；率土之滨，莫非王臣"，就是普天之下都是周天子的臣民。这无疑是一种民族文化的一统局面。到了春秋时期，王室衰微，诸侯纷纷各自为政，独立发展。在当时的形势下，如果没有齐桓公称霸及后来的"春秋五霸"连称，任其下去，很有可能就会出现小国林立局面。中华民族在早期统一的发展进程之中，就第一次面临着一种分裂局面，因为当时还没真正形成类似后来大汉族这样的主体族群。除中原外，少数民族力量强大，称东夷、西戎、北狄、南蛮。当时中原各国分崩离析，对整个民族发展的历史走向是一个考验。在这样中华大一统的局面受到破坏的情况之下，正是齐桓公的霸业实践，以尊王室为号召，维护了统一局面，并为以后的春秋霸业奠定了一个理论和思想基础，即：维护一统。这种文化贡献确实太大了。如果没有齐桓称霸，以及由此开始的春秋霸业连称的局面，中华民族形成的局面也就不是今天这个样子，所以齐桓称霸强化了大一统思想。他的尊王攘夷还包含着"贵中华贱夷狄"的观念，即华夏族是正宗，少数民族是从属的，是附庸，不可侵犯中原。当然这种思想今天看也值得商榷。但是在那个时代它存在着一个大民族的核心问题。作为多民族国家，中华民族之所以一直到现在都维持中华民族统一的局面，核心问题是什么？就是在民族形成上有一个正宗和核心的观念，这就是以汉族为中心的各民族大一统。前有华夏，后来是以华夏族为主形成的汉族。这对维护以华夏族为主体的中华民族早期大统一局面，是起了巨大作用的。第二点是齐桓称霸打击了四周少数民族对中原先进文化的破坏。首先他向北征伐了戎狄。当时北方的戎狄力量比较大，曾进犯到邢国、卫国，即今河北一带，破坏很严重，齐桓公就"九合诸侯"，率领诸侯把戎狄赶出去，又恢复了邢国和卫国。齐桓公征伐戎狄，曾率诸侯联军打至今太行山以北、河北北部一带，使其不敢轻易南犯中原。齐桓公集合中原的诸侯在楚国召陵摆开阵势，要与楚国大战一场，最后楚国讲和，不敢再向北侵略了。在当时形势下，如果让南楚北戎打进中原地区来，中原的先进文化及生产力必然遭到毁灭性破坏。齐桓称霸正是保持了中原地区数十年的和平稳定，而遏制四方落后民族对中原先进文化的破坏性掠夺，这个历史功绩了不起。第三点，他多次主持会盟各国诸侯，强化了中原各国文化的交流与融合，为后来汉族的形成及中原的民族融合作出了贡献。齐桓称霸时期，他把少数民族都征服了，少数民族都尊齐桓公为霸主，这样少数民族既避免了掠夺性破坏，也加强了与中原文化的和平交流与融合。所以中华民族长期形成了以汉民族为主体，与周边民族和睦相处的局面。依我看，齐桓公称霸是起了奠基作用的。这是齐桓公称霸对民族文化形成发展的巨大贡献。

第四点，稷下学宫的贡献。稷下学宫是战国时期诸子百家争鸣的中心。我前面说到战国时期是齐文化发展的高峰期，我认为最主要的标志就是稷下学宫在齐国的出现，并长期发挥了诸子百家争鸣中心的作用。中国的文化特别是思想文化之奠基时期、轴心时期是百家争鸣的战国时期。九流十家，各种思想都产生和发展成熟于这时代，而当时产生的这些思想包括儒家、道家、法家、阴阳家等都成为后来两千多年我国思想文化发展的基础和源头。这一段出现了众多的伟大思想家，为中国以后的文化发展奠定了基础，影响极大。战国时期的百家争鸣，当时号称九流十家，儒家、墨家、道家、法家、阴阳家、名家、杂家、小说家、农家、纵横家一共 10 家。这 10 派当中有一些没有留下著作，没有著名代表人物传世，对后代影响也不大，而其中最重要的有 6 家：儒家、墨家、法家、阴阳家、道家和名家。在这 6 家当中，著名的代表人物有鲁国和其他国家产生的，但大都与齐国或稷下发生过直接的关系。儒家创始人孔子虽是鲁人，但他首次出国来的是齐国，齐文化对孔子影响之大，读《论语》可知。但战国时两个儒家大师，孟子在齐国住了 20 多年，荀子在齐国稷下学宫三任祭酒，有人考证他在齐待了近 50 年的时间，实际上荀学是齐学。至于阴阳家，阴阳五行家的代表人物齐人邹衍，就是在齐国稷下学宫培育发展起来的。再说墨家思想，你看《墨子》一书，里面他与齐国关系最密切，所以一直有人主张墨子为齐人。还有两个名家的代表人物叫倪说、田巴，他们也都是齐人，是稷下先生。这些学派的发展、壮大和传承，无一个不与齐国、与稷下学宫有直接关系。儒家、墨家、阴阳家都是齐鲁产生的，名家可说发展于稷下。道家的代表人物是老子和庄子，但是他们祖师爷是姜太公。《汉书·艺文志》列姜太公为道家著作。另外，先秦战国时有一种影响极大的思想叫黄老思想，也属于道家思想，那是齐国的稷下学宫产生的，黄老也是道家。谈到法家，论其渊源，一个法家代表人物是管仲，一个是荀子，先秦法家两个最著名的代表人物韩非和李斯则都是荀子的学生，说明法家与齐有极大关系。如此说来，中国历史上这些核心思想都在齐产生或与齐关系重大。可见，诸子百家的形成发展实在是与齐文化与稷下学宫关系密不可分。

我们再回首看稷下学宫在百家争鸣中的作用：诸子思想的形成、发展与成熟，与各家学说的相互争鸣、吸收、辩驳、碰撞分不开。而稷下学宫，就是一个官办的思想争鸣中心。这样的中心别的地方并没有，只有齐国建了，而且存在了约一个半世纪，大体与田齐政权相始终。

第五点，齐文化对先秦兵学的贡献。中国文化史上兵学占有相当重要地位，这也是中国文化的特色。中国的兵学先秦时期最发达，中国兵家史上号称历史上十大兵书，其中有六大兵书产生于先秦时期，而这六大兵书中有四大兵书是齐国人的：姜太公的《太公兵法》，也叫《六韬》，孙武的《孙子兵法》，孙膑的《孙兵法》，再一个是《司马法》，是齐威王大夫所著，内容包括司马兵法和春秋末齐国军事家司马穰苴兵法。这个司马穰苴可能是当时的司马，就是国防部长。所以先秦的兵学在齐国最发达，对后代军事学影响至深至远。

第六点，齐文化对秦朝统一的影响。这个影响主要体现在三个方面：一是齐国盛行的阴阳五行思想，主要是阴阳家邹衍的"五德终始说"成为秦始皇建立国家制度的一个理论根据。他是用了金木水火土五行的生克理论，来解释说秦始皇代周是以水德代火德，是顺天行事，是有法可依的。他说周是五行中之火，秦是水，水灭火，是自然五行相替运转的，朝代也是按照金木水火土的更替来运转，秦代周是符合天意的。可见齐文化中的阴阳五行学说是秦朝立国的思想依据。二是秦始皇对齐文化的迷恋。秦始皇统一天下之后，离开咸阳，有四次东巡，其中三次是到山东半岛的成山头、琅琊台、芝罘岛，历史上都有记载。所以他对齐地和齐文化非常重视，他最听齐国方士的话。方士可说是渤海湾一带齐地的特产，是一类自称在人与海神之间起沟通作用的人，是自称能到海中仙山上去的人。而当今威海市的文登，就是秦始皇到半岛来的时候，召集儒生方士开座谈会的地方。齐国方士告诉他，海上有三座仙山，名字叫蓬莱、方丈、瀛洲，这三座仙山上产长生不老之药，于是秦始皇就听信了齐国方士的话，派人去求药。所以，当今蓬莱县也是以仙山的名字命名的。哪里有长生不老之药？他们骗他，还派徐福带五百童男童女，东渡去海上采药，据说到了韩国、日本，成为传说中的日本人的祖先。三就是齐方士是"焚书坑儒"事件的直接诱因和主要对象。秦始皇受了齐方士的欺骗，一怒之下，活埋460个儒生，实际上历史上早有学者说，秦始皇坑儒，主要杀的是齐人方士。齐文化对秦始皇的巨大吸引和秦始皇对齐方士的憎恶，是秦代文化政策发展和转折的重要因素。我曾经专门发表过一篇文章叫《秦始皇与齐文化》，详细考证过齐文化怎样影响秦始皇，秦始皇怎么发展齐文化，以及秦与齐文化之关系。

第七点，齐文化对汉代的影响。这个影响非常大。汉代政治吸取秦代的经验教训，发展生产，曾经出现了"文景之治"。文帝和景帝的时候，天下太平，百姓富裕，没有战事，经济增长最快，而"文景之治"在我看来，实际上就是齐文化之治。焚书坑儒以后，战国时期诸子百家思想的传播由宫廷到了民间。这个时期在山东齐地的高密和胶西一带盛行黄老之学，就是兴盛于齐国稷下学宫的那种道家的学说。当汉初刘邦封曹参任齐相时，曹参采用师承黄老思想的学者盖公的主张，以黄老思想治理齐国，结果九年大治。那么，黄老之治是什么政策呢？一句话，就是"无为而治"。也就是不要去奴役、干扰老百姓，让他们自己休养生息，自我发展。后来汉相萧何死了，就把曹参请回去，当了全国的宰相，曹参又向皇帝建议推行以黄老思想治国。后来文帝、皇后、窦太后也大力推行黄老之治，文帝的儿子景帝及武帝初年，前后几十年，汉代一直采用"黄老之治"。直到窦太后死了，汉武帝才实行"罢黜百家，独尊儒术”，所以，汉初的“文景之治”的盛世，实际就是黄老之治，也就是齐学之治。可见在汉代统一之后，齐文化对这个大一统的汉帝国发展的巨大贡献。

另外，齐文化对汉代文化的影响巨大，还有齐人对经学发展的贡献。孔子是以五经教学授徒的，五经为《诗》、《书》、《易》、《礼》、《春秋》。孔子死后，他的学生及学生的学生，即所称的“后学”都来传播五经，到了西汉，传播五经受到统治者高度重视，设置五经博士，在朝廷里面列为官职。五经博士当中，齐人居多，在《史记·儒林列传》当中，曾经列了五经八个经学大师，这八个经学大师当中，六个是山东人，其中四位是齐国人：传《诗经》的辕固生，学《尚书》的济南伏生，传《易经》的淄川人田何，传《春秋》的是齐人胡毋生。汉武帝采纳了董仲舒的意见“罢黜百家，独尊儒术”，董仲舒虽然是赵国人，但董仲舒是齐国人公羊寿的学生，研究《公羊春秋》学，是齐学弟子。董仲舒提出的“儒术”，是大量地吸收了齐学中的黄老、阴阳及齐法家思想的。所以从这里来看，汉代的经学主要是齐鲁来垄断，齐人多于鲁，齐学还盛于鲁学，齐人对汉代儒学、经学文化作出了巨大贡献。

上面我主要讲了齐文化对中华早期文明的七大贡献，其实还可以加一条齐国故都临淄在中国早期城市史上的巨大贡献，临淄的城市建设布局宏伟，排水系统、功能分区都匠心独具。临淄商业发达，文化繁盛，是世界足联宣布的世界足球发源地。齐人自强不息、争强图霸的进取精神，也是我们中华民族精神形成过程中重要的思想来源之一。深入挖掘、认真阐释、大力弘扬齐文化应是当前文化建设中一项重要的学术工程，让我们一起努力。

齐文化的祖源

——山东炎帝姜姓集团文化探微

　　研究齐文化，有一个很值得关注的问题：周初首封齐鲁，为什么将姜太公封于齐地？从历史情况来看，周得天下之后，能否巩固政权，当今山东地区（齐鲁之地）是个关键。山东地区自上古以来为文化发达地区，又是抗拒周人统治的后方大本营，所谓"三监之乱"，齐地的大国薄姑即是骨干力量之一。解决了山东问题，就巩固了东方。在这种情况下，周初统治者采取了两条极正确的方针：一是周公东征；二是首封姜太公于齐。其中一个很重要的因素是：先齐时期，山东地区早就生活着一个势力强大的炎帝姜姓部落集团。而太公本为"东海上人"（今山东日照市），是姜姓集团出身的周之最高军事统帅。封太公于齐，以夷制夷，镇抚东方，即成为周王室的最佳选择了。历史事实也证明：太公封齐对稳定周王朝政权，发展齐鲁文化，发挥了重大的历史作用。

　　关于炎帝氏族集团后裔的发展和分布情况，一直是炎帝文化研究中意义重大、分歧较多而备受关注的课题之一。近些年来，随着齐鲁文化研究的深入，齐鲁文化与炎黄文化的关系如何？炎、黄文化对齐鲁文化形成、发展的影响何在？已经成为炎黄文化和齐鲁文化研究中颇受关注的重要问题之一。倒如，杨向奎先生曾就这些问题有过论述："我们曾说'齐鲁文明'，鲁国属于黄帝那个系统，也就是宗周那个系统，讲道德、讲礼仪，从周公到孔子，这个系统传承了下来。但是你讲齐国历史就不那么单纯。假使你翻开《管子》来看，其内容非常的复杂……不那么简单，里边还有些内容我们看不懂。历来那些注疏、注释也弄不懂。但是，你拿炎帝系统的文化来对照的话，就可以看懂了。"① 限于所论的侧重，杨先生并没有拿炎帝系统的文化来对照，就齐鲁文化为什么分属炎、黄系统作出进一步的探求、说明，但对炎、黄文化和齐、鲁文化的研究，却提出了一个值得深入研究的问题：齐文化与其族源——炎帝姜姓部落的关系是如何传承发展的。当然由于文献不足、资料缺乏，要真正探明齐文化与炎帝文化的关系，也并非易事。现就已有文献中一些关于齐地文化的记载，对先齐时期姜姓氏族集团文化的相关情况作出一些梳理和试探。

一、先齐时代的姜姓集团

由于文献难征，太公封齐之前，齐地的文化情状，人们所知甚少。20 世纪以来，特别是近 20 年来，随着齐地考古挖掘的发展和许多重要文物的出土，先齐时代齐地东夷人的生活情况，越来越清晰地展现出来。结合有限文献的收集分析，梳理先齐文化的有关情况，对填补齐文化渊源研究的空当，显得尤为迫切。

关于先齐时代齐地的文化情况，史籍记载很少。据《左传·昭公二十年》记载，晏婴在追述先齐历史时说道："昔爽鸠氏始居此地，季荝因之，有逢伯陵因之，蒲姑氏因之，而后太公因之。"虽话语中已大体勾勒出先齐时代齐地氏族因袭统治的传承脉络，但仅此而已，语焉不详。《国语·周语下》载，伶州鸠有言："我皇妣太姜之侄，伯陵之后，逢公之所冯神也。"据此可知，逢伯陵为姜姓祖之一。《左传·哀公九年》引晋国史赵的话说："炎帝为火师，姜姓其后也。"《国语·周语下》载："共之从孙四岳佐之，胙四岳国，命以侯伯，赐姓曰姜，氏曰有吕。"而《山海经·海内经》则记："炎帝之妻，赤水之子听訞生炎居，

---

① 杨向奎文，见《姜大公与齐国军事文化》序，齐鲁书社 1997 年版。

炎居生节并，节并生戏器，戏器生祝融，祝融降处于江水，生共工。"根据传承世系，共工是炎帝五世孙。《山海经·海内经》还有"炎帝之孙伯陵"的说法，与《国语》之说也相吻合。从文献记载情况说明，这个姜姓集团是炎帝之后，占据着齐国周边一个范围较广大的地区，势力是强大的，因而徐旭生先生在其《中国古史的传说时代》一书中指出："炎帝氏族姜姓在相当早的时候，已经在山东居住。"其指出姜姓之国包括见于《左传》的纪、向、州等①。

李学勤先生著有《有逢伯陵与齐国》一文②，其引证了大量的文献资料和考古资料，对逢伯陵之国的有关情况进行了更深入的探析。在综合分析诸多文献资料的基础上，他同样得出结论说："逢国系姜姓，其始封之君逢伯凌是炎帝之后，时在商朝，取代季蒴一系，都于齐，周太王之妃太姜即出自该国。商武乙、文丁以及周穆王时，逢国仍存，其君逢公且颇有地位。"③同时，他又结合在山东济南附近济阳刘台子墓葬出土的数件带有"逢"字铭文的青铜器所提供的资料，对逢国居齐之后的情况作了综合分析后说："姜姓逢国在殷末受东夷薄姑的压迫，放弃临淄一带地区，迁到今济阳。不久，纣王灭亡，薄姑参与反周作乱，终归绝灭。原为姜姓国的临淄一带，又成为姜姓的齐国。已迁的逢，继续同周朝保持亲密的关系，而且和齐国一样，与周王室有着婚姻的纽带。"④李学勤先生的研究成果十分重要。他结合地下考古挖掘的成果，又进一步证实，《左传·昭公二十年》所记齐地"昔爽鸠氏始居此地，季蒴因之，有逢伯陵因之，蒲姑氏因之，而后太公因之"之言是可信的，而且在姜太公封齐之前的殷代，齐地确实存在着一个姜姓方国集团。

著名考古学家王献唐先生著有《炎黄氏族文化考》一书，他运用大量的考古文物和古文字学材料，对炎帝、黄帝两个氏族后裔在齐鲁地区的分布进行了考察，提出了许多新的富有见地的观点。他认为："当

---

① 徐旭生：《中国古史的传说时代》，文物出版社 1985 年版，第 46 页。
② 李学勤：《古文献丛论》，上海远东出版社 1996 年版。
③ 李学勤：《古文献丛论》，上海远东出版社 1996 年版，第 1 页。
④ 李学勤：《古文献丛论》，上海远东出版社 1996 年版，第 109 页。

时四夷皆炎帝一族，被逐于黄河流域散至四方者也。……其同为炎族，故总名四夷。"① 对于齐地的姜姓集团，王先生除从《山海经》等古籍记载中探求有关炎帝后裔的传承世系，认为"炎帝生器、器生钜、钜生伯陵，居齐为太公始祖"② 之外，还通过对山东的一些地区、古国进行了大量考察，认定在潍、淄流域乃至山东半岛的莱夷，都是炎帝的后裔③。他着重对商末居齐地的薄姑故国与炎帝氏族的关系，从文字学的角度进行了新的考察，指出："炎族散处山左者，有番有圭二族，先后同处一地，因合族名，并呼其地为番圭，人为番圭氏，扭转易字为薄姑，即薄姑之所由起也。"④ 确切指出薄姑为炎帝部族后裔。

王献唐另有《山东古国考》一书，他根据山东黄县出土的铜器，提出在齐立国之前，山东东中部、东部一带就存在一支势力强大的姜姓氏族集团⑤。自20世纪80年代以来，关于山东古国史的研究有了较大的进展，对齐地的姜姓古国也进行了一些深入的探讨，从总的情况看，学界结论是一致的：在史前的山东地区，至少是在齐国的核心地区，确有一个炎帝后裔——姜姓氏族的方国群存在⑥，这里从很早的时代起，就是一个姜姓部族的聚居之地。

那么发源于陕西黄土高原的炎帝氏族究竟是如何辗转迁居黄河下游的齐地来的呢？对此，徐旭生在《中国古史的传说时代》、王献唐在《炎黄氏族文化考》等著作中，对这个同题进行了探讨，给出了比较一致的意见，至今仍具有较高的权威性。徐旭生先生认为：炎帝氏族与黄帝氏族原本都生活于渭水中上游的"甘肃、陕西两省交界的黄土原上或它的附近"，"渐渐有一部分顺着河流，向东迁移。炎帝氏族所住偏南，顺着渭水、黄河的两岸，一直发展到今河南及河南、河北、山东三省搭

---

① 王献唐：《炎黄氏族文化考》，齐鲁书社1985年版，第27页。

② 王献唐：《炎黄氏族文化考》，齐鲁书社1985年版，第15页。

③ 王献唐：《炎黄氏族文化考》，齐鲁书社1985年版，第76—85页。

④ 王献唐：《炎黄氏族文化考》，齐鲁书社1985年版，第345页。

⑤ 王献唐：《山东古国考》，齐鲁书社1983年版。

⑥ 逄振镐：《建国以来东夷古国史研究讨论述要》，《东夷国史研究》（第一辑），三秦出版社1988年版。

界的地域"①。王献唐先生也认为，炎帝氏族后裔，"出陕西而东经山西之南部，河南之中部、北部，东至齐、鲁"。王献唐先生还对产生于东方的伏羲氏族后裔的分布进行了考究，并得出结论说："黄帝以前，中国民族在黄河流域先后分两大部分，各有其特殊之社会。伏羲一族，原处东方齐、鲁一带，以渔业为其主要生活，游猎副之。由东而西，沿黄河流域直至陕、甘。……神农（炎帝）崛起姜水，以其新发明之农事，且植且牧，分布广衍，又由西而东，复回齐、鲁，积演成为农业社会。前则从东徂西，后则从西徂东，沿黄河流域一循环之间，而社会生活之状态，递变演进，故原始之民族，只可谓为东西回环之民族……中国社会之基础，殆建树于此二大时期矣。"②

在炎帝氏族沿黄河东迁的过程中，也并非一帆风顺。记载炎帝事迹，且最早将炎帝与黄帝并称为胞族的《国语·晋语四》中，有所谓炎、黄"二帝用师以相济也"的记载。韦昭有注曰："济，当为挤。"《方言》卷十三则释"济"为"灭也"，可见炎、黄二族在迁居散播的过程中有过摩擦，甚至发生过你死我活的斗争。《史记·五帝本纪》即记载了炎帝氏族与黄帝氏族大战于阪泉之野的情景："炎帝欲侵陵诸侯，诸侯咸归轩辕。轩辕乃修德振兵，治五气，艺五种，抚万民，度四方，教熊、罴、貅、貙、虎，以与炎帝战于阪泉之野，三战，然后得其志。"（《史记·五帝本纪》）《汉书·律历志》中也有类似的记载。而《炎黄氏族文化考》引《古史考略》亦云："炎、黄二帝用师以相挤，而战于涿鹿，是炎帝兴兵伐黄帝，及黄帝三战，而炎帝败也。"③ 正如王献唐先生所云："黄帝既为黄河流域而驱炎裔，炎裔原在黄河流域东方者愈驱而东为日后之东夷。"④ 总上所考，结合今天有关炎帝文化的诸多研究成果，我们大体上可以这样来描述炎帝后裔与齐地姜姓集团的关系：炎帝氏族是发源于渭水中上游流域的一个文明发达早、文化发展程度高，对

① 徐旭生：《中国古史的传说时代》，文物出版社 1985 年版，第 5 页。
② 王献唐：《炎黄氏族文化考》，齐鲁书社 1985 年版，第 420 页。
③ 王献唐：《炎黄氏族文化考》，齐鲁书社 1985 年版，第 23 页。
④ 王献唐：《炎黄氏族文化考》，齐鲁书社 1985 年版，第 27 页。

中华民族的发展和文化传统的形成影响最大的氏族集团之一，后沿渭水和黄河流域向东转移发展。在此过程中，其战胜了来自东方土著氏族集团的强烈抵抗，到达齐、鲁地区。由于在与黄帝氏族对中原地带激烈争夺中的惨败，致使炎帝氏族集团后裔四散流转，成为诸多"四夷"氏族部落的先祖，其中相当一部分就近转移到齐地生活，形成了强大的齐地姜姓氏族集团。

二、姜姓集团的文化

先齐时代，齐地姜姓氏族文化的状况如何，文献无征。但是，周朝立国后，姜姓氏族的苗裔太公望受封齐地。齐国立国之时，由于姜太公采取了"因其俗，简其礼"（《史记·齐太公世家》）的政策，较多地因袭和保留了原齐地姜姓氏族集团的一些文化传统，所以，我们今天仍可从有关齐国早期文化状况的一些文献记载中，蠡探到先齐之时姜姓集团文化的一些大致情况。

（一）关于姜姓氏族社会政治文化状况的探索

《史记·齐太公世家》有记载："太公至国修政，因其俗，简其礼……而人民多归齐，齐为大国。"在《史记·鲁周公世家》中，太公的"因俗简礼"之策与伯禽治鲁之"变俗革礼"之策，又被作了对比性的记述："伯禽之初受封之鲁，三年而后报政周公，周公曰：'何迟也？'伯禽曰：'变其俗，革其礼，丧三年然后除之，故迟。'太公亦封于齐，五月而报政周公，周公曰：'何疾也？'曰：'吾简其君臣礼，从其俗为也。'及后闻伯禽报政迟，乃叹曰：'呜呼！鲁后世其北面事齐矣！'"这两段史实记载，颇值得人们细加探究。《史记》一书的齐、鲁两《世家》中，两国的立国过程及史实记载都较为简略，甚至西周数百年的历史亦只匆匆一笔而过，以至于今天我们对齐、鲁这两个东方大国在周初的历史所知颇少。但司马迁在齐、鲁两国如何对待原邦旧邑的"俗"和"礼"的态度问题上却给予了极大关注，不吝笔墨。或许在他看来，两国后来国运兴衰的不同发展，当归因于两国对俗、礼的不同态度。尤其值得注意的是，司马迁借周公之口，对姜太公"因其俗，简其礼"和"从其俗为"的政策大加赞赏，他认为这是"人民多归齐，齐为大国"的一个重要的政策根基。

这些记载从一个侧面反映了齐地姜姓氏族文化的整体风貌，它说明齐立国之初的文化是建立在一个较高的基础之上的。由此也可以推断，姜姓氏族集团的社会文化在齐地的长期发展中，至迟到齐国立国之前后，其水平已经相当高了。

至于齐地姜姓氏族社会文化的具体面貌如何，我们可从一些相关的记载中，作出一些蠡测性的探究。

许慎《说文》有言："夷，东方之人也。"段玉裁注曰："夷俗仁，仁者寿，有君子不死之国。"这说明，包括齐地在内的夷人之中大约有着一种仁厚的社会风尚。《说文》所言夷人，是否即是先齐的姜姓氏族尚难确定，但从史籍对于姜太公出身及其思想的表述中，可以大致得到一些印证。《史记·齐太公世家》言："吕尚者，东海上人。"《索隐》引谯周曰："炎帝之裔，伯夷之后，掌西岳有功，封之于吕，子孙从其封姓，吕尚其后也。"这说明太公可能原即是齐地姜姓氏族后人，或者如《孟子·离娄上》所言，为"辟纣居东海之滨"的人①。总之，太公即使不为姜姓苗裔，大约也曾长期在齐地生活过。《绎史》引《大戴礼记》中所记太公之言有云："臣闻之，以仁得之，以仁守之，其量百世。"其极赞行仁之重要性，太公此语，即使晚出，亦极合乎太公之言，此为夷人"仁"即指齐地之民一证。另外还有一证，《诗经》三百零五篇，只有两处见"仁"字，一为《郑风》，一为《齐风》，其中《齐风·卢令》是一篇带有浓重地方民歌色彩的诗，其赞美一猎手曰："卢令令，其人美且仁。"由此看来，齐立国之后，大量保留了齐地民间的旧俗，对"仁"是持以褒扬和赞赏态度的。由此，我们可以这样认为，先齐之时姜姓氏

---

① 姜太公究竟出生、生活于何地，史籍记载有别。《史记·齐太公世家·考证》引梁玉绳曰及《吕览》、《淮南子》、《水经注》等歧说各异。今从《史记》。

族的风俗是崇尚所谓"仁"的。

关于"仁"的具体含义，我们难以从文献中寻求到更多的诠释。但是，《孟子·离娄上》有载："太公辟纣，居东海之滨，闻文王作兴，曰：'盍归乎来！吾闻西伯善养老者。'二老者，天下之大老也，而归之，是天下之父归之也。天下之父归之，其子焉往？诸侯有行文王之政者，七年之内，必为政于天下矣。"记载语出有源，必有所据。从太公对"善养老者"、"必为政于天下"的向往和赞许，到《大戴礼记》所记太公"以仁得之，以仁守之"对于"仁"的解说，再联系在太公立国"从其俗为"的政策产生的"人民多归齐"的治国效果，我们有理由认为：先齐姜氏部族社会中存在着崇尚"仁"的风尚，而这种风尚之中，很重要的内涵就是所谓养老尊贤的传统，而对这种文化传统的因袭继承，成为姜氏后裔的齐国所制定的最基本的国策之一，它是姜姓氏族文化传统在新的历史条件下的弘扬发展。

至于姜姓氏族既有之"礼"的具体内涵，我们亦可做如下的探究。其一，先齐的姜姓氏族也是一个重视"礼"的族群，以至于"礼"的发展达到了繁复的程度。太公立齐之时，在继承旧"礼"的前提下，还必须对之进行"简"化，因而发布了"因其俗，简其礼"的政令。这正是"人民多归齐"的原因之一。其二，据《史记·封禅书》记载，齐地有"八神祠"之习，而"八神将自古而有之，一曰天主，祠天齐；二曰地主，祠泰山、梁父；三曰兵主，祠蚩尤，在东平陆监乡；四曰阴主，祠三山；五曰阳主，祠之罘；六曰月主，祠之莱山；七曰日主，祠成山；八曰四时主，祠琅琊。"从有关记载来看，齐地的八神祠源起较早，流传时间较长。"八神祠"中所祠兵主为蚩尤，而蚩尤则是炎帝姜姓后裔中一个势力很强的部族的首领，后在与黄帝的抗争中，为黄帝所败擒杀。齐地为何祭祀蚩尤，《路史·蚩尤传》有记："后代圣人著其象于尊彝，以为贪戒。"而王献唐先生则认为："画蚩尤亦所以威炎族，言尔族如此神勇之人，尚被擒杀，余可息心矣。"[1] 另一方面，齐地对于炎裔兵主蚩

---

① 王献唐：《炎黄氏族文化考》，齐鲁书社 1985 年版，第 19 页。

尤的祭祀，也反映了齐地姜姓氏族对其氏族英雄的一种尊崇和怀念。八神祠的风俗应该是齐地姜姓氏族久远的俗礼，到太公立国时，又为太公采取"因俗简礼"之策保存了下来，故而《史记·封禅书》记其事时说："八神将自古而有之，或曰太公以来作之。"

另外，齐地还应该是一个音乐很早发展且较为发达的地区。齐国故都临淄博物馆现藏有三孔陶埙，有一个吹孔、两个音孔，设计合理，做工精细，发音悦耳，经初步鉴定，应为相当于夏代前期的器物①，此时正值齐地姜姓氏族文化发展的兴盛期，可以想见先齐之时齐地的音乐已经很发达了。另外，《孟子·告子下》记载淳于髡的话说："昔者王豹处于淇，而河西善讴；绵驹处于高唐，而齐右善歌；华周杞梁之妻善哭其夫，而变国俗。"顾颉刚先生认为："把杞梁妻的哭和王豹、绵驹的歌讴同举，并说因她的哭夫而变国俗，可见齐国唱她的哭调的风气是很盛行的。"②又据《战国策·齐策》之载："临淄甚富而实，其民无不吹竽、鼓瑟、击筑、弹琴……"可见，齐国民间音乐的发展水平当为极高。《论语·八佾》记，孔子在齐闻《韶》，"三月不知肉味"，并感叹道："不图为乐之至于斯也。"韶乐，相传为大舜时的乐章。大舜亦为炎族后裔，即所谓"东夷之人"，舜时音乐如何在齐国传承，发展到令孔子如痴似迷地步，我们不得而知。但从种种记载来看，齐国的音乐应该是很发达、水平很高的，特别是民间俗乐尤为发达。这应与齐立国前齐地姜姓氏族有发达的俗乐，而被太公"因其俗"而继承发展下来，不无关系。由此可知，先齐时的姜姓氏族大约也是一个好乐善乐充满活力的部族。

（二）姜姓氏族经济文化的特点

齐地姜姓氏族在经济生产上的一些文化特点，典籍中也没有直接的记载，但是我们仍能从姜太公封齐之初一些有关齐地经济情况的记载中，可以探知大略。

---

① 王志民：《齐文化论稿》，山东大学出版社1995年版，第226页。

② 顾颉刚：《孟姜女故事研究》，上海古籍出版社1984年版。

　　《史记·齐太公世家》有记："太公至国……通商工之业，便鱼盐之利。"《汉书·地理志》亦载："太公以齐地负海舄卤，少五谷而人民寡，乃劝以女工之业，通鱼盐之利，而人物辐凑。"《盐铁论·轻重》也言："昔太公封于营丘，辟草莱而居焉，地薄人少，于是通末利之道，极女工之巧。"从相关记载看，太公始封之地是地薄人少的海边盐碱地，不利于发展农业生产，但也有渔盐之产与工商之业。实际上太公所封之地，也是中原氏族集团统治力量薄弱的地方，因为周初分封之时，当时东方反周势力很强大，包括齐地姜姓的薄姑等曾参加了当时的反周叛乱。

　　从上述记载中，我们仍然能看到在齐立国之前，姜姓氏族集团在齐地的一些经济活动的特点和由此形成的经济文化情状。其一，记载表明，炎帝后裔们将氏族先进的农业文明带到了东方，大力发展农桑之业，因而桑蚕养殖及丝织之类"女工"之业，已发展到相当高的水平，而且在长期经济活动中，社会分工越来越趋于精细和专业化，所谓太公"劝女工"、"极技巧"指的就是太公抓住这个地方经济的特点，支持和鼓励了原有的经济特色，使齐地经济有了迅速恢复与发展。其二，齐地姜姓氏族的工商、手工业及渔盐业的生产水平也是比较高的。太公之所以立国伊始即大力发展商业和手工业，促进渔、盐的生产与交换，这与齐地原有的较高的生产水平、生产基础相关。

　　尽管我们无法更加详细地探讨出齐地姜姓集团文化发展的具体面貌，但从既有文献总体情况分析，炎帝氏族通过其后裔的迁移来到当今山东地区之后，对齐地文化的形成和发展作出了重要的贡献，为以后齐鲁地区在中国文明早期发展中成为高文化区奠定了重要的基础。

稷下学宫：世界文明史上的奇观[①]

战国时代，齐国统治者在都城临淄创设的稷下学宫，是我国历史上最早的集教育、政治、学术功能于一体的高等教育大学堂，是战国时代的思想文化中心；是诸子百家争鸣，促进各派融合、发展，培育、创生新学派的文化沃土；是博士制度的先声，学术大师的摇篮；它兼容并包、独立自由的学术精神是中国也是世界的珍贵精神文化遗产。

一、前空往劫　双璧呈辉

稷下学宫是中国历史上创办最早、规模最大的国办大学堂。它与差不多同时出现在雅典的希腊学园（又称：阿卡德米学院、柏拉图学院）堪称双璧。它们是世界上最早的集高等教育与学术研究为一体的思想学术文化中心，分别在世界的东、西方以相似的方式展现出人类早期文明的智慧之光。还在上个世纪之初，国学学者邓实在《古学复兴论》中说："周秦诸子之出世，适当希腊学派兴盛之时，绳绳星球，一东一西，先后相映，如铜山崩而洛钟应，斯亦奇矣！"希腊学派中，最负盛名的"希腊三哲"苏格拉底、柏拉图、亚里士多德都与希腊学园紧密联系在

---

① 本文系作者在 2015 年 9 月 13 日稷下论坛公开课上的讲演，全文刊于《光明日报》2015 年 9 月 17 日第 7 版。

一起，而稷下学宫则是战国百家争鸣的中心所在，"周秦诸子的盛况是在这儿形成了一个最高峰"（郭沫若语）。

从比较的角度看，稷下学宫与希腊学园各具特色，共同创造了世界文明史上的辉煌。前者是齐国统治者为广揽人才而创办，具有浓厚的政治色彩；后者为柏拉图传播思想、科学而设，具有鲜明的科学理念。前者汇聚诸子，多派并存，思想交锋，形成百家争鸣的局面；后者传承师说，探求真理，追求科学，培育独立思考精神。前者为中国秦汉大统一帝国的形成作了理论上的充分准备，对后代政治、思想文化发展影响甚大；后者为西方大学教育奠基，对后代西方哲学、自然科学发展影响深远。稷下学宫与希腊学园极大地影响了东、西方不同学术思想与文化传统的形成，共同为构筑丰富多元的世界文明作出了贡献。

梁启超在《论中国学术思想变迁之大势》一文中曾满怀激情地描述战国百家争鸣的情状说："孔北老南，对垒互峙，九流十家，继轨并作。如春雷一声，万绿齐苗于广野，如火山炸裂，热石竞飞于天外。壮哉盛哉！非特中华学界之大观，抑亦世界学史之伟迹也。"并认为这是"前空往劫，后绝来尘"的历史绝唱。梁先生的话，也实际评价了作为百家争鸣主阵地稷下学宫的学术地位与历史贡献。

前人论稷下，多忽略它的教育地位。其实，将稷下学宫的设置放在中国教育史上看，也是空前的壮举。此前，中国教育史上有"官学"之设，《孟子·滕文公上》载："夏曰校，殷曰序，周曰庠，学则三代共之，皆所以明人伦也。"至迟到商代，就有了"大学"的设置，"殷人设右学为大学，左学为小学"（《礼记·明堂位》）。但"殷人养国老于右学，养庶老于左学"（《礼记·王制》）。可见，三代所谓官办大学，实是养老、习射、习礼以及道德、教育之所，与后来所说的大学在内涵、规模、层次等方面都有很大差异。春秋以降，礼崩乐坏，打破"学在官府"，知识下移，私学兴起，官学不昌。战国之世，七大国争雄，虽然人才争夺，空前高涨，但风云变幻，战争频仍，并没有哪一国像齐国这样兴学招揽人才的。诚如《文心雕龙·时序》所载："春秋以后，角战英雄，六经泥蟠，百家飙骇。方是时也，韩魏力政，燕赵任权；五蠹六虮，严于秦令；唯齐、楚两国，颇有文学……故稷下扇其清风，兰陵郁其茂俗。"战国之楚，产生了屈原、宋玉等文学大家，兰陵之地兴起优良的文气风俗，但并没有兴办国学的记载。从现有的资料看，在春秋战国五百年间，还没有哪一个诸侯国曾经如此大力兴办官学，稷下之设，确是一个前空往劫的奇迹。

战国时代，人才争夺激烈，礼贤下士之风盛行，"养士"是各国统治者和权贵之门较为普遍的现象。当时最著名的：楚有春申君、齐有孟尝君、赵有平原君、魏有信陵君。因而，有人认为：稷下学宫实为国家养士机构，与当时著名的"四君子门馆"相类似。但细加分析，稷下之学与养士之家有显著不同。"四君子"门下尽管也有门客数千人，却没有形成诸子百家学派争鸣的学术中心。究其原因：一是人数众多，但层次低下。他们往往"不分贵贱，客无所择"，人们多以食客、宾客、门客称之，寄食者众，有才者少。二是服务私门，学者稀少。私门养士，主要在务实和功利层面，而不在学术涵养和思想的争鸣，难以形成真正的学术中心。三是因人而养，聚散无常。人在则聚，人去则散，进出无定，流动性大，也难以形成稳定的学术文化中心。战国末期，秦国吕不韦养食客三千人，编成著名的《吕氏春秋》是一个特例。但他也并未让其门馆成为百家学术争鸣中心，而是"使其客人人著所闻，集论以为《八览》、《六论》、《十二纪》"（见《史记·吕不韦传》）。实为集多人散篇之作而成，内容较杂，号为杂家之著。因而，稷下之设，虽然承继着礼贤下士的传统，但其构筑的是超越时代风气的大学堂。

从中国教育发展史看，与早于稷下一百余年孔子兴办私学的伟大创举相比，稷下之设的空前意义在于：它变一人之教为大师云集的众人之教；变一家之学的传承为百家思想的争鸣。并在儒家私学教育衰微、散落之时，由齐国统治者的创新，实现了私学教育的转型发展：稷下学宫实际成为私学联盟性质的高等教育实体。一是诸子百家与私学结合在了一起，每个学派往往是一个庞大的私学教育集团。各家学派汇聚稷下学宫，客观上使稷下成为若干私学教育集团的联合体。二是稷下各派学者，大多带弟子来稷下。从各派之间看，学术争鸣，相互交流是活动主体，就某一学派师生活动看，讲学授徒、传播思想与知识则是活动的主要内容。稷下学宫以其特有的方式创造了中国教育史上空前的辉煌。

二、立于乱世，存世最长

如前所述，战国之世，大国兼并战争激烈，合纵连横，分合无常，政治风云，瞬息万变。各国君主，无力兴办教育，而私学的发展也常因一人而兴，人亡而息。孟子以"得天下英才而教育之"为人生之乐，游学列国，曾"后车数十乘，从者数百人"，声势显赫，影响甚大。但"孟子殁后，大道遂绌"（赵岐《孟子题辞解》）。战国时代的教育大致如此。唯独稷下学宫，创始于公元前374年，历五代国君，至秦统一，终齐而亡，存续达一百五十余年，这在春秋战国的动乱时代不能不说是个奇迹。

徐幹《中论》云："昔齐桓公（午）立稷下之宫，设大夫之号，招致贤人而尊崇之，自孟轲之徒皆游于齐。"可知稷下创始于田齐首代封公齐桓公（午）之时，并制定了基本政策、方针，为其发展奠定了良好基础。齐威王、宣王及湣王前期的七十年间，是田齐盛世，也是稷下学宫的兴盛期：学派云集，名人荟萃，人数多至"数百千人"。宣王时，一次将稷下学者七十六人"皆赐列第为上大夫，不治而议论"，即给予高官厚禄，而不必理政务，专司教学研讨。闵王继位前期，"奋二世余烈"，稷下仍很兴旺。但闵王是一个狂妄骄暴的国君，对外扩张，连年用兵，"矜功不休，百姓不堪，诸儒谏不从，各分散"（《盐铁论·论儒》），这是稷下中衰的开始。此后，燕将乐毅率五国大军攻入齐都临淄，下七十余城，闵王也逃往至莒，为楚将所杀，稷下遭到严重损毁乃至停办。五年后，齐襄王破燕军复国，还都临淄。兴国之要，首先重振稷下学宫。《史记·孟荀列传》称为："齐尚修列大夫之缺，而荀卿三为祭酒焉。"制度重修，学者复聚，大儒荀卿，长期主持，稷下呈复兴之势。此后，虽国势日衰，但学宫依然存续，与齐终亡。在长达一百五十多年的历史进程中，稷下始终作为中国思想文化的中心影响遍及列国，在中国乃至东方文化史上写下了光辉的一页。

总体说来，在春秋战国那样一个诸侯割据，长期分裂动荡的时代，稷下设于一国之中而历一百数十年之久，应是中国文化史上的奇迹之一。

三、多项创举，影响深远

稷下学宫的出现是中国文化史上的伟大创举。首先，稷下是"学宫"，是一个大师云集的高等学府。从一所大学所必备的要素来看，稷下至少有三点颇为突出：一是有固定、宏大的校舍和优越充裕的设施条件。所谓"筑巨室，临康衢……高门横闼，夏屋长檐，樽罍明洁，几杖清严"（司马光《稷下赋》）。二是有众多的师生在此展开教学活动。文献记载孟子"从者数百人"，田骈有"徒百人"，淳于髡去世时竟有"弟子三千人"为其服丧，稷下人数最多时相传有"谈说之士七千余人"（见《太平寰宇记》），可见师生人数之众。三是有一定的规章制度和管理措施。据考定，《管子·弟子职》即是稷下学宫的学生守则。从内容上看，饮食起居、衣着服饰、课堂纪律、课后温习、尊敬师长、品德修养等都有具体的规定，说明稷下的管理制度是周密、严格的。

其次，稷下具有研究院的性质。在中国文化史上，稷下是以百家争鸣的思想学术文化中心彪炳史册的。因而，郭沫若先生早就指出：（稷下）"它似乎是一种研究院性质，和一般的庠序学校不同。发展到能够以学术思想为自由研究的对象。"稷下的主要活动方式：期会、讲说、议论、研讨、诘难、争辩，有利于学术的探究和深化。稷下先生大多为诸子百家学派的学者，他们知识丰富，见闻广博，有鲜明主张，有理论建树；谈说言事，著书立说，往往旁征博引，曲尽事理，具有很强的理论性和学术性。

同时，稷下为后世遗留下大量的学术著作，也是其研究院性质又一最重要的诠释。除《孟子》、《荀子》为两位著名稷下先生的著述之外，《汉书·艺文志》著录了汉人所见稷下先生的个人专著即有：《孙卿子》、《蜎（环）子》、《田子》、《捷子》、《邹子》、《邹子始终》、《慎子》、《尹文子》、《宋子》等共十余种，二百五十余篇之多。20世纪以来，《管子》研究学者经长期研究、考证，大多认为：《管子》一书录著了大量的稷下学者的论文，甚至有人提出：《管子》是稷下学者的论文集。

其三，政治参议院。稷下是田齐统治者为实现自己的政治目标，广揽人才而兴办，因而具有浓厚的政治色彩是不言而喻的。还在稷下创始之时，齐桓公（午）即"设大夫之号"，而"宣王喜文学游说之士，自如邹衍、淳于髡……之徒七十六人，皆赐列第为上大夫，不治而议论。"说明到威王、宣王时，则进一步将这一基本政策落到实处：这就将稷下先生与齐国政治紧密结合在一起。而"稷下先生喜议论政事"（《新序·杂事》），他们"各著书立治乱之事，以干世主"（《史记·孟荀列传》），正说明稷下先生们也是一些热衷政治，凭借其专业知识、学术声望出没于政治风浪之间善于弄潮的人物，两相结合，就使稷下成为中外政治制度史上也许是最早的颇具特色的政治议事机构。从文献中我们发现稷下先生主要承担三种政治身份：第一，谋士：宣传主张，议政建言。与后代的谋臣不同的是：稷下先生常常将自己或本学派政治主张的推行与议政建言相结合，因而其议政往往具有宏观性、指向性、理论性和政策性。孟子向齐宣王建议实行"仁政"，既是治国方略，又是统一天下之术，有明确主张，有系统论述，有清晰蓝图，有具体措施，充分体现了稷下先生的议政特色。第二，谏臣：匡正时弊，直言进谏。稷下先生往往在重大问题、在关键时刻提出忠直意见。据《说苑·尊贤》载：淳于髡以古代先王与宣王相比，批评齐宣王好马、好味、好色，而"独不好士"，迫使宣王"嘿然无以应"，从而达到劝其尊贤治国的目的。《盐铁论·论儒》所载齐闵王"矜功不休，百姓不堪，诸儒谏不从，各分散"，则反映出稷下先生特有的进谏风格：既直言忠谏，又坚持主张不妥协，充分显示其斗争性、独立性。第三，外交家：排难解纷，出使外国。在战国风云变幻的"国际"舞台上，稷下先生是一支活跃的力量，他们往往在重要关头，奉齐王之命，出使别国，排忧解难，完成外交使命。如：邹衍曾出使赵国；淳于髡也曾"为齐使于荆"，并在"楚大发兵加齐"之时，受齐王之请"之赵请救"。又据《艺文类聚》引《鲁连子》

载:"齐田单破燕军,唯聊城不下。燕将守数月,鲁仲连乃为书,著之于矢,以射城中,遣燕,燕将得书,泣三日,乃自杀。"由上可见,稷下学者在齐国政治中发挥了巨大作用。需要说明的是,稷下的多重功能是有机和谐地统于一体的,它的政治功能是以各派教育活动和学术活动为主体实现的;而其学术活动,既有明确的政治目的,又与教育实践紧密结合,使稷下成为兼具研究院、政治参议院功能的大学堂。

四、学术自由　堪称典范

稷下学宫之能成为战国诸子百家争鸣的主阵地,主要在于它实现了真正的学术平等与自由,这是它留给中国和世界最珍贵的精神遗产。

学术自由是人类文明发展的思想根基和精神源泉,是稷下学宫和希腊学园以各种不同方式共同呈现给人类最珍贵的精神文化遗产。自由的基础是平等,没有平等就没有自由。希腊学园中所表现的学术平等主要体现在"吾爱吾师,吾更爱真理"的追求。柏拉图与亚里士多德身先垂范,在批判师说的基础上成就了其在世界文明史上的伟大贡献,从而在学园中形成独立思考、学术自由的传统精神,而稷下所体现的学术自由,主要展现为统治者与学者之间的学术平等和自由的理念。这一点就更难能可贵,史所难寻。尤应值得指出的是,稷下学宫是带有浓厚政治色彩的国办大学,"喜议政事"是其基本功能,"各著书言治乱之事,以干事主"是稷下先生的强烈愿望。因而,他们可以对齐统治者独立自由地发表政治见解甚至提出批判反对意见,而齐统治者则各种意见,一概采取从善如流、平等相待的态度,这就是一种更为珍贵堪称典范的平等精神了。因而,稷下的学术自由大致表现在三个方面,首先是:尊重学士,平等礼遇。为了吸引大量学者来稷下讲学、争鸣、议政,齐国统治者采取特殊的政策为学者创造了良好的政治环境和优越的生活条件。来者,热情接待,精心安置;走者,以礼相送,重金馈赠;离后再来,仍然欢迎。政治上,齐国君主不以政治干涉学术,不以好恶而行褒贬,"礼贤下士"是战国时代的风尚,但齐国统治者达到了登峰造极的程度，不仅为当时各国所少见，在数千年中国文化史上，也堪称典范。正在稷下学宫鼎盛之时，齐国发生了一次著名的稷下先生和齐宣王关于"贵士"的辩论。《战国策》记载："齐宣王见颜斶，曰：'斶前！'斶亦曰：'王前！'宣王不悦。左右曰：'王，人君也。斶，人臣也。王曰斶前，亦曰王前，可乎？'斶对曰：'夫斶前为慕势，王前为趋士；与使斶为慕势，不如使王为趋士。'王忿然作色曰：'王者贵乎？士贵乎？'对曰：'士贵耳，王者不贵！……由是观之，生王之头，曾不若死士之垄也。'宣王默然不悦。"接下去，宣王的左右和颜斶就士贵还是王贵展开了激烈辩论。出人意料，颜斶的"士贵"说竟占了上风，更叫人惊奇的则是辩论之后宣王的表态："宣王曰：'嗟乎，君子焉可侮哉！寡人自取病耳。及今闻君子之言，乃今闻细人之行，愿请受为弟子。且颜先生与寡人游，食必太牢，出必乘车，妻子衣服丽都。'"可谓历史上尊重学者的典范。

其次，各派平等，多家并存。这与齐统治者以宽厚的态度采取百家争鸣、兼容并包的方针是分不开的。从文献记载看，儒、法、道、阴阳及农家、名家、兵家，举凡当时重要的学术流派都曾在稷下先后存在发展。由于思想解放，地位平等，学术活跃，各派学者尽管有不同甚至相反的主张，却都能在稷下立足、讲学、争鸣，吐纳吸收，提升发展。多家思想并争，各派观点齐鸣，在争鸣中融合，在融合中发展，最终实现各派的共荣、创新、发展。

再次，开放办学、来去自由。稷下尊重学者的独立自主精神，在管理上采取机构开放、来去自由的政策，游学是其主要形式。一是学生可以自由来稷下寻师求学，荀子初来稷下即是一例；二是先生可以自由在稷下招生讲学，这给予了师、生两个方面的充分自由。游学方式，可以是个人游学，也可以如孟子一样，数百从者一起来，称为集体游学或集团游学。这些游学方式的施行，让各国学者纷至沓来，使他们增加了交流，开阔了视野，扩大了见闻，打破了私学界限，学无常师，思想活跃，兼容并包，促进了人才的培养和成长。

当前，历史发展进入了一个崭新的阶段。全球化、科技革命和信息革命将世界变成了地球村，这对人类文化发展产生了极大影响。世界各种文明的碰撞交流是如此的接近，世界仿佛回到了中国的战国时代。以美国学者亨廷顿为代表的"文明冲突论"者认为：未来世界的冲突源于文明的冲突，未来战争的根源是文明的冲突。世界各种文明如何相容相处？新的世界文明格局如何发展？成为世界性的难题。我们认为：未来世界文明的构建还应回首两千年三百年前，到稷下学宫中去寻找智慧，发扬光大稷下精神是当代人类文明建设的需要。其中两点尤其值得吸取：一是各家并存，兼容并包。世界各种文明历经千年发展，各有建树，独树一帜，在新的历史条件下，就是要不分优劣，不分主次，平等相待，共同发展。不以异己排斥、打击，不以好恶取舍。二是世界需要更多的稷下学宫。在尊重各种文明的思想基础上，加强交流，相互吸收，让各种文明由相容到相融，在自我创新发展、变革提升中，寻求新突破。共同构建新的世界文化，这既是稷下提供的人类文化发展的历史经验，也是放眼未来，人类文明发展不可不取之途径。

稷下学宫与百家争鸣[①]

春秋战国时代（公元前 770 年—前 221 年）是中国历史上一个特殊的时期。500 余年间，社会变革剧烈，列国纷争，诸侯割据，争霸图强，战乱频仍，但在文化上，却是中国思想文化史上的一个巅峰时代。其最辉煌的重要成果之一，就是战国时代诸子百家争鸣局面的形成，并由此产生了孔子、老子、墨子、庄子、孟子、孙子、屈原、管子、荀子、韩非等一大批光耀千秋影响中国历史进程的文化名人。梁启超在《论中国学术思想变迁之大势》一书中称："当春秋、战国之交，岂特中国民智，为全盛时代而已；盖征诸全球，莫不尔焉。自孔子、老子以迄韩非、李斯，凡三百余年，九流十家，皆起于是，前空往劫，后绝来尘。"并颇含激情地描述道："九流十家，继轨并作。如春雷一声，万绿齐拙于广野；如火山乍裂，热石竞飞于天外。壮哉盛哉！非特中华学界之大观，抑亦世界学史之伟迹也。"[②]

一、序说：战国礼贤下士与养士之风

以今日观之，战国时代确是一个知识分子扬眉吐气而又大有作为的

---

① 本文入选《领导干部国学大讲堂》，中共中央党校出版社 2011 年版。

② 梁启超：《论中国学术思想变迁之大势》，上海古籍出版社 2001 年版，第 18、40 页。

时代。由于社会的巨大变革，"礼崩乐坏"，文化下移，私学兴起，讲学授徒成为一时风尚，于是各种出身的知识分子大量产生，形成了一个特殊的"士"阶层，这为百家争鸣的出现准备了充足的人才条件。当此之时，各国之间，群雄崛起，风云变幻，在竞相以实现统一天下为目标而鹿死谁手迄未可知的情势下，各国统治者殚精励治，变法图强，都需要大量的人才来为自己出谋划策，奔走效力。人才多寡成为国家力量的权衡，所谓"贤才之臣，入楚楚重，出齐齐轻"（《盐论衡·效力》）。如此一来，在各国统治者间，尊重人才，"礼贤下士"就成为最普遍的现象和备受崇尚的风气了。而在这种风气的推动下，具备各种知识与才能的"士"，面对激烈复杂的斗争和出将入相、功名仕禄的诱惑，也都深深地卷入到这一时代大潮中，他们或游说各国，喜议政事，发表政见，以干世主，来施展政治抱负，成为耸动天下的大政治家；或总结历史，研究现实，谋划未来，长于思辨，善于论说，聚徒讲学，成为名重一时的大学者。因而形成了学派林立，异说纷起，九流十家竞相争鸣的文化奇观。

深入分析战国百家争鸣局面的形成，这与各国延揽人才，大兴养士之风，有直接的关系。它为人才的聚集和交流创造了条件，提供了可能。从有关的历史文献记载看，养士大致分为两类。

一类方式是私门养士，多在权势大臣之家，其典型代表当属著名的"战国四君子"。楚有春申君，齐有孟尝君，赵有平原君，魏有信陵君，他们相互之间"招致宾客，以相倾夺，辅国持权"（《史记·春申君列传》）。展开了养士的竞赛与争夺。但从四君子养士的情况看，在他们门下却并没有形成百家争鸣的学术中心。究其原因，主要有以下几点：一是人数众多，层次低下。据《史记》列传记载，四君子养士，都在"数千人"、"三千余人"，往往不分贵贱，客无所择，但投门之士素质不一，总体层次较低，甚至因"贫乏不能自存"而来寄食者也大有人在，所以，人们多以食客、宾客、门客称之。据《史记·平原君列传》，当赵王派平原君出使楚国以解赵之围困时，要从中挑选"有勇力，文武备具者二十人"与之同去，却只从中"得十九人，余无可取者，无以满二十人"。可见，寄食者众，有才者寡。二是服务私门，学者稀少。私人所养士，虽然在主人为相为臣之时，亦能为国尽力，但大多宾客主要为主人救急解困的一时之需，所以"鸡鸣狗盗，引车卖浆者流"，只要能为主人出一臂之力，已是上客。私人养士的主要目的在务实和功利层面，而不在于学术和思想求取。各派学者真正投奔寄养私门者少，私门之中也就难以形成学术争鸣的中心。三是因人而养，聚散无常。以四君子为例，养士者，有的为了"辅国持权"，有的则为博取礼贤下士之名。信陵君就是"仁而下士，无贤与不肖，皆谦而礼交之"之人，而投奔他的宾客，大多也都是慕其"不敢以其富贵骄士，士以此方数千里争往归之"（《史记·魏公子列传》）。所以，人在则聚，人去则散，在门时间无定，流动性大，自然难以形成稳定的学术中心。当然，私门养客而取得学术成就者也有特例，这就是战国末期秦国的吕不韦。当他得知四君子养士而名声大噪时，感到"以秦之强，羞不如（四君子），亦招致士，厚遇之，至食客三千人"。但他也没有让他的门下成为一个百家争鸣之地，而是"使其客人人著所闻，集论以为《八览》、《六论》、《十二纪》"，编成《吕氏春秋》（《史记·吕不韦列传》）。所编著作实际上是集多人散篇之作而成，内容庞杂，因而被后世称为杂家的代表，其中鲜见理论上学术争鸣融合的痕迹。

另一类养士方式是国养。战国之世，各国诸侯合纵连横，忙于攻战，礼贤下士，延揽人才，为我所用。刘勰在《文心雕龙·时序》中有"春秋以后，角战英雄……唯齐、楚两国颇有文学，齐开庄衢之第，楚广兰台之宫，孟轲宾馆，荀卿宰邑，故稷下扇其清风，兰陵郁其茂俗"之句，提出了稷下学宫与兰陵（今山东省兰陵市）是两个文化中心；现代学者钱穆先生在其《先秦诸子系年·稷下通考》中开篇即说："扶植战国学术，使臻昌隆盛遂之境者，初推魏文，继则齐之稷下。"① 根据有关文献考察楚之兰陵，实为远离楚都的边鄙名郡，虽然荀况晚年曾为兰陵令，并受此地特殊文化风俗的影响，写出了号为中国弹词之祖的《成

---

① 钱穆：《先秦诸子系年》，河北教育出版社 2002 年版，第 265 页。

相篇》和开汉赋之先河的《赋篇》，文学在此有成，但兰陵的地理位置决定其不会也难以成为一个学术争鸣的中心。战国初期，魏文侯以大夫之位，三家分晋，立为魏君，并颇能励精图治，礼贤下士，开战国诸侯养士尊士风气之先，并先后任用田子方、段干木等孔门后学及吴起、李克、西门豹等法家人物实行改革，其在位 50 年，使魏成为战国初期一大强国，也实为战国初期一个人才汇聚之地。但魏处中原征战之地，文侯去世后，国力渐衰，魏君忙于征战，地位不稳，文化中心地位即渐次陵夷了。

考察战国学术发展的历史，能够成为诸子百家争鸣中心，且存在时间最长、规模最大、成果至丰、影响深远的，当属齐国的稷下学宫了。郭沫若在其《十批判书·稷下黄老学派的批判》中说："这稷下之学的设置，在中国文化史上实在是有划时代的意义。"并说齐国在威、宣两代（稷下兴盛时期）"曾成为一时学者荟萃的中心，周秦诸子的盛况是在这儿形成了一个最高峰的"。[①] 近些年随着稷下学研究的逐步深入，越来越多的学者更加清楚地认识到稷下学宫在诸子百家争鸣中的重要地位，因而有学者提出："进入稷下时期，严格意义的百家争鸣才真正开始，先秦学术才得以迅速发展到鼎盛。百家争鸣主要是在稷下进行的。"[②]

二、稷下兴衰：与战国之齐共兴亡

稷下学宫始建于何时？正史并无详载。东汉末徐幹《中论》一书曾说："齐桓公（午）立稷下之宫，设大夫之号，招致贤人而尊宠之，自孟轲之徒皆游于齐。"这说明，稷下学宫有可能在田齐政权的第一代国君齐桓公田午（在位 18 年）时即已成立，但具体的发展情况却不得而知。刘向《新序》记载，"邹忌既为齐相，稷下先生淳于髡之属七十二人皆轻邹忌"，他们相约一同去见邹忌，并对其发难。邹忌为相，已是

---

① 郭沫若：《十批判书》，中国华侨出版社 2008 年版，第 110、111 页。
② 白奚：《稷下学研究》，三联书店 1998 年版，第 18 页。

威王后期政事，由此可见，此时稷下学宫已有相当规模，人数众多，形成了一支强大的力量，且对国家政治能够产生重大影响。齐威王是一位壮志勃发之君，在位 37 年间，在政治上注意招贤纳谏，广开言路，锐意改革，整顿吏治；在经济上则是着力安抚百姓，开荒拓田，奖励农耕。结果，国家振兴，经济繁荣，出现大治景象。与此同时，威王采取开明的文化政策，大办稷下学宫，广泛招揽人才，国内外学者纷纷来稷下讲学求学，形成了兴旺发达的局面。

稷下学宫发展的高峰时期是齐宣王（名辟疆，在位 19 年）之时。此时，齐国富兵强，达到鼎盛时期。孟子来齐国，问齐宣王之"大欲"，他道出了"欲辟土地，朝秦、楚，莅中国而抚四夷"（《孟子·梁惠王上》）的大志，实际上就是要完成统一天下的大业。为了这种政治的需要，宣王不惜花费大量资财，扩大学宫规模，建筑高门大屋，同时实行更加宽松的政策，吸引人才，汇聚齐都，并鼓励开展百家争鸣。《史记·田敬仲完世家》记载："宣王喜文学游说之士，自如驺衍、淳于髡……之徒七十六人，皆赐列第为上大夫，不治而议论。是以齐稷下学士复盛，且数百千人。"《孟子荀卿列传》中也记载，宣王时"为开第康庄之衢，高门大屋，尊宠之。览天下诸侯宾客，言齐能致天下贤士也"。《孟子》、《战国策》、《史记》等历史著作中，均记载了很多宣王与稷下先生会见、议对、辩论、宴请、馈赠的事迹，都足以证明"宣王喜文学游说之士"的事实。于是，各国来讲学、游学的学者及其弟子络绎不绝，人数多至数千人，每派学者在这里开展各种讲学活动和学术论争，稷下因而成为闻名于各国的文化教育中心和百家争鸣的园地。

继宣王之后，齐闵王（在位 17 年）执政。其初期，稷下学宫仍很兴盛，并有继续发展扩大的趋势。但闵王是一个狂妄骄暴的国君，对内不任贤才，对外用兵不休，致使国家外强中干，日趋衰朽。稷下先生们极力劝谏，均遭拒绝，因而颇感失望，慎到、接子、荀况、田骈等著名学者纷纷离开稷下，学宫遂开始衰落，国事日渐荒败。至闵王后期，乐毅率五国大军攻入临淄，闵王逃亡至莒被楚将淖齿杀害。有关彼时稷下的详细情况，史无明载，但从都城临淄当时被破坏的情况看，学宫遭到严重破坏乃至停办均有可能。

闵王之子襄王（在位 19 年）在莒继位为齐王，随田单用火牛阵破燕军而复国，还都临淄。于是，学宫重新恢复，一些著名学者又纷纷来此讲学。《史记·孟子荀卿列传》载："齐襄王时，而荀卿最为老师，齐尚修列大夫之缺，而荀卿三为祭酒焉。"看来，这时的学宫，虽不能像威、宣之世那样兴盛，至纳容数百千人般发达，但仍能恢复原貌，保持旧时传统，因而此时期被称作稷下的"中兴"。

襄王死后，王建即位，在位 44 年。这个时期，奸臣当道，整个国家保守退让，苟延残喘，毫无生气。任学宫祭酒的荀况此时遭人谗言，离职适楚①。可见学宫仍旧存在，但已今非昔比，由盛而衰，每况愈下了。至公元前 221 年，秦始皇以强大兵力吞并齐国之时，稷下学宫也与国并亡。

总观稷下学宫的兴衰发展，大致可以将之描述为：初创于田齐首位国君齐桓公（田午），繁荣于齐威王时，齐宣王时期达到鼎盛。闵王时国破君亡，学宫遭废，襄王复国而稷下"中兴"。直到末代国君齐王建时，存而渐衰，最后随秦灭齐而学宫消亡。其存在时间基本与田齐政权相始终，前后历经五代君王，凡 150 余年。其影响力遍及列国，培养了成千上万的人才，对战国时期中华文化教育的发展，思想学术的繁荣，乃至对整个社会的政治、经济都产生了积极的推动作用。

三、三位一体：稷下学宫的社会功能

稷下学宫的社会功能如何？前人多有论及。郭沫若先生曾说它具有"研究院性质"②，也有人说它是政府的议事机构，或是"齐国的最高学府"。这表明稷下学宫具有政治、学术和教育多重功能。

第一，政治功能。被稷下吸引来参加活动的人物，是战国时代十分

---

① 见《史记·孟子荀卿列传》。
② 郭沫若：《十批判书》，中国华侨出版社 2008 年版，第 111 页。

活跃的"士者流",他们在稷下进行研讨、争辩、讲学、集会,活动多样。但其从事的活动总的说来,都带有浓重的现实政治色彩,有着明确的政治目的。《新序·杂事》:"稷下先生喜议政事。"《史记·孟子荀卿列传》说:"自邹衍与齐之稷下先生……各著书言治乱之事,以干世主,岂可胜道哉!"都是说稷下先生的议论、著书立说,无不与现实政治紧密相连。他们在从事上述活动的同时,有的还往往亲自过问国事,直接参与政治。他们既是文化"学士",又是政治中人。桓宽《盐铁论·论儒》篇说:"齐闵王时,由于国君矜功不休,百姓不堪,诸儒谏不从,各分散。"所言诸儒即指稷下诸学士,诸学士谏齐君不见接纳,就离开学宫去往他国。足见他们为齐君出谋划策,很有责任感,与政治的关系是很密切的。《战国策·齐策三》、《说苑·尊贤》篇具体记述了著名稷下先生淳于髡对齐王的劝谏和批评,他在"齐欲伐魏"的关键时刻,及对齐王分析了形势,说明出师的不合时宜:"今齐魏久相持以顿其兵,弊其众,臣恐强秦大楚承其后",从而阻止了齐王一次错误的行动。他直面批评宣王"好马"、"好味"、"好色",而独不知"好士",迫使宣王"嘿然无以应"。可见,淳于髡之类的稷下先生,简直就是活跃于齐王身边的重要谋臣和谏官。还有些稷下先生奉齐王之命,肩负外交重任,出使别国。如著名的稷下先生邹衍曾出使赵国,淳于髡也曾"为齐使于荆",并在"楚大发兵加齐"时,受齐王之命"之赵请救"。

上述记载充分说明,在列国纷争、兼并激烈的战国时代,为稷下学宫所吸引、招徕的学士,并不是执意于学术、逃避现实的隐者之流,而往往是些热衷于仕途经济,凭借知识才能出没政治风浪间勇于弄潮的人物。他们的活动使当时的稷下学宫实际上成为一批热衷于政治斗争、权谋人物的集合体,成为政治性很强的一个咨询、参议机构。齐宣王时,将76位稷下著名学者封为上大夫,正是从国家层面对其政治功能的肯定。

第二,学术功能。稷下学宫虽具有较强的政治功能,但其中的学人又不同于当时依附于诸侯的一般政客,他们有知识,见闻广,长于分析问题,热衷于发表见解,除直接参政之外,也相互议论学问、政见,他们著书言事的论文、著述，虽总是针对着当时现实问题而作，但在语言表述、思想表达上，往往能够旁征博引，曲尽事理，具有很强的理论性和学术性。比如邹衍，写了"《终始》、《大圣》之篇十余万言"，专批评"有国者益淫侈，不能尚德"的现象，主张止归于"仁义节俭"。但他的著作号称"闳大不经"，具有"先验小物，推而大之，至于无垠"的特点，富于想象力与思辨力，于是成了阴阳五行家的代表。又如荀况，"序列著数万言"①，讲"正名"，述"五制"，论"解蔽"，明"天论"，倡"性恶"，以至激烈地"非十二子"，也不同于一般政治家的发表见解，而带有一定的理论抽象和较多的学术成分，成为儒家学派先秦集大成的思想家。

同时，稷下学宫时代，更是一个思想大解放的时期。政治上既没有统一局面和集权中心存在，思想文化领域则不可能有公认的圭臬和定于一尊的权威树立。众多的政客和学士，都从自己的立场和倾向出发，积极地探求现实社会发展的出路与方向，免不了由于立场不同、倾向有异而激烈交锋。即便立场相近，也会由于看问题的角度不同、解决问题的方法有异，而相互间竞长论短，争论不已。这种社会思想风尚，反映在知识分子相对集中的稷下学宫中，最终促进了稷下在学术上百花竞放、百家争鸣繁盛局面的形成，使稷下成为当时发展学术、繁荣学术的中心之地。

第三，教育功能。稷下学宫虽然发挥了较好的政治功能和学术功能，但主要职能还是一个"学宫"。稷下接待过许多来此"游学"的人士，举行各种形式的讲学活动，还进行定期的学术集会，培养了成千上万的人才，对战国中、后期中国教育的发展产生过积极的影响。

作为教育的功能，与后代出现的官、私学校相比，它既有一般学校的特点，又有其历史的独特性，这主要表现在：

（一）它具有一般学校的性质和特点。首先，学宫具有规模宏大的校舍等教学条件，"开第康庄之衢，高门大屋尊崇之"（《史记·孟子荀

---

① 以上均见《史记·孟子荀卿列传》。

卿列传》），这说明校舍建在交通要道，并且相当宏伟壮观。其次，有众多的师生在此开展较正规的教学活动。《孟子》记载，稷下先生孟子曾有"后车数十乘，从者数百人"；《战国策》则记，田骈有"徒百人"，稷下作为前辈的学者淳于髡死时，"诸弟子三千人为缞绖"①。据《史记·田敬仲完世家》记载：宣王时，稷下学宫的师生数量曾多达"数百千人"，由此可见师生人数之众。如此之多师生济济一堂，在确定的时间和地点，或讲演，或辩论，或讲学，定时定期地进行各种教学活动，所谓"谈说之士期会于稷下也"②，指的即是这种情况。最后，据郭沫若先生考定，《管子·弟子职》篇就是稷下学宫的学生守则（见《管子集校》），其中从饮食起居到衣着装饰，从课堂纪律到课后温习，从尊敬师长到品德修养，都规定得详细严格、井井有条。由此一斑可以想见，当年学宫的规章制度也是严肃、齐全、严格的。

（二）稷下学宫还具有独特的教育特点。一是游学为其教学方式之一。这包括两方面的内容：学生可以自由来稷下寻师求学，老师可以自由在稷下招生讲学，即容许有学与教两方面的充分自由。可以如荀卿一般，个人来游学；也可以如孟子相同，数百从者一起来，有人称之为集团游学。这类游学方式的施行，使学子士人们开阔了视野，增长了见闻，打破了私学界限，思想兼容并包，促进了各种学说的发展和新学说的创立，大大有利于人才的培养和成长。

二是政治服务是其教学目的。在那样一个政局变幻、列国纷争的时代，齐国统治者创办稷下学宫有其明确的政治目的。一则吸引和培养人才，以备国家选贤任能。二则利用稷下的讲坛，游学的形式，为其巩固统治、实现统一霸业，进行理论探讨和舆论打造。稷下先生撰写讲稿、著书立说，是着眼于政治需要，力图投合"世主"的胃口喜好。换言之，稷下的教学工作，是理论探讨联系实际需求，是为现实政治服务的。

① 见《太平寰宇记》卷19。
② （汉）刘向：《别录》。

三是做到了教学与科研相结合。稷下的学者在从事教学工作的同时，大力开展学术研究活动，整理了大量的古代文化典籍，留下了丰富的学术著作。稷下的著作虽绝大部分都已散佚，但他们教学和科研相结合的成就是不能被抹杀的。正因为稷下学宫在教育方面所具有的诸多鲜明特点，所以才被后人称为"田氏封建政权兴办的大学堂"、"齐国的最高学府"，其在教育史上的影响是深远的。

应该特别指出的是，稷下的多重功能，是在特殊的历史环境和文化土壤中应运而生、培育形成的，它们是有机和谐地统一为一体的。它的政治功能，是以学术活动和教育活动为基础而实现的；其学术功能，则是有明确政治目的，通过教育的实践活动来传播和实现的。这也是稷下在长达百余年的政治风云中不断发展的社会动因，更是奠定其历史地位，产生巨大历史影响的基础。

四、开放与兼容：稷下学术的特点

稷下学宫一经创办，能够久盛不衰，而且在长达一个半世纪岁月中，扩展蔓延，日趋繁荣，成为百家争鸣最主要的学术中心，取得了辉煌的成就，最突出的特点，在于它的开放性与兼容性。

所谓开放性，首先表现在齐国君主开门办学，不以政治干涉学术。齐国君主希望延揽人才，为自己的统治服务，但绝不限制知识分子们的自由——包括人身自由和思想自由。来者热情欢迎，以礼厚待，奉为上宾；走者重金馈赠，以作路费，期待再来。孟子游说齐宣王，宣传"仁政"话不投机，搞得"王顾左右而言他"，但离齐时，齐王却赠予"黄金百镒"，即是很好的例证。这与单纯从事于政治游说的苏秦离秦时，那种"黑貂之裘弊，黄金百斤尽，资用乏绝，去秦而归"（《战国策·秦策一》）的狼狈相，形成了鲜明对照。齐国君主给这些稷下先生以充分的言论和学术的自由。教学内容的设置，教学活动的安排，全由这些先生们自主组织；师生之间，或教师与教师之间，进行教学的或学术的辩论，也是不计任何形式和言辞苛缓的。侃侃而谈、滔滔雄辩的孟子，经常在朝廷上让齐王下不了台。齐君更有许多"贵士"的佳话，如稷下先生颜斶见齐宣王，各命其前，二者发生士贵还是王者贵的争论，颜斶提出"士贵者，王者不贵"、"生王之头，曾不若死士之垄"一类说法，即表现出很强烈的民主意识，但最终齐宣王表示，"愿请受为弟子"，接受了颜斶的说教（《战国策·齐策四》）。王斗也是一位颇有辩才的稷下先生，他批评齐王说："王之忧国爱民，不若爱尺縠"，最后也说服了齐王，使其"举士五人任官，齐国大治"（《战国策·齐策四》）。这些事例都足可见出齐君对稷下士子的开放心态。

其次，开放性还表现在稷下学宫学术交流，采用了期会争鸣的形式。刘向《别录》云："齐有稷门，城门也，谈说之士期会于稷下。""期"乃预定、约定之意，"期会"即按约定的时间举行集会。集会对所有人员开放，学宫游学为主的管理方式决定了学者们参会自由，来去自便，各派平等，气氛宽松。"争鸣"是指学术活动的方式是辩论式，通过演讲、辩论，各家各派都能畅所欲言，充分发表自己观点，也能敞开胸怀积极吸收别家的思想。稷下的学者们大都能言善辩，田骈、邹衍、邹奭皆因雄辩而得"天口骈"、"谈天衍"、"雕龙奭"等雅号。可以想见，这些辩论在形式上不拘一格，或双方互辩，或舌战群儒；或先生之间，或弟子之间，甚或老师与学生之间；或大会演讲式，或小组讨论式；或处堂上，或在树下。他们在辩论中各抒己见，互不相让，辩驳讨论，形成了百家争鸣的热闹场面。

所谓兼容性，指稷下学宫对稷下各学派的思想实行"百家争鸣，兼容并包"的方针。稷下学宫不仅是个学问教习的大学堂，而且发展成为当时学术、文化交流的中心，这与其兼容性的特点是分不开的。稷下的学派有多少，现已难于详计。从文献记载看，稷下先生中有儒家、法家、道家、阴阳家、农家、名家、兵家等学派。稷下有无墨家，史无明载，但从"墨子自鲁即齐，过故人"、"子墨子北之齐，遇日者"（《墨子·贵义》）等记载看，墨家创始人墨翟是经常到齐国活动，也有一些老朋友在齐国的。据《墨子》等书的记载看，墨翟的弟子及后学中也有相当多的齐人，而且稷下著名学者宋钘有明显的墨家倾向，可见墨家思想及其从者在稷下也是极可能存在过的。可以说，举凡当时的重要学术流派都在稷下存在活动过。由于当时思想解放，学术活跃，往往还出现派中有派、派中分支的现象。例如学宫中儒家就分孟氏之儒、荀卿之儒，而且两派之间，观点有异，还相互攻伐，如荀子在《非十二子》一文中，就对准孟子猛烈开火。道家分宋钘派，尹文派，田骈、慎到派和环渊派。同时，各派思想也由于百家争鸣的深入，而逐渐融合或者发生演变。前者如稷下元老淳于髡"学无所主"（《史记·孟子荀卿列传》），表明他博通百家之术，正说明他思想具有兼容性；后者如慎到，则由道家变为道法家，成为后来法家的先驱。这些各家学派的学者尽管有不同的政治主张甚至相反的学说，却都能在稷下立足讲学，并利用稷下讲坛，传播思想，广收徒属，扩大影响，正是稷下学宫思想兼容性的反映。

五、稷下学宫的地位与贡献

稷下学宫促进了先秦学术思想的繁荣，稷下学术是中国学术思想史上重要的一环，其辉煌的成就对后世影响是深远的。从其促成中国文化史上巅峰时代的诸子百家争鸣这一历史功绩看，其地位和贡献可以概括如下：

第一，百家争鸣的主阵地。

各大学术派别诸如儒、道、法、名、阴阳、墨、兵、农、轻重家等，都在稷下存在、发展过。在稷下这个自由、宽松的学术天地中，他们相互辩难，对学术中的许多理论问题都曾进行了深入探讨。包括天人关系、古今之辨、人性善恶、王霸之争等问题，涉及人与自然的关系、人与人的关系、人内心德、欲、情、智的关系，以及人身与外界物、俗、时、俗的关系等各个方面。这些问题在稷下得到了充分的展开和争鸣，各家各派都提出了自己的见解。

战国时期，应该说，各国都在为实现统一天下的目的而招揽人才，为何唯独齐国的稷下学宫却成了百家争鸣的主阵地呢？其一，诸子多半出自齐鲁，为稷下学宫的创立提供了人才资源。诸子各家及其代表人物大多出于齐鲁或受齐鲁之风影响。据司马谈《论六家要旨》之记，战国末年诸子学派主要有儒、墨、阴阳、道德、名、法六家。从诸子六家的代表人物来看：儒家之孔子、孟子，墨家之墨翟，都是鲁人；阴阳家之邹衍、邹奭，都是齐人。儒家大师荀子虽为赵人，但十五之年即游学齐国稷下，"三为祭酒"，久居齐地 30 余年，实可算作齐人。其余三家，情况各异，但都与齐鲁关系密不可分：道家之代表人物老、庄，虽皆非齐鲁之人（庄子为宋国人。故里一说为今山东东明县人，地近齐鲁），但道家思想之产生却与齐国有密切关系：《汉书·艺文志》著录道家，首列《伊尹》，次列《太公》，为道家之首；并将《管子》列入道家著作，反映出在老、庄未出世之前，道家思想的萌芽或与齐国有着更密切的关系。有些学者则认为道家之学，源出齐太公对商代伊尹思想的继承。战国时道家的重要一派——"黄老之学"的形成与发展主要是在齐国稷下完成的。齐人田骈、接子及环渊等一大批齐之稷下先生，是这一学派的代表人物。法家虽多出秦晋，但其与齐国的关系却源远流长，甚为密切。春秋时期，辅齐桓公称霸的管仲就是一位法家的先驱人物。齐国有一个管仲学派，号称齐法家，其思想多集结于《管子》一书中。故杨向奎先生有论："东方之齐，西方之晋乃法家思想之摇篮。"① 荀子的思想及理论体系受到了齐法家学说相当强烈的影响，而秦晋法家的主要代表人物韩非和李斯，则是曾在稷下三为"祭酒"的荀子的学生。名家代表人物较为公认的有四人：邓析是郑人；另一位公孙龙子是赵人，另两位尹文和宋钘，则是著名的稷下先生，曾长期久居齐国。经对以上六家代表人物分析，说诸子大半出齐鲁，实非虚妄之词。这表明了当时大多数学者是以齐鲁为基地来从事远涉近教的活动。可以说，战国时期的齐鲁是各学派诸子学者聚集最多、活动最频繁、影响最大的地方。诸子多出齐鲁，为诸子百家在稷下的争鸣，做了最重要的人才和学派上的准备。

当然，成就统一大业的政治需要，齐国积累起雄厚的经济实力，临

---

① 杨向奎：《宗周社会与礼乐文明》，人民出版社 1992 年版，第 279 页。

淄是当时最大的都会城市，齐国发达的交通，相对安定的政治环境，兼以齐国政治上实行开明君主制，统治者特能"礼贤下士"，这都为学宫建在齐国，成为百家争鸣的主阵地创造了物质准备与政治条件。

第二，培育学派的沃土。

1. 产生众多新学派。稷下学宫不同学术思想之间的争鸣激荡，开阔了学者们的视野和思路，促使人们从不同角度、不同层面思考问题，探索解决现实问题的新方法，从而涌现出了许多新的学派，典型代表如黄老道家和阴阳五行学派。"黄老之术……是培植于齐，发育于齐，而昌盛于齐的。"① 它是在稷下培养发育起来的道、法思想的结合物。齐国本就有法家思想的基础，随着老子思想在稷下的传入，一种以老子之"道"整合法家的法术思想，并吸收儒、墨、名、阴阳诸家观点的新道家随即产生。这种兼容儒家礼义的学说与原始的老子道家有着本质的区别，把它归于老子学派已不能反映其学派特征，于是一种新学派——黄老之学即告产生。阴阳五行学派也是齐地的一大特产。邹衍来稷下之初，本为一儒家之徒，《盐铁论·论儒》曾说："邹子以儒术干世主，不用，即以变化终始之论，卒以显名。"又说："邹子作变化之术，亦归于仁义。"后来，在总结、融合稷下阴阳五行说的基础上，邹衍又把齐学道家、儒家及上古天文学说综合在一起，将阴阳说、五行说、精气说熔为一炉，创造出了新的阴阳五行说。

2. 原有学派提升发展。稷下争鸣又使原有学派在与对手的论争中思想不断深化，理论体系亦臻于完善，同时又各有侧重发展，出现新的支派。如稷下的儒家，前有孟氏学派，后有孙卿一流，都是影响极大的学派，他们思想的变化发展，充分体现出对诸子各家思想的充分吸收与融合。孟氏学派继承孔子的仁学思想，但在稷下吸收了道家思想的因素，完成了以人之心性为中心的上下与天地万物同流的主观唯心主义体系。孟子吸收了宋、尹学派中主张人欲固寡的思想，提出了性善论主张，其善养"浩然之气"的理论，明显含有宋钘"精气"说的成分。正因为孟

---

① 郭沫若：《十批判书》，中国华侨出版社 2008 年版，第 110 页。

氏一方面继承孔子之儒学，另一方面又大量融合稷下诸子的思想，才使孟氏之儒更多带上了战国时代的特色。荀子则使儒家无论在思想深度上，还是在理论体系的完善上都前进了一大步。荀子久居稷下，曾"三为祭酒"，"最为老师"，熟悉稷下的各家之学，这为他批判总结各家学说，建立自己的思想体系提供了良好的条件。从理论体系上看，诸子意欲解决的问题主要可概括为三大关系：人与自然的关系、人与人的关系、人内心的关系，在学术上体现为宇宙论、社会论和人性论。道家从老子创立时就建立了坚实的理论基础，表现为具有贯通天人关系的完整的"道论"，包括天道、人道和治道的统一，而天道是人道和治道的理论前提。而儒家在荀子之前，孔孟讲的是政治论和人性论，关注点在于人类社会和人的内心，罕言"天论"，不注重对人之外自然环境的探讨，这就使其政治论和人性论缺乏宇宙论基础，难以解释人性善恶的来源和治道的根据。而荀子则在与诸子百家的交流和融合中，注意吸收道家天道自然的理论，把孔孟"意志性"的天变为"物质性"的天，提出了天人相分的观点，为儒家补上了"天论"这一重要论题，为以后董仲舒进一步完善儒家的理论体系打下基础。荀子提出了"性恶"论，认为人性之恶非来源于天，而是出自人心之欲望，因此修身养性过程不能像孟子那样"尽心知性达天"，靠自身的道德圆满，而是需要有赖于外界的隆礼重法。在政治论上，荀子发展了孔子"礼"的思想，并结合战国时期的社会现实，援法入礼，实现了儒、法思想的互补和融合。总的来看，荀子被称为先秦儒家集大成的思想家，而他对儒家的发展、集成，的确只能在稷下这样宽松自由的学术环境中才能实现。

第三，大师的摇篮。

稷下争鸣造就了一大批杰出的思想家，留下了大量对后世影响深远的经典著作。稷下学术中心存在时间长达150余年，各派学者至此计以百千数，共同在稷下讲学、争鸣、辩难，彼此吸取对方观点，弥补自己不足，在争鸣中融合，又在融合后争鸣，多家思想并争，各派观点齐鸣，因而稷下实是一块产生重大学术成果和"集大成"式思想家的肥厚土壤。几乎每个思想家的思想都不是纯属哪一派的，都带有集大成的特点。稷下著名的学者如淳于髡、尹文、鲁仲连等，之所以很难划分他们纯属哪一学派，其原因亦盖源于此。齐宣王时曾将稷下著名学者76人封为上大夫，这70余人应该说都是大师级的人物，从有关资料记载及其学术观点分析，传名后世者儒家有孟子、荀子；道家有彭蒙、田骈、环渊；法家有慎到；阴阳家有邹衍、邹奭；名家有儿说、田巴等等。

第四，博士制度的先声。

稷下之学对秦汉博士制度的建立和发展，亦产生了重大的影响。首先，齐之稷下先生，在汉人著作中，有称其为博士的：如《说苑·尊贤》言"博士淳于髡"；亦有"战国时，齐置博士之官"① 之说，这说明稷下学宫很可能就是博士制度的滥觞之地。其次，汉代博士官有被称为"稷下"生者。如博士叔孙通即被称为"稷嗣君"，说他是"嗣风于稷下"。郑玄《书赞》也称"我先师棘（稷）下生孔安国"。可见，汉人将博士之官视为稷下后继。再次，稷下先生有76人"皆赐列第为上大夫"，而秦汉设置博士之数"博士七十人"② 也与之相似，说明博士的员额等制度很可能是直接沿袭了稷下之制。可见稷下之学对秦汉博士制度影响之大，其实为秦汉及其以后博士制度之先声。

发生于稷下的百家争鸣，已是两千年前中国文化史上一道遥远的亮光，但它并没有消失在历史的星空中。千百年来，它不仅时时撞击着我们民族的文化记忆，而且在今天，当历史走进一个崭新时代的时候，我们仍然感受到它对民族未来的文化建设乃至世界文明发展的走向，所具有的启迪作用与重大借鉴意义。

---

① 许慎：《五经异文》。
② 参见《史记》：《田敬仲完世家》、《秦始皇本纪》。

世界文明史上的双璧

——稷下学宫与希腊学园的比较研究①

20世纪中期，德国哲学家雅斯贝尔斯（Karl Jaspers）在其《历史的起源与目标》一书中，提出了世界文明史上存在一个"轴心时期"的理论。他认为，在公元前800年到公元前200年之间，世界上几个古老文明"充满了不平常的事件"，"单独地也差不多同时地"产生了众多先哲，带来了人类的精神觉醒与哲学飞跃，成为影响以后人类生活、思想、文化的奠基时期。我们认为：在公元前4世纪，"单独也差不多同时地"，产生于中国战国时代齐国的稷下学宫，与产生在希腊的雅典学园，应该正是这些"不寻常的事件"之一。

本篇短文将把稷下学宫与希腊学园做一粗浅的比较研究，主要目的有两个：一是希望国际学术界，对这两个意义重大的文化奇观的出现及其在世界文明史上的地位与作用，予以必要的关注并进行深入的研究。迄今为止，对它们的研究做得很少，较为肤浅不够充分。二是借以说明，这几乎同时发生在欧亚大陆两端的奇特事件，不仅极大地影响了东西方文明的发展，而且也给今天的我们以深思与启示：不同质的文明，但在出发点上却是多么类近，以此为基，回溯原点，我们可以寻找世界

① 2014年11月在奥地利维也纳大学"中欧文化交流国际研讨会"上的发言。有增补。

文明对话的共识，共创全球化背景下世界文明发展的未来。

希腊学园创办于公元前 387 年，是在一处曾为希腊传奇英雄阿卡德莫斯居所的遗址上，由著名哲学家柏拉图创建，所以又称"柏拉图学院"或"阿卡德米学园"。它是一座世界文明史上最早具有完整组织的高等学府。学园汇集了当时众多的学者在此从事学习或研究，培养出大批人才，成为那个时代最负盛名的学术与思想中心。

稷下学宫成立于战国之齐第一代国君桓公（田午）之时，如果以田午即位时间（公元前 374 年）计算，仅比希腊学园建立晚 13 年。它坐落于齐国都城临淄的稷门附近，因此被称为"稷下"。稷下学宫存在了150 余年，至秦灭齐时（公元前 220 年）遭毁。这是中国文化史上最早的大学堂，也被郭沫若称为中国最早的研究院，它是当时诸子百家各学派思想学术争鸣的主阵地。

比较这在世界文明史上犹如孪生兄弟般出现的两座教育与学术机构的同异，可以使我们站在世界文明起源的历史高处，来审视、探索今日世界不同文明间对话、交流的机制，共谋协同发展的路径和方式，推动全球化背景下世界新文明的共建与文化繁荣。

一、相通相似之略说

稷下学宫（以下简称"稷下"）与希腊学园（以下简称"学园"）作一对比，可以发现，二者确有着许多惊人的相似之处，其主要体现在以下几个方面：

（一）基本功能相似

两者均为高等教育与学术研究功能相结合的学研机构，皆为学者荟萃，起点至高，世所罕有。稷下，"开第康庄之衢，高门大屋尊宠之"（《史记·田敬仲完世家》），即校舍建在交通大道上，规模宏大壮观。其吸引了众多学者率徒来此讲学、访学。例如《孟子》记载，孟子"后车数十乘，从者数百人"，田骈有"徒百人"，而淳于髡竟有"诸弟子三千人"(《太平寰宇记》卷十九)。他们在特定的时间、地点，从事讲学、辩论与研讨，所谓"谈说之士期会于稷下也"①。据郭沫若先生在《管子集校》等论著中考定，稷下的学生守则即是《管子·弟子职》。稷下学者在教学的同时，更多的还是从事思想学术的研讨、争鸣，他们"各著书言治乱之事，以干世主"(《史记·孟子荀卿列传》)，就众多的政治、学术问题展开辩驳与研究，留下了大量的学术著作，仅见于《汉书·艺文志》著录的就有十数种之多。希腊学园，较之稷下学宫，更像有完整组织系统的大学校。它有着较为全面的课程设置，如算术、天文、哲学、几何等，并有明确的办学理念，希图培养学生能通过知识的学习来掌握永恒的理念世界。学园也是一个学术研究中心，古希腊许多哲学名士如亚里士多德等都曾受教、执教其中。

(二) 教育形式相似

两者都以讨论、研讨、对话的学研方式来培养学生。稷下是百家争鸣之所，更多采用论证、辩驳的教育方式。孟子好辩即是一个例证，他不仅与其他学派学者、齐国君臣争辩，而且也常与自己的学生们预设论题而展开论辩，因而《孟子》一书带有明显的论辩特色。学园则主要以问答、对话、讨论方式教育学生，柏拉图的名著《理想国》即是以对话体写就。

(三) 学术风气相似

两者都遵循自由、平等的办学理念。稷下对所有各派学者及师生一律平等对待，来者欢迎接待，走者以礼相送，崇尚学术自由、思想独立，致力于平等研讨、自由争鸣。希腊学园，对学生不收学费，培养学生的独立思考精神是其教育所重，讲求的是学术平等，重视教学中的自由讨论、研究中的协商对话。这充分体现出在世界文明的"轴心时代"，之所以在东、西方都实现了了不起的"哲学突破"，就在于其都遵循着

---

① (汉) 刘向:《别录》。

相通的伟大文化精神：思想解放、学术自由、平等交流、相互争鸣，而这成为学术创新思想的源泉。

（四）文化贡献相似

两者都是传承师说、培育大师的摇篮。人类精神上的哲学突破，必然伴随着大师、先哲的出现。柏拉图创设学园，其主旨即是传承、发展苏格拉底的哲学精神和思想理念。因而可以说，正是学园的创设才产生并成就了古希腊"三哲"——苏格拉底、柏拉图、亚里士多德。稷下是齐国统治者吸引、汇集各家学者之处，但却成为孔子之后，儒学大师孟子、荀子收徒讲学，融合百家之学，发展孔子学说，成就儒家学派思想体系的事业之所。中国儒学"三哲"的思想成就，也是稷下巨大的文化贡献之一。

综观稷下学宫与希腊学园诸多相通相似之处，带给我们许多思考与启迪：

其一，我们发现，在人类文明发展的早期，不同文化在本质上是何其相似相通啊！在人类精神发展实现"哲学突破"的"轴心时代"，其教育和学术的实现途径也经历了多么相似的过程。人类有共同的思想基础，有相通的思想方式和精神追求，这是今日东、西方乃至世界不同文化间进行对话的文化渊源基础。因而东、西方文化的交流、发展，应该追溯到稷下与学园时代，寻求那些相同、共通之处，通过溯其源察其流，分析其变异的历史过程和差异节点，从中寻找出新时代文化共通共荣的发展之路。

其二，稷下、学园所展现的共同的文化精神说明，思想解放、学术自由、平等研讨、百家争鸣的学术精神，是人类文化发展的共同的精神财富，它是产生思想大师，实现哲学突破，推动文化大繁荣的不竭动力源泉。

二、相异相别之简析

从比较的角度，深入而具体地分析稷下与学园，二者的差异也是非常显明的。正是这种差异性的传承与影响，成为数千年来东、西方教育、学术乃至文化，走向各不相同道路，形成不同特色的重要原因之一。总体而言，二者差异主要表现在以下几个方面：

（一）办学性质差异

稷下为战国之齐统治者所设，属官学；学园是柏拉图个人所设，为私学。二者虽同为教育、学术机构，但其办学性质却有着较大的差别。

大致说来，稷下是齐国统治者为实现自己的政治目标，广揽人才而兴办的，因而具有较浓厚的政治色彩。徐幹的《中论》有记载："齐桓公立稷下之宫，设大夫之号，招致贤人而尊宠之。"稷下的创立，曾设置大量官职，以吸引天下学者，但封官而不理政，"不治而议论"，任由稷下先生们"喜议政事"，"各著书言治乱之事"。这说明，稷下带有政治参议院或国家智囊团的性质。稷下学者也常常应齐国统治者之需，出使别国，排难解纷，活跃于列国的政治舞台之上。所以稷下之学是与政治紧密结合在一起的。

学园则为柏拉图自创，主要目的在于通过传承、发展、传播自己的学术理念，来培育实现所谓"理想国"的人才。因而柏拉图创建学园虽然也有政治目的，但是其教育活动主旨在于讲授知识、培养人才，所以更具学校性质。学术与科学的紧密结合，使学园最终成为欧洲最早的哲学与科学的殿堂。

稷下为一国政权所系，国亡政息，存续时间相对较短，共150余年。学园为个人创办，少受政权更迭影响，师逝生继，得以长久存世，达900年之久。值得一提的是，以传授知识、培养人才为目的的私学，在中国要早于欧洲的创设：孔子先于苏格拉底至少100年创办了私学，其规模巨大，人数众多，师生周游列国，影响甚巨，可称为最早的儒家私学集团。但由春秋至战国，诸侯割据，大国争雄，战争频仍，私学发展环境恶化，因而难以为继。到战国前期，已有"天下并争于战国，儒学既黜焉"（《史记·儒林列传》）的记载。不仅儒学衰微，即便其他各家私学发展，也都依附于代之而起的养士之风了。各国为争夺统一天下的主导权，在战争加剧的同时，礼贤下士，打起了人才争夺战，战国时期养士之风因此盛行。养士虽非办学，但兴学寓于养士中。而稷下的设置，即是统治者以国家之力，行养士之实的产物。稷下成为各派学者汇聚之地，也是各家私学聚集之所。稷下既有学校性质，也是诸子百家政治论说之所与学术思想的争鸣之所。这是稷下与学园办学性质的巨大差异所在。

（二）教育内涵差异

在学校管理方式上，二者也不同。稷下为各种学术流派集聚之地，学者们"游于稷下"，率徒讲学，来去自由，机构开放度高。虽然有学者考证，《管子·弟子职》是其学生守则，荀子也曾在稷下"三为祭酒"，担负教务管理之责，但大致说来，稷下的管理模式较为松散，难以形成像后世学校那样系统、严格的管理体制。而希腊学园在管理方式上，则具有后代学校的雏形。根据有限资料来看，其管理规定至少有两方面的内容：一是有入学条件规定：学园中立有"不懂几何者，禁止入内"告示牌，这已是相当于入学考试要求了。二是有园长选任制度，园长先是由柏拉图自任，其后由及门弟子选举产生，终身任职。

在教学科目设置上，二者更有明显差异。稷下为诸子百家争鸣之所，学者讲学、研讨、辩说，大多以宣传、推阐各学派思想观点为主要目的，所以很难形成统一的科目设置，其教育内容，以今日标准视之，主要属于人文社会科学。学园则有系统的科目设置，开设科目包括哲学、算术、几何、天文学、物理学、音乐等等，既有自然科学，也包含人文社会科学的内容。对数学的特殊重视，是其突出的教育特色。大致上可以说，现代大学的科目设置，是以希腊学园开其端的。

在教学方法的运用上，二者也有区别。稷下以讲学、辩说、研讨、争鸣等方式为主，各派学者自行其是，方法灵活，有利于思想的交流、传承与理论的发展创新。学园则以柏拉图讲学为主，以问答、对话方式讲授知识，既有利于系统性专业知识的传授，又能有效地训练学生独立思维的能力。

稷下与学园在教育内涵上的差异，在各自社会的教育、学术、文化方面产生了不同效果。稷下既是培育学派的沃土，也是思想家的培育基地。虽然稷下没能形成传授知识的学科系统，但各家各派在此得到了长足的发展和壮大。几乎可以说，没有稷下学宫，就不会有战国诸子百家争鸣局面的繁盛。稷下培育出孟子、淳于髡、慎到、宋钘、田骈、尹文、邹衍、荀子等一大批集大成式的学派代表人物和思想家。希腊学园则成为科学家和哲学家的摇篮。如世界文明史上最伟大的哲学家、科学家、思想家亚里士多德，即从 17 岁入园受教达 20 年之久。学园还培育出欧多克索斯、欧几里得等许多为人类发展贡献巨大的天才数学家、哲学家和科学家。

（三）哲学突破差异

雅斯贝尔斯提出，世界文明"轴心时代"的巨大贡献是"哲学突破"。而稷下与学园的学术成就，正是东、西方在哲学"突破"上的具体体现。比较来看，二者所实现的哲学突破也各不相同。

稷下的"突破"，是在思考解决人文、社会等现实问题上的探索与突破，主要表现出两个特点：一是其哲学的突破与政治现实问题的应对紧密结合。如前所述，稷下之学带有浓厚的政治色彩，即往往与政治相关联。稷下诸子，正处于中国从分裂走向大一统的前夜，社会剧烈变革，大国兼并战争加剧，这些"喜议政事"的稷下先生们所寻求的，即是为民族统一作出理论上的准备和治国理念上的探索。因而，稷下黄老之"道"、孟子的"仁政"主张、荀子的礼治思想、邹衍的"五德终始"之说，甚至儒家孟子、荀子两派之间关于"性善"、"性恶"及"法先王"还是"法后王"的论争，都是在实现哲学突破的同时，对新的治国理念和统一天下之术的深入探索。二是其哲学的突破与各学派的交融紧密结合。稷下并没有形成自己的理论体系，它的哲学突破表现在各学派理论体系在此得以丰富、发展、提升、创新，以及百家思想的交流、兼容与新学派的诞生。以荀子为例，他是先秦儒学的集大成者，同时他的"隆礼近法"的思想又是法家代表人物李斯、韩非思想的重要来源之一。李、韩二人正是在稷下师从荀子而丰富、发展了法家理论体系的。在中国文化史上影响巨大的黄老之学、阴阳五行家、齐法家管仲学派，都是在稷下的百家争鸣中培育出的新学派。

学园的哲学突破，主要表现在柏拉图思想的突破。这种突破是与精神的突破紧密相连，是在精神解放的基础上，导向对社会、自然、宇宙等全方位探索的思想提升。其主要表现出两个特点：一是其哲学思维与宗教的紧密结合。在其创立理念论的哲学体系中，神本存在与客观世界和谐地联系到了一起，构建了一个由低趋高的等级秩序体系，其背后存在着终极理念，神则为世界运转的原动力，大大发展了"神造万物"的原始学说，成为西方宗教的源头。二是其哲学突破与个人的思想突破密切相关。学园的哲学突破实际上是柏拉图思想理论体系的构建、发展与创新。柏拉图的理论体系是在苏格拉底为其提供的思想路径的基础上，从新构建的一个所谓的理念世界，它是一个至高至善的伦理的神话王国——"理想国"，这个国度中是哲学家或思想家为国王，它显然是一个形而上的乌托邦式的人间神国的梦想。它与稷下学者从现实出发在"喜议政治"中所提出的众多的统一天下、建立大一统中华帝国的政治构想和思想主张，形成了鲜明的对照。

（四）后世影响差异

稷下与学园作为世界文明史上最早的高等学府和学术研究的文化机构，由于创办的文化背景等多方面的差异存在，其对东、西方文化的发展，分别产生了不同的影响。

其中最主要的影响表现为对教育的影响。希腊学园设立后，对那个时代的教育走向产生了直接的重大影响。在雅典私人办学成为一时风尚，亚里士多德创办的"吕克昂"学园，以及伊壁鸠鲁学园、芝诺学园等纷纷成立。各学园继承、完善了希腊学园人文主义教育思想，崇尚学术自由。其追求知识与真理的学术风气，自然科学与社会科学并重的学科体系，直接奠基了后世西方教育制度的基础。尤其是对数学与哲学的重视，更使之成为现代大学制度的根基，以至于学园的名字"阿卡德米"成为后来欧美国家学院、学校或学术机构的常用名称。希腊学园也成为公元前 200 年左右建立的西方古代第一所大学——雅典大学的前身。

稷下学宫设立后，并没有形成国办大学的创办热潮，甚至在战国之世，稷下之后，官学之设无可继者。这既与"天下并争于战国"，各国君主都在奋力争夺统一天下的主导权，风云际会中，虽热衷于延揽人才，却无心创办教育的背景相关；也与我国是传统农业宗法社会，没有希腊城邦社会创办私人学园所具有的经济、社会条件有关。然而稷下与学园对社会影响的不同在于：稷下对秦汉大一统后的政治制度设置及治国思想的形成产生了直接而重大的影响，这也是希腊学园所不曾有过的。

稷下与学园对东、西方文化的影响是巨大的。西方的学术、文化、哲学与科学素称发达，这与希腊学园对苏格拉底理论学说的发扬，对柏拉图哲学、科学思想的构建、发展与传播，对亚里士多德博学多识与哲学、科学成就的培育等，所起的决定性作用密不可分。上述三人号称"希腊三哲"，正是整个西方世界哲学、科学、教育的奠基人。

以稷下学宫为学术争鸣的中心，战国之世，中国诸子百家思想既多元创新发展，又相互交流、吸纳、兼容、汇通，使中国传统思想文化形成了百川汇海式多元归一的特点。作为历代统治思想的儒学，实际熔铸了道、法、阴阳、黄老等诸子百家之学，形成了多元的文化统一体。学界多有学者提出中华思想文化的主体应该是儒、释、道互补观点，也正说明了中华文化具有多元一体的兼容特质。中国的传统学术、思想文化及教育理念重人文、轻科学，均具有泛政治化的倾向，这都与稷下学宫的影响密不可分。

稷下学宫与希腊学园，既是东、西方文化不同质的具体展现，也对东、西方不同学术思想与文化传统的形成产生了深远而巨大的影响，它们共同构成了在世界文明发展史上永远闪耀着智慧之光的绝美双璧。

齐国故都文化与世界足球起源[①]

序　说

在当今世界上，最具有神奇魔力的体育运动，大概莫过于足球了。由于现代传媒的参与，足球吸引着全世界人们的注意力。相当多的人，不分种族、国度，也不分高低贵贱、男女老幼，都是足球运动的狂热爱好者。人们关注足球的赛事，关注它的发展和未来，当然，也十分关注它的历史和起源，关注它的"第一个"。探究、论证、确立它的发源地，是人们的渴望，也是历史的呼唤。

从世界足球运动历史的角度看，足球运动实际上应该分为"现代足球"和"古代足球"两类。

"现代足球"——亦即按照现代足球规则举行的体育运动，起源于英国。1863 年 10 月 26 日，英格兰足球协会宣告成立，并通过了世界上第一部较为完善的竞赛规则，这一天也被称作"现代足球运动诞生日"。

"古代足球"——亦即"用脚踢球"的体育运动，起源于何处？足球史专家在经过多年的探索和研究后，把足球的起源地确定为世界四大文明古国之一——中国。早在 1975 年齐鲁曼所著的《世界足球史》明

---

① 　2004 年 6 月，在"足球起源于临淄"专家论证会上的主题发言。有增补。

确指出："众多的资料表明，中国古代足球的出现比欧洲及美洲地区要早得多，在公元前 2697 年的黄帝时代，足球就已经在中国出现了，其名字叫'蹴鞠'。"①2004 年 2 月 4 日，国际足联副秘书长热罗姆·项帕涅在伦敦举行的新闻发布会上正式宣布："虽然有不少国家都认为自己是足球运动的诞生地，但研究国际足球的历史学家有确切证据表明，足球最早起源于中国——中国古代的蹴鞠就是足球的起源。"② 近些年来，许多国内外学者从体育史学、历史学、考古学、文化史学等不同的视角又都把目光聚集到了先秦齐国故都临淄，使这一重大问题的解决获得了突破性进展。这是一个在学术研究基础上的历史的认定。

一、认定过程

1. 2004 年 6 月 9 日至 11 日，"世界足球起源于临淄"专家学者论证会在临淄召开。来自全国 18 所高等院校、科研单位的 19 名学者组成的专家委员会，在主任委员、中国体育博物馆馆长、中国体育史学会会长袁大任教授主持下，进行了认真研讨、论证，发表了《"足球起源于临淄"专家论证会会议纪要》，宣布："根据现有的文献史料和考古发现，与会者认为：中国古代蹴鞠（足球）起源于春秋战国时期的齐国临淄。"

2. 2004 年 7 月 5 日，第三届中国国际足球博览会在北京举行。国际足联主席布拉特宣布：世界足球起源于中国。随后在"探索足球起源地新闻发布会"上，亚洲足联秘书长维拉潘代表国际足球组织宣布：中国淄博临淄是世界足球发源地。《人民日报》、新华社、中央人民广播电台、中央电视台等 74 家媒体都参加了新闻发布会并发布了消息。

3. 2005 年 5 月 20 日，应国际足联布拉特主席的邀请，淄博市临淄区足球起源地代表团赴瑞士参加了国际足联百年庆典闭幕式。闭幕式

---

① 转引自《足球运动起源地探索》，中华书局 2004 年版，第 14 页。

② 转引自《足球运动起源地探索》，中华书局 2004 年版，第 15 页。

上，布拉特主席向淄博临淄颁发了"足球起源地认定书"，并赠送了百年庆典纪念匾牌。

二、文献解读

1. 文献记载蹴鞠的出现时间

一种观点认为蹴鞠出现最早的时代是黄帝之时。前面提到的齐鲁曼《世界足球史》就是采信这种说法。这一观点的文献支持，主要有两条：

一是汉刘向《别录》（《史记集解》引）记载："蹴鞠者，传言黄帝所作，或曰起于战国之时。"黄帝是传说中的古代帝王，生活年代大约相当于山东的大汶口、龙山文化时期，约在 4600 年以前。但刘向所见，此为"传言"，而且他同对又提到了蹴鞠起源时间的另一说：战国时期。

二是 1973 年湖南长沙马王堆三号西汉墓出土的帛书《十六经·正乱》中，记载了黄帝战胜并擒杀蚩尤的事："黄帝身禺（遇）之（蚩）尤，因而擒之，充其胃以为鞠，使人执之，多中者赏。"这是说黄帝痛恨蚩尤，杀掉蚩尤之后，将他的胃剖出填充以毛发之类东西做成球，让士兵踢打以为泄恨。这条记载进一步证明，在汉代确实已有黄帝时代踢球的传说。但同样，这条出自汉代的记载，未能说明古代蹴鞠形成的具体时代和地点，只是向我们透露了这样一个信息：据汉代人的传说，蹴鞠作为一种运动形式在中国的确发生很早。

2. "蹴鞠"运动最早的文献记载

"蹴鞠"作为一项运动的名称被记录下来的最早文献是著录于战国、编订于汉代的《战国策》。

《战国策·齐策》中有如下明确的记载："临淄之中七万户……临淄甚富而实，其民无不吹竽鼓瑟，弹琴、击筑，斗鸡、走犬，六博、蹋鞠者。临淄之途，车毂击，人肩摩，连衽成帷，举袂成幕，挥汗成雨，家敦而富，志高而扬。"文中"蹋鞠"即指足球。《史记·苏秦列传》也大致有相同记载。这段记载中，既写出了产生"蹴鞠"的物质基础，也写出了产生蹴鞠的社会基础和文化基础。多位学者从不同角度进行了缜密论证，直接和间接的众多资料都在论证一个历史的真实——两千年前的战国时代，临淄城中产生了运动形式——（蹴）鞠，这在当时，也许是一项相当普通的文化活动，将其放在世界足球运动史上，却具有了极其重要的开创性意义。

世界足球起源于临淄，虽已得到足球界和学术界的公认，然而，就这个问题进行的学术研究却不能也不应该停止，与此相关的诸多学术问题需要我们去更深入探讨和研究。而其中一个很重要的课题，就是要更加深入、更加全面地探讨为什么足球起源于战国时代的临淄城而非其他城市？临淄产生足球运动的条件和背景是什么？在这个问题上，我个人认为，以下三个方面的论证和深化研究是十分必要的。

三、城市地位

临淄城的建设，从公元前 11 世纪的封齐建都开始，到秦统一中国，其作为先秦齐国的故都长达 800 余年。秦汉以后，虽然国都地位不再，但作为重要的王侯封地，临淄的繁荣直到公元 3 世纪西晋末年的战乱才衰败下来，沦为一般郡县之治所。其繁荣发展的历史前后长达 1400 余年。在这漫长的历史时期内，临淄始终是我国规模、人口、影响力最大的城市之一。根据 20 世纪以来对先秦时期列国都城遗址的考古挖掘证明：除河北燕下都比临淄大外（但燕下都中间有河横穿，城市面貌欠详），就城市规模和人口数量看，说临淄是那个时代第一大城市也是符合实际的。从临淄城市发展的历史来看，其最繁荣和鼎盛的时期是战国至西汉这 500 年间。在此期间，临淄的繁荣盛况，史籍多有记载。《战国策·齐策》中除借苏秦的说辞详陈"临淄之中七万户"及繁荣盛况外，还借张仪之口道出"天下强国无过齐者，大臣父兄殷众富乐"（《史记·张仪列传》），亦可作为前述临淄繁荣状况的补充。《史记·货殖列传》称"临淄亦海岱之间一都会也"；《史记·齐悼惠王世家》载："齐临淄十万户，市租千金，人众殷富，巨于长安。"《三王世家》及褚先生补记："关东之国无大于齐者，齐东负海而城郭大，古时独临淄中十万户，天下膏腴地莫盛于齐者。"《盐铁论》中亦称齐之临淄与燕之涿蓟等"富冠海内，皆天下名都"。这都足以说明，战国与西汉时期的临淄城其规模之大、文化之盛、影响之巨，确非那个时代的其他城市能够比肩的。在中国早期城市发展史上不能不说是一个奇迹。足球起源于这样一个大城市之中，应该有其相当的历史必然性。因而关于临淄城市史及其地位的研究，成为足球起源研究的重要组成部分。

四、文化基础

临淄地处海岱之间，北邻渤海，东接山东半岛。在立国筑城之初，姜太公以道术治国，"因其俗，简其礼"（《史记·齐太公世家》），滨海夷人文化的影响是显而易见的。从有关资料看，除经济上的"通工商，便鱼盐"（《史记·齐太公世家》）之外，民间盛行的海仙传说、八神祠风习盛行以及战国秦汉间大量方士的出现，都是其滨海文化特征的突出表现。同时，临淄还有可能是最早与海外开展交往和文化交流的东方大城市之一。因为据有关资料显示：山东半岛一带至迟在春秋战国以前就有与韩国、日本以及东北亚其他地区甚至包括北美洲之间存在移民流动和文化交往的情况。由此亦可知，临淄城受海外文化的影响也是必然的。临淄较之内陆诸多名城所独有的滨海文化的特点，于此可见一斑。

临淄的西面，是中华文明的摇篮——黄河流经的地方。虽然目前学术界比较公认中华文明形成是多元的，但是，以山东段为主要的黄河下游一带是中华文明最早的发源地之一，同样也是考古和文化研究界的共识，而这一区域就包括临淄所处的以潍、淄流域为腹地的海岱之间。临淄以西 50 里处就是著名的龙山文化首次发掘之地章丘龙山镇城子崖，在临淄近郊和周围地区分别发现的临淄桐林、邹平丁公村、寿光边线王龙山文化城遗址以及精妙绝伦的蛋壳黑陶为代表的龙山文化陶器和最早文字刻片的出土，都充分证明：在临淄建城 1500 年以前的龙山文化时代，这里就是一个文化发达的文明发祥地。如此深厚的文化积淀和源远流长的文化传统，对临淄的文化构建不可能不产生深远的影响。

临淄的南面有号称"五岳独尊"的泰山,一座被确定为世界文化、自然双遗产的历史文化名山。自传说中的炎、黄二帝开始,这里就是古代帝王封禅祭天的地方,《史记·封禅书》中即列出 12 个古代帝王封禅泰山的事。许多学者都认为泰山自上古以来就是一个上层的宗教文化活动中心。王献唐先生更认为:"中国原始民族起于东方,东方尤以泰、岱为其故土,木本水源,血统所出,泰山巍然,同族仰镜。故凡得天下者,易姓而后,必告泰宗,示以不忘,犹其祭告宗庙之义。"而不管泰岱所祀为何,其宗教活动于临淄齐地应该是属于一个系统的。《史记·封禅书》所记齐地的八神祠中,一曰天,主祠在临淄南郊之天齐渊;二曰地,主祠即在泰山、梁父。可见,泰山、临淄大致属于一个宗教文化活动圈。在宗教、巫风活动一直比较盛行的齐国,临淄的宗教文化活动受泰山宗教文化活动中心的强烈影响和辐射,其作用也是不可轻估的。

汇集泰山宗教文化的辐射与影响,并多元融合,使临淄城市文化的建构从一开始就充满活力,易于形成一种具有创造性的文化特质。

五、独特优势

临淄作为东方大国齐国都城,经数百年的经营,尤其经春秋时期管仲对临淄城的经济、文化结构实行"四民分业"、"参其国而伍其鄙"等重大改革与调整之后,临淄城的发展更进入一个新的历史时期,至战国时代已达全面繁荣之境。其厚实的物质基础、深广的文化内涵、丰富的智慧资源,使其在列国都城中展现出特异的大国之都风采,在以下三个方面尤为突出:

1. 物资富足的工商业城市

临淄的工商业号称发达,首起姜太公制定的"通商工之业,便鱼盐之利"的立国之策。后经管仲治齐,实行"士农工商,四民分业"之策,进一步对工商业确立了地位,加强了管理,实施了专业化,促进了临淄工商业的繁荣。战国之世,临淄工商业发展更进入鼎盛的时期。从主要的方面看，一是冶铁铸造业的发达。据近几十年来对临淄故城遗址的发掘探明：城内冶铁遗址 6 处、冶铜遗址 2 处、制钱遗址 2 处，制骨遗址 4 处，足见城内手工业制作业所占比重之大。1964 年于临淄出土的战国时代嵌金银镶绿松石大铜镜，其制作之精美，属铜镜中罕见的珍品，亦足见铸造业工艺水平之高。二是丝织业的兴盛。齐国丝织业素有悠久的历史，太公立国，即有"劝女工，极技巧"之策来发展丝织业。战国时期，临淄一带的丝织名产"齐纨"誉满天下，号称"冠带衣履天下"，充分说明齐国丝织业的发达。20 世纪 70 年代所出《临淄郎家庄一号东周殉人墓报告》中，所列出土的丝织品有绢、锦、刺绣残片、丝编织物等，亦足证战国临淄丝织业的发达。三是制陶业的发展。临淄城内发现的制陶工场中出土的各种日用器皿和有题铭的陶器，都说明这一点。四是商品贸易的发达。40 年前，就有学者从全省 30 余个县市出土的战国齐币中发现：临淄形成了东到半岛、西至中原、南达吴楚、北通燕赵的商品易交通线。① 临淄的手工业，还有制漆、制骨、琢玉等，这些都在文献和考古中得到证明。临淄手工业和商业的发达带来了物质财富的充盈和城市物质生活的富足。春秋末期齐景公"侈为宫室，广为台榭"，"一衣而五采俱"，"君之厩马百乘，无不被绣衣而食菽粟者"，从其奢侈享乐中，已见临淄物质商品的丰饶。战国之世，临淄之民号称"甚富而实"、"家敦而富，志高而扬"，更反映出临淄作为一个工商业城市物质的富足和繁荣。

2. 生活丰富多彩的文化之都

战国之世，临淄城市经济的繁荣和物质的富足，让市民拥有了丰富多彩的精神文化生活。仅从现有资料看，其文体娱乐活动也是丰富多彩的。

其一，音乐活动的兴盛和普及。一是乐器的多样与普及使用。现知，见于文献记载的齐国乐器有磬、埙、钟、镛、铙、铃、筑等十余种之多。《战国策·齐策》说："其民无不吹竽、鼓瑟、击筑、弹琴。"可

---

① 参见《齐文化丛书·中国论文集》，第 200—205 页。

见多种乐器的使用已相当普及。二是古乐的流传。《论语》上所说的"子在齐闻《韶》，三月不知肉味"。《韶》乐即是相传舜的乐舞，其在齐国的流行很广，演奏水平亦高，说明其传统音乐的流行相当广泛。三是俗乐盛行。《列子·汤问》篇记载的韩娥到临淄卖歌讨食，过雍门，竟然余音绕梁，三日不绝，引起临淄百姓的轰动，而且使"雍门之人至今善歌哭、放娥之遗声"，可见临淄人对俗乐的爱好。齐宣王说："寡人非能好先王之乐，直好世俗之乐耳。"（《孟子·梁惠王下》）也说明俗乐在临淄无分朝野人皆好之。

其二，各种竞技、游乐活动及专业文化团体的出现。《战国策·齐策》除记载音乐活动外，还记"其民无不……斗鸡、走犬、六博、蹴鞠者"，可见各种各样的竞技游乐活动在临淄城中行一时。尤其值得一提的是，《韩非子》所记的"滥竽充数"故事中，齐宣王宫中竟设有数百人的吹竽队伍，已是一个庞大的娱乐团队，而《史记·孔子世家》载齐鲁夹谷之会时，齐国演奏"宫中之乐"的"优倡侏儒为戏而前"以及"选齐国中女子好者八十人，皆衣文衣而舞康乐"，则说明早在春秋末期，临淄就有了文化专业队伍的雏形。

限于资料的缺乏，临淄丰富多彩的文化生活尽管难以更全面、更详尽地描述，但其文化之都的特色还是十分鲜明的。

3. 人才荟萃的古代"硅谷"

太公立国，以"尊贤尚功"为号召，此后，齐国历代有为国君，都大力提倡尊贤用才，使齐国对人才的重视在战国之世达到了前所未有的程度，其显著的标志就是在临淄创设稷下学宫，广揽人才，使其成为以稷下学宫为依托的战国人才的"硅谷"。据《史记·田敬仲完世家》载："齐宣王喜文学游说之士，自如驺衍、淳于髡、田骈、接予、慎到、环渊之徒七十六人，皆赐列第为上大夫，不治而议论，是以齐稷下学士复盛，且数百千人。"又据《史记·孟子荀卿列传》，各国学者齐集临淄，"于是齐王嘉之，自如淳于髡以下皆命曰列大夫，为开第康庄之衢，高门大屋尊宠之。览天下诸侯宾客，言齐能致天下贤士也"。

上述记载为我们大致提供了临淄人才荟萃的情况：一是人才云集，

成百上千；二是名家荟萃，品次极高；三是人尽其用，对齐国内外影响甚大。而细研齐国当时的人才政策，其措施力度都见出齐统治者的匠心：首先，给学者以很高的政治待遇，封以"上大夫"之职，而又"不治而议论"，让其静心议时政，研学术。其次，提供优厚的生活条件，"高门大屋"，府第壮观，居住优越。其三，提供宽松自由的政治环境，让他们来去自由，备受尊崇。

根据近些年学术界对稷下学宫的研究看，先秦诸子百家的大多数学者都到过稷下，这里不但是齐国的人才库，也是战国学术争鸣的中心。临淄为中国文化发展作出贡献的同时，也成为享誉中外的人才之都。

以上抛砖引玉式的粗浅勾勒，借以说明，足球起源于临淄，是有着深厚文化积淀的。齐国经济文化的发达，临淄深厚的文化积淀和城市生活的繁荣多彩，以及人才的汇聚和创造力的迸发，使临淄成为当时中国乃至世界史上最具体育文化优势的城市，根于此，世界足球起源地也就非临淄莫属了。

晏婴——中国士大夫品格的一个典范①

一、品格高尚　备受赞誉

在多如繁星的中国古代杰出人物中，晏婴的品格备受后人赞誉。还在他活着的时候，一位很有政治见解的女人——御者之妻就称赞他："长不满六尺，身相齐国，名显诸侯。今者妾观其出，志念深矣，常有以自下者。"（《史记·管晏列传》）稍后，向来并不随便奉承人的孔子，赞扬他："晏平仲善与人交，久而敬之。"（《论语·公冶长》）连狂傲不羁，才智被称为"管晏不及的"淳于髡，也"慕晏婴之为人"（《史记·孟荀列传》）。

对晏婴人格的推崇，司马迁达到了相当的高度。他说：观其行事，论其轶事，备受感动，"假令晏子而在，余虽为之执鞭，所忻慕焉。"（《史记·管晏列传》）其后，几千年封建社会中，无分朝野，称赞晏婴人格者，大有人在。例：《孔丛子·对魏王》中借子高的话说："晏子长不过三尺，面貌恶，齐国上下莫不宗焉。"清代学者俞樾也曾称许晏婴："天下之小人未始无是非之心也，虽恶其刚直之节，而不能不服其廉洁之行"②。而这其中，以宋代散文家苏辙的评论最具代表性。他说："管子

---

① 2006年在齐鲁文化论坛的演讲。
② 俞樾：《宾萌集》卷一。

以桓公霸，然其家淫侈，不能身蹈礼义。晏子之为人勇于义，笃于礼，管子盖有愧焉。然晏子事灵、庄、景，皆庸君，功业不足道，使晏子而得君如管仲之于桓公，其所成就，当与郑子产比耳。"①

苏辙所论，有两点很值得我们注意：一是他客观评比了管仲、晏婴的历史功绩，虽认为晏婴"功业不足道"，但高扬了他的人格，认为他勇于义，笃于礼，管仲比之有愧。二是他将晏婴功业不显的原因，归结于庸主误国，假如他处桓公之朝，成就可比子产。应该说，苏辙的这种评价是公允的，有普遍的代表性。

晏婴生活的时期，已经是"礼乐征伐自诸侯出"的春秋末期。混迹于政治舞台的人们，于分裂动荡的社会形势下，或苟全性命于乱世，或扭曲心灵随浮沉，生死无常既为常事，人格变形司空见惯。在这样一种社会情势之下，晏婴保持了独立的人格，又参政达50余年，完成了生命最高价值的实现，先秦时期的政治家鲜有其比，这确是其不同凡响之处，也是其备受后代推崇的重要原因之一。晏婴人格的完美得力于其性格的完善，那么晏婴性格的特征是什么？

前人是有论述的：马骕称他："舍命不渝"，有"仁者之勇"②。杨夔赞美他说："独立于谗谄之伍，自全于纷扰之中，人无间言，时莫与偶。"③刘安的《淮南子·精神训》说他"临死地而不易其义"。蛤笑叹"其言有后世鲠骨之臣所不敢出者"④。这都是说他有"刚"的一面。但从另一个角度看，他的性格还有另外的一面。这就是他的"以承意观色为务"⑤。在与当权者的交往中，往往"委蛇其间，规其小过，舍其本计"。⑥他对国君的劝谏，好像是医生治病，"望其气色，切其脉息，得其受病之所在，反以攻之，顺而调之，无不愈者。知公之自弃其民也，

---

① 苏辙：《栾城集·晏子传论》。
② 马骕：《绎史》卷七十七。
③ 见《全唐文》卷八六七《二贤论》。
④ 蛤笑：《〈晏子春秋〉学案》，见《东方杂志》五卷，四、五期。
⑤ 《晏子春秋集释》附录。
⑥ 赵青藜：《晏婴路寝对论》，见《读左管窥》。

劝之厚施以收其心，顺而调之之道也"①。马骕称他"随事补救，以讽谏匡君，必者朝夕不怠，邑行言孙"②，这是说他有"柔"的一面。我认为，晏婴备受后世的尊崇，就在于他性格中，刚与柔是统一于一身的。他有时也刚锋毕露，但大多是绵里藏针，刚柔相济的，而这一点，正是中国后代的读书人在几千年封建专制制度下，完美性格的最佳体现。晏婴性格之于后世文人，不仅是可崇可敬的偶像，更是可亲可爱，可望可学的榜样。因而，分析晏婴的这种性格特点，对于探求中国知识分子的文化心理特征是很有补益的。

二、绵里藏针　临难不惧

"时危见臣节，世乱识忠良。"一个人的性格特征，往往在国家危难之际和个人生死关头，最集中、最充分地表现出来。《左传》、《史记·齐世家》、《晏子春秋》都记载了崔杼弑庄公后，晏婴与崔杼、庆封集团的斗争。当时，白色恐怖笼罩着整个齐国。大权在握又凶焰万丈的崔庆集团，已经用屠杀消灭了一批社稷之臣。生死异途，等待着晏婴的抉择。当时，晏婴立于崔氏之门外，当有人问他，国君已死，你是逃亡还是殉难时，晏婴说了一段十分精彩的话。他说："君为社稷死则死之，为社稷亡则亡之，若为己死己亡，非其私昵，谁敢任之?"并且"门开而入，枕公尸而哭，三踊而出。人谓崔杼必杀之，崔杼曰：民之望也，舍之得民"(《史记·齐太公世家》)。

表面看，晏子未被杀掉，是因为崔杼害怕失去民心，因而说出"舍之得民"的话。实际上，从性格的角度讲，这正是晏婴的性格在关键时刻的最佳体现。这种性格特征就是绵里藏针、以柔克刚，刚柔相济。

首先，崔氏与庄公之间的斗争，是尖锐矛盾的两股势力。崔氏的手段和目的，就是要毫不手软地消灭庄公势力。因此，晏婴之前，已利落

---

① 赵青藜：《晏婴路寝对论》，见《读左管窥》。

② 马骕：《绎史》卷七十七。

地收拾了若干人。轮到晏婴，既未手软，也没改变策略，关键就在于晏婴的表态。但晏婴的话，却避开锋芒，以声明非庄公"私昵"跳出两派斗争的圈子，从而转化了他与崔氏的敌对关系。斗争方式由针锋相对到顺而调之。其次，崔杼弑君，在情理上，是必须将国君与社稷分开的。即弑君并非祸国。晏婴巧妙地将其分为"为社稷死"和"为己死己亡"两种情况，一方面将庄公与社稷分离，使自己社稷之臣的身份加强，个人生命与社稷相连，这就大大增强了自己在斗争中的地位和力量。另一方面暗顺了崔氏心理，转化了矛盾，就给崔氏不杀晏子找到体面的阶梯。因而，在这里晏婴一是绕开矛盾，保存了自我；二是坚持了君臣之礼，保持了节操，实现了个人的目的。在性格上，他的清正刚直和阴婉柔顺是统一在一起的。

三、刚柔兼济　忠谏直行

应该说，如果深入晏婴性格的深层进行进一步的挖掘，其性格特征的内核，应该是一个骨鲠忠介之臣的形象。不为威武所屈，不为利益所惑，义之所在，舍身而取，是其主要特点。但是，这种性格的形象表现，却往往是顺而调之，随机应变的。以刚与柔的和谐统一，既保有了自己的尊严，又维护了国家社稷的利益。这在晏子的外交活动中，表现得相当突出。

晏婴生活的时代，外交辞令在国与国之间的交往和斗争中占了相当重要的位置。晏婴本人就是一个极活跃的外交活动家。他出使过晋、鲁、吴、厉等国，而每次出使，都以其杰出的智慧和锋利的外交言辞以及随机应变的斗争策略，既捍卫了齐国的利益和尊严，又使自己安然无恙，善始善终地圆满完成出使的任务。在人格上，既表现其"刚"的一面，也表现了他"柔"的一面。这在《晏子春秋》中使楚的两段记载表现得最为充分。晏婴的形象与楚王适成鲜明对照。在剑拔弩张的严峻形势面前，他总是锋芒内藏，委婉含蓄，从容不迫，侃侃面对。讲话时，他心平气和，彬彬有礼，在温文尔雅的谈吐中，内含着坚不可摧的钢铁意志。"使狗国者，从狗门入"，既嘲弄了对方，又替对方留有余地，使对方无法辩解，哭笑不得。这种以开玩笑的方式，巧妙反击的做法，体现了原则性和灵活性的有机结合，使自己在玩笑中为有理，占得上风。而这，正是晏婴内在性格的刚性和柔性在外交场合中的外现，是二者有机结合的产物。

忠谏直行是晏婴为官为相的又一突出表现。从先秦文献的记载，特别是《晏子春秋》的内容看，晏婴的思想和性格的表现，主要反映在大量他对国君的谏词之中。一部《晏子春秋》，几乎全是这种谏词的选录。但是，不管这些谏词的表述如何，从内容可分为三类：

一是言辞委婉的劝导之词。这一部分表面看，柔性大于刚性，实际上，在阴柔的外表下，隐含着原则的不可动摇性，体现出外柔内刚的特点。

二是假托故实的讽谏之词。真情实意，婉转道来，或指东而说西，或明彼而实此，柔与刚的结合也是很显著的。

三是那些正言厉色的直谏之词。这些言辞，感情激切，刚锋直露，似乎是只刚不柔了。实际上，它是以不从根本上触犯国君为原则，还是表现出一种刚与柔的结合。例如：《内谏上·二》的记载：景公饮酒酣，曰："今日愿与诸大夫为乐饮，请无为礼。"这时，晏婴蹴然改容，说："君之言过矣。"并用十分尖刻的语言说："禽兽以力为政，强者犯弱，故日易主，今君去礼，则是禽兽也。"接下去，当景公仍然湎而不听时，双方还发生了十分紧张的对抗："少间，公出，晏子不起，公入，不起，交举则先饮。公怒，色变。"但是，事情的发展却表明，这种对抗，并非是根本的冲突。当景公被晏婴的"无礼"激怒，责问晏婴为何无礼时，晏婴马上由刚转柔，气氛为之大变。他避席再拜稽首而请曰："婴敢与君言而忘之乎？臣以致无理之实也。君若欲无理，此是已！"原来，那故作的剑拔弩张，是表，顺之调之，以受其谏，是里。一旦情之所至，火候已到，晏子会马上随机应变，换了面孔，还其柔刚兼济的本质。

总之，晏婴作为中国历史上杰出的政治家，其人格之高，性格之美，体现着二重性的结合，这就是刚与柔的兼具，绵与针的谐调，是中国古代知识分子传统性格特征的早期成熟表现。

四、君子人格 士者风范

晏婴双重性格的形成，有其深刻的社会历史原因和个人的原因。

晏婴生当春秋末期，在齐国正是姜氏政权由盛转衰、走向没落的时代。其所事三君，都是庸俗不堪的暗主。齐灵公在位 28 年，尽管早年能勉强维持局面，但庸庸碌碌，无所作为。晚年，怯懦怕死，有"君亦无勇"讥，招致晋兵围都郭而去。对内又因废立太子，酿成宫廷内乱，齐力大削。灵公的儿子庄公，更是一个荒淫自鄙又十分粗俗残暴的国君。他的特点，一是个人私生活腐朽糜烂，二是国家大事刚愎自用，丝毫听不进他人意见。国君只做了 6 年，就因私通崔杼之妻而被逼杀。景公执政 50 年，是齐国历史上在位最长的国君，他早年也还有一点雄心壮志，但到了后来，就只有以求治宫室，聚狗马，奢侈厚赋重刑为务了。在这样一种环境条件下，历史向晏婴提出了三个严峻的问题：

1. 他作为三代重臣，必须肩负起挽救国家危亡的重任。作为杰出的政治家，他有改变社会，建构理想政治的愿望，但挽大厦于既倾，绝非轻而易举之事，建理想于衰替之朝，决不是一路坦途的。

2. 三代暗主，皆昏于政事，私家势力强盛，矛盾冲突尖锐。晏婴参政的 50 年间，宫廷流血事件接连不断发生，大的即有三起，庄公亦死于非命。晏婴在这种矛盾的夹缝中，为要施展抱负，挽救国运，必须先求得安全和生存。

3. 晏婴本身来讲，生命价值的自我实现和客观环境之间的差距如此之大，面对现实，这使他不得不在人格异化和本我之间进行痛苦的周旋和选择，这既是对晏婴的新考验，也是他双重人格铸造的基础。

正是这种特定的社会环境，对晏婴的性格要求产生了重大影响。他作为有政治远见、有所作为的政治家，50 年宦海浮沉，眼看着泱泱乎大邦齐国如忽喇喇大厦将倾，而无可奈何。他所经历的灵公之怯，庄公之暴，景公之屡，崔氏之逆，陈氏之专，使他在极不和谐的命运遭际之中，面临着现实的人格冲突和双重人生价值目标的抉择：一方面是灵魂的价值；一方面是肉体的安全。

晏婴的可贵之处就在于：他是站到了人生价值的更高点上去观察和审视人生。他所追求的，是既要完善灵魂，又要保持和完善肉体。他既没有扯断对生命的执着，听从主张的驱遣，去追求灵魂的永恒价值；也没有在白刃交胸的刀光剑影之中，屈从于外力的重压，交出灵魂，服从于专制，依附于淫威。而是实在地在各种矛盾和冲突的夹缝中，寻找一条两全其美的道路：即在不过分触犯各种邪恶势力淫威的条件下，去实现自我，追求灵魂的价值，完成理想人格的建构。在行动上，则表现为：于冲突中求协调，在张力中求平衡。即在维系个体或事业生存的前提下坚持人格的独立性。

晏婴双重性格的形成，与先秦时期的知识阶层——"士"的文化心态的形成有直接的关系，后者是前者产生的基础。

春秋战国时期，是一个政治、经济都在发生着剧烈变革的时期。春秋以前，主要是氏族贵族的垄断统治时期；战国以后，则主要是官僚政治的统治时期①。在从氏族贵族统治向官僚统治过渡的整个春秋时期，社会各阶级、阶层都在发生着大起大落的变化。正如晋国的大臣史墨对赵简子说的："社稷无常奉，君臣无常位，自古以然。故《诗》曰：'高岸为谷，深谷为陵。'三后之姓，于今为庶，主所知也。"（《左传·昭公三十二年》）而这种变化的直接社会效应，就是产生了一个在政治上极为活跃的"士"阶层。他们以"仕"为职业，但社会上却并没有固定的职位在等待他们。因而，他们是官僚政治的积极鼓吹者和参与者，是氏族贵族垄断权力的坚决反对者，以便为自己开拓仕路。在这种情况下，"士"作为一个在政治上发挥重大作用的阶层，在精神上，就具有这样的特点：

一方面，他们以坚守和固有自己的主张为尚，以"道"的承担者自居，弘扬以道自任的精神。这在人格上，即形成其"刚"的一面。与晏婴同时代的孔子在《论语》中所论："笃信善学，守死善道。危邦不

---

① 刘泽华：《先秦时期的士》，《文史知识》1987 年第 12 期。

入，乱邦不居，天下有道则见，无道则隐。"(《论语·泰伯》)"士志于道，而耻恶衣恶食者，未足与议也。"(《论语·里仁》)"君子谋道而不谋食……君子忧道不忧贫。"(《论语·卫灵公》)

孔子的上述说法，意思相通，都是在强调"士"的价值取向必须以"道"为最后的旨归。要求士中的每个成员，都能超越个体的和群体的利害得失，去追求一种永恒的、灵魂的价值。孔子的这种观点在他的弟子曾参和儒家另一个大师孟子那里，又有了更明确的阐述。

曾子说："士不可以不弘毅，任重而道远；仁以为己任，不亦重乎？"

孟子曰："天下有道，以道殉身；天下无道，以身殉道。未闻以道殉乎人者也。"(《孟子·尽心上》)

在这里，所谓"弘毅"、"死而后已"、"以身殉道"，都是强调了一种对主张、信仰的献身精神，都是强调在人格上的独立和性格上的"刚"性。而士的这种人格精神的形成，也随着社会变革，士阶层的发展和兴起以及对社会政治的日益重大的作用不断增强和发展。从时间上说，晏婴生活的春秋中后期，正是士阶层独立人格精神的形成和成熟期，这对于晏婴不会不产生重大的影响。因而，晏婴刚柔相济的双重性格，以"绵"为表，"针"为内核。他在人生价值取向的选择上，灵魂为主，肉体为辅，是一个以道自任者的形象。后代论及晏婴，谓其"有道顺命，无道横命"(《孔子家语·弟子行》)，实际即称赞其为"士志于道"的一个典型。

另一方面，从先秦发展的历史看，君主集权的强化与发展同官僚政治的推行和氏族贵族统治的解体是相辅相成的。尽管士作为一个政治阶层，最积极地参与并追求官僚制度，以便为自己开辟更广阔的仕途。但是作为士阶层每一个个体的人格的发展，在君主集权制一步步强化的情势下，他又不能无视严峻的社会现实以免在激烈的冲突中毁灭自己。因而，他们在纷纭的社会现实前，往往不是通过个人意志的高扬去追求"道"的实现，从而在超越现实中去实现自我的精神超越，而是采用一种更趋向实用理性的度，调动内心的智慧或道德的力量，去冷静地分析个中的利害，寻求趋利避害的现实途径。孔子说的"邦有道，危言危行，邦无道，危行言孙"，(《论语·宪问》)即是指的这种情况。这就要求，在处世的性格上，必须隐刚于柔，必须有柔的一面，以刚柔兼济的双重性格去适应社会，有志于道。生活于春秋中、后期的晏婴，所表现出的双重性格的特点，正是士阶层这种双重性格必要性的具体体现。

晏婴的双重性格，与他的以"和"为美的美学思想又有着十分密切的关联。

在人类最初的审美意识中，突出地要求审美对象具有对称、和谐、平衡、完整的形式。在古希腊，毕达哥拉斯就明确提出"美是和谐与比例"的命题。而在此之前，中国的先人们也早已发现"和"这个极为重要的美学范畴，以"和"为核心的美学思想，有了系统的发展。早在晏婴之前，史伯就提出了"和实生物"(《国语·郑语》)的观点。在《晏子春秋·外篇》中，晏子以美味和音乐为喻，生动地论述了他的以"和"为核心的美学思想。他认为：和，就像味道鲜美的汤，不仅需要各种调料与鱼肉一块烹制，而且必须由宰夫将它们和谐地配搭，这样才能制成美味，君子食之，方能"以平其心"。晏子又把各种因素的和谐统一看成音乐艺术的最高原则。一曲美妙的音乐，需要由构成音乐的九种因素相辅相成，才能谐调动听。在音乐的表现过程中，需要清浊、大小、短长等十种对立表现因素的相反相成，也才能演奏美的声音。晏子极力强调的和谐统一，相辅相成的"和"的思，就是他的刚柔兼济的人格特点的美学基础。同时，他把美学思想，推及社会生活的君臣关系。他认为，这种君臣关系，正如味的协调，甘与酸，淡与咸，只有和谐地结合成统一体，才会产生美的效果。君臣关系和谐了，才有美政产生。晏婴在思想上与庸君暗主的尖锐矛盾，并没有影响他与国君的和谐相处，是与他这种对美的认识紧密关联的。从"和"中去寻求美，从君臣的谐调去看待美政的基础，这是从更高的层次上去审视社会人生。这也正是他双重人格美所能达到的他人难以企及高度的原因所在。

另外，晏婴的以"和"为美又是与他的美善统一的美学思想密切相连的。他特别强调美善的适度统一，以美寓善，以善为主，善美合一。《晏子春秋·内谏》下十三记载景公为黄金之履，追求的美饰达到了无以复加的程度。晏子当即列罪三条，主张美应服从善。可见，晏婴的美学观点：当美与善对立时，前者应服从后者；在二者并存时，前者表现为方式、外表，后者才是核心内容。

晏婴的这种审美观点，对其人格美的形成不能不产生重大的影响。唯其主张美善统一，以善为主，造就了他在政治、伦理道德上坚持正道直行，在性格的表现上，发展为"刚"的一面。唯其以"和"为美，就决定了他在处理君臣等社会联系上，以谐调为基调，善于"顺而调之"。表现在性格特点上，即形成其"柔"的一面。刚柔并济，绵里藏针，也是其审美观念在人格上的具体体现。

五、保身取义　最佳选择

历史事实最终证明：处在晏婴时代的晏婴本人，在性格确立的趋向上，绵里藏针，刚柔兼济是最佳的选择。

首先，晏婴这种性格的特点，能够较强地适应社会。他虽历经三代昏主，遭遇纷乱迭起，在一条随时可能扯断生命线的钢丝绳上艰难地行走，但他有效地保存了自己的生命，为其实现人生的最大价值奠定了基础。他既没有在震骇一时的牺牲中倒下，也没有屈从邪恶，扭曲自己的灵魂，他既保存了生命本身，也保存了生命价值，在悲剧的时代，演出了人生的喜剧，走到了生命的最高点。

其次，这种性格，使他能够与邪恶进行了最有效的坚韧斗争。他的"柔"，使他巩固住近臣之位，能最大限度地进行有效斗争。他的"刚"，不仅保持了自己的正道直行，也使那些邪恶之徒望而生畏。《晏子春秋》中多有记载他与诌谀之徒的斗争，最终都是以他胜利而告终。这一方面，与他的正气，与凛然不可犯的斗争有关；另一方面，也与他的位、权、势有关，而这一点又恰恰是他这一性格特点所造就和巩固的。

第三，他的这种性格特点，使他成为君臣关系的典范。他既是骨鲠直谏之臣的形象，又是勠力君国的忠正之臣的形象。他与景公几十年相处甚得，先秦时期，堪为少见。一部《晏子春秋》，既记载了他对景公的讽谏和斗争，也记载了他与景公的和谐相处。往往对某一个问题，先是矛盾冲突，再是气消色缓，最后是景公心悦诚服地服从了晏婴的意见。晏婴对景公的敢言直谏，史所少见；景公对晏婴的称许和关怀，也鲜有其比。《晏子春秋·内杂篇下》二十一、二十二中记载：因晏婴"宅近市湫隘，嚣尘不可以居"，景公即欲更其宅。当晏婴不应时，景公即趁其出使晋国，"更其宅，反成矣"。另外在《内杂》下十九、二十三、二十四、二十五中，记载了景公因晏婴衣食困乏而增封其邑；为其"筑室于宫内"；将爱女嫁于晏子；为赠其车马，而遣人三反的事等等。这些记载，从正面讲，是为了说明晏子的节俭力行；从侧面讲，则反映其君臣关系的和谐无间。而这种和谐，又绝不是因晏婴投其所好，主要是景公对其人格"柔"的赞赏、适应和对其"刚"的折服。

第四，晏婴这种人格特点，使齐国造成了"一人居而天下安"的局面，使其保持了较长时间的相对稳定和发展。尽管后来论者，多谓晏婴与管仲比，"功业不足道"，但他毕竟使气息奄奄姜氏政权有了一段时间的回光返照。据《晏子春秋》的记载，景公曾滥用刑罚，杀圉人、诛犯槐、囚斩竹，以至于"藉重而狱多，拘者满圄，怨者满朝"；"踊贵而屦贱"，因为晏子恰如其分的讽谏，而使景公的行为有所收敛。景公好宫室，耽酒色，也因为晏婴的劝说有了一定程度的改变。在齐国国势日衰的情况下，与吴、楚等国的外交活动，也靠了晏婴的机智、勇敢和柔中有刚的辩词，捍卫了齐国的尊严，维护了齐国的外交形象。而这一切都无不与晏婴的人格有直接的关系。

秦国灭齐的文化探源①

在春秋、战国数百年列国纷争的历史上，泱泱大国之齐，始终以富国强兵的面目出现在风云变幻的舞台上。尤其田氏代齐以后，齐威王锐意改革，率先称王，久有图霸之志；齐宣王"欲辟土地，朝秦楚，莅中国而抚四夷"（《孟子·尽心下》），也大有统一中国之心；秦昭王十九年曾自称帝，却派魏冉送帝号于齐闵王，让齐称东帝。足见在秦统治者那里，纵有"囊括四海之意，并吞八荒之心"（《贾谊《过秦论》），在齐国人面前，也须"犹抱琵琶半遮面"。战国末期，秦国与燕、赵、韩、魏、楚等山东诸国，穷兵黩武，决胜于战场，国敝兵疲，唯齐国"四十余年不受兵"（《史记·田敬仲完世家》），有一段很长时间的和平稳定环境，获得了养精蓄锐、统一全国的际遇，至少具备了与强秦抗衡的能力。但是，就在秦国灭燕的第二年——公元前221年，秦兵轻而易举攻入临淄，齐国不战而亡。历史为后人留下了诸多值得探索的思考。

一、齐之强大与天下统一

战国之世的齐国，是一个极有可能统一中国的强国。

首先，在经济实力上，齐有得天独厚的物质条件，足以与强秦相抗

---

① 2009年齐鲁文化论坛演讲。

衡。齐国有着十分丰富的自然资源：它的南面，山峦起伏，丘陵绵延，生长着茂密的山林，林木资源丰富。这不仅有利于平原地区的水土保持，使众多发源于南部山区的河流不致泛滥成灾，也为建筑和冶金业提供了富足的原料和燃料。它的北面，有广阔的沿海滩涂平原，牧草丰盛，是理想的农牧区。齐国素产精良之马，齐景公一人即"有马千驷"（《论语·季氏》），当与其畜牧业发达有直接关系。山海之间的广阔山麓堆积平原，则土层深厚，蕴水丰富，土壤肥沃，素有"齐带山海，膏壤千里，宜桑麻"（《史记·货殖列传》）之说，是发展农业的理想区域。齐国漫长的海岸港湾，特别是渤海湾、莱州湾一带，是众多河流的入海处，是富于水产资源的浅海地区，盛产鱼盐。齐国矿产丰富，冶铁业发达，为齐国兵器制造提供了条件。齐国统治者自太公立国开始，即因地制宜，注重发展经济，"劝其女功，极技巧，通鱼盐，则人物归之，繦至而辐凑。故齐冠带衣履天下，海岱之间敛袂而往朝焉"（《史记·货殖列传》）。至管仲相齐，更是"贵轻重，慎权衡"，"通货积财，富国强兵"。此后，齐国始终以东方经济大国的姿态称雄于诸侯列国。至战国之世，由于经济发达，齐都临淄成为"甚富而实"、"家敦而富"的繁华大都市，在诸侯列国中亦鲜有其比。应该说，齐国数百年经营的坚实经济基础，是其能够统一中国，抗衡强秦的有力保证。

其次，齐国具有与秦抗衡的地利条件。齐国统治区域广大，易守难攻。其南有泰沂山脉作屏障，西有黄河、济水为天险，东至半岛，北濒渤海，是一个相对独立封闭的地理单元，被战国纵横家苏秦称为"南有泰山，东有琅琊，西有清河，北有渤海"的"四塞之国"（《战国策·齐策一》）。从战争地理形势讲，秦欲统一天下，首先吞并的是其近邻韩、赵、魏、楚，"韩、魏、赵、楚之志，恐秦兼天下而臣其君，故专兵一志以逆秦。三国之与秦壤界而患急，齐不与秦壤界而患缓。是以天下之势，不得不事齐也"（《战国策·齐策三》）。如果齐国能充分利用有利的地利条件和秦与其他诸国的关系，齐之力量是足以抵御秦国而统一天下的。

再次，齐国具有强大的军事实力，被苏秦称为"齐地方二千里，带甲数十万，粟如丘山，齐车之良，五家之兵，疾如锥矢，战如雷电，解如风雨，即有军役，未尝倍太山，绝清河，涉渤海也"（《战国策·齐策一》）。这些游说之辞，尽管有夸大的成分，但因系对齐国君当面历数，与事实不会相差甚远，足以反映了齐国军事力量的强盛。由于受齐国相对和平、稳定生活环境的影响，齐国人口增殖较快，兵源充足。以苏秦对齐王的分析，仅临淄一处"不待发于远县，而临淄之卒，固以二十一万矣"（《战国策·齐策一》）。齐国的军事实力亦颇令秦统治者打怵。他们认为齐国曾经"南破荆，中破宋，西服秦，北破燕，中使韩、魏之君。土地广而兵强，战胜攻取，诏令天下"（《战国策·齐策一》），因而与齐军作战"少出师则不足以伤齐，多出师则害于秦"。可见在秦统治者眼里，齐军是他们扫平山东六国的劲敌。

秦国在消灭各诸侯国的过程中，各国贵族曾经纷纷逃至齐地。如果齐国以自己之强大兵力，联合各国逃亡贵族，起而反秦，形势定会朝对齐国有利的方向发展。《战国策·齐策六》记载即墨大夫入见齐王的话说："齐地方数千里，带甲数百万。夫三晋大夫，皆不便秦，而在阿、鄄之间者百数，王收而与之百万之众，使收三晋之故地，即临晋之关可以入矣。鄢、郢大夫不欲为秦，而在城南下者百数，王收而与之百万之师，使收楚故地，即武关可以入矣。如此，则齐威可立，秦国可亡。"这不仅反映出齐人抗秦灭秦、统一中国是有力量的，也是有信心的。然而，齐国最终为秦所灭，数百年东方大国的基业，毁于一旦。

二、齐国之亡

公元前221年，在秦国强大兵力的攻势之下，齐国灭亡了。关于齐国灭亡的经过，史书记载不一：

《战国策·齐策六》载："秦使陈驰诱齐王内之，约与五百里之地。齐王不听即墨大夫，而听陈驰，遂入。秦处之共松柏之间，饿而死。先是，齐为之歌曰：'松邪柏邪？住建共者，客邪？'"是说为齐王建被骗入秦，囚禁而死，齐因之亡国。

《史记·田敬仲完世家》载：齐王建四十年，"秦灭魏，秦兵次于历下……四十四年，秦兵击齐，齐王听相后胜计，不战，以兵降秦。秦虏王建迁之共。遂灭齐为郡，天下一并于秦。"此说为：秦兵压境，齐王不战而降，齐国遂灭亡。

《史记·秦始皇本纪》则记载："二十六年，齐王建与其相后胜，发兵守其西界，不通秦。秦使将军王贲从燕南攻齐，得齐王建。"该说为：齐王建曾发兵西线抗秦，但秦将王贲从北方乘虚而入，将王建俘获。

上述被骗说、投降说、俘虏说，尽管可能都是造成齐国灭亡的直接原因，但经过对史料的进一步分析，齐国的灭亡应该还有更深层次的原因。

《史记·田敬仲完世家》说："齐人怨王建不蚤与诸侯合从攻秦，听奸臣宾客，以亡其国。"《史记·田齐世家》之《考证》也记载："李斯传云，秦王拜李斯为长史，听其计，阴遣谋士赍持金玉以游说诸侯，诸侯名士可下以财者，厚遗结之，不肯者利剑刺之。离其君臣之计，秦王乃使其良将随其后，王建亦陷其术也。"《淮南子·泰族训》也说："齐王建有三过人之巧，而身虏于秦者，不知贤也。"

这说明，前人早已有意从政治上探讨齐国灭亡的原因：由于齐王不知任用贤人，听从了奸臣宾客的诡言诈计，所以造成了政治上两方面的失误：一是对外破坏了合纵之盟，失去了其他诸侯国的支持，给了秦国以各个击破的机会；二是对内离间了君臣关系，涣散了内部的战斗力，使堡垒从内部不攻自破。

前人还从军事上探索出齐国灭亡的原因："后胜相齐……不修攻战之备，不助五国攻秦，秦以故得灭五国。五国已亡，秦兵卒入临淄，民莫敢格者。"[①] 这说明，在军事上，齐国不修攻战之备，失去了战胜的基础，而"民莫敢格者"，则显示齐国上下已丧失了抵抗的战斗力。

诚然，齐国的灭亡有其政治上的腐败和军事上的失误等原因，但是如果再作深入一步的探讨就会发现，那些决定着政治、军事等诸多因素

---

① 司马迁：《史记·田敬仲完世家》，中华书局1992年版。

的最根本的东西，还是文化、思想层面的因素，比如国民风气对军队战斗力的影响，价值观念对政治、军事决策的影响等等。齐败于秦，从更本质的意义上说，应是秦、齐文化在历史巨变中撞击、较量的一个必然结果。

三、文化探究

从现有文献的记载分析来看，齐文化与秦文化的差异是很显明的。尽管从更长的历史现象和文化背景分析，二者的孰优孰劣确难定论，但是在战国末期那样一个特定的时代环境和历史条件下，其文化上的差异对统一能力的作用，就显现出来了，总其大概，齐与秦的文化差异主要表现在以下几个方面：

（一）齐俗尚侈，秦俗尚朴

齐俗之况，《汉书·地理志》有记载："太公以齐地负海潟卤，少五谷而人民寡，乃劝以女工之业，通鱼盐之利，而人物辐凑。后十四世，桓公用管仲，设轻重以富国，合诸侯成伯功，身在陪臣而取三归。故其俗弥侈，织作冰纨绮绣纯丽之物，号为冠带衣履天下。"

齐国在创业之初，由于自然条件的限制，生产不发达，民风尚为简朴。后来，随经济的日益发展，齐国成为人们向往的地方，特别是齐桓公任用管仲佐政而首霸中原，成为东方泱泱大国后，奢侈之风渐靡全国。其始作俑者，可能就是"身在陪臣而取三归"的管仲。《战国策·东周策》记："齐桓公宫中七市，女闾七百。"足见桓公当时奢侈淫乐至极，而"管仲之相齐也，君淫亦淫，君奢亦奢"①。可见管仲亦为之推波助澜。后来孔子在回答"管仲俭乎"的发问时，也说到"管氏有三归，官事不摄，焉得俭？"②《论语正义》解释"三归谓自朝归其家有三

---

① 列子：《列子·杨朱篇》，上海书店 1996 年版。
② 刘宝楠：《论语正义·八佾》，上海书店 1986 年版。

处也。家有三处，则钟鼓帷帐，不移而具，故足见其奢"。可知，管仲尽管功业显赫，其奢侈作风也是很突出的。

大约从管仲而后，奢侈之风在齐国形成了风气。所谓"齐地临海，泱泱大国，风教固殊，生事易而俗尚侈"①。到了战国时期，奢侈之风上行下效，更是愈演愈烈，在民间也有了广泛的市场。对此张仪游说齐王时有云："天下强国无过齐者，大臣父兄殷众富乐无过齐者。"可见富足享乐已遍及朝野上下。而苏秦"临淄甚富而实，其民无不鼓瑟、击筑、弹琴、斗鸡、走犬、六博、蹴鞠者"②的描述，更显现出齐国民间弥漫着一派玩乐丧志，不思征战的风习了。这种奢侈淫乐的民风，对国防武备危害极大，其使国君不修攻战之备，而百姓、士兵则丧失了战斗之力，当大军压境时，就会出现"民莫敢格者"③的必然败局。

而秦国的情况则与齐国相反。据《荀子·强国》载："应侯问孙卿子曰：'入秦何见？'孙卿子曰：'其固塞险，形势便，山林川谷美，天材之力多，是形胜也。入境，观其风俗，其百姓朴，其声乐不流污，其服不佻，甚畏有司而顺，古之民也。'"孙卿子所见到的秦国风俗，民风质朴，音乐清雅而不流邪淫浊，其穿着从容有常而无奇异之服。这样的民风，就会使"百吏肃然，莫不恭俭敦敬，忠信而不楛"，也会使其士大夫"于其门，入于公门，出于公门，归于其家，无有私事"④，更会使老百姓形成"修习战备，高上气力，以射猎为先"⑤的风气。正如朱熹所说："秦之俗，大抵尚气概，先勇力，忘生轻死。"⑥这就无疑会大大增强秦国军队的兵员素质和战场上的战斗力。

齐、秦的民风习俗差异对两国在统一之争中，各自战斗力的不同影

①　石一参：《管子今诠》，中国书店 1968 年版。

②　《战国策·齐策一》，上海古籍出版社 1985 年版。

③　司马迁：《史记·田敬仲完世家》，中华书局 1992 年版。

④　王先谦：《荀子集解·强国》，中华书局 1988 年版。

⑤　班固：《汉书·地理志》，中华书局 1988 年版。

⑥　朱熹：《诗集传·秦风》，上海古籍出版社 1987 年影印本。

响，在对比之中可见一斑。

（二）齐人贪利，秦人好功

齐人立国之初，因其始祖太公之功得为首封，又加当时齐地泻卤，人民寡贫，曾以"尊贤尚功"为号召发展社会，形成了齐国尊贤尚功的传统。战国中后期，由于齐国奢侈之风的影响，特别是在诸侯各国互相攻伐的情势下，"齐亦东边海上，秦日夜攻三晋、燕、楚，五国各自救于秦，以故王建立四十年不受兵"①。暂安的局面，使齐人形成重利的风习渐次与尚功脱节，向私利和唯利发展，其对物质利益的追求，胜过对军功的向往，朝野上下形成了追名逐利之风。"好利之民，莫不愿以齐为归。……众庶百姓，皆以贪利争夺为俗。"②而卖国求利之徒则直接断送齐国的命运，秦国灭齐之战中有两个决定性的事件，都与齐人重利的特点有关。

其一，王建六年，秦国攻赵。当时，赵国粮草匮乏，请粟于齐，齐王不听，齐大夫周子谏曰："不如听之以退秦兵……且赵之于齐楚，扞蔽也，犹齿之有唇也，唇亡则齿寒。今日亡赵，明日患及齐楚……义救亡国，威却强秦之兵，不务为此，而务爱粟，为国计者过矣！"齐王不听，结果"秦破赵于长平四十余万"③。对赵的坐视不救，为后来秦灭赵国埋下了祸患。赵国灭亡后，唇亡齿寒，终于导致了齐国的最后灭亡。而不愿救赵的根本原因并无其他，却是"不务为此，而务爱粟"，仅为了自己粮食消耗而坐视邻国被毁。这典型表现了齐统治者重视物质利益而不顾国家兴亡大业的短视之见，终于导致齐国在风云变幻的形势下步步败退，最后走向自我孤立，以至国家灭亡。

其二，导致齐国直接灭亡的原因是："后胜相齐，多受秦间金。宾客入秦，秦又多与金。客皆为反间，劝王朝秦，不修攻战之备，不助五国攻秦，秦以故得灭五国。"五国既亡，秦兵卒入临淄，齐民终于"莫

① 司马迁：《史记·田敬仲完世家》，中华书局1992年版。
② 王先谦：《荀子集解·强国》，中华书局1988年版。
③ 司马迁：《史记·田敬仲完世家》，中华书局1992年版。

敢格者"（《史记·田敬仲完世家》）。记载表明，齐国灭亡的直接原因，也是因为齐相后胜因贪利而中了秦国的反间之计，而秦国也充分利用了齐人贪图物利的特点，收买齐人回齐国后行使反间计，造成齐王失去对时局的正确判断，致使外交、内政混乱，最终导致齐之亡国。

应该承认：齐人贪利是造成齐国灭亡的直接或间接的重要原因之一。

与齐人不同，战国时期的秦人观念所尚，表现在对军功事业的强烈追求上。本来秦国地处西陲，其风俗即有浓厚的戎狄特征："其人不让，皆有斗心"（《吴子·料敌》），"秦之野人，以小利之故，弟兄相狱，亲戚相忍"（《吕氏春秋·高义篇》），是其特点。

战国初期，秦孝公采用商鞅之法，变革秦国，使秦俗大变。秦国制定、实行了军功爵制，奖励耕战，以富国强兵。对此史籍有载：《汉书·食货志》记："孝公用商鞅，坏井田，开阡陌，急耕战之赏，大变古道，卒以此故，倾邻国而雄诸侯。"《史记·秦本纪》言："卫鞅说孝公变法修刑，内务耕稼，外劝战死之赏罚，孝公善之。"《史记·秦始皇本纪》云，秦国"内立法度，务耕织，修守战之备，外连横而斗诸侯"。

秦国统治者用军功、物利鼓励人民投身作战生产的办法，极大地激发了秦人从军杀敌的热情，使秦军成为当时作战最勇敢、战斗力最强的军队，也使得秦国人在战国末期那样一种列国纷争的局面中，具有克敌制胜的优势。正如前人所评论的那样："民族竞争，而秦之国民势能优胜也。战国时之民族……秦族僻处西陲，而又数被戎患，故其民独朴僿坚悍，有首功好武之风。读《小戎》、《驷铁》诸诗，其剽悍尚武，自古然矣。夫生存竞争，优者必胜，彼斯巴达人之雄霸希腊；斯拉夫人之雄视地球，皆以尚武之民族，而占优胜之权利者也。以此例彼，则秦人立于竞争之场，固最适于生存民族。"[1]

---

① 麦孟华：《商君评传》，《诸子集成》（下），浙江古籍出版社1999年版，第908—909页。

（三）齐贵黄老、阴阳之学，秦重法治

黄老之学与法家之学是战国末期的两大显学。黄老之学崛起于齐国威王、宣王之世的稷下，是齐国土生土长的学派。其产生之初，虽是出于一种政治需要，宣称黄帝是田齐之远祖，而将当时流行的黄帝学说与出自陈国的老子学说结合起来，作为维护田齐统治的思想武器，它是一种积极为现实服务的帝王治天下之术。但是，其思想的内核，还是与"鼓吹以道德为标的，以无为为纲纪"的老子学说有一脉相承的渊源关系。他们为了适应田齐统治者"欲以并周室为天子"的扩张欲望，继承发展了老子"道"的学说，所谓"因道全法"，即以道家为本位，用道家哲学论证法家政治，提出"礼出乎理，理出乎义，义因乎宜者也"、"事督乎法，法出乎权，权出乎道"（《管子·心术上》）等主张。其崇尚的"道"乃是"无根无基，无叶无荣，万物以生，万物以成"（《管子·内业》）的"静因之道"（《管子·心术上》），"天曰虚，地曰静"（《管子·心术上》）。其实质就是要求统治者效法天地，"处虚守静，任物则皇"，以因任自然作为治政的至高无上的准则。黄老之学的这些主张，产生于战国中后期齐国相对稳定的环境中，其思想的进一步衍化发展，传至西汉初期，又在帝国一统后天下暂安的环境中，对巩固汉政权的统治发挥了极大的作用。但是在战国后期那种列国纷争、兼并日迫，一切决胜于战场的局面下，它不仅不切合现实之急，却聒噪于统治者之侧，实际上起了"误导"的作用。

黄老之学在战国后期的齐国极为盛行，在齐之稷下影响极大，许多著名学者如慎到、田骈、环渊、接子等"皆学黄老道德之术，因发明序其指意"（《史记·孟子荀卿列传》）。黄老之学在齐国形成如此大的舆论氛围，崇尚自然虚静成为齐国社会占主导的思潮，这在很大程度上直接影响了齐国的国风、民心、士气之不振，最终导致统一中国的国力与战力的降低。

在战国中后期的齐国，极为盛行的思想还有以邹衍为代表的阴阳五行学说。它的产生有其来历："邹衍睹有国者益淫侈，不能尚德……乃

深观阴阳消息，而作怪迂之变，《终始》、《大圣》之篇十余万言。其语闳大不经，必先验小物，推而大之，至于无垠。"（《史记·孟子荀卿列传》）可见其是出于政治的目的而创新说的。这种变化终始之说，主要是说"五德各以相胜为行"（《史记·封禅书》），即土德后，"木德继之，金德次之，火德次之，水德次之"（《文选·魏都赋》注），"而五德转移，治各有宜，而符应若兹"（《史记·封禅书》）。这表明，新朝之起，必因前朝之德衰，而新朝定要在五德中得到符应，才可确实表示其受命于天。也就是说，天道的盈虚消长，完全可以决定人事的兴衰起落，支配社会历史、人类未来的命运。

邹衍之语，多为"怪迂之变"，是些"闳大不经"的话，尽管在当时是被邹衍用来作为"干政"的手段，但它仍然距离现实较远，使人们往往"初见其术：惧然顾化，其后不能行之"（《史记·孟子荀卿列传》），而且他的学说极易给人们难以"推诚置信"之感。同时，他的五德终始之说，把朝代的更替，统一的成功，看成是上天的安排，这在当时列国纷争、群雄竞战的形势下，实际上涣散了齐国的民心、军心，对齐国的统一事业也是有害的。前人早已看到这一点，《盐铁论·论邹》云："邹衍非圣人，作怪谈，惑六国之君以纳其说，此《春秋》所谓匹夫荧惑诸侯者也。""故无补于用者，君子不为；无益于治者，君子不由。"邹衍的这些"怪谈"，从当时的现实来看，既"无补于用者"，也"无益于治者"，它的流行对齐国的消极影响自然不言而喻了。

黄老之学与阴阳五行学说在齐国的盛行，带来的直接后果是神仙方士的大量产生。《史记·封禅书》有云："邹衍以阴阳主运显于诸侯，而燕齐海上之方士传其术，不能通，然后怪迂阿谀苟合之徒自此兴，不可胜数也。"最终使得"燕齐之士，释锄，争言神仙方士"（《盐铁论·散不足》）。由此给齐国社会造成了不良的影响，一是大量怪迂、阿谀、苟合之徒产生，二是国人放下锄头，不事农耕，专务空谈神仙方术，这在战国末期群雄竞霸、战争日近的局势下，无疑是从思想到实际上的自我解除武备。

而秦国的社会思想却呈现另一种景象。秦国的传统观念，本来即有宗法观念淡薄，轻伦理重功利，卑文而崇法的特点。在战国那样一种社会情势下，法家学说在秦国更是找到了适宜的土壤而盛极一时。自商鞅变法时始，随着奖励耕战军功政策的推行，在秦国统治阶层中实际形成了一个军功集团。到战国末期的秦始皇时期，这些法家的主张和学说，更是进一步发展而至登峰造极程度。在政治上，他们主张君主专制，中央集权，用术重势而尚刑；在思想上，则主张排斥百家，实行文化专制，强调人际之间的利益关系，崇尚赤裸裸的功利主义，表现出强烈的轻伦理、重实利的倾向。

这种倡专制、重法术、尚功利、实行严刑峻法思想，带来了重刑苛民的治政措施。尽管在秦统一后，它成了人民不堪暴政，起而反秦，终致秦灭的重要原因，但在以武力统一天下的过程中，在军事胜负压倒一切的情势下，这种法治思想，无疑是一件极合时宜的思想利器，大大加强了思想的统一，使举国上下步调一致，极大地提高了秦国的战斗力，最终为秦国以武力统一中国奠定了思想基础。

总之，齐国为秦国所灭，是一个有着极为复杂原因的历史事件。发展中的齐文化，也随着齐国政权的毁灭，经历了一个遭受打击和衰败的过程。秦国灭齐，从某种意义讲，也是齐国在文化较量上的失败。当然，秦国开启的统一全国的新形势，同时又为齐文化的新生准备了条件，这也是我们在研究齐文化整个发展历程时，应该加以注意的。

出发点与落脚点

——"世界不同文明对话"的两点思考①

当前，人类文化的发展进入了一个前所未遇的崭新的历史阶段，台湾学者许倬云先生将这个时代之变概括为七大巨变②，其中：世界的经济体系正在逐渐融合为一体，资讯革命带来了史无前例的全球化进程，世界面临耗尽资源家当的窘境，世界各种文明正在相互碰撞等，更是直接反映了这些巨变给文化带来的巨大影响。另外，世界范围内风起云涌的移民大潮，也是推动这种文化巨变的一种动因和表征。

人类文化面临新的时代和新的历史任务，只有通过加强各文明间的交流、对话，才能共同担负起构建世界新文化的重任。倡导世界范围内不同文明间的对话，是在当今难以阻遏的经济全球化趋势下，人类走向各民族共生共荣，建设和谐世界的必然要求。

从学术的角度来探讨不同文明间对话的原则，在科学文化史观指导下，寻找一个良好的出发点和一个踏实有益的落脚点，以对引领文明间的对话与交流，就目前的形势而言是至关重要的。所以本文将围绕着以下两个方面的问题作一具体探讨：其一，如何看待不同文明间的文化差异？面对各类文明之间差异巨大的现实，我们应该以怎样的出发点去进

---

① 2012 年 11 月在澳大利亚墨尔本拉筹伯大学"世界文明论坛"的演讲。

② 许倬云：《中国文化与世界文化》，广西师范大学出版社 2006 年版，第 2—6 页。

行文化对话？其二，如何寻找建构新的世界文化的落脚点？我们究竟要建设一种什么样的世界新文化？

一、出发点：正视差异，不分优劣

就当今世界文明的架构来看，无论是在世界几大主要文明如基督教文明、东正教文明、伊斯兰文明、印度文明以及中华文明（或称东亚文明）等的表现上，还是在不同国家、区域、族群的宗教信仰上及当代人生活的各个层面中，乃至在不同国家的治国方略、施政方针、社会体制等方面，不同文明在当代的展现与表征，其差异都非常显明，甚至在某些方面是相互对立和冲突的。如果我们放眼从各类文明发展的历史，或截取一个历史的断面去分析，就更清楚地看出这种差异的深度和厚度之大小。问题是我们应该如何看待这种差异？

就目前笔者所了解的情况看，在对待各类文明的差异上，至少存在着三种不同的观点：

其一，文明优劣论。即认定某一种文明是优质的，其他的则是劣质或非优的。近数百年来，特别是 20 世纪以来，随着工业文明在西方（主要是欧洲）的首先发展并取得成功，由此造成了世界范围内物质文明发展的极不平衡，这种情势下，西方文明优秀论（或者叫欧洲文化中心论）甚为盛行，认为西方文明是放之五洲而皆优的具有普世性的优秀文明，而且似有被越来越多人普遍接受的趋势。这有三方面的事实可以证明：一是欧洲的政治制度和模式在亚、非、拉等发展中国家和地区越来越被普遍效仿和实行；二是基督教正在走向世界每个角落，成为世界性最强的宗教；三是以欧美为主的西方文化产品，有风靡世界之势，已经或即将占领世界若干地方的文化舞台。西方文化之强势应是不争的事实。需要说明的是，西方文化优质论在中国也有相当的市场，20 世纪初及其后 20 年，中国先后两次出现鼓吹"全盘西化"的热潮，就是明证。正是基于这话论调，国外有些学者，甚至包括部分港台学者在内的中国学者，提出了所谓以西方基督教文化为主，来构造未来世界文化的设想，据说在 1993 年美国芝加哥召开的第二届世界宗教会议上，还发表了《走向全球伦理宣言》，试图"超越单一宗教的意识形态局限……为全人类寻找一种普遍的、底线主义的伦理共识"。

其二，文明冲突论。即认为文明之间的差异必然引起矛盾、导致冲突。这种观点随美国著名学者亨廷顿于 1993 年发表的《文明的冲突》一文，及其随后出版的《文明的冲突与世界秩序的重建》一书而闻名于世，并引起世界范围内文化界、学术界及政治界、思想界的高度关注。亨廷顿的说法就是："正在出现的全球政治的主要的和最危险的方面将是不同文明集团之间的冲突。"[①] 虽然他的观点是带有写实性的理论见解和预言，但他的理论一出却引起了世界范围内诸多人的欣赏和共鸣，这实际上说明，至少是在一些学者的思想中，认为各类文明之间的差异必然引发冲突，冲突是解决差异的途径之一。结合现实中世界许多地方出现的视本宗教或部族文化为神圣，将其他文化视为"异类"的宗教极端主义、文化极端主义的出现，以及由此而引发的宗教、部族乃至国家和地区之间的暴力冲突和恐怖活动，我们应该相信，文明冲突论作为一种对各类文明间差异的一种价值取向研究和观点解释，有它存在的市场。

其三，多元共荣论。即是主张世界各类文明，应该互相尊重差异，多元共存，和谐相处，加强交流，做到共同繁荣与发展。这主要是以中国学者和儒家研究者为主提出的对待世界文明差异的观点，其主要的理论基础还是来源于中国传统文化中源远流长的"和合"文化，以及儒家"中庸"之道与"和而不同"的思想。这不仅是在文化理论研究的学术层面上，作为一种鲜明的观点提出，而且在实践层面上，也是中国政府对待文化、宗教问题，处理世界事务和开展外交的政策依据，它是具有中国特色社会主义理论体系的重要组成部分。在这种观点指导下，中国对待世界不同文化差异所采取的态度和实行的政策，越来越多地得到了世界文化界、学术界众多学者的认同，正逐步成为构筑未来世界新文化

---

① 见〔美〕塞缪尔·亨廷顿《文明的冲突与世界秩序的重建·前言》，新华出版社 2002 年版。

的主题思想之一。世界上一些文化理论研究者，在论述文化差异时，也多是赞同或暗合这种多元共荣论的观点。如西方著名的新自由主义伦理学家罗尔斯就认为："一个真正的民主社会不仅应该给予各种不同的文化和文化价值观念以自由生长的空间，而由于其鼓励平等和自由的社会文化氛围，还必定会促进和激励多种多样的文化和文化价值观念的自由发展。"①

上述三种观点回答的最根本问题，就是我们如何对待不同文明之间的差异，如何确立不同文明在人类面临巨大文化变革的新时代中的地位问题。我们认为，文明只存在着不同的质底与特色差异，其实是难分优劣的。世界不同的文明对话乃至文明的交流与探讨，都不应该以区分优劣、评判好坏为目的。这是因为：

其一，文明优劣标准难立。不可否认，在当代各类文明之中，有些文明的要素更符合人类现在部分群体甚至大多数人公认的生活理念，或被认为更符合未来人类文明的发展要求，但这不应该也不能成为区分优劣的理由或标准。因为当今之人无一例外都是生活于各类文明培育下的人，是具体文化中的人，如果要超脱自己的文明基因，超越各文明之外，就如当年鲁迅先生所讽刺的要拔着自己的头发离开地球一样，是不可能实现的事情。尽管现今不乏学者和政治家似乎以全人类的责任人在宣传或实施着什么思想与主义，但事实上仍是在以自己所属文化体系的文明标准来评判事物，依然有我族文明最"优"的底色与实质，这不免偏颇。所以任何对文明的优劣评价，只能是以 A 文化的标准去评 B 文化的优劣，这种评价不可能是科学的和公正的。因此，在各类文化之间要分出优劣，其标准和前提就值得怀疑，更难辨优劣。

面对人类未来文化的发展，各国学者也在努力寻找建立新的世界文化的路径。关于"普世伦理"以及在未来世界文化建设中各类文明的地位与价值等等，正在成为一些学者倾力探讨的热门课题，而通过探讨、研究、对话寻求各类文明的"共识"，也成为学者们努力的方向。应该

---

① 万俊人：《寻求普世伦理·再版跋》，北京大学出版社 2009 年版。

说，这种努力是有积极意义的。且不说人们正在寻找的只是一种"共识"，而不是从文化内涵及特质中去发现"优质"与否，即便是发现了为全球公认的、属于优质的"共识"，在探求其内涵本质时，仍会归于各类文化之中作出具体的诠释。如："爱"或"博爱"，这应该算是一种"优质"的文化因素吧！各类文化中都提倡"爱"，但具体到"爱"的内涵，却是各不相同，难分优劣的。例如，基督教之爱，首先要体现在对"上帝神恩"的敬畏、回报与爱戴上，是所谓"在爱与上帝的意志之间画了个等号"[1]。而在以儒家思想为主体的中国文化里，"博爱"则是表现在人与人之间的关系上："父慈子孝兄友弟恭"、"老吾老以及人之老，幼吾幼以及人之幼"。可见，文化的内涵既是抽象的，又是具体的，是无法分辨其优劣高下的。所以说，各文明之间文化各异，难以作出优劣比较，最适合国情的文化即是该国最优的文化。

其二，文明发展的历史性决定难分优劣。各类文明优劣之难辨，还在于文明本身具有很突出的特性——文明发展的历史性。任何文明的发展，都经历了数千年极其复杂漫长的历史变迁过程，在不同的历史阶段，既有传承与变异，也有创新与发展。不同文明之间比较，只有放在同一历史断面下，其间的相互关系及其可比性、差异性才有显现的基础和着力点。以早期基督教文明与儒家文明的发展为例作一说明。

基督教源于两河流域（幼发拉底河、底格里斯河）的犹太教，犹太民族文化本身在其早期发展中受到了古埃及和巴比伦的影响，是"与相邻的大帝国交织在一起的"[2]，而其发达的民族文化又与其出色的早熟的宗教智慧密不可分。"这种文化集中表现在后来编纂的《旧约全书》中"[3]，因此有人说："《圣经》创造了犹太民族。"[4]犹太人创造的宗教在随犹太人迁徙向欧洲传播的过程中，既吸收了希腊哲学的精华，也受到罗马帝国文化及原始宗教的抵抗和影响，到耶稣出现的时代才能发

---

[1] 许倬云：《中国文化与世界文化》，广西师范大学出版社 2006 年版，第 261 页。

[2] ［美］H. G. 威尔士：《文明的溪流》，江苏人民出版社 1998 年版，第 99 页。

[3] ［美］H. G. 威尔士：《文明的溪流》，江苏人民出版社 1998 年版，第 99 页。

[4] ［美］H. G. 威尔士：《文明的溪流》，江苏人民出版社 1998 年版，第 200 页。

生根本性的变革，由一族之教而变为"一切人都属于一个天国，一切财产也属于天国"的世界性宗教，以至到公元 4 世纪成为罗马人公认的国教。

儒学的产生，虽为孔子创立，但追溯孔子思想形成的过程，从大的方面讲，至少要从两个方面探其渊源：一是从纵的方面讲历史文化发展渊源；二是从横的空间讲区域文化构成的渊源，二者间又有着密切的联系。孔子说："周监于二代，郁郁乎文哉！吾从周。"（《论语·八佾》）那么这个集三代文化之成的周文化，应是孔子思想形成的重要来源。而周之"礼乐"文明，实则由周公创制与发展，而鲁国为周公之封地，鲁实得周之礼乐文化之"真传"，尤其是在"礼崩乐坏"的春秋时代，周之都城文化地位下降，鲁国实集周文化之大成，成为当时的周文化中心，时有"周礼尽在鲁"的称誉。从这样一个具体的文化生态来理解孔子思想的形成和儒家文化的产生，尤其是来理解孔子生于鲁而非他邦之必然性，就会找到一个深入解读的切入点。

春秋战国，周室衰微，诸侯割据，这是一个区域文化大放异彩的时代。从区域文化的角度探讨孔子及儒家文化的渊源，不能只讲鲁不讲齐。实际上，以今日目光观之，"齐鲁之邦"是一个完整的"圣地"。齐与鲁都处于东夷之地，周初分封，封姜太公于齐，封周公于鲁。由于齐、鲁实行不同的建国之策，鲁国变夷俗，革旧礼，成为西周文化的重要传承之地。而齐由于采用"因其俗，简其礼"政策，保留了更多的东夷文化风俗。孔子在 35 岁那年，首访齐国，一住三年，对齐文化有深入的研究和吸收，《论语》记"子在齐闻韶，三月不知肉味"就是证明。从区域文化角度分析，孔子的核心思想，礼的来源，无疑多受"周礼尽在鲁"的影响，但其博大精深的"仁"的思想渊源，应与齐文化所保留与传承的"夷俗仁"的传统有直接的关系。

如此说来，孔子思想的形成，从地域上讲，是对以齐鲁为代表的夷夏文化的吸收、融汇；而从历史传承上讲，则以周公为中介，是对三代文化的集成和融合。可见孔子思想的形成，实集此前数千年中华文明之精华而成。对孔子以后的儒家讲，孔子所创儒学，不过所谓诸子百家之一说，但是经过战国时代诸子百家争鸣的相互交流和吸收，尤其是孟子、荀子两位大师对诸子思想的吸收、提炼，并以之为基础发展儒学，才有了先秦儒家思想体系的发展与提升，儒学才成为盛极一时的"显学"。而到了西汉时期，董仲舒融合汉初复兴的诸子之学，尤其是吸收道家、阴阳家、法家等思想，融合成董氏新儒家，才导致汉武帝"罢黜百家，独尊儒术"政策出台，儒家从此成为中国历代王朝的统治思想，成为中国文化的主干。

各类文明形成发展演变过程中展现的历史性特点，决定了每种文明都是不断地融汇其他文化因子，不断地与时代发展同步，而被优选、改进，其已成为本文明系统发展中无数代人共同智慧的结晶。正是从这个意义上讲，任何历经数千年发展至今仍保持着活力的文明，小而言之，都是最适合本区域、族群的优化文明；大而言之，各类文明之间，都是无法进行所谓优劣之比较的。所以，英国著名历史学家汤因比在他的《历史研究》中，在分析考察了二十几种文明发生、成长、衰弱、解体的过程之后指出："对各种文明都可以当作同时代的文明来分析对比，各种文明和文化都具有同等价值，并无优劣高下之分。"①

二、落脚点：回归原点，寻求共识

世界文明对话的目的，是最终要回到"新时代到来，我们如何构建世界的新文化"这个问题上来。我认为，回归原点去寻求共识就是一个落脚点。

人类文明产生之初，由于生产力低下，各社会相互之间的联系很少，谈不上合作以对付相同的问题，但其所面临的一些问题却是共同的，不同文明的产生正是人类面临相同问题而采取不同思维与应对方式的产物。钱穆先生早在其论著《中国文化史导论》中就提出："各地文化精神之不同，穷其根源，最先还是由于自然环境之分别，而影响其

---

① 见马克垚主编：《世界文明史》，北京大学出版社 2004 年版，第 4 页。

生活方式，再由生活方式影响其文化精神。"① 而法国启蒙思想家伏尔泰则认为，人类在文明创始的古代，"大多数民族都会有共同的风俗和感情"，"由于大自然到处都是一样，人们对最刺激感官和最激发想象的事物必然会有同样正确和同样错误的看法。"② 可见，人类不同文明发展的原点，具有更多的共性和相合、相融之处。

人类在经过数千年的文明发展，特别是经过近代工业革命生产力质的飞跃和提升之后，尤其是 20 世纪后期以来信息革命的到来和经济全球化的迅猛发展，全人类将成为"地球村"村民的共同体，迫使我们来共同研究如何建构新的文化，却发现当代人类所面临的问题，与人类文明的创始之初有着惊人的相似之处，因此在这个意义上说，人类似乎应该回到原点去寻求解决当今问题的共识。

尽管对这些问题的性质的看法和应对古今已有本质不同，原初之时的应对是分散的，而今日是共同的：彼时是被动的，此时是主动的，但它充分说明：人类文明的发展，从低级阶段发展到高级阶段，其要解决的主要问题、面对的主要挑战是相同的、不变的。因此这种回归，绝不是人类文明的倒退与复原，而是要回到问题的原点，来寻求解决当下问题的办法。这些问题主要围绕着三大关系而形成，值得我们深入思考，以便从古人处理这些关系中寻找某些智慧借鉴：

其一，人与自然的关系。这是数千年人类文明发展史上一个永恒的主题，只不过当今与原点相比，主题依旧，关系却已经发生了质的变化。当下这个自然已非原点之洪荒、原始、未知之自然，而是一个对人类过度付出、体力透支、遭受重创，甚或遍体鳞伤的自然。人类文明的对话与文化之发展，就是要在以何种方式和态度对待自然问题上形成意见，而为人与自然关系的良性互动与共荣达成共识。人类现时的发展必须建立在这样一种文明基础之上：即人与自然的和谐与共荣。各类文明之间的和谐共荣，首先是以人与自然的和谐共荣为基础的。这正是人类

---

① 钱穆：《中国文化史导论·弁言》，上海三联书店 1988 年版，第 2 页。
② [法] 伏尔泰：《风俗论》，商务印书馆 1996 年版，第 28 页。

文明处于原点时期人对自然的一种态度，在今天依然具有重要的价值与意义。

其二，人与人的关系。人类文明之原点的社会关系多表现为以血缘为纽带的狭小的族群之内，在数千年人类文明的发展中，社会关系也大多表现为一族、一国、一宗教及各类文明内部之关系。中国文化数千年发展中，人际关系主要还是建立在"君君、臣臣、父父、子子"为核心的基础之上的血缘宗法制的关系网络之中。而当今特别是未来发展着的人际关系，已是发生重大质的改变的关系。经济全球化使人与人之间依存度大幅提升，高科技的发展带来了交通与资讯的革命以及世界范围内的移民大潮，这种空前的人类历史的大变革，使人与人的关系也发生了质的变化。世界文明之间的对话，未来世界新文化的繁荣、发展，必然要求人们的视野超越族群与国界的藩篱，超越不同文明的疏离，来重新界定人与人的关系，以相互的交流加深彼此的了解，以宽容之态对待"异己"人事，以沟通、和谐代替隔膜、对抗，用中国先哲们说过的话，叫"四海之内皆兄弟也"，这是古人处理人际关系给我们的启示。无新型人际关系的塑造，即无未来世界文明可言。

其三，人与社会的关系。有的学者将人与社会的关系作为人与人关系的扩展列为一类，这是有道理的①。我将其单列为一大关系，是基于如此考虑：它既包括个人与社会（这个社会可以是地球村之村民与地球之社会），也包括由个人组成的群体，一国一族之个人的扩大，与全人类之关系，我觉得这个关系之建设，也是当今文明对话的重要问题之一。

不同文明之间的对话，就是要以新的视野面对人类巨变时代带来的新问题，寻求各文明中人与社会关系的确立，寻求各种宗教信仰间新型关系的建立，寻求一国与他国、一国与全人类新关系的建立，以及一种文明与其他文明的和谐相处等问题的应对方法与措施，以为未来世界新

---

① 参见许倬云：《中国文化与世界文化》，广西师范大学出版社 2006 年版，第 200—270 页。

文化的建设与发展作出共同努力。

那么在新的世界文化构建过程中，不同文明之间应该如何寻求共识呢？一个基本的原则就是要超越自我，超越历史，寻求共识，实现突破，走向共荣。

第一，世界眼光。在这方面，我们从德国哲学家雅斯贝尔斯对不同文明的比较与分析的探索中，会受到很好的启迪。他在其著名的学术著作《历史的起源与目的》中，比较中国、印度、两河流域及希腊文明的差异时，即放在了公元前800年—前200年这样一个历史阶段来进行观察和探析。他由此既看到了四大文明古国有着相同的突变——"哲学的突破"，同时又看到了四大文明的差异和缤纷多彩的各自展现。他的这一文化史观超越了褊狭的目光，在将"同时代的、并无联系地并列存在的"不同文明的比较中，为科学认识世界文明的发展历程，提供了一个"拨云见日"般的理论体系。他由此提出的"轴心时代"理论产生了重大深远的影响。而我们也从这个德国人具有世界视野的论述中，洞悉了孔子及其儒学产生的外部因素——四大文明的相互关联与影响。可见，科学的方法，宏阔的视野，世界的眼光，是实现文明对话的基础。而在对同时代文明的比较中，也是我们更清楚认识不同文明之间的历史面貌及其本质特征的重要视角。

第二，哲学突破。纵观人类至少6000年以上的文明发展史，可知任何一种文明的发展都不是直线的，也不是行云流水般自然顺畅的，而是经过了众多的崎岖、裂变、整合与突破。其中最影响深远的变革，即是被雅斯贝尔斯所破解的人类文明史上轴心时代里有一个"哲学突破"时期。中国人有句话叫"天不生仲尼，万古长如夜"。我们是否也可以说，历史上如果没有"哲学突破"的"轴心时代"，人类可能会在黑暗中徘徊、摸索更久？

由此而言，在世界面临巨大变革的新时代中，建构新文化，就必须超越自我，超越历史，以实现新的"哲学突破"。从中国所谓"轴心时代"的春秋战国时期的文化来观察，之所以实现了"哲学的突破"，有三点很值得我们给予关注，以便从中汲取经验：

　　一是诸子百家思想自由发展。它们之间无优劣之分，无主次之别，各有建树，竞相发展，都实现了各自的突破，各家思想既是独树一帜，又是百花之一枝，最后实现了时代整体性的哲学突破，实现了文化的跃升。二是哲学的"突破"在于充分的对话与争鸣。诸侯各国礼贤下士，竞相招揽各家学者，为其提供相互对话和理论争鸣、交流的便利。当时的东方大国齐国，还在国都临淄建设了稷下学宫，专供百家学者集会、对话、交流，以"高门大屋尊宠之"，足见学子所得条件之优渥，所受地位之高贵。三是文化共识和主流思想是各派在长期对话、交流、吸收、发展中自然形成的。儒家初生之时地位不显，战国后期才成"显学"，非人为之操作，实百家争鸣之必然。当今世界上一些思想家乃至政治家，不着力于对话交流，而梦想以强势推行，使某一文化成未来世界之主导，鉴之历史，实不可为。

　　第三，共荣共识。即是先追求世界各类文明各自良性的发展，让它们在新的时代，在各种文明思想的对话交流中，自我变革、自我提升。各文明之间由相容到相融，共识产生之后，未来世界新文化的主干与主流自然就会产生。回顾历史，此实为人类文化创新发展之经验，放眼未来，也应为不可不经之途径。

中华大一统理念：海峡两岸共有的精神家园^①

今天，海峡两岸的中华儿女欢聚一堂，畅谈我们共有的中华民族优秀的传统文化，共话实现民族伟大复兴的光辉未来，亲情脉脉，其乐融融，非常高兴。

中华民族，在世界历史上是一个值得骄傲、自豪的民族。这不仅因为我们有着值得骄傲的五千年辉煌灿烂的文明史，源远流长，一脉传承、从未间断，而且这个民族有许多优秀的文化传统，值得我们海峡两岸中国人共同挖掘、发扬、光大。其中有两点弥足珍贵：一是民族精神的强大，即我们民族自强不息的奋斗精神，它是民族振兴的思想源泉。二是"大一统"观念的认同与坚守，即维护民族统一的坚定信念。

民族的自强精神表现在：在漫长的历史发展中中华民族历经磨难，战乱频发，天灾人祸，但是不管历史怎样播迁动荡，始终有一种强大的民族精神为支撑，这就是一种立志图强的优秀传统。在中华民族发展史上，无论兴盛与衰敝，图强是中国人的不懈追求。我们有兴盛的时期——例如汉唐时期，中国是世界的文化中心、政治中心，长安是世界各国向往的世界之都。宋代国力较弱，但文化极其繁荣，生产总值仍占世界的三分之一以上。也有衰败之时，例如南北朝、五代十国时期。但强盛不忘发展，动乱激发图强，总有精英挺身而出，秉持民族大义，顺

---

① 2013 年 6 月在厦门举行的第五届海峡论坛上的讲演。

乎民心民情，积极求索，努力作为，力争国家振兴！

鸦片战争以来的一百多年间，中华民族经历了西方列强的欺凌，割地赔款的屈辱，落后挨打的悲愤，但其间有多少先驱者在寻求救亡图强之路，有多少志士仁人进行着前仆后继的抗争？终于在孙中山先生领导下推翻了清朝专制统治，以振兴中华为旗帜，促进国民党、共产党人精诚合作，率师北伐，护民国，求统一，目的就是要实现中国的富强与繁荣。抗日战争更是对中华民族精神的考验和洗礼，共产党、国民党再次合作，在正面战场与游击战争中流血牺牲，付出了三千万人的生命代价，终让日本帝国主义缴械投降。所以，中华民族虽历遭苦难忧患，但始终坚强挺立、自强不息。中华民族始终是一个精神强大的民族！所以，我们今天提出实现中华民族的伟大复兴，实现"中国梦"，不但顺乎两岸及海外炎黄子孙的共同心愿，也是对中华民族自强精神的弘扬与传承！

下面，我集中谈一谈中华民族的核心理念：追求和维护民族的团结统一这一强大思想理念的形成和发展问题。

一、大一统理念的形成

维护中华民族的团结统一，保卫领土完整，反对分裂割据，始终是民族文化之魂、民族精神支柱。这种理念的形成，与我们民族发展的历史相向而行。主要经历了三个阶段：

第一阶段："大一统"理念的奠基期——夏、商、周三代

我们民族的祖先，还在部落联盟时期，就有各部族协和统一的观念。《尚书·尧典》记载尧的话："克明俊德，以亲九族。九族既睦，平章百姓。百姓昭明，协和万邦。"这种各部族和睦相处，"协和万邦"的理想，就是一种追求统一理念的萌芽。

夏、商都是黄河流域的王朝，其文献传世较少，难做深究，但孔子说："殷因于夏礼，周因于殷礼"，"周监于二代，郁郁乎文哉？吾从周。"① 意思是说：周是传承了夏、商传统的，而周人立国后，就明确提出了"溥天之下，莫非王土；率土之滨，莫非王臣"（《诗经·北山》）的理念，这天下一统、王有天下的观念也或许早就出于夏商之时了。而这正是我们民族统一观念的基石。所以尽管周分封了上百个诸侯国，但天下都遵从周天子，国家仍然是一统的。

第二阶段：大一统理念的形成期——春秋战国

长达 500 多年的春秋战国时期，是"五霸强，七雄出"，大分裂、大割据、大动乱，历史上最不统一的时代，却是大一统理念的酝酿、研讨、融合、形成期。这个时代，在理论上、思想上，理念上、精神上，形成了中华大一统的优秀文化传统，并为秦汉大一统制度的确立、落实，提供了思想和理论上的准备。

在这个时期，尤其是战国时代，是中国文化史上思想解放、学术自由、哲学突破、理念提升的时代。涌现出众多思想流派，号称"诸子百家"。各派学者竞相提出自己的思想主张，并展开相互交流、争鸣、辩说。思想在交流中发展，在争鸣中融合，而分析各种思想流派，就会发现，尽管主张不同，目标却有惊人的一致性：为政治现实服务，为寻求统一探索。知识分子引领着时代的方向，百家之学吸引着统治者的眼球。"礼贤下士"成为甚嚣尘上的时代风尚。正是在这样一种思想文化生态中，"大一统"理念从思想、理论和政治实践上进一步走向完善和成熟。

分析诸子百家（实际为九流十家），在儒、墨、道、法、阴阳、名、农、纵横、杂家、小说 10 家学派中，大一统主张各有差异：儒家，主张用"仁政"、"王道"实现天下统一。墨家，主张用"非攻""兼爱"，解决百姓"三患——饥者不得食，寒者不得衣，劳者不得息"，争取民心，实现天下归附。道家，主张总结历史经验，反对战争兼并，顺乎民情，实现"无为而治"。法家，主张用严刑峻法、奖励耕战，富国强兵，

---

① 见《论语》:《为政》、《八佾》。

以武力夺取天下。阴阳家，讲究阴阳平衡，主张修订历法、时令，发展农业，顺应自然求统一。纵横家，主张用外交联盟，夺取胜利，实现统一。兵家，讲用战略及战术而取胜天下。名家主张分析事物构成，做到名实相符来治理天下。农家主张提高生产技艺，自食其力，发展生产。杂家主张多说兼采、各家兼用以治天下。小说家则以讲故事说理方式影响统治者。虽然五花八门，但目的趋同：实现当时的"天下"，也就是中华民族的一统。

在诸子百家中，贡献最大的要数儒家，尤其以其创始者孔子最为突出。孔子是旗帜鲜明地反对分裂、割据，主张维护统一的。他向往和维护西周时期"礼乐征伐自天子出"的大一统局面，对维护统一的礼制——周礼竭其所能予以维护和捍卫。他猛烈抨击"礼乐征伐自诸侯出"的天下分裂、诸侯割据的局面。可以说为维护大一统，恢复大一统奋斗了一生。过去相当一段时间，特别是在"文化大革命"中批判孔子，认为他是维护旧制度，是梦想"复辟"的反革命派。其实，孔子极力维护的是西周以来的统一局面，反对的是分裂。他对首成霸业的齐桓公，不仅不反对，还大加称赞，就因为桓公称霸的目的是"尊王攘夷"，维护统一的。他还极力赞扬说："管仲相桓公，霸诸侯，一匡天下，民到于今受其赐。微管仲，吾其被发左衽矣。"他赞扬大改革家管仲的就是他"一匡天下"的统一举措。孔子修《春秋》，以是否维护"大一统"为准则，寓褒贬于微言大义之中。《春秋》第一句话"春王正月"，《公羊传》释曰："何言王正月？大一统也。"他是以周文王为"王"来记事，显示出维护周朝大一统的鲜明态度。孔子在《春秋》中的一统思想，经《公羊传》大力挖掘，对秦汉统一及中国古代王朝产生了深远影响。后人赞"孔子作《春秋》，乱臣贼子惧"，就显示出其巨大的影响。

第三个时期：大一统理念落实完善时期——秦汉时期

战国时期形成了丰富多彩博大精深的理论体系，秦汉时代，最终践行了这些理论，实现了中国大一统封建帝国的建立，为中华民族此后两千年大统一的格局奠定了基础。

秦汉一统情况各异，秦国用的是法家思想、纵横家谋略，以及兵家之术、杂家主张，实现了"马上得天下"，取得了天下一统的局面，但是由于没有采取与大一统国家相适应的政治、文化政策，导致国祚不长，二世而亡。汉代在政治上承袭秦制，但文化政策却大为转变，先以道家黄老之学，无为而治，与民休养生息，后来又采取"独尊儒术"，实际以儒家思想为主，法家、阴阳家、道家杂糅一起，兼容各家适合统治要求的思想成分，以适应一统的新"儒术"以治世，终于奠定了中国大一统的百代基业，从此一统的观念成了中国文化中最深层的理念。

从汉代以后的历史来看，维护民族一统的理念，是中国文化的核心主干，这个根基、主干，是任何时代、任何个人都无法动摇的，对它的维护始终是中国五千年文明的历史主流。顺之者昌，逆之者亡，为捍卫统一而英勇奋斗献身的为民族英雄，光炳青史；而搞分裂、闹独立的逆潮流行事，则被视为乱臣贼子，会被永远钉在民族的耻辱柱上。

二、大一统理念的当代价值

纵观中华五千年文明史，中华民族历史上虽然时有分合，但分久必合是大的方向，合是长期的状态，也是社会发展的主流。在历史长期发展中，我们民族形成了一个坚定的中华一统、不容分裂的理念。例如中国历史上有过南北朝，北朝有五胡十六国；唐末有五代十国以及南北宋、辽金元的分裂时期，但就在分裂时期，中国人一刻也没有放松过统一的志向和理念。统一中国是天下英雄的共同追求，统一的观念是民族精神的灵魂。三国鼎立时期，曹操志扫吴蜀，诸葛亮六出祁山，北伐中原，都在力求完成统一大业，绝不偏安一隅。南宋时期，岳飞临阵挥剑北指，书写《满江红》"三十功名尘与土，八千里路云和月"，要"驾长车踏破贺兰山缺"，为的就是要恢复北方失地，"待从头收拾旧山河，朝天阙。"以此明志。辛弃疾是山东人，抗金失败，投奔南宋，做了高官，但他时刻不忘收复中原："郁孤台下清江水，中间多少行人泪！西北望长安，可怜无数山。"面对国家分裂，那种悲壮的英雄情怀，震撼千古。

陆游是南方人，在南宋做官，可他在诗中抒发的却是国家分裂不能收复失地的悲愤和急于为国立功的壮志情怀："早岁那知世事艰，中原北望气如山。楼船夜雪瓜州渡，铁马秋风大散关。"暮年仍写书告儿："死去元知万事空，但悲不见九州同。"

　　我们可以说，维护统一，反对分裂，捍卫领土完整，是一代一代中华民族志士仁人为之舍生忘死而奋斗的核心利益和人生价值所在，是海峡两岸中华儿女应该共同发扬光大的优秀民族文化精神。让我们紧密团结起来，为推动两岸和平统一的历史时刻早日到来而共同努力。一个空前团结、完全统一的中华民族的"中国梦"一定会实现！

中国的文化传统与当代青年的责任[①]

近年来我曾有多次机会，面对外国人、海外留学生做过数场有关孔子与儒学、有关中国传统文化的报告，大家对这样的报告反响强烈。我的感触就是，由于中国经济的迅速发展和国际地位的不断提高，现在的外国人包括欧洲人急切地想了解中国，想全面了解中国的一点一滴。他们想知道，在当前国际经济低迷形势下，为什么在两次世界经济危机中中国都能一枝独秀，安然度过？他们想了解，为什么中国改革开放30多年来经济持续高速发展，这背后的动因是什么？欧洲人对中国的现实充满了好奇，他们更想了解古老中国的悠久文化，很想弄明白中国的文化传统与社会现实之间究竟有没有一种对应关系。所以我讲孔子与儒学、讲孔子与山东文化，他们都兴味盎然。

近些年来，随着经济、社会发展的推动以及我国文化建设进一步加强，传统文化更是受到了前所未有的重视，这与我们国家现实所面临的发展机遇、世界形势的挑战及急需突破的困境有关，所以弘扬中华文化、努力建设社会主义文化强国成为现实重要的课题。

当今世界正处在大发展大调整时期，"文化越来越成为民族凝聚力和创造力的重要源泉，越来越成为综合国力竞争的重要因素，越来越成为社会经济发展的重要支撑"，文化在综合国力竞争中的作用和地位更

---

① 2011年9月在瑞典海拉达伦大学华裔留学生报告会上的演讲。

加凸显，世界一体化背景下面对异质文化，维护民族文化传统与国家文化安全的任务也日益紧迫。所以今天我们讲，发扬改革创新的时代精神的同时，更要弘扬爱国主义的民族精神，这是时代赋予中国人的使命，更是青年人的责任。

建设中国特色社会主义，其中重要的一个内涵就是建设以中国传统文化为基础的社会主义文化，中国当下文化的大发展、大繁荣，应该是立足于继承中国传统文化基础之上的发展繁荣，如果以西方文化为置换，那么我们民族独立的根本就会失掉。我们应该在继承中国传统文化的基础上，面对现实，以开放包容的心态，汲取古今中外文化的有益因素，建设与再造现时的社会主义文化，以促进民族的生机与活力，使古老的中华民族实现伟大的复兴。

而对于中国文化的全面了解，是中国特色社会主义建设、民族复兴的前提，更是当下青年人学习的必需，所以围绕着这一命题，我将谈以下四个问题：一是中国文化传统的背景与形成；二是中国文化传统的特点与内涵；三是文化传统面临的挑战与自信；四是当代青年的文化责任。

一、中国文化传统的背景与形成

（一）中国文化的形成背景

其一，地理环境复杂，以两河为主线。

世界上没有一个国家像中国这样有这么复杂的地理环境：依高原、向大海，西高东低，这是中国文化地理条件的重要特点。西为高原，东为大海，对中国文化影响非常大，尤其在文化发展的早期，地理环境对文化起了决定性的作用。从文化分布的角度看，几乎所有的村落都是沿河而置，有河流即有人家，山河对人类生活影响巨大。中国的地理环境非常复杂：有高山，如喜马拉雅山；有高原，如黄土高原、云贵高原；又有众多河流、平原、草原等交错其中，古代中国即有"三山六水一分田"的说法。而中华文明的形成又与复杂的自然环境有着直接的关系。

中华文化的形成是以两河——黄河、长江为主线的，早期中华文明的形成发展，以两河流域为主要集中地，但不排除其他，古籍中"江"、"河"原为长江、黄河的专称，后来才成为河流的泛称，所以两河流域亦称"江河"流域。

现在已知的中华文明发源地主要集中在以下五个地方：

第一个地方是河洛地区，即中原地区。黄河、洛水从高原流下，在河洛交汇处一带形成了中华文明最早的起源地之一，范围主要包括今天的山西南部、河南北部地区及陕西东部渭水下游一带。由这里还可以上溯到青海、甘肃一带的大地湾文化，也都是文明发源很早的地方。

第二个地方是黄河下游，主要以泰山为中心的齐鲁之地，包括渤海南岸、山东一带。早在1930年，中央历史语言研究所考古组的考古专家曾专门到山东探查中华文明的最早起源地。由于临淄一带曾是先秦时期最大的都城所在，所以他们先来到临淄考察，最后在章丘龙山镇挖掘了城子崖遗址，将之命名为"龙山文化"。"龙山文化"的发现在当时立刻引起了全国文化、学术界的轰动，它的出土说明山东是中国文化的发源地之一，中华文化有可能是在渤海南岸一带起源的。

第三个地点在长江三角洲，有所谓"良渚文化"，大致在太湖流域一带。约在五千年前，其文化较为发达，以玉石雕琢为代表。与之相较，山东龙山文化的代表是黑陶制作，黑陶光亮如漆，为中国制陶史上的顶峰之作；而河南河洛一带则以彩陶绘制为代表，各种颜色涂饰，体现了当时审美水平的进步和制作工艺的发达。

第四个地点在长江中游荆州一带的两湖流域，这里也被认为是中华古文明发源地之一。

第五个地点在辽宁西部、辽河上游蒙古东部一带，在这里发现的人类早期文化被称作"红山文化"，其文化带有草原文化的特点，被认为是中国草原文明的发源地。

总之，从中国文明的发端来看，中国文化的起源之地主要集中在两河流域。当然，中国地域广大、文化多元，我说的是大家公认的距今五千年前的中华文化发源地。我们常说中华文明五千年，五千年前中国已进入了文明的门槛。

其二，经济类型多样，以农业为主体。

文化的形成以经济为基础，由于地理自然环境的多样性，导致中国古人赖以生存的经济类型也是多样的，其中包含了农、猎、牧、渔各种类型。虽然像蒙古一带，包括陕西、新疆等地游牧文化发达，但总体是以农业为主体。所以中国文化在相当长的历史时期中，大体而言就是一种农业文化，但是存在着文化的多元成分。

其三，社会结构复杂，以宗法为基础。

中国人以血缘关系为基础组成了家庭，以家庭为基础组成了社会群体，从而建立了国家，因此国就是家的扩大，这样一种社会结构形成了中国文化传统。在中国五千年文明发展中，国和家是一体的，是密不可分的，国就是家，家就是国，国破家必亡，保家必卫国，这正是在国家危亡之际多少仁人志士会不惜生命保家卫国的原因，这是由家国同构这一中国文化的独有特点所决定的。和西方文化传统不同，西方人的牺牲是献给主的，是一种宗教的献身，而中国人的牺牲是献给国家，也是献给家庭的，所以我们的爱国主义民族精神是有来历的，是立足于现实的，爱国即爱家，爱家即爱己。

我们的社会是以宗法为基础建立的，宗法制度来源于血缘关系，这种结合非常紧密，具有很强的稳定性。一个村落中家庭构成家族，有时一个村甚至就是一个家族。中国人无论到哪儿都会怀念自己的亲人与家乡，到海外的人会成立"宗亲会"，以密切联系，以寻找宗族之根。天下的中国人无论是卢氏、姜氏，还是邱氏、高氏等，都要到山东临淄来认姜太公为祖宗，韩国前总统卢泰愚曾到山东临淄、长清寻根祭祖。虽然中国的宗法文化的影响，时至今日有所降低，但依然在团结中国人方面发挥着重要的作用。中国的文化传统结构虽然复杂，但是以宗法为基础，这一点明白了，好多问题就易于理解了。这就是中国文化的一大特点。

地理环境、经济基础和社会结构，这三个方面是中国文化形成的基础，是中国文化区别于西方文化的差异所在，也是中国之为中国的重要渊源。如英国是海岛国家，其地理环境、经济基础、社会结构及宗教等方面与中国有着本质的不同，也就造成了他们在文化上与中国文化的根本差别。

（二）中国文化的形成过程

中华文明源远流长，谈到形成过程，实际上是一个五千年来不断丰富发展的历史，漫长而复杂。总体分析，有两点非常重要：一是轴心奠基，继往开来；二是一脉相承，多元互补。

第一，轴心奠基，继往开来。

讲中华文明的形成过程，首先要讲关键阶段，总体而言，中国文化不是直线式发展的，而是呈现出不平衡的发展态势。五千年文化发展中，曾经有一个核心时期，决定了中国文化传统的核心精神，华夏文明是以这个核心时期的文化为基础或者是为主干形成的。因此要理解中国文化，必须深入了解这个时期的文化，才能抓住五千年文明的本质或者说内核。这个中国文化核心时期也叫作中国文化的"轴心时代"，它处在五千年文明的中间——春秋战国时期——也就是孔子生活的时代。这里需要重点说明两点：

其一是春秋战国时期何以成为中国文化的轴心时代？这是一个承先启后、继往开来的时代，是对前 2500 年文化进行总结、文化集大成的时代；这是一个后 2500 年文化开端，开启新的历史时期的时代；这是个中国文化史上哲学突破、伟人辈出的时代，即中华民族精神从原来的蒙昧突然光芒四射的时期。梁启超在《论中国学术思想变迁之大势》中形容战国诸子百家争鸣的盛况时说："孔北老南，对垒互峙，九流十家，继轫并作，如春雷一声，万绿齐茁于广野；如火山乍裂，热石竞飞于天外。壮哉壮哉！非特我中华学界之大观，亦世界学史之伟迹也。"这个时代产生的一些伟大人物，改变和影响了整个中国文化传统的形成和发展。

这个轴心时代，承前启后的最伟大的文化代表人物就是孔子。历史上有所谓"天不生仲尼，万古长如夜"之说，意思是说若无孔子的出现，中国人还在蒙昧之中徘徊，从历史文化的角度讲，此话有理。宋人有"半部《论语》打天下"、"半部《论语》治天下"的说法，可见其对孔子的推崇之高、《论语》影响力之大。孔子弟子子贡也说过"仲尼，日月也，无得而逾焉"，孔子如太阳、月亮般照亮人的心灵，任何人都难以遮住孔子的光辉。的确，孔子是永远打不倒的。历史上大家公认正是这个时期的伟大人物——孔子改变了中国历史，照亮了中国社会。

此外，这个时期产生的兵学著作《孙子兵法》，成为后世中国兵法的经典；这个时期产生的《老子》、《庄子》，成为中国唯一本土宗教——道教的理论基础；这个时期产生的阴阳五行思想，顾颉刚先生称之为"中国人的思想律"，成为中国人思考问题时遵循的原则和方法。比如中国人思考问题、干事情，追求的最好的状态是阴阳平衡，即和谐，从自然到家庭、个人，都要阴阳和合，不能阴阳失调……这就是中国人的思想律。

影响秦汉之后中国社会的主要思想都是在春秋战国时期产生的，这个时期产生的各家各派伟大人物，是影响、改变中国文化传统的主要力量，从精神上影响了民族数千年的文化。

其二，轴心时代的文化重心在齐鲁。

轴心时代中的中国文化，在区域分布上不是均衡的，对后代的影响也各有差异。就各个地区而言，其文化的地位也各不相同。应该说，这个时期中国文化的重心、核心即在齐鲁。即是说齐鲁是中华五千年文明中的轴心时代的文化重心，其在中国文化发展中居于核心基础地位。

一是这个时期的历史伟人多出山东。这个时代涌现出很多影响中国文化传统形成的伟大人物。而这些伟大的人物主要都为山东人，如当时最著名的孔子、墨子。这两个人代表了当时人文科学与自然科学的两座高峰。再如，阴阳五行家的代表邹衍是齐国人。

二是这个时代中产生的各家各派，均与齐鲁干系甚深。除了儒家、墨家、阴阳五行等之外，包括道家均与齐鲁地区存在密切联系。

三是齐国稷下学宫成为这个时代的学术中心，其汇聚了成百上千学者在此研究与争鸣。诸子百家争鸣的巨大发展，与稷下学宫这个百家汇聚的中心有着密切的关系。

第二,一脉相承,多元互补。

所谓一脉相承,有两大内涵:一是文化传承,以儒学为主脉;二是族群发展,以汉族为主体。两千年来,时代发展,政权更迭,版图变迁,但是以儒学为主脉的文化之流,以汉族为主干的族群组合,传承绵延,从未间断过。儒家主脉的形成与第一点所讲内容紧密联结。中国文化在"轴心时代"思想解放,学派林立,经多元交流,激荡融合后,逐渐完成儒学由百家之"显学"到思想文化之主流地位的演变。到了汉代,经武帝"罢黜百家,独尊儒术",一跃成为社会统治思想。从此儒学成为传统思想文化的主干。汉族主体的形成也与"轴心"时代关系甚大。大致说来,夏、商、西周三代,以黄河流域为主体的夷、夏两大族群,通过迁徙、纷争、交汇、族婚等多种形式,逐步形成华夏族的主体。经春秋战国"轴心"时代,在民族思想文化上的空前交流、融合,实现了民族思想文化上的趋同,为民族统一体的形成奠定了厚实的思想文化基础。经秦汉大一统政权的熔铸,最终形成了大汉族共同体。

所谓多元互补。即说,一脉承传,并非一脉独进,而是随着时代发展,不断增加新的文化元素,补充、发展、创新,而成为博大精深的民族文化主体。就以儒家为主脉的思想文化传承而言,主要经历了以下两个层次的多元融合与互补。

其一,儒学自身的多元融合。大致经历了四个阶段:一是战国时期,以孟子、荀子为代表,吸收诸子百家思想,丰富了孔子儒学。二是汉代,儒学吸收百家之学,融入道、法、阴阳等多元思想成分,成为适应治国所需之董氏学,从而成为统治思想。三是宋明理学,以反佛兴儒为号召,融入性理之学,成为儒学发展史上之一大里程碑。四是近代以来,受西方思想影响形成了新儒学。总体上看,儒学本身发展也是多元融合,不断补充发展的。

其二,是儒、释、道三者融合,共同形成中华思想文化的主体。东汉以后,佛教从印度大举传入,魏晋时期,道家复兴,玄学盛行,道家产生。儒道互补,佛学融入,相互补充,形成了三教合流局面。经隋唐时代，儒、释、道进一步融合、发展，影响中国文化极为深远。因此有人说，中国文化的主体是儒、释、道三结合的。我个人认为，应是以儒为干，三教融合，共同形成传统文化主体。

就以汉民族为主体的民族文化发展而言，也经历了多民族文化交流、融合、互补的过程，最终形成了以汉族为主体，56个民族多元互补、融合发展的统一的民族文化。历史上主要有三次大的民族文化融合：一是南北朝时期，北方少数民族的文化融合，在长达400年的发展过程中，北方鲜卑、匈奴、羯、羌、氐等少数民族，先后来到黄河流域，入主中原，成为割据一地的统治者，通过政治、经济、思想、生活方式的交汇，最终形成了以汉族文化为主体的中华文化的融合、发展。二是金元时期，北方女真族入主中原，元代蒙古族统一中国百年左右，又一次实现了中原农耕文明与北方草原民族游牧文化的融合、发展；三是清代，满族人从东北白山黑水间入主中国，统治近300年，再次实现各民族文化的大融合。在上述发展过程中，包括当今所有少数民族在不同时期融入中华民族大家庭中来。从历史上看，无论哪个民族占据统治地位，也无论主政时间长短，中华文化的发展格局从未改变：以儒家为主干，以汉族为主体，多元互补，融合发展。

二、中国文化传统的特点与内涵

（一）中国传统文化的特点

历史悠久具有强大生命力的中华传统文化，具有诸多独有的特点，正如前面所析，大体而言主要有以下三点：

第一个特点就是源远流长，传承不息，从未间断。中国文化历经五千年传承发展，绵延至今，不曾断灭，这在世界历史上也是唯一的例外。为什么这么说呢？所谓世界四大文明古国，其三大文明古国的文化都已灭亡或转型，只有中国文化却从未中断，始终发展不绝。我们今天的文化传统还是五千年来文化传统的继续。从人种血统上来讲，现在的中国人就是五千年前中国大地上那些祖先的子孙，中国若干少数民族若向上追溯也都是出自炎、黄，如苗族即是炎帝后代，羌族的族名即来源于姜太公之姜氏。再如佛教文化产生在两千多年前的印度，可是现在印度人不是古印度人的后代。那时的文化也一无所知，传承也已中断。这是由于他们的人种族群在历史的变迁中已经置换。现在的埃及人已不是造金字塔的那些人的后代，而是阿拉伯人，它的文化传承也完全间断了，希腊也如此。而中国文化有着极强的涵摄之力，始终保持了强大生命力。

第二个特点是以儒家为主，兼容并包，博大精深。儒家文化讲求中庸、和谐，所以具有一种包容之力，若干外来文化来到中国，最终都被中国文化涵摄、同化。如清朝入关以后，满族统治者曾下令"留头不留发，留发不留头"，以改变整个汉族的服饰发型，以使汉民族臣服。但是清朝整个历史时期也是儒家最兴盛之时之一，康熙亲为孔子题写"万世师表"匾额，乾隆七到曲阜朝圣，衍圣公在清朝被封为一品官，为文官之首，还被允许其在紫禁城里骑马、御道行走，其地位被提高到了极致。可见异族统治下，不管汉人戴什么样的帽子、留什么的发式，在文化上却始终是儒家的天下，中国文化主体，绵延传承，迄未中断与改变。

第三个特点是民族众多，以汉族为主，多元一体，共荣共生。

（二）中国传统文化的内涵

从文化构成上来看，中国传统文化以儒家思想为核心，儒、释、道互补，共同组成了中国传统文化的主体。儒、释、道的互相补充和中国文化兼容并包特点的形成有着密切关系。首先，从儒、佛关系来看，原初的佛家思想和儒家思想在某些层面上是对立的：儒家讲积极入世，孔子"不语怪、力、乱、神"，"天人感应"理论后来由董仲舒提出，但重点在于人世；而佛家讲投胎、转世、轮回、因果等内容，否定现实存在，追求解脱、成佛。佛教传入中国后，最终与儒学相融，汲取了儒家的思想，中国人讲求不仅要今生行善，同时要为来世积福，就是佛儒结合的产物。再者，从儒、道关系来看：儒家讲积极入世，"修身、齐家、治国、平天下"是儒家知识分子从小就接受的理想教育，故而有"学而优则仕"，体现了积极入世的思想；而道家则讲清静无为、顺因自然，体现避世的思想。儒、道在发展中也走上了某种程度的兼容，古代士人尊奉"达则兼济天下，穷则独善其身"的思想就体现了儒、道思想的合一，在其位谋其政，为官一任，造福一方；"穷"时，则独善其身，保全自我，不妄为徒劳。出世与入世达到了完美统一，这就是儒道思想互补的结果。

就中国文化的基本内涵而言，儒家思想是其精神实质。而儒家思想的核心主要有两个：一是"仁"；一是"礼"。"仁"用两个字来解释，就是"爱人"，爱人才能和睦群体，才能和谐社会。"礼"，为行为的准则，中国人讲"礼"，"礼"与"法"的强制性不同，其中有道德约束、自我节制的成分。从外在表现来看，"礼"还有分层次、分类别、分位置的作用，以能够形成社会良好秩序。

中国文化的基本内涵，还体现在爱国家为至上的地位。爱国主义是民族精神的核心内容，在中国"忠"和"孝"是爱国主义的基石，实际上忠孝就是儒家的"仁"，就是孔子所言的"爱人"，爱他人、爱国家。做忠臣孝子是中国人一生中的理想追求，国家有难时，以忠为先，保国即保家，为国牺牲就是既尽忠又尽孝，这是爱国主义的精神体现。中国文化的基本内涵，古代的"忠、孝、节、义"，即是爱国家、敬父母、讲道德、讲忠信，都是为人的基本操守，所以蓬莱阁上一位古代知府写的对联道："海市蜃楼皆幻景，忠臣孝子即神仙。"既反映了中华传统美德的内涵。

三、中国文化传统面临的挑战和自信

（一）文化建设面临的严峻挑战

中国传统文化在 20 世纪前半期民族救亡的背景下，曾遭人为的贬低与弃置，对于民族文化，很多年轻人感到疏离。20世纪后半期改革开放又带来西方文化的涌入，对民族文化形成了冲击，所以现在中国的现代文化建设面临着诸多问题。特别是时至今日，这个大发展、大变革、大调整的时代，对中国文化的发展虽然带来了发展的机遇，但也形成了严峻的挑战。其主要表现在以下几点：

第一，从经济上来讲，现代科技革命的发展使世界经济融为一体，地球村的形成，使国家间的依存度空前提高，例如美国的次贷危机就给整个世界经济造成了巨大影响。经济一体化，带来了文化的互通共融，这样随经济交流而至的域外文化大量传入对中国文化建设形成了一种冲击。

第二，信息革命的发展使人类联系紧密，信息交流频繁，真正成了所谓的"天涯若比邻"。网络时代使人类距离空前拉近，交流变得直接，不同的文化、思想同时在线在场，也使得国家间的文化冲突空前加剧。五千年来，中华文化从没面临过如此巨大的挑战。民族的振兴首先是文化的振兴，民族的消亡实际就是文化的消亡。文化传统一旦丢掉，我们也就可能成为黄皮肤的外籍人了。历史上不乏如此先例。在这样一个形势下，中国文化能否实现与时俱进的发展，实际上直接关乎民族的兴亡，这确实并非危言耸听。

美国人亨廷顿早就指出，新世纪的政治冲突主要是不同文明的冲突，当代许多冲突乃至战争爆发，征服的目的是灭亡异质文化，而不单是以战争方式毁灭肉体，这才是最根本的征服。所以，民族的振兴必须首先是民族文化的振兴，民族的独立必须首先是民族文化的独立，国歌中"中华民族到了最危险的时候"在今天依然适用，它提醒人们时刻保持危机意识。历史告诉我们，不仅弱国无外交，弱国无人格。现在看来，如果在文化的较量上失败了，即使我们成为第一大经济体，即使军事再强大，也不是真正的强大，依然没有出路的。因此只有做到经济、军事、文化三者都强大，才能真正实现中华民族的复兴。三者之中关键在于文化，民族文化的繁荣发展才是民族振兴之根本。

第三，从当前形势对比来讲，我们在文化上处于弱势。一组数据可以说明这种情势：就文化产业的发展而言，美国的文化产业在 GDP 中占 23.78%，而中国的文化产业只占 GDP 的 2.78%，中国文化产品难以走出国门，以至于现在许多国家和地区对中国的了解依靠想象。再者，欧美电影已占到我国市场的 70%，日韩动漫则已占到我国市场的 80%，电视、电影上充斥着欧、美、日、韩的生活方式，对青少年潜移默化的影响不容忽视。

（二）文化建设应有的自信

在这样一个时代，中国的文化建设面临着诸多挑战，但我们也有更多发展的机遇，我们要树立发展民族文化的自信。

首先，中华文明有着五千年深厚的发展基础，民族文化已经深入社会和人们思想观念的方方面面，可谓根基深厚。中国传统文化仍然融汇在我们的精神血脉中。如忠、孝的传统思想依然在中国社会占据了主流地位，留学海外的中国报效国家之心未泯，这就是我们中华文化传统的精神传承。再如重视教育、重视后代子孙的成才成人，也是中国人的社会责任与家庭传统，这是中国人一以贯之的原则。所以建设中国特色新文化，我们有牢固的思想基础与精神传统，中国文化传统是重要的支撑。

其次，从历史上来看，中国文化有兼容并包的文化传承基础。历史上的外来文化最终都在中国文化海纳百川的包容之下，被中国文化吸收化解，形成了与时俱进的新的文化因素。这种精神也应在新形势下传承、发扬。

最后，从现实来看，我们改革开放 30 多年来，在经济上、文化上奠定了良好的基础。现在中国模式受到了西方一些人士的关注与肯定。我们要大力发扬中国文化从个人到集体，从家庭到国家，以集体、国家为上的文化理念和民族精神，我们就无往不胜，一定会把我们的国家、把我们的文化建设好。

四、青年人的文化责任与使命

今天我们讲继承、弘扬中国传统文化，并非单纯继承孔子的言论，并非照搬继承"忠孝节义"思想，其实中国传统文化之所以源远流长、生生不息、有强大的生命力，关键在于中国文化能够与时俱进、不断创新。如果没有这种不断创新的精神，两千五百年前产生于鲁国的孔子的思想就不会成为中国、成为世界的精神财富。孔子所产生的影响，其时间之长，影响人数之多，影响面积之广，是世界所有的文化名人都难以望其项背的，其原因正在于孔子的思想是被后代的儒家随着时代之变不断创造、发展的。

所以中国文化的现时建设也要与时俱进，我们要建设面向世界、面向未来的民族的新文化。当然这个新文化首先要继承、发扬中华民族优秀的文化传统，这是新文化建设的根基。所谓中国特色主要是中国传统文化的特色，而中国文化的特色主要体现在对于优秀传统文化的继承；其次，新文化建设还要面向世界，充分吸收世界各国、各民族优秀的文化因子，为我所用。应注意的是，对于西方文化的吸收、借鉴，不能在这个过程中丧失自我、全盘照搬，而要立足于中国特有国情，取其长弃其短、择其优去其劣，必须在中国文化的基础上，找出最恰当的学习方法与吸收方式；在这个方面身在海外的留学人员，肩负着更直接、更重大的历史使命和文化责任。

中国特色社会主义文化的建设有赖于个人的积极参与，尤其是青年人的热情投入。作为年轻人，有责任继承发扬中国的传统文化，有责任为新文化的建设贡献自己的才力，这也是时代的使命。对青年的文化责任，这里我提几点希望：

第一要成为学习、理解中国传统文化的模范。仅学习《论语》就可以让人受益匪浅。古有赵晋"半部论语治天下"之说。一卷《论语》在手，可以帮人解决很多问题，比如"一日三省吾身"便强调了自省的重要性；再如"见贤思齐焉，见不贤而内自省也"，"人不知而不愠，不亦君子乎"等话语，看似意思非常简单，其中却蕴含着很深刻的道理，对于修身养性、成就道德人格作用极大。年轻人要多学习古代经典著作，从中领悟精神，化为己用。

第二要成为传承和弘扬中国传统文化的模范。年轻人特别是海外留学人员要做到"知行合一"，既知之，亦行之，重在实践，成就道德，善养人格。

第三要认真学习世界各国的先进文化。特别是要认真学习了解西方文化，做到批判地学习，辩证地接受，汲取优秀成分，为我所用，以"以我为主，兼容并包"的博大胸怀，实现中国文化走向世界，吸收世界文化，发展中国文化的目标。

第四要共同努力，掌握各种专门知识，做到文理融通。只有这样才能为振兴中华文化，为促进民族文化的大发展、大繁荣，为实现文化强国的目标，贡献自己的力量。

齐鲁文化传统与当代企业文化建设^①

应山东能源集团做一场报告的约请，我对传统文化与企业文化的建设关系问题进行了一些思考。下面我将围绕着企业文化建设应该如何继承、发扬中国文化传统这个命题，着重探讨以下几个问题：一是文化的历史价值与当代意义；二是齐鲁文化在中国传统文化的地位；三是齐鲁文化核心理念对企业文化建设的启示。希望能够对当下企业的文化建设提供一些有益参考。

一、文化的历史价值与当代意义

文化是一个民族的精神和灵魂，也是民族凝聚力、创造力、生命力的源泉。从世界历史上看，如果一个民族固有的文化消亡了，那么这个民族作为一个族群也将不复存在。中国历史上曾经有多个少数民族入主中原，成为统治者，譬如魏晋南北时期，边北地区生活着"匈奴、鲜卑、羯、羌、氏"五大少数民族，皆为游牧民族，能骑善战，以"马上得天下"，占领北方，建立了所谓"五胡十六国"。咱们山东青州当时就有一个北燕国。但是后来这些民族何在呢？鲜卑族、羯、氏在当今56个民族中已无踪影。唐诗有言："羌笛何须怨杨柳，春风不度玉门关。"

---

① 2012 年 5 月在山东能源集团总部的演讲。

善吹羌笛的羌族曾是中国西北一个很大的民族，也消失在历史中，今天四川地区存在的羌族已非先前意义上的羌族了。这些民族何处去了呢？基本上都被汉族文化同化了，消融在汉族之中了。当然，这是中华民族多元一体文化发展进程中，一个具有重大历史意义的发展阶段。

文化的重要性在历史上已经证明，在现实社会中它的作用仍然突出。现今为快速发展的信息时代，获取文化信息的途径、手段已经跟以往截然不同，以互联网为代表的急剧变革的现代传媒业可以快速、适时、足量地将一切文化资讯传递给每个人，世界范围内空前的文化大交流、大碰撞、大融合，其势汹涌，不可阻挡，国家与国家之间经济、政治等各种交往，实质上也都伴随文化的交流。在这样的情况下，弱势民族的文化存在着空前的危机，同样如果一旦固有的文化被其他文化同化、并吞，走向消亡，那么这个民族实际上也就将不复存在。

这就是为什么我国改革开放，以经济建设为中心，经过 30 多年的发展之后，我们又提出文化是民族灵魂的重要原因。最近几年每次中央全会总是提及文化建设问题，决议中都有促进文化大发展、大繁荣的内容。文化的地位何以在今天如此突出，原因固然有多种，但主要的原因是，我们已经认识到，在当前经济全球化、信息网络化背景下，民族的振兴、国家的强大，不单是 GDP 总量世界第一、第二，或人均 GDP 提高到何等水平所能决定的，实现民族的振兴，提高国家的国际地位，关键还在于民族文化的振兴。

以中国文化为代表的东方文化源远流长，是当今世界三大强势文化之一。东方文化、西方文化、阿拉伯文化，目前这三大强势文化正在新的时代背景下，进行着交流、碰撞与融通，实际上也是在相互的博弈。互联网的链接，电影、电视剧的输入输出，都是目前文化交流的便捷手段。所以中华民族要自立于世界民族之林，首先要在文化上挺立于世界民族之林，振兴中华，首先要振兴民族文化。因此我们必须增强民族文化的自信与文化自觉，来应对当今之世的文化挑战和文化危机。

从国内发展的角度来讲，文化的发展、建设实际上是民族的凝聚力、创造力的保障，是建设精神家园的必需。当今社会文化缺失、道德迷乱问题非常突出，如何解决这些问题，我认为，应该到优秀的传统文化中去寻找答案。建设中国特色社会主义首先要正确理解"特色"的丰富内涵。

所谓中国特色，是适合中国国情的具有中国文化特色的经济建设与社会发展道路。中国文化的特色，必须在传承、弘扬五千年文明的优良传统基础之上形成。当然不能完全按照历史传统，照抄照搬，在时代发展与全球化背景下，回到唐朝或宋朝过日子是不可想象的。在中国特色社会主义文化建设与发展中，中华五千年文明所形成的优良传统则必须加以传承、吸收、发扬，在革命战争年代所彰显的爱国、奉献、甘于牺牲的民族精神，比如我们山东的沂蒙精神，也应该继承和发扬。西方社会适用于中国国情需要的优秀文化也要吸收过来，最终形成一种适应时代发展和中国国情的、面向未来的新文化。只有这样，我们才能既不丢掉自己的祖脉，又能跟上时代的发展。需要说明的是，加强文化建设，继承发扬中华民族优秀文化的重要意义不独对民族、国家而言，就是对一个地区的发展，一个企业的兴旺发达，甚至个人的成长，也具有重要意义。

对一个企业而言，真正的兴旺发达，实际上也是企业文化的发扬光大。文化就是企业的灵魂。一个企业的品牌、声誉，实际上就是企业文化的光芒辐射和外观显示。没有企业文化的存在，企业不过是一些机器的集结，劳动者不过是些会操作机器的群体而已。企业没有活力，没有生命力，也不会有更大的发展。没有企业文化的存在，内部矛盾就会集聚，到一定程度就会爆发，就会有比如罢工、自杀、杀人等不可预测的事件发生，导致企业形象遭到极大破坏，企业品牌遭受沉重打击，使企业利润、效益下降，企业的发展也会受到阻碍。企业文化建设不过关、不到位，必然会导致这些情况发生。中央提出了促进文化大发展大繁荣的决议，文化是社会的灵魂，文化是经济建设的精神支柱，如果社会经济发展没有文化上的提升，我们国家只能是一个拥有960万平方公里13亿人口的大机器工厂罢了。

从国际竞争的角度讲，加强文化建设、提高产品的文化附加也是非常必要的。对外经济上中国持续走强，但在文化产品的输出上则相对处于弱势。虽然中国经济发展速度超过日本，但是日本的文化出口锐不可当，现在中国的很多动漫、电影、电视节目都采自日本，日本的一些文化产品在中国大有市场。今天国力的竞争不仅在一方面，不单是经济指标的较量，更为要害的还在于文化上的竞争。

一个企业，一个单位，要真正成为国际化、现代化、具有超强竞争力的大企业，必须紧跟时代步伐，顺应社会之需，建立一种既有传统根基，又能吸收西方企业先进理念的企业文化，这是现代企业的必由之路。所以从这个意义上来讲，立足于中国，建设企业文化，就必须深入了解中国的传统文化。从中吸收有益的因素，这既是长远战略，也是当下的紧迫任务。

中国传统文化对当下社会的发展具有重要的意义。据报道，1988年75位诺贝尔奖获得者在巴黎集会上发表宣言说，如果人类想在21世纪更好地生活下去，就必须回头从生活在2500年前的孔子思想中寻找生存智慧。世界从孔子这里受益，是许多有影响力人物都曾说过的话，如诺贝尔奖获得者瑞典科学家阿尔文曾说过："人类要生存下去，就必须回到二十五个世纪之前，去汲取孔子的智慧！"法国一位研究中国传统文化的学者也说过，"《论语》之外，没有任何一部著作对这个世界人口大国产生过如此持久的影响"，而且"不抓住这个关键，就无法接触到中华文明"。

外国人都如此重视中国文化，中国人就更不必多言了。我们当代人，特别是作为社会主义现代化建设发展骨干的年轻人，确实需要更多了解中国传统文化的丰富内涵和精神实质。改革开放后，大量西方文化涌进中国，新奇、刺激、好看，极具吸引力。如果我们没有定力，很容易就会陷入迷思。在如何对待外来文化上，我们很应该向前辈们学习。回想20世纪初的中国，虽为世界上贫穷落后的国家，但是当时出去的留学生多数都要千方百计回来为国效力，像周恩来、邓小平、鲁迅、郭沫若这些人出国留学目的都很明确：学习西方先进知识，学成归国，改变祖国落后面貌。这批留学生才是中国的脊梁，很大程度上正是这批人推进了 20 世纪中国的独立、解放、统一、振兴和发展。我们当代人确实需要像前辈那样，既要放开眼睛看世界，又要脚踏实地建设好我们自己的祖国。

弘扬优秀中国传统文化对于企业发展具有重要的现实意义。企业管理的核心在于对人的管理。改革开放初期，许多中国企业把西方的企业管理方式、方法拿过来应用于企业管理，企业面貌发生了十分明显的变化。但是随着经济的进一步发展，一些问题也渐渐显露出来，单纯套用西方的管理方式来管理中国人，由于文化不适用而引发了大量的文化冲突、观念冲突，导致企业中产生诸多矛盾。所以从这个角度来看，也许可以说，并没有一套管理模式是放之四海而皆灵的。中国企业的文化建设应该在继承、发扬中国文化传统的基础上，创新管理模式。

二、齐鲁文化在中国传统文化中的地位

（一）齐鲁文化在中国文化中的历史地位

大力弘扬中国优秀传统文化，作为山东人，首先要了解齐鲁文化。了解齐鲁文化，首先要了解它与中国传统文化的关系问题。而要理解这个问题，首先要搞明白齐鲁文化在中国文化中占有何种地位。一般而言，考察某一地域文化在中国传统文化中的地位应有三个观察点：一是文明的起源。中国文明起源于何地何时。二是文化的核心时期。中国文化不是平直发展的，它有高峰有平谷，要着重考察五千年文明发展的重要核心时期。三是稳定发展时期。中华文明在这个时期走向平缓、漫长的成熟期。透过这三个考察点，观察一种地域文化在其中的作用，就等于认清了它在整个传统文化中的历史地位。

1. 就中华文明的起源而言，齐鲁是中华文明最重要的发源地之一

这从文献记载到考古挖掘都有充足的证据。从文献记载看，山东泰山从中国史前传说时代开始，就是最早的部落首领的活动密集之地。司马迁《史记·封禅书》记载，包括黄帝、炎帝、尧、舜、禹等直到秦始皇上古七十二帝王，都曾以泰山为中心在其周边活动，他们在泰山这里祭天、祭地，所以泰山周围成为中国文明最早的政治活动中心和宗教活动中心。著名学者王献唐先生说过，中华文明就是从泰山起源的：古代帝王得天下，首先到泰山祭天祭地，禀报祖宗，以求先祖庇佑。文明起源于山东，从泰山的历史地位上就可以看出。

从考古挖掘来看，山东也是中华文明的起源地之一。世界考古界认为，文明最早发源地主要有三大要素标志：一是文字的最早发现，二是城市的最早出现，三是金属器具的最早发现。山东是中国古代文字出现最早的地方之一。5500 年前，山东就已有文字存在的迹象。日照出土的史前陶器上，画有圆圈与锯齿状山形组合的图案，被国家历史博物馆的专家公认为中国最早出现的文字。最早期的成片段文字，则发现于山东邹平丁公村遗址，一块陶片上刻着 11 个文字。最早的城市群也出现在山东，4500 年之前到 5000 年前，山东就出现了龙山文化城市群。从章丘城子崖开始，邹平丁公村、临淄铜林、寿光边线王、胶州三里河、五莲丹土、日照两城镇等若干个地方的龙山文化时期城市遗址相继被发现。大片城市的出现，标志着社会分工程度的提高，这也是人类文明发展的重要标志。中华文明最早使用的金属器在山东有几处发现，最著名的就是胶州三里河发现的早期人类使用的最早的青铜器。考古挖掘已经充分证明，山东是中华民族最早进入文明的地区之一。

2. 就文化核心时期而言，山东是中华文明的重心所在

在中华文明 5000 年历程中，不是平坦行进，其间有一个核心时期叫"轴心时代"。即中国历史上的春秋战国这段时间。

在中华文化的轴心时代中，各个地方的文化发展很不平衡。齐鲁是当时中华文化的重心所在。齐鲁文化被称为重心，其原因主要有三个：

其一，所谓文化的轴心时代，主要指的是哲学思想的突破，这个时期涌现出诸子百家产生了众多的伟大思想家。而诸子百家及其思想家多与山东有关。诸子百家的主要派别有十家，分别为法家、道家、阴阳家、儒家、名家、墨家、杂家、小说家、纵横家、农家，又被称为"九流十家"。这十家全与山东关系密切。十家中当时最显耀、力量最大、分布最广、影响最大、最活跃的主要为儒家和墨家，这两家全出自山东。对中国后来文化影响最大的还有倡言阴阳五行说的阴阳家。阴阳家的代表人物正是齐人邹衍。法家思想主要流行于秦国，代表人物主要是秦国宰相李斯和大理论家韩非两人，最重要的著作是《韩非子》。且不说，历史上法家的先驱是管仲，齐国始终有个法家学派，叫管仲学派。就李斯、韩非而言，与齐鲁关系也极为密切，李斯、韩非曾在齐国稷下学宫从学于荀子，荀子曾在稷下"三为祭酒"，为儒学师，但最推崇礼，倡导隆礼近法。荀子的礼实际上已是一种柔性的法。荀子隆礼近法的主张，为他的徒弟发展为法家集大成思想家铺平了道路。道家的代表人物也没有出自山东。道家的创始人老子是河南人，而庄子的籍贯有几种说法，其中一说为山东东明人，道家后来发展出一个重要的学派叫黄老之学，黄老学派就是在临淄稷下学宫形成的，在当时影响极大。秦始皇焚书坑儒后，黄老学派成员到了今高密一带，在民间传播其学说。汉代之初，刘邦的重要谋士曹参被派辅佐刘邦的大儿子齐王刘肥，曹参任齐王国相时，访问高密遇见了黄老学者，求问治齐之术，采纳了"无为而治"的黄老之术。曹参以黄老之学治齐，九年后齐国大治，富甲海内，超过长安。曹参任汉朝宰相后，这种治国思想被推行全国，人民休养生息，民富国兴，汉代盛世"文景之治"，应该是以"黄老治齐"为试验田的。这是齐鲁文化一大贡献。战国诸子百家学术争鸣的主要阵地是在齐国临淄的稷下学宫，几乎"九流十家"的所有学者都到过这里，百家学派在这里得到了壮大发展，稷下学宫是百家争鸣的中心，也是培育伟大思想家的文化沃土。

其二，当时影响最大的两家学派是儒家和墨家，皆为山东人所创。中国最早的科技著作应属《墨子》，光学、物理学、几何学、逻辑学等多学科知识包含其中。之前人们总错误认为西方有逻辑学，中国无逻辑学，但认真研读《墨子》就会发现，公元前五六百年前中国的逻辑学已经十分发达，墨子就是一位逻辑学大师。逻辑学是一切科学的基础，如果当时的中国文明沿着墨子开辟的道路走下去，中华文明可能又会是另一番面貌。而孔子所倡言的主要是伦理道德学说，可以说代表了人文社会科学的高度。当时的中国文化面貌如果用两座高峰来概括的话，一个是社会科学的高峰——儒家，一个是自然科学的高峰——墨家，大致可以这样表述。

其三，影响中国文化历史进程的重要典籍大都出自山东人之手。而且主要就产生在这个"轴心时代"。湖南学者石一参在著作《管子今诠》说：中国的所谓智慧，主要集中在四本书里，号称"四哲"。其大致的观点是说：第一本是《管子》，主要记载和总结了夏商周三代的治国之术、治国方略与治国智慧，是集古代政治智慧之大成。第二本书是《论语》，主要记载以仁、礼为核心的人的修养要求与处世原则，其集伦理道德智慧之大成。第三本书是《老子》，主要探讨人与自然、社会之间的关系，其集中国哲学智慧之大成。第四本书是《墨子》，主要探讨对社会、自然事物的认识问题，其集民间智慧之大成。而这四本书中有三本是山东人所写。中国文化的经典性著作也主要出自山东。历史上人们所公认的经书，主要指儒家经典"五经"及由此产生的"十三经"。"五经"指《诗经》、《尚书》、《易经》、《仪礼》、《春秋》，都为孔子编订而传世。"十三经"则在五经基础上包括：解释《春秋》的"三传"：《左传》（为鲁人左丘明作）；《公羊传》（齐人公羊高作）；《穀梁传》（鲁人穀梁赤作）。还包括《周礼》（为周公创制）；《礼记》（孔子弟子之作）；《尔雅》（注释五经的辞典）；《论语》、《孟子》。总结来看，除《尔雅》作者不详，其余全是齐鲁之人的创制。两千多年来历代读书人读书都自四书五经开始。中国军事史上最为重要的十大兵书，其中六本出自先秦时期，而六大兵书中有四部出自齐国，分别为《孙子兵法》、《孙膑兵法》、《司马法》、《六韬》。古代著名的军事家如太公、管子、孙子、孙膑，司马穰苴都出自山东齐人。

可见当时主要的文化流派、思想流派、主要的代表人物都出自山东，山东在当时就是中国文化的一个重心。

3. 就文化的平稳发展时期而言，山东是中国文化的圣地

秦汉以后，山东这个地方，又因"罢黜百家，独尊儒术"，而获得了神圣的地位。如前所述儒家学说原为诸子百家学说的一家，但在汉代实行独尊儒术后，儒家学说被抬到了一个至高的地位，成为统治思想。孔子也成为世所尊崇的圣人。历代加封有16次之多，从一个教书先生，步步封高、成王、成圣，"大成至圣文宣王"、"至圣先师"、"万世师表"等等，人间最高的荣誉、封号都授予了孔子。山东也因是圣人的故乡，成为中国自汉至清近两千年中国人的"圣地"。

鸦片战争之后，山东作为固守传统文化的地区，也是中西文化冲突最激烈的地方，这一时期山东发生了许多事情，比如怒杀洋教士的山东巨野教案以及德国占领了胶州湾。山东文化冲突最激烈，但在当时也是门户开放最多的一个省，青岛、烟台、威海、龙口等都是最早开放的口岸，而且青岛先后做过德国、日本的殖民地，西方文化也大举从山东进入中国。山东成为中西方文化冲突较激烈的地方，又是开放度比较高的地方。如中国最早的现代大学即是由洋人教会创办的"登州文会馆"，并在此基础上创办了山东大学堂。20世纪民族危亡之际，抗日战争时期，山东又是在共产党领导下的中国抗日根据地最重要的地区之一。也是抗日中坚的力量之一。一部分人活跃在山东抗日根据地——胶东地区、沂蒙山区，一部分力量从山东走向全国，奋勇抗击日寇，山东人遍布全国的抗日战场。山东人对民族的独立和解放作出了巨大贡献，说山东人是中国人的脊梁，不为虚言。回溯齐鲁文化的历史地位和历史上山东人的辉煌业绩，意在说明当今的山东人，大力弘扬优秀传统文化，首先要有特殊的自豪感与责任感。

三、齐鲁文化核心理念对企业文化建设的启示

齐鲁文化传统中的核心理念，主要体现在孔子的核心思想和齐文化的主体精神之中。其内涵丰富，博大精深，我今天只能拣其中几点谈谈个人肤浅的认识。孔子的核心思想，实际上也就是中国传统思想文化的

主干和内核，是传统中国人治国、理政、处事、为人的总的准则。我们今天治理一个企业，发展企业文化都需要一个总准则，孔子的核心思想会提供一些有益的借鉴。齐文化中奋发有为的图强精神，也是我们今天干事创业的丰富精神营养。我从以下四个方面谈。

（一）以人为本

孔子的核心思想之一就是"以人为本"。而"以人为本"最早却是出现于齐文化的经典《管子》之中。《管子·霸言》中说："夫霸王之所始也，以人为本。本理则国固，本乱则国危"。在这里，齐人的解说，就是：世间万事，人为根本。建设霸业强国的基础，人是根本。人稳心齐国家巩固，人心慌乱，国必危亡。可见，世间万事，人为根本。是治国之本，是治家之本，也是企业兴旺发达之本。在孔子的思想体系中，以人为本，即表现为以"仁"为本。孔子的孙子子思在《中庸》中解释说："仁者，人也。"

孔子的"仁"的含义非常丰富，他自己在不同场合有若干解说，而以我们今天看，最主要的概括来说有两个：第一个含义是"爱人"，即"仁者爱人"；第二个含义是"克己复礼为仁"。这两个含义是传统文化中以仁为本的要义所在。关于"爱人"，怎样去爱别人呢？孔子最强调的是"己所不欲，勿施于人"，自己不喜欢的事情不要强加于他人。当然这是针对人际关系处理来讲，对于企业而言，有一些硬性任务，经济指标的完成，有时带有一定的强制性，但硬性的任务实现也有要从"爱人"出发。在工作中我们还是应该以人为本，在企业就是以员工为本，为职工创造良好的工作环境与生活条件，处处关爱他们。关于"爱人"，还要做到孟子所说"老吾老以及人之老，幼吾幼以及人之幼"，推己及人，由个人的狭小圈子扩张到社会中，去关爱、友爱、敬爱他人，这样才是"爱人"的落实。

在儒家看来，"爱人"的同时还要讲求"礼"，"爱人"不是无边际、无节制的，而是需要守之以礼。何为礼，礼就是差别、秩序。通俗讲，在社会中领导有领导的职责，群众有群众的职责，群众要服从、尊重领导权威。社会各个层面中都需要一个有力的领导核心，领导核心能力要过硬，群众对领导核心也要维护。记得有这样一句话，对我们企业管理可作为参考，大意是：一个民族如果没有领袖，它就是一个散落的生物群体，有了领袖而不知道拥戴，就是毫无希望的奴隶之邦。一个单位、企业同样也是这个道理，这与搞个人崇拜有本质的不同。这就需要企业的人，要"克己"，来服从和遵守企业的利益和要求。孔子讲他那个时代的"礼"，讲"君君臣臣父父子子"，是讲国与家中要约束端正自己，做合乎身份、定位的事。通俗说就是各自所为，君要像君、臣要像臣，都要遵循一定礼法，各安其位。在家庭中也是如此，中国人讲究的孝道，父慈子孝也是礼的体现。"仁"和"礼"就是传统文化的核心思想，我认为对一个企业来讲，讲究"仁"和"礼"同样重要，一个企业如何管理，如何维护企业形象，都可以从"仁"、"礼"中得到启发。

对于企业员工个人而言，该如何去践行以人为本思想呢？儒家思想也给出了一定的启示。首先，要有德。每个人要做一个有道德的人。儒家有"三不朽"原则，即立德、立功、立言，以立德为上。做人应该德才兼备，以德为先。我们现在提倡道德、讲求德治等，都是从传统文化中得来的启示。做领导要以德为先，《论语·为政》中孔子有言："为政以德，譬如北辰，居其所而众星拱之。"其要求从政要以高尚的道德为依凭，才能像众星环绕北斗一般，受到群众的拥戴，做领导的应该牢记孔子的这句名言。其次，要有志。要立志，孔子有句话说得好："三十而立，四十而不惑，五十而知天命，六十而耳顺，七十而从心所欲不逾矩。"人不能稀里糊涂、混日了事。人生要有目标、有规划，孔子最欣赏的是这样的品质："三军可夺帅也，匹夫不可夺志也。""穷则独善其身，达则兼济天下。"其三，要有毅力。有理想、有志向，还要有为实现理想不竭穷力的意志。《论语》有言："士不可以不弘毅，任重而道远。"就要以百折不挠、坚忍不拔的精神去实现自己的理想。人生在世，成就事业是每个人的追求，但是能否实现自己的理想各有不同。一个成功者总是经历了长期的积累与准备，成功的机会总是只给有准备的人。做好怎样的准备呢？即要历经拼搏、挫折、忍耐、等待等一切的磨炼。

《孟子》有句话："天将降大任于斯人也，必先苦其心志，劳其筋骨，饿其体肤，空乏其身，行拂乱其所为，所以动心忍性，增益其所不能。"要想成就大业，必须调动起心灵的全部活力，激发起原本不具备的素质和能力，最后才能成就理想，实现人生的价值。对每个人而言，实现人生的价值也是以人为本的一项重要内涵。

（二）以和为贵

"和"是中国文化传统中一个非常重要的思想理念。在孔子之前，齐国人晏婴对"和"就有一个较完整、生动、很好的解说，在《左传》和《晏子春秋》中都有记载。他用"调五味"来阐释"和"的概念，说只有把五种味道作适当的调和，适口爽口才叫作"和"。发展到孔子这里，提出了"和而不同"的思想。他说："君子和而不同，小人同而不和。"把能否做到"和"，作为判断君子与小人两种人格的标准。

"和而不同"是个非常有意义的命题。每个人做领导也好，管理一个企业也好，做普通人也好，都要认真思考它的含义，并在实践中予以落实。社会中每个个体都存在着差异，我们在社会中行事，大的方面要做到有统一性，小的方面还要尊重个体差异，做到"和而不同"，这样社会才能实现整体的和谐。这个思想也是我们处理地区与地区关系、国家与国家关系的原则。在外交上，当年周恩来倡导的"和平共处五项原则"，实际上也是根据中国传统"和"的思想提出的外交政策。我们现在提倡的和谐世界，也是讲求国家关系的"和而不同"。而邓小平提出的"韬光养晦"的现实之策，就是孟子所讲的"动心忍性"，就是"天将降大任于斯人"的充分准备。曾经落后的民族要振兴，首要韬光养晦，不和他国争一时之长短，立定于长远目标的实现。韬光养晦是暂时的权宜之计，为的是未来的力量展现，为的是未来的责任承当，到了必要的时候，必定会有所作为。关于和谐思想，孔子有一句话叫作"礼之用，和为贵。先王之道，斯为美"，说的是运用"礼"的目的也在于"和"。即便未来我们势力壮大了，还是要以礼待人，讲求和谐为上的。孔子还提出了"中庸"的思想，中庸不是无原则的不偏不倚处世，它要求的是以公平、中正的原则来行事，实质也是求取人际、社会的和谐。

和谐的思想对于我们企业的发展来讲也非常重要。现在企业中提出的"双赢"等等好多理念，都是来自于传统文化。中国人就是以和为贵的，企业中良好人际关系的生成，良好工作氛围的建立，都依赖于"和谐"的思想，相互忍让、相互沟通，彼此关爱、彼此帮助，才能和睦相处，才能形成工作的合力。所以传统文化"和"的思想在企业文化建设中现实意义非常重大。企业各级领导班子、各个部门、每个员工，都应该高度重视相互间"和"的问题，充分认识到"和谐出干部"、"和谐出业绩"、"和谐出人才"，最终实现"双赢"、"共赢"。

还要记住孔子所言"小人同而不和"，不要强求别人必须完全与你一致。否则即得与小人为伍，有大度的胸怀才能和而不同，"君子和而不同"，这是每个人行事都要有的意识。人人都要争做君子，中国文化中拥有高尚的人格才是君子。《论语》中，君子、小人出现了若干次，孔子教诲学生要做君子不当小人，做到为人处世，光明磊落。今天，我们依然要提倡君子品格，不要为小名小利而彼此算计、互相提防，最后破坏和谐，影响大局，使集体利益受损。

（三）诚信为上

诚信的思想，《论语》中提到得非常多。诚信被认为是人生重要的品德。孔子说："人而无信，不知其可也。"人连诚信都没有了，还能做成什么事情呢？诚信还是重要的政治准则，取信于民是治国的根本，《论语》言："言忠信，行笃敬，虽蛮貊之邦，行矣。"意思是治理国家要讲忠信、讲信用，做事要恭敬，这样虽是落后民族也能得以有效的治理。诚信也是教化社会的重要内容。《论语》说："民无信不立。"与人的交往也要讲求诚信。《论语》有言："吾日三省吾身，为人谋而不忠乎？与朋友交而不信乎？传不习乎？"其中"与朋友交而不信乎"就是要求做人讲求诚信，做到言必信、行必果。

诚信的思想对于企业而言，价值也不言而喻。诚信也是企业发展的一种资源。企业的经营、发展以诚信为上，实际上是充分开掘、扩充了企业的无形资产。诚信是维持市场的纽带，市场的不断开拓，正是依靠企业"诚信"的良好信誉，才能够建好连接利益相关方的链条，如果不讲求诚信，这个链条就会生锈，就会达不成沟通、形不成合作，实现不了利润。诚信也是一个企业道德形象建立的根本所在。一个企业讲求诚信，就能在社会建立良好的品牌形象，这是无量价值的资源，就会赢取公众的信赖，获得发展的空间，拓宽前进的道路。诚信也是企业发展的核心竞争力，企业依靠着诚信才能发展，山东一些企业如海信等都非常重视售后服务，这就是一种诚信，是诚信的具体实现。如果售后诚信做得不好，就会影响企业的形象，影响企业的竞争力。诚信文化的建设确实是企业文化建设的核心，搞好诚信建设，既是树立形象，也是开拓资源，也是增强实力。

在企业文化建设中，更要将诚信建设落实到企业中每个单位、每个人，这不仅是为企业未来发展奠定坚实的基础，也是为山东的文化建设，为山东人形象的维护作出贡献。

（四）奋发有为

办好一个企业，还要有争强图霸、奋发有为的精神，在这一点上，齐鲁文化也为我们提供了很多启示。比如齐文化中争强图霸的精神，就可以给我们企业的发展壮大带来一些典范性的启示。

争霸是春秋战国时期诸侯各国的追求。所谓"霸"，古书《白虎通》解释"霸者，伯也"。《孟子·离娄》解释："霸者，长也。"总之，就是将事业做强做大。这应该从齐文化中吸取智慧。春秋之时是五霸继起，而五霸之中，以齐国为首。五霸中实际上只有两霸算得上是真正霸主，一为齐桓公，一为晋文，齐桓公称霸43年，晋文公称霸16年。五霸中其余三霸还有秦穆公、楚庄王、宋襄公，影响最大的还属齐桓公。一个企业也应该如此，在市场竞争中要有称霸之志，就像我们平时所说"不想当将军的士兵不是好士兵"一样，不想称霸于同行中的企业也不是好企业。一定要有争强图霸的精神，这是企业精神的重要内容，唯有如此，一个企业才能图谋发展，做大做强。

有了称霸的志向，还要奋发图强，力争作为，努力去实现它。齐国初封之时才方圆百里，齐王为百里之侯，但是到了春秋时期，齐国的疆域已经扩展到东至海、西至河、南到泰山、北到无棣的范围；到了战国时期，山东域内四分之三已属齐国。版图的迅速扩展，原因就在齐国历代国君始终有争强图霸的意识，代代相承不断作为、奋力求取的结果。今天我们经营企业也要有这种精神，一代又一代，长江后浪推前浪，要有一种文化传承意识，无论谁做领导，都要有争强图霸之志与奋发图强的精神与作为。

齐国之所以能够成为最大最早最强的霸主，主要有这么几点原因。一方面，齐国沿袭了姜太公"尊贤尚功"的人才策略，即尊重贤才，重视功绩。《史记》记，姜太公一到齐国就立定了"尊贤尚功"的规矩，通俗讲就是"谁是人才我尊重谁，谁有功劳我提拔谁"。齐国一直是按照这个人才策略治理社会的，所以齐国始终是人才济济的，这是大业兴盛的根本。今天我们企业的发展也离不了人才，我们可从"尊贤尚功"的人才策略受到启发，在企业中形成尊重人才、重视能力、注重业绩的风气，这样才能留住人才、吸引人才、用好人才，我们企业做大做强的目标的实现才能够有人力资源上的保障。

另一方面，齐国还锐意改革，不断改革进取。中国历史上很多改革都是从齐国开始的。齐国的第一个改革就是"通商工之业，便鱼盐之利"，因地制宜大力发展鱼盐制售。中国历史上最早的盐业开发是在齐国，齐人把盐运往内地，从而使商业发达起来。临淄城也由于商业兴盛成为先秦时期中国最大的城市。因为商业发达，人们多集结此处，所以人口最多，当时临淄城已有30多万人口。齐国还改进了各项生产技术，促进了生产的发展。还改变了征收赋税的方式，以地块优劣来区别对待，赢得了民心。齐国还有一项改革就是"四民分业"，把百姓分为"士农工商"四类，使之生产经营专业化，这样促进了生产技艺的提高。同时把城市中划分为不同功能区，譬如手工区、贸易区等，这是城市建设和管理上的创新。后来许多国都的建设，比如长安城等，都从临淄城借鉴了经验。齐国还有一项改革，就是把老百姓按部队编制起来，战时为兵，平时为民，扩大了兵源，提高了战力。齐国又采取了"省刑罚，薄赋敛"的政策，减轻百姓负担，使老百姓能够安居乐业，这样招致了许多别国百姓投奔、归附齐国，人口得到不断增长。而齐国在外交上，则是"九合诸侯，不以兵车"，不是依靠武力征伐，而是靠谈判、会盟、协议等外交手段解决纷争，树立了至上权威，获取了霸主地位。这种锐意改革的精神对于今天我们企业而言也是很有借鉴意义的。一个企业要发展，必须随着时代的发展，锐意改革，不断破除旧规旧制的束缚，创立企业发展所需的新的方法与模式，对内理顺各种关系、安抚员工，对外形成合作、凸显优势，积极努力，奋发图强，使企业的规模扩大、利润提升、效益拓展，最终实现称霸称雄的目标，各项事业得以成就。

经上分析可知，我们的传统文化中的确存在着许多优秀的思想，对于我们今天的社会发展、经济建设乃至企业的发展，都大有裨益，无论是宏观层面的战略选择，还是微观的方法采取，其能提供诸多的启示与借鉴，所以在当下时代中，大力地传承与弘扬传统文化，既是当代中国人必要的也是紧迫的一项不容辞却的责任。

责任编辑:宫　共
封面设计:肖　辉
责任校对:吕　飞

图书在版编目(CIP)数据

齐鲁文化与中华文明/王志民 著. -北京:人民出版社,2015.12
ISBN 978 - 7 - 01 - 015539 - 5

Ⅰ.①齐…　Ⅱ.①王…　Ⅲ.①文化史-山东省-文集　Ⅳ.①K295.2 - 53

中国版本图书馆 CIP 数据核字(2015)第 279660 号

齐鲁文化与中华文明
QILU WENHUA YU ZHONGHUA WENMING
——王志民学术讲演录

王志民　著

人民出版社 出版发行
(100706　北京市东城区隆福寺街 99 号)

北京汇林印务有限公司印刷　新华书店经销

2015 年 12 月第 1 版　2015 年 12 月北京第 1 次印刷
开本:710 毫米×1000 毫米 1/16　印张:24.75
字数:388 千字

ISBN 978 - 7 - 01 - 015539 - 5　定价:59.00 元

邮购地址 100706　北京市东城区隆福寺街 99 号
人民东方图书销售中心　电话 (010)65250042　65289539